大数据、机器学习与量化投资

BIG DATA AND MACHINE LEARNING
IN QUANTITATIVE INVESTMENT

[英]托尼·吉达（Tony Guida）◎编著
徐照宜　薛扬荣　陈宇翔◎译
周康林　李剑雄　崔鼎茗◎译校

中信出版集团｜北京

图书在版编目（CIP）数据

大数据、机器学习与量化投资/（英）托尼·吉达编著；徐照宜，薛扬荣，陈宇翔译. -- 北京：中信出版社，2023.8
书名原文：Big Data and Machine Learning in Quantitative Investment
ISBN 978-7-5217-5564-0

Ⅰ.①大… Ⅱ.①托…②徐…③薛…④陈… Ⅲ.①机器学习－应用－投资－研究 Ⅳ.①F830.59

中国国家版本馆 CIP 数据核字（2023）第 059234 号

Big Data and Machine Learning in Quantitative Investment by Tony Guida.
ISBN: 9781119522195
Copyright ©2019 John Wiley & Sons, Ltd. All Rights Reserved.
This translation published under license. Authorized translation from the English language edition, Published by John Wiley & Sons. No part of this book may be reproduced in any form without the written permission of the original copy rights holder. Copies of this book sold without a Wiley sticker on the cover are unauthorized and illegal. Simplified Chinese edition copyright © 2023 by CITIC Press Corporation.

本书仅限中国大陆地区销售发行

大数据、机器学习与量化投资

编著：［英］托尼·吉达
译者： 徐照宜 薛扬荣 陈宇翔
出版发行：中信出版集团股份有限公司
（北京市朝阳区东三环北路 27 号嘉铭中心 邮编 100020）
承印者： 北京诚信伟业印刷有限公司

开本：787mm×1092mm 1/16　　印张：26.5　　字数：319千字
版次：2023 年 8 月第 1 版　　印次：2023 年 8 月第 1 次印刷
京权图字：01-2020-6882　　书号：ISBN 978-7-5217-5564-0
定价：99.00 元

版权所有·侵权必究
如有印刷、装订问题，本公司负责调换。
服务热线：400-600-8099
投稿邮箱：author@citicpub.com

译者名单

译　　者：徐照宜　薛扬荣　陈宇翔
译　　校：周康林　李剑雄　崔鼎茗
其他译者：杨昌林　龚泽恩　陈品仰　曾　梁
　　　　　胡东超　王　硕　任彦博　徐泓杰

译者序

量化投资是一种利用数学模型和计算机技术来进行投资决策的方法。自20世纪中叶以来，经过数十年来的探索，海外量化投资行业已在成熟市场中积累了丰富的实践经验。量化投资的历史可以追溯到20世纪50年代，当时一些先驱者开始尝试用统计学和概率论来分析金融市场。最早的量化投资者之一是哈里·马克维茨，他在1952年提出了现代投资组合理论，为量化投资奠定了重要的理论基础。此后，1969年爱德华·索普推出首只量化基金，1988年詹姆斯·西蒙斯推出文艺复兴大奖章基金，在成立20年来取得年化70%的惊人收益，1991年彼得·穆勒开发出Alpha系统策略，首次以计算机与金融数据结合的方法构建投资组合。此后，股票多空、宏观对冲、统计套利、事件驱动、高频交易、多因子等策略不断发展涌现，同时与传统的主观基本面投研结合，共同构成了海外市场投资生态。目前，美国量化基金的交易规模已经占到美股总交易量的70%左右。

与此同时，我国量化投资行业在最近十几年时间里也经历了蓬勃的发展。2010年开始，我国量化投资发展进入快车道，量化投资机构和产品数量大幅增加，涉及的市场和策略也更加多样化，包括债券、基金、外汇、商品等，以及多因子、机器学习、人工智能等。2015年后，我国量化投资继续不断创新，量化投资机构和产品不断优化和升级，利用大数据、云计算、区块链等新技术来提高投资效率和风险管理能力。截至 2023 年一季度末，我国公募量化基金总规模已经超过 2 000 亿元，而私募量化基金的规模已经突破 1 万亿元，其中不乏一些投资回报优异稳健的公司。但纵向对比，量化占公募基金总规模仍不足 1%，私募量化基金规模增长速度放缓；横向对比，我国量化投资行业无论在规模上还是在技术发展上与海外仍然存在较大的差距。如何让量化投资更适应 A 股市场，如何让量化策略更适应波动性更大的宏观环境，如何打开量化的"黑箱"，增强其结果的稳健性与可解释性，都是需要在实践之中思考的关键议题。

量化投资行业的发展，主要源于数据端和方法端的双重驱动。对数据端而言，除了最广泛使用的量价数据外，基本面财务数据、宏观指标数据在应用中也发挥越来越大的作用，各种另类数据也变得更加可用、更加高频，并且出现了标志着行业成熟化的专业数据供应商，投资者得以从海量数据中掘金 Alpha；对于方法端而言，随着算力的提升和理论的发展，机器学习、神经网络等新技术被逐渐应用于量化投资领域，为"金融炼金术"提供了先进手段。此外，市场的环境和规则、投资者的需求和偏好也在不断动态进化，对其进化趋势的理解变得十分重要。这些综合因素相互作用，共同推动了量化投资行业的创新和变革，同时带来了机遇和挑战。

本书是一本关于大数据与机器学习方法如何应用于量化投资领域的最新著作，凝聚了以托尼·吉达为首的若干量化投资专家的重要研究成果与一线实践经验，不仅有微观方法的理论阐述、案例说明，还有宏观视角的比较分析、趋势展望，是量化投资领域稀缺的"手册"型书籍。

本书具有极强的专业性，包含了很多来自数学、计算机、金融投资领域的专业术语，在译者团队的努力下，终于完成了本书的翻译工作。徐照宜、薛扬荣、陈宇翔负责全书翻译工作的整体统筹把控，周康林、李剑雄、崔鼎茗负责完成全书专业性的审核以及专业术语索引系统的建立，其他译者负责完成部分章节的初稿翻译与校对工作。

特别鸣谢清华大学全球私募股权研究院首席专家、证监会市场监管二部原副主任、一级巡视员、湖南大学金融与统计学院刘健钧教授从金融市场的角度为本书提供指导建议并作推荐语；特别鸣谢中国国家创新与发展战略研究会副会长、中国科学院大学经济与管理学院吕本富教授从数字经济的角度为本书提供指导建议并作推荐语。

特别鸣谢乾象投资创始合伙人兼首席技术官鲜染先生、中信证券研究部高级副总裁丁奇先生、分享通信创始人兼董事会主席蒋志祥先生从量化投资的一线实践与产业应用的视角为本书提供了宝贵建议和倾情推荐。

特别感谢清华大学产业创新与金融研究院、清华大学新百年发展基金、北京大学对冲基金协会、北京大学金融校友联合会、西南财经大学金融投资协会对本书翻译与研讨工作的大力支持。

此外，张闻凡、朱震、徐皓铆、郭仲星、胡展畅、侯承钰、卢波、汪慧洁、杨天鸣参与了本书的阅读与校正工作，高孝森、刘书涵、刘明鑫、赵菁雨、朱良盛、陈欣然、张云昕、杨以恒、沈良翰、杨天凯参与了本书的宣传与推广工作，在此一并感谢。

最后，衷心感谢中信出版社编辑团队对本书精心负责的排版校对工作，若没有大家精益求精的协同合作，本书的中文版本不可能如此顺利地与读者们见面。

由于译者水平有限，译文难免出现瑕疵，还望读者朋友批评指正，多多包涵，也欢迎与译者团队进行探讨。希望本书能为国内量化投资领域的从业者带来有益参考价值，共同推动我国量化投资行业迈向更美好的明天。

译者团队
2023 年 8 月于北京·清华大学经济管理学院

目录

第1章 算法能构建出具有人类智慧的 alpha 吗 /1

1.1 导读 /3
1.2 重复或是重塑 /4
1.3 用机器学习重塑投资 /6
1.4 信任问题 /8
1.5 经济存在主义：一项宏大设计抑或一次偶然事件 /9
1.6 这一系统究竟是什么 /11
1.7 动态预测与新方法论 /13
1.8 基本面因子、预测与机器学习 /14
1.9 结论：寻找投资中的"钉子" /19

第2章 驾驭大数据 /21

2.1 导读 /23
2.2 使用另类数据的驱动因素 /24
2.3 另类数据类型、形式与范围 /27
2.4 如何判断哪些另类数据有用 /30
2.5 另类数据需要多少成本 /32
2.6 案例研究 /33
2.7 使用另类数据的明显趋势 /45

2.8	结论	/46

第3章　机器学习在投资管理中的应用现状　　　/47

3.1	导读	/49
3.2	数据无处不在	/49
3.3	人工智能应用图谱	/51
3.4	行业间的相互联系和人工智能的实施推动者	/57
3.5	行业发展前景	/63
3.6	关于未来	/68
3.7	结论	/70

第4章　在投资过程中使用另类数据　　　/73

4.1	导读	/75
4.2	量化浩劫：激励人们寻找另类数据	/75
4.3	利用好另类数据爆炸带来的好处	/80
4.4	选择要进行评估的数据源	/82
4.5	评估技术	/84
4.6	基本面基金管理者与另类数据	/88
4.7	若干例证	/91
4.8	结论	/105

第5章　使用另类数据和大数据交易宏观资产　　　/107

5.1	导读	/109
5.2	理解大数据和另类数据的一般概念	/110
5.3	传统建模方法与机器学习	/118
5.4	大数据和另类数据：在宏观交易中的广泛使用	/121
5.5	案例研究：使用大数据和另类数据深入挖掘宏观交易	/125
5.6	结论	/133

第6章　大即为美，从电子邮件收据数据预测公司销售额　　/ 135

　　6.1　导读　　/ 137
　　6.2　Quandl 的电子邮件收据数据库　　/ 141
　　6.3　大数据工作中的挑战　　/ 148
　　6.4　预测公司销售额　　/ 149
　　6.5　实时预测　　/ 157
　　6.6　案例研究：亚马逊销售案例　　/ 161

第7章　将集成学习应用于量化股票：多因子框架中的梯度提升算法
　　　　　　　　/ 177

　　7.1　导读　　/ 179
　　7.2　提升树入门　　/ 181
　　7.3　数据和方案　　/ 185
　　7.4　建立模型　　/ 189
　　7.5　结果和讨论　　/ 197
　　7.6　结论　　/ 202

第8章　企业文化的社交媒体分析　　/ 205

　　8.1　导读　　/ 207
　　8.2　文献综述　　/ 209
　　8.3　数据与样本构建　　/ 210
　　8.4　推断企业文化　　/ 217
　　8.5　检验结果　　/ 226
　　8.6　结论　　/ 229

第9章　能源期货交易的机器学习与事件检测　　/ 231

　　9.1　导读　　/ 233

9.2 数据说明 / 234
9.3 模型框架 / 238
9.4 表现 / 240
9.5 结论 / 251

第10章 财经新闻中的自然语言处理 / 255

10.1 导读 / 257
10.2 新闻数据来源 / 258
10.3 实际应用 / 261
10.4 自然语言处理 / 268
10.5 数据及方法论 / 281
10.6 结论 / 288

第11章 基于支持向量机的全球战术性资产配置 / 291

11.1 导读 / 293
11.2 过去50年的全球战术性资产配置 / 293
11.3 经济学文献中的支持向量机 / 295
11.4 基于支持向量回归的全球战术性资产配置策略 / 305
11.5 结论 / 310

第12章 金融中的强化学习 / 311

12.1 导读 / 313
12.2 马尔科夫决策过程：决策的一般框架 / 315
12.3 理性及决策的不确定性 / 321
12.4 均值-方差的等价性 / 325
12.5 回报 / 333
12.6 组合价值与财富 / 336
12.7 具体案例 / 337

12.8　结论与进一步的工作　　　　　　　　　　　　　　　　/ 343

第 13 章　金融深度学习，基于 LSTM 网络的股票收益预测　/ 347

13.1　导读　　　　　　　　　　　　　　　　　　　　　　/ 349
13.2　相关工作　　　　　　　　　　　　　　　　　　　　/ 349
13.3　金融市场的时间序列分析　　　　　　　　　　　　　/ 350
13.4　深度学习　　　　　　　　　　　　　　　　　　　　/ 353
13.5　循环神经网络　　　　　　　　　　　　　　　　　　/ 354
13.6　长短期记忆网络　　　　　　　　　　　　　　　　　/ 365
13.7　金融模型　　　　　　　　　　　　　　　　　　　　/ 368
13.8　结论　　　　　　　　　　　　　　　　　　　　　　/ 381
　　　附录　　　　　　　　　　　　　　　　　　　　　　/ 383

参考文献　　　　　　　　　　　　　　　　　　　　　　　/ 387
译者简介　　　　　　　　　　　　　　　　　　　　　　　/ 401

第 1 章

算法能构建出具有人类智慧的 alpha 吗

迈克尔·科罗
(Michael Kollo)

迈克尔·科罗（Michael Kollo）

Rosenberg Equities 的全球研究副主管，专注于机器学习、大数据应用、股票投资组合的因子研究和量化策略；在加入 Rosenberg Equities 之前，是文艺复兴资产管理公司的风险主管，负责专门的新兴市场股票策略；在加入文艺复兴资产管理公司之前，曾在富达和贝莱德担任高级研究员和投资组合管理职位。迈克尔的因子投资经验包括风险建模、信号生成、投资组合管理和产品设计。迈克尔在伦敦政治经济学院获得金融博士学位，并拥有澳大利亚新南威尔士大学学士和硕士学位。目前，他在帝国理工学院任教，并且是伦敦金融科技公司的优秀顾问。

1.1 导读

从传统上讲，不管是源于均衡经济学、行为心理学还是代理模型，绝大多数金融实践的核心都是通过结合优雅的理论与略显"琐碎"的实证数据而形成的。正如我在伦敦政经学院攻读博士学位期间所学到的，优雅的理论是高智力人群智力活动的凝结，它能够在代理人模型中进行微妙权衡，形成复杂的平衡结构，并指出传统理论有时候存在的矛盾。虽然"琐碎"的实证工作经常受到怀疑与藐视，人们还是不得不承认实证工作的必要性，它能够提供现实中的实际应用。这让我回想起在起风的院子里和狭窄的走廊中数次与那些睿智的博士生进行的对话，我们一直为"我该如何为我的假设寻找验证"这一个问题争论不休。

在量化金融中，出现了很多伪数学框架，它们通常是从邻近学科借鉴而来，比如物理学的热力学、伊藤引理、信息论、网络理论、数论，以及不那么技术性但勉强承认为科学的心理学。来去之间，市场吸收了这些理论。

机器学习和极端模式识别，非常注重大规模的实证数据，对这些数据进行分析的规模和对细节的关注是前所未见的。有趣的是，机器学习对概念框架的贡献较少。在某些圈子中，有人吹嘘缺少概念框架是机器学习的优势，能够消除人类的偏见，以免限制于某一模型。但无论你认为这一工具有利或有弊，你必须承认一个事实，即这个领域的发展只会越来越快，越来越强有力。我们今天或许会称其为神经网络，也许明天又会有新的名字，但我们最终会到达一个时间点，届时大多数（即使不是所有）的模式都能够以近乎实时的方式被发现和检验，关注重点将几乎完全聚焦于定义目标函数而非框架结构。

本章其余部分涵盖一系列观察与例证，分析机器学习如何能够帮助我们更加了解金融市场，以及机器学习现在所发挥的作用。这部分内容不仅来自我的经历，还基于我和学者、从业者、计算机科学家进行的多次对话，源自众多书籍、文章与播客的内容，是对目前涉及此类话题的广泛讨论的总结。

这是一个令人难以置信的时刻，我们保持求知探索的欲望与量化的思维，为后来者在量化投资领域提供科学的思考框架与统一的技术工具。

1.2 重复或是重塑

对世界的量化是人类的一种痴迷。这里的量化是指将人类观察到的模式进行分解，并在之后大量的观察中重复应用。量化金融的基础源于一代又一代智慧投资者的投资原则或洞察，这些投资者在没有大规模数据的帮助下就已经得出了这些洞见。

早期有关因子投资和量化金融的想法是对这些洞见的重现；它们本身并未创造出投资原则。有数代人研究并推断过价值投资（资产定价与公司估值）的内涵。量化金融吸收了这些观点，将其分解，吸取能够观察和延展的要素，再将其在大量的可比公司中拓展。

提升规模的代价是将某一特定的投资准则应用在某一特定公司上所带来的复杂性和差异性，但在更大体量的投资组合中，这些细微差别被认为会被稀释而消弭，这些细微差别在过去和现在都在很大程度上被忽视。[①] 投资洞见与未来回报的关系被重现成为因子暴露（风险敞口）与未来回报的线性关系，目前很少关注非线性的动

---

① 考虑你对一家银行或一家医药公司估值的细微差异，与所有股票都可以置于同一通用评价框架下进行比较的观点进行对比，如市净率等。

态性或复杂性，而是关注因子的多样性与大规模应用，这被认为可以给现代投资组合带来更好的结果。

然而，也有人从早期因子研究中认识到因子之间的相互关系与相互作用，这一点成了现代风险管理技术的核心。有观点认为，有共同特征的股票（对共同特征的识别源于投资洞察力）也可能与宏观风格因子存在相互关系与相互作用。

在我看来，这点小小的发现实际上是对投资世界的重塑，在此之前甚至到现在，很多投资人依旧以孤立的方式看待股票，对股票的评价就好像是独立的私募股权投资。这无疑是一种重塑，将关注的对象从单个股票转向了共同的"主线"或因子，将单独来看没有直接商业关系的多种股票联系起来，这些股票有相似特征，意味着它们能够被同时买进或卖出。对"因子"联系的识别与改进成了许多投资过程的目标，尤其是 2010 年之后，这种投资方法获得了可观的收益。重要的是，我们开始将这个世界视为一系列因子，有些转瞬即逝，有些持久不衰，有些涉及短期预测，有些关乎长期预测，有些提供能够消除的风险，有些则提供有风险的回报。

因子代表了看不见（但可检测到）的主线，这些主线织起了整个全球金融市场。当我们（量化研究者）搜寻、发现并理解这些主线时，绝大多数人还在关注看得见的企业、产品与周期性盈利。我们将世界看作一个网络，其中的连接和节点是最重要的要素，而其他人则将世界视为一系列投资观点与活动的集合。

这样的重塑关键在于兴趣对象的转换，从单个股票到一系列网络关系，以及在时间维度上的变化。这样的重塑是严肃而微妙的，现在可能仍未得到充分的理解。① 好的因子择时模型是很罕见的，

---

① 我们现在只是在探索我们对因子理解的极限，考虑如何更好定义它们，如何对它们进行择时，同时努力尝试向非技术的投资者解释它们。

针对如何看待和运用择时，业界也争论不休。情景因子模型甚至更为罕见，这为实证与理论研究提供了非常有趣的研究方向。

1.3　用机器学习重塑投资

　　使用机器学习重塑投资，这会重塑我们思考金融市场的方式，我认为这既是对投资对象的再确定，也是对金融网络的再思考。

　　请允许我利用简单的类比做一个思想实验。在字迹或人脸识别中，作为人类，我们寻求某种特定的模式来帮助我们理解世界。在有意识的、感知的层面上，我们注意的是在某人面部中，比如鼻子、眼睛、嘴巴中存在的某种模式。在这一例子中，感知的主体是这些单元，我们将它们的相似性与我们所熟知之人五官的相似性做评估。因此，就组成部分而言，我们的模式识别在一个相当低的维度上发挥作用。我们将问题分解成一系列有限的分组信息（在这个例子中即分解成面部特征），并对这些分组信息进行评估。在现代机器学习技术中，面部特征和手写字迹被分解成更小、数量更多的组成部分。以手写字迹为例，图片的像素被转换成数值矩阵表示，人们使用深度学习算法来寻找其中的模式。

　　我们现在有难以置信的强大工具来运算大规模数据，足以在样本的亚原子水平上寻找模式。在人脸和字迹识别的例子中，以及其他很多实践中，我们可以不再凭直觉或可理解的复杂方式来寻找这些模式；计算机工具不会从直觉上确定鼻子或眼睛，而是会在深度交叠的信息中寻找模式。[①] 有时这些工具可以比我们更好、更快、

---

① 早期实验结果喜忧参半，对抗系统已经表明有些初期模式极其脆弱。但随着技术的发展，以及我们技术使用水平的发展，这些模式可能会变得逐渐强劲，但仍将保留其复杂性。

更高效地找到模式，这样就不需要我们的直觉感知时刻跟上事物变化了。

以此类推到金融领域，大部分的资产管理公司都关注金融（基本面）数据，例如损益表、资产负债表中的科目及收益数据等。这些数据条目可以有效地定义一家公司，正如一张面孔的主要模式特征可定义一个人。如果我们利用这些数据条目，将几百个数据条目运用在机器学习一类的大规模算法中，我们或许就可以发现在使用这一手段之前我们其实极大地限制了自己。

神经网络的"神奇"之处在于它们能够在原子（例如像素水平）信息中识别模式，但由于我们为其预先设定了更高维度的结构，我们或许已经限制了它们寻找新模式的能力，尤其是那些超越了我们线性框架中已经识别的模式。重塑意味着我们寻找新结构的能力，以及寻找更多投资中"原子"级别的微观表达，使得这些算法能够更好寻找模式。这可能意味着我们可以从季报、年报的科目中解脱出来，可以利用销售与收益的高频指标（基于另类数据源），寻找更高频且更相关的模式，来预测价格变动。

用机器学习重塑投资或许也意味着将我们的注意力转向将金融市场建模为一个复杂的（或仅仅是扩大的）网络，其中问题的维度或许会爆炸性地迅速升高，以至于我们的大脑无法处理。对一个网络进行单一维度评估的方法，就是有效地估计 $n \times n$ 的协方差矩阵。一旦我们将这一系统变为内生系统，二维矩阵内的许多链接将变成其他链接的一个函数，这样一来，模型将成为递归模型和迭代模型。而这还仅仅是在二维水平上。将金融市场建模成神经网络已经在有限应用场景中进行了尝试，近年来，供应链分析作为一种发现公司间细微关系的方式逐渐流行起来。另类数据或许能够从业务往来的角度，提供公司与公司之间新的明确可观察到的联系，从而构成网络的基础，但价格很可能会变动过快且变动幅度过大，从而不能由受普通供应合同简单决定价格。

1.4　信任问题

　　现实是，被人类注意力忽视的模式在数据中要么太过细微，要么太过庞杂，要么变化过快。我们未能凭直觉获知的方式确认它们，或是围绕它们构造故事，这会很自然地致使我们对这些模式的不信任。数据中的某些模式对投资无益（例如干扰性的、非流动性的、不可供投资的），因此这些模式将很快被删除。[①] 但其他很多模式是强劲有益的，而我们完全不能凭借直觉获知，这些模式可能对我们而言是模糊不清的。我们的自然反应将是质疑我们自己，如果我们要使用这些模式，需要确保它们是非常大的信号群组的一部分，以便对某一孤立的特定信号创造多样化联系。

　　只要我们的客户也是人类，我们就会面临沟通的挑战，尤其是在多次表现不佳期间。表现优异时，不透明的投资流程较少受到质疑，复杂性甚至会被认为是一种积极的区别性特征。然而，在绝大多数情况下，表现不佳的不透明投资流程很快会失去信任。在现代投资历史的很多实例中，量化专家在表现不佳时，会努力地解释着他们的模型，但很快会被投资者抛弃。赋予他们智力优势的相同优点很快会变成缺点以及被嘲笑的点。

　　讲故事是一种把复杂性蕴含在令人舒适又熟悉的逸事与类比中的艺术，这感觉是使用技术模型所必需的代价。然而，这也可能是金融创新的一个巨大障碍。投资的信念，以及我们创造令人舒适的

[①] 整本书都围绕着噪声与信号的重要性来撰写，但我建议我们搁置天然的怀疑，承认不寻常的模式确实存在且可能很重要的可能性。

有趣故事的能力，常常用以重新确定被广泛接受的凭直觉获知的投资真理，而这反过来又会获得数据中"合理"模式的支持。

如果金融领域中的创新意味着向"机器模式"转移，那么将具有更大的复杂性及动态特征，这种范式的转换来自人们信念的跃迁，在此过程中我们会放弃确认投资洞见的提出者或创作者身份，因为涉及复杂、混沌的过程，不可能对单个信号进行单独核查。不管这样的投资范式转换来自何种方式，从已经被接受的故事领域向外转移都有一定的额外商业风险，即使投资信号本身能够增加价值。

如果我们想要创新信号，我们或许也需要创新讲故事的方式。数据可视化在该领域中具有前景，但如果我们要展示一个市场网络或一个完整因子结构的视觉亮点，我们可能会比其他领域更快地接受虚拟与增强现实设备。

1.5 经济存在主义：一项宏大设计抑或一次偶然事件

如果我告诉你，我创建了预测经济部门回报的模型，但该模型大体上是不能凭直觉感知的并且是高度情境化的，你会对此感到担忧吗？那如果我告诉你某一核心组成部分是报纸中近期报道该行业产品的文章数量，但不能保证这一组成部分在我接下来的预测中能够通过验证并且仍然作为模型的组成部分呢？我遇到的多数研究人员对如何在潜在的模型中做出选择有一个概念框架。通常，我们需要思维练习，将特定的发现与宏观场景联系起来，并提出问题："世界真的是以这种方式运行吗？这一点讲得通吗？"没有这种过程，结果很容易会因其实证上的脆弱性和样本偏差招致严厉批评。我们在这里做了一个微妙的尝试，假设经济系统中有一种中央"秩序"或"设计"。通常,通过一群知情且理性(如果不是伪理性)的行为者的集体行动,经济力量可以高效地定价并平衡风险和回报。即使我们不认为行为者完全熟悉情况或完全理性,他们的集体行动也通常能产生有序的系统。

我们对经济学的思考植根于一种想法,即有一种"宏大设计"在起作用,我们在探查和估量一种宏大系统,偶尔也会利用这一系统。我指的不是存在不断变化或演化的"临时的小平衡",而是认为这一系统存在着根本性的、持续性的平衡。

达尔文主义关于随机突变、进化与学习的观点对世界观的核心提出了挑战。丹尼尔·丹尼特在其《从细菌到巴赫:心智的进化》一书中考究地将这一世界观表达为一系列偶然事件,几乎未提及一种宏观水平的秩序或更广大的目标。"无法被理解的能力"的观点发展成为一种框架,用以描述智能系统如何从一系列适应性响应中产生,其背后并没有一种更宏大的"秩序"或"设计"。尤瓦尔·赫拉利在其《未来简史》一书中描述了人类的进化,人类从野外觅食向有组织的农耕转变。这样一来,人类的数量得以增加,现在也不能退回到觅食那一步。路径依赖是进化的重要组成部分,制约着进化的未来方向。例如,人类不能"进化"觅食行为是因为已经不再进行觅食,现在正在进化的是耕作。

机器学习和随机森林一类的模型鲜少显示更大的图景或概念性框架,但常被轻易解读为数据中的一系列(随机)进化,引导我们去往我们观察的当前"真理"。有观点认为有一组经济力量在同时起作用,引发了经济的某种状态,这种观点现在被一系列随机突变和进化路径所取代。对量化金融模型而言,这意味着存在着更强大的路径依赖。

对一个受过经济学训练的思考者而言,这是很具有挑战性的,在某些情况下完全令人不安。一个模型能够创造一系列的相关关系,除了"只是因为"之外，几乎没有任何解释，这令人担忧，尤其是如果路径方向（突变）是随机的（对研究者而言）——看起来就像我们已经绘制出小水滴从玻璃上流下来的路径，但对是什么因素在指引路径知之甚少。正如著名的投资人乔治·索罗斯在其《金融炼金术》一书中对他的投资哲学与市场所描述的那样：就是一系列投入与产出，如同一场"炼金实验"，需要对成败结果进行一系列跟踪。

1.6　这一系统究竟是什么

机器学习与大数据对投资的重塑，需要对投资收益以及可能的超额收益的根本原因进行审查。在自然界里，在游戏中，以及在特征识别中，我们通常知道其参与规则（如果有的话），我们了解这场博弈，我们了解特征识别的挑战。金融市场的核心特征是其动态特质，这一点尚待解决。而随着要素的确定、相关性的估计以及收益率的计算，系统可能会快速演变。

大多数（常见的）量化金融模型更多聚焦于横截面识别而不是时间序列预测。在时间序列模型中，它们往往具有连续性，或是通常对一种嵌入的转换模型具有状态依赖性。两种方法都没有对市场动态变化的原因有更深入的理解，两种模型的预测（以我的经验）常常依赖于状态的序列相关性，以及偶尔的"颠覆""撼动"系统[1]的市场极端环境。在这个意义上，金融市场真正的复杂性似乎

---

[1] 例如，想象一种经典的状态转换模型，其中一个因子/信号的收益持续存在，直到观察到一个极端的估值或回报，也许是一个泡沫，未来收益变成了负数。大多数动量预测模型其背后都有某些类似的结构，其中无条件的回报被假设是持续存在且持续为正的，直到观察到一个极端事件或条件。

被严重低估了。从能够探索市场微妙复杂性与关系的机器学习算法中，我们能否期待更多？或许可以。然而，干净数据的缺乏以及横截面信息分割的可能性，使得我们采取某种监督型学习模型，但研究人员事前建立的结构与模型本身估计的参数可能会成为成功或失败的根源。

有人希望机器学习模型呈现的关系结构能够启发新一代的理论家，为建立基于主体的仿真模型提供参考，同时，反过来又能够产生更精细的事前结构来理解市场的动态复杂性。如果没有某种先验模型，我们不太可能了解市场的潜在动态属性，我们可能永远不能观察到市场的潜在特征，但可以对其进行推断。

验证这一观点的一种思想实验是一个简单的二维矩阵，由 5×5 元素构成（或尽可能多的元素数量来说明这一观点）。每一秒都有一粒沙子从平面上方掉落下来，落在一个方块上。随着时间的推移，每一个方块中沙粒的数量得以增加。按照规则，如果一个方块上的沙塔比另一个更大，这一沙塔将会倒向其临近的沙塔，为其带来新的沙子。最终，某些沙子会落在平面的四个边缘上。系统本身是复杂的，它在不同的领域建立"压力"，偶尔会释放压力，因为沙子从一个方块落至另一个方块，最终落至边缘。现在，想象一个研究人员就站在平面下方，看不到平面上方发生的一切。他只能观察掉落在边缘的沙粒的数量，以及掉落在了哪个边缘。在他看来，他只知道如果一段时间内没有沙子掉落，他就更应该感到担忧，但他对偶尔引起坍塌的系统没有任何感觉与认知。以价格为基础的机器学习模型有着类似的局限性。它们能够推断的内容只有那么多，连续的复杂系统可能产生一个特定的市场特征配置。选择一个特殊或"真实"的模型，尤其是在面对复杂的天然迷惑性和混淆性时，对研究人员而言是一个几乎不可能完成的任务。

1.7 动态预测与新方法论

现在，让我们回到量化资产管理更直接的问题。资产定价（股票）大体上始于两种假设之一，这两种假设通常取决于你选择的范围。

1. 市场由金融资产组成，价格则是对拥有这些资产的未来收益的公平估值（通常是现金流）。预测代替了未来的现金流/基本面/收益。公司是大量的未来现金流的集合，其价格反映了这些现金流的相对（或绝对）价值。
2. 市场由金融资产组成，这些资产由拥有不完全信息的代理人基于一系列考虑进行交易。因此收益只是一种"交易游戏"，预测价格即是预测其他代理人的未来需求与供应。这或许会也或许不会（通常不会）涉及对基本面的理解。事实上，对高频策略而言，几乎不需要关于标的资产的基本信息，只需要其未来预期价格的信息。这些模型通常使用较高频的微观结构，诸如成交量、买卖差价以及日历（时间）效应，旨在预测未来需求/供应的失衡，在一定时期内（通常是纳秒到几天内）带来收益。没有太多的事先建模，这是因为设计上的权衡，高频意味着总是对经济信息做出快速反应，这意味着它很可能是被交易模式所驱动的，并重新平衡与正常经济信息平行（可以理解为与经济信息保持一致或反映经济信息）的频率。

1.8 基本面因子、预测与机器学习

在基本面投资过程中，资产定价的"语言"充满了对公司业务状况、财务报告、收益、资产与整体商业前景的指向性。在共同基金行业中，绝大多数从业方都持这一观点运作，根据企业的商业前景，仅依靠对企业同行业竞争者、企业市场的分析，相对孤立地分析企业。绝大多数金融方面文献都试图为资本资产定价模型（CAPM）以外的系统性风险进行定价，因此多因子风险溢价以及新的因子研究通常将某些不可分散的商业风险作为潜在收益的案例。这些模型的过程非常简单：基于财务报表，通过分析与建模的组合提取基本特征，并将其应用于相对收益（横截面）或总收益（时间序列）之中。

对横截面收益分析而言，特征（通常采取非常常见的测度，如收益/价格）被定义在广义的横截面中，转换为标准分数（z-score）$Z \sim N(0,1)$ 或百分等级（1-100），然后通过函数 f^* 与某些未来收益相关联，r_{t+n} 中，"n"通常为 1~12 个月的远期收益。f^* 函数在套利定价理论（APT）文献中可找到其根源，通过分类或线性回归得以产生，可以是与未来收益的一种简单线性关系［也被称为信息系数（IC）］，可以是一种简单的试探性桶排序，也可以是一种线性回归或是一种阶梯式的线性回归（对多个 Z 特征而言，且其边际使用是有价值的）。它也可以十分复杂，作为"Z"信号植入已经存在的具有多特征的均值方差优化投资组合中。

重要的是，"Z"的预测通常被定义为具有广泛横截面吸引力（例如所有股票应在横截面中可以被测量）。一旦换成某一充分分散的应用（例如有许多股票的），任何线性拟合的误差都将被分散。

然而，通常没有多少时间花费在定义不同的 f^* 函数形式上。在常见的二次函数形式（通常用来处理"规模"）或偶尔的交互项（例如质量×规模）之外，实际上还没有一个利用"Z"中信息的好方法。这一领域在很大程度上被忽视，这是为了更好地测量特定的股票，但仍然是同样的标准化与同样的 f^*。

因此，我们的目标是改善 f^*。通常我们有一套几百个基本的"Z"可供选择，每个都是横截面上的连续变量，在横截面中最多有大约 3 000 只股票。例如，我们可以将 Z 转变为指示变量，如分位数等，但通常我们用极值的分位数而非中间的分位数作为指标。有了基本变量"Z"及某些基于"Z"的指标 Z^I，我们开始探索不同的非线性方法论。我们现在开始感到兴奋，因为潜在的新的超级解决方案就在前方等着我们。

我们首先遇到的是这样一个问题："我想要预测什么？"随机森林与神经网络通常寻求二分类结果作为预测因子。收益是连续的，大多数基本面表现同样如此（例如某一公司超出/低于预期的百分比）。在我们选择目标前，我们应该考虑我们想要确定的是怎样一种系统。

1. 我想要预测一家公司的行动和选择，例如公司"选择"更换首席执行官，购置或卖出资产，收购竞争对手。然后我希望从与这些行动相关的收益中获益。但公司如何做出这些选择？他们是否未考虑经济因素孤立地做出选择，是否真的有无条件的选择，抑或这些公司已经受制于某种潜在的经济事件？举例而言，公司几乎不会孤立地取消股息。通常来说，有关取消股息的决定已经严重受到了极其糟糕的市场条件的影响。因此我们的模型可能会更能识别出处于财务困境的公司，而不是那些实际上"选择"取消股息的公司。仔细考虑"选择"是什么以及"状态"是什么，其中的某些选择结果是意料之中的事。

2. 我想要预测公司的不正当行为，随后通过卖空/回避这些公司来盈利。不管是有意还是无意，那些虚报其财务状况的公司最终会被发现（我们希望如此！），因此我们有一个样本集，这对新兴经济体而言尤其有趣，例如对国有企业而言，政府的财务控制可能会与简单公开披露有利益冲突。这似乎会是法务、会计视角下一个令人激动的可研究领域，"线索"被算法发现并进行模式匹配，这是仅仅通过人类直觉所不可能做到的。我认为我们必须在此再回顾一下最初的假设：这是不是无意识的，因此我们在组织内就固有的不确定性/复杂性建模，抑或这是有意识的，在这种情况下这是对分类的"选择"。

3. 我只想预测收益。直奔要害，我们可以说：我们能否利用基本面特征预测股票收益？我们可以在某些对等的组内定义未来某段时间"n"的相对收益（最高十分位数，最高五分位数？），将其设为"1"而将其他设为"0"。如果我们能排列我们的基本面数据，用某些回溯窗口重新预测我们的模型（神经网络或其他），我们应该能够用蛮力破解这一问题，这种想法很有吸引力。然而，这可能导致一种极端动态的模型，因子之间的重要性有极端变化，可能没有明确的"局部极大值"来说明哪个模型是最好的。或者我们可以基于一个总收益目标确定我们的因变量，例如任何在未来时期"n"+20%的事物（显然这两种选择是相关的），旨在明确一个"极端变动"模型。但为何公司会经历不寻常的大幅度跳价？任何上述一种模型（收购、超出预期、巨大喜讯等）都可以成为理想对象，如果不是的话，我们实际上是在预测横截面波动性。例如在 2008 年，实现 +20% 的收益或许几乎是不可能的，然而在 2009 年下半年，如果我们是银行，这一点却有望实现。横截面波动性与市场方向是使股价得以（或使股价不能）出现 +x% 的变动的必需的"状态"。因此，总收益目标模型不太可能在不同的市场周期中（横截面波动率体系）运行良好，其中无条件实现 +20% 的可能性有显著变化。将这些考虑嵌入模型就又有效地将 +20% 转变为横截面的标准差变动，现在你又回到了相对收益的游戏中。

4. 如果你尤其热衷于用方法论驱动你的模型选择，你可能不得不委身适应一种观点，即价格具有连续性，而基本面会计财务数据（至少就报告的而言）是不连续的且通常是高度粉饰的。如果你的预测频率比会计信息的报告频率更高，如按月进行预测，本质上你要依赖历史上的财务账目与目前价格之间的差异来推测信息变化，在很大程度上就是推测营业额。如果你所使用的是大规模的、"分组的"分析方法，如桶分析或回归分析，这是一个不太需要关心的问题。但如果你使用的是非常精细的工具，例如神经网络，它可以捕捉细微偏差并对其分配有意义的关系，这才会是一个很大的问题。

5. 利用动态嵌套对数模型（如随机森林）一类的条件模型可能会凸显那些平均组，他们比市场中其他人更加可能跑赢市场，但其特征（就决定节点的因素而言）将极其具有动态性。现在条件因子模型（情景模型）仍然存在，事实上，大多数因子模型是在区域背景中确定的（以任意一种商业上可用的风险模型为例），在某些情况下是在规模中确定的。这意味着收益预测是有条件的，取决于你处在市场的哪个部分。从经济原则的角度而言，这很难证明，因为这需要在信息生成或强大的客户效应方面有一定程度的隔离。例如，一组客户（美国小盘股）认为营收增长是推动收益的一种方式，而另一组客户（日本大盘股）追求完全不同的方面。如果世界分割成此种程度，就很难（但不是不可能）论证资产定价是对某种全球（不可分割的）风险的补偿。无论何种情况，不论何种实证研究方法，有条件的资产定价模型应该努力证明，为什么它们认为在财务报表之间的相对较短的时间内，价格是由如此不同的基本面动态驱动的。

总而言之，将机器学习方法这类大规模而灵敏的工具与使用基本面信息预测横截面收益的手段结合使用时，必须非常谨慎小心。这一领域的大多数量化工作依赖于对贝塔值等敏感值的蛮力（近似）。研究人员在套利定价理论的回归或信息比率的主流计算中很少强调误差修正方法，信息比率的计算主要依靠在信号（Z）和未来收益之间获取广泛的平均关系来进行。偶尔（通常是在高横截面波动期）在会议中会有对非线性因子收益的介绍，对于这种介绍，听众会点头承认，但基本上不会在策略上进行调整。线性函数 $f*$ 的吸引力太过强大和根深蒂固，很难轻易被改变。

过去，我们开展实验来确定非线性估计量能够为模拟回测增加多少额外收益。对较慢变化的信号而言（每月再平衡，6~12个月期限），很难击败没有过度拟合的线性模型。类似地，因子择时对非线性模型而言是一个有吸引力的领域，然而，因子回报的计算本身带有大量的噪声和固有假设，这些假设使择时本身非常具有主观性。一个结构良好（通常意味着能够很好地通过回测）的因子将拥有平稳的收益率序列，历史上某些潜在的灾难性干扰除外。使用一个时间序列的神经网络来试图预测这些事件何时发生,甚至比线性框架更强烈地依赖一些通常不可重复的迹象。讽刺的是,因子被引入投资组合是出于对"买入并持有"策略的优化。这意味着采用一个连续的时间机制,即使这个机制是适合的,来改善"买入并持有"策略的回报都将异常困难。在历史上错过一次或两次极端的回报事件,然后考虑交易成本,通常会看到稳中求胜的线性因子胜出,这让热衷于使用方法论的研究者感到沮丧。综上,我们最好生成一个不那么完善建构的、具有某些时间序列特征的因子,旨在择时。

在这一点上,似乎我们遇到了难题。对基本面研究人员而言,关注的兴趣点常常是某种以会计为基础的衡量标准(营收、利润等),在这之中使用机器学习类似于在伦敦的交通高峰期开一辆法拉利。换句话说:看上去很有吸引力,但用起来可能感觉极度痛苦。我们还能做些什么呢?

1.9 结论:寻找投资中的"钉子"

具有科学思维的研究人员会迷上一种新方法论,花费时间寻找问题,将方法运用于其上。如同挥动一把你最喜欢的锤子,在房间里踱步,寻找钉子,机器学习似乎是方法论中令人激动的分支之一,但没有非常明显的独特应用。我们看到越来越多的人使用机器学习技术重塑传统模型,在某些情况下,这些模型可以产生新的见解。通常,如果模型由于是为线性估计构建和设计的而受限,我们必须彻底改变原始问题,重新设计实验,从而希望从数据中瞥见某些全新的事物。

当评估模型、设计新模型或仅仅在白板前考虑想法时,有一个有用的指导原则，即问问你自己或你的同事："我们从世界中学到了什么？"归根结底，实证或逸事调查的最终目标在于更多地了解世界如何在我们周遭以极其复杂、惊异、振奋的方式发挥作用，从优雅的数学，到混乱复杂的系统，再到最混乱的数据。如果一类研究人员确信他们的模型代表了世界的某种"真理"，不管采用了何种方法、有多复杂，这类研究人员更容易被相信、铭记并最终获得回报。我们不应夸大或迷恋某个模型，而是要始终寻求如何更好地理解这个世界，更好地理解我们的客户。

如机器学习之类的强大模式识别方法有巨大的能力，能够增加人类对复杂系统的理解，包括金融市场及许多社会系统。我经常被提醒，那些利用这些模型的人应该谨慎进行推断，保持谦虚，珍惜信任。世界对量化的喜欢是来来去去、断断续续的，而通常失宠的原因是因为量化被许诺得太多太快。机器学习和人工智能（AI）几乎一定会在某一时刻让我们失望，但这一点不应让我们却步；相反，应该鼓励我们寻求更多、更好、更有趣的模型，以更加了解这个世界。

第 2 章

驾驭大数据

拉多·利普什
（Rado Lipuš）

达里尔·史密斯
（Daryl Smith）

拉多·利普什（Rado Lipuš）

CFA，另类数据供应商 Neudata 的创始人兼首席执行官。在创立 Neudata 之前，拉多拥有 20 多年在金融科技领导、销售管理和数据创新领域的买方专业经验。他曾在 MSCI（Barra）和 S&P Capital IQ 从事量化投资组合构建和风险管理工作数年，并为 CITE Investments 筹集资金；后来在伦敦的 PerTrac 担任董事总经理，PerTrac 是一家领先的金融科技和数据分析解决方案供应商，为欧洲、中东、非洲和亚洲的对冲基金和机构投资者提供服务；他还曾在 eVestment、2iQResearch、I/B/E/S 和 TIMGroup 等金融数据公司工作。作为公认的另类数据专家，拉多经常受邀在会议和行业活动中发言。拉多在奥地利格拉茨大学获得工商管理硕士学位。

达里尔·史密斯（Daryl Smith）

CFA，Neudata 的研究负责人。他和团队负责为全球范围众多的资产管理公司研究和发现另类数据集。在加入 Neudata 之前，他曾在精品投资公司 Liberum Capital 担任股票研究分析师，涉足多个领域，包括农业、化工和多元金融；在加入 Liberum 之前，他曾在高盛担任股票衍生品分析师和监管报告策略师。达里尔拥有巴斯大学机械工程硕士学位。

2.1 导读

大约 20 年前,一群特殊且具有创新思维的对冲基金经理与资产管理者使用了另类数据与机器学习技术。而近年来,使用另类数据的基金经理数量与新的商业可用数据源供应量均大幅增加。

我们确定了在过去几年可商业使用的 600 余个数据集。目前,Neudata 平台每月会新增约 40 个经过彻底审查的新另类数据集。未来几年,我们希望数据集总量能够平稳增长,因为一方面,越来越多的数据创生公司将其现有数据货币化;另一方面,新成立的和已有的初创企业正带来新鲜的、额外的另类数据产品。

2.1.1 何为"另类"? 与传统相对

对不熟悉该领域的人而言,术语"另类数据"指一种新型的数据源,可用作投资管理分析与量化投资决策。本质上讲,另类数据基本上指过去 10 年创生的数据,直到最近才被投资界所接受和使用。在某些情况下,产生另类数据的本意是为非投资公司——遍布各行各业的实体公司,提供一种可使用的分析工具。在许多其他情况下,另类数据是经济活动的一种副产品,通常被称为"数据废料"。另类数据主要被买方与卖方所使用,同时也被私募股权、风险投资以及企业非投资客户所使用。

2.1.2 另类数据并不总是大数据,大数据并不总是另类数据

术语"大数据"与"另类数据"常常可交换使用,多用在非结构化数据的语境中,在某些情况下也指大量的数据。

术语"另类数据"最初的使用者为美国的数据代理商与顾问,几

年前这一术语得以被广泛接受。美国的资产管理行业比其他地区更能广泛理解另类数据的含义，例如，在欧洲，直到 2017 年这一术语才被广为认可。

2016 年与 2017 年，卖方、传统数据供应商与其他类型的会议主办方举办了大量的会议与活动，确实帮助扩散了对另类数据的认识。此外，过去几年，卖方银行、数据供应商与咨询公司方针对另类数据与人工智能展开的诸多调研与报告，也推动了另类数据在买方与更广泛产业中认知度的提升。

我们所说的另类数据源究竟是什么？有多少数据源可用？哪些数据源是最适用的？

2.2　使用另类数据的驱动因素

2.2.1　创新的扩散：我们处于什么阶段

金融产业仍然处于使用另类数据的早期阶段（见图 2.1），从积极寻求并研究另类数据源的买方数量上我们可以证实这一点。然而，对另类数据的使用正处在风口浪尖，正向早期大众阶段过渡，我们观察到大量的资产管理公司、对冲基金、养老基金和主权基金正在建立另类数据的研究能力。

大多数创新者与早期的应用者植根于美国，欧洲所占比例较小，亚洲基金所占比例则更小。大多数创新者与早期的应用者拥有系统化和量化的投资策略，并且在很大程度上拥有聚焦于消费者的主观对冲基金。

2017 年，我们观察到使用基本面策略的基金的收益猛增。然而，尽管这些传统的基金经理对使用另类数据越发感兴趣，但量化策略对另类数据的吸收和运用明显更快。我们推测造成这一现象的

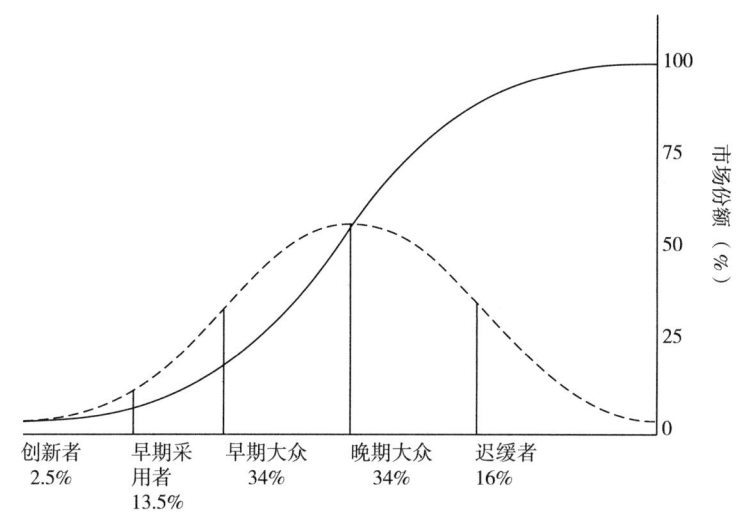

图2.1 创新扩散规律

资料来源：Rogers（1962）。

主要原因之一是操作方式。简而言之，采取基本面策略的公司要研究另类数据更具挑战性，这是因为其所需的技术与数据基础设施常常并不充分，研究团队经常面临严峻的技术鸿沟。因此，评估、处理、确保法律合规性以及获得大量数据集的任务需要对现有流程进行全面改革，因此会带来组织上的巨大挑战。

对于大型、成熟的资产管理公司而言，一大阻碍是向研究团队提供测试数据的内部流程过慢。这一程序通常需要：（1）对新数据供应商进行尽职调查；（2）签署测试数据的法律协议（大多数情况下是免费的）；（3）获得合规团队批准。资产管理公司的这些内部流程框架差别很大，因此为研究团队组织大量的新数据集所需的时间也差别很大。创新型对冲基金可能需要几天或几周，而一个不太注重数据、组织较为低效的资产管理公司则可能需要几个月。

在投资中使用另类数据受到了金融科技进步的驱动，金融科技的进步也改善了分析不同数据集的能力。许多投资者、对冲基金与资产管理公司将这些进步视为对传统投资方法的一种补充，为不具备此种能力的投资经理提供了优势。

今天，尽管很多投资专业人士宣称另类数据是一种新的投资领域，但可以说这一领域已经相当成熟，此领域的从业人员非常常见。正如安永在 2017 年全球对冲基金与投资者调查中指出的[①]，当参与者被问及"在你投资的对冲基金中，使用非传统或下一代数据及'大数据'分析/人工智能以支持投资流程的占比为多少"时，平均回答为占比24%。更有趣的是，当问到同一批参与者未来三年他们希望这一占比为多少时，答案提升到了38%。

确实，据 Opimas Analysis 预测[②]，未来 4 年，全球投资经理用在另类数据上的花费预计年复合增长率为21%，到 2020 年有望超过 70 亿美元（见图 2.2）。

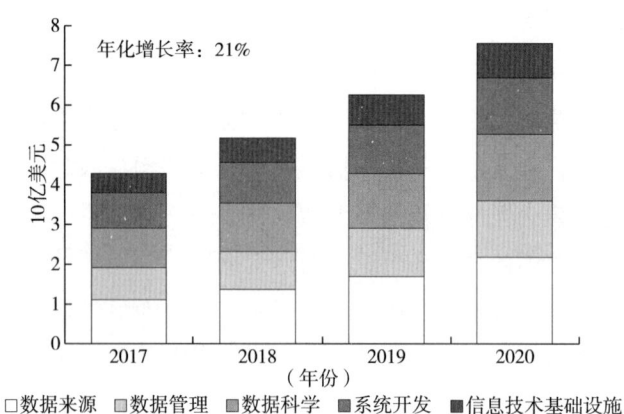

图 2.2 另类数据支出

资料来源：Opimas Analysis。https：//www.ft.com/content/0e29ec10-f925-11e7-9b32-d7d59aace167.

[①] http：//www.ey.com/Publication/vwLUAssets/EY-2017-global-hedge-fund-and-investor-surveypress-release/ $ File/EY-2017-global-hedge-fund-and-investor-survey-press-release.pdf

[②] http：//www.opimas.com/research/267/detail

2.3 另类数据类型、形式与范围

出于一些原因，另类数据源的分类具有挑战性。首先，数据供应商对其产品的描述通常不一致且不完整，也不都与投资和资管充分相关。其次，另类数据的本质是复杂多面的，数据不能简单进行分类或描述为某一单一类型。而诸如分笔或价格数据、基本面数据、参考数据之类的传统数据的复杂度较低，更容易被定义。

我们将不同的数据源分成 20 种不同的类型，对大多数另类数据而言，都适用于多重分类。例如，一个环境、社会与治理（ESG）数据集可能包含"众包""网页抓取""新闻""社交媒体"（见图 2.3）。更复杂的是，一个数据集可能也会是一种衍生产品，可以以不同形式来使用：

1. 未经处理的，28%。

图 2.3　另类数据类型

资料来源：Neudata。

2. 结构化的或聚合的，35%。

3. 单一的（派生指标），22%。

4. 报告，15%。

2.3.1 另类数据分类与定义

另类数据的分类与定义见表2.1。

表2.1 数据分类类型

数据集分类	定义
众包	从一大群贡献者处收集的数据，尤其是利用社交媒体或智能手机应用
经济	所收集的数据与某一特定地区的经济相关。例如贸易流、通货膨胀、就业或消费性开支数据
ESG	所收集的数据旨在帮助投资者明确不同企业的环境、社会与治理风险
事件	能够提醒用户对权益价格敏感事件的任何数据集，例如收购公告、催化剂事件日程或交易预警
金融产品	任何与金融产品相关的数据集，例如期权定价、隐含波动性、交易所交易基金（ETF）或结构性产品数据
资金面	任何与机构或散户投资相关的数据集
基本面	源自专有分析技术的数据，与公司基本情况相关
物联网	源自相互关联的实体设备的数据，如无线基础设施以及具有嵌入式网络链接的设备
位置	通常源自移动电话位置数据的数据集
新闻	源自新闻源的数据，包括公开的新闻网站、新闻视频频道或公司特定的资讯供应商
价格	源自场内或场外交易的价格数据
调查与民意测验	利用调查、问卷调查或分组收集的基础数据
卫星及航空	利用卫星、无人机或其他航空设备收集的基础数据
搜索	包含或源自网络搜索数据的数据集
观点	源自自然语言处理、文本分析、音频分析或视频分析手段的输出数据

(续表)

数据集分类	定义
社交媒体	利用社交媒体源收集的基础数据
交易	源自收据、银行对账单、信用卡或其他交易源的数据集
天气	源自天气的相关数据,如源自地面站及卫星的数据
网页抓取	从网站中定期收集特定数据的某一自动程序收集的数据
网页与应用程序追踪	数据源自归档现有网站与应用程序,追踪每一网站特定变化的自动程序;监控网站访客行为

资料来源:Neudata。

2.3.2 有多少另类数据集

我们预测,如今买方使用的另类数据源有 1 000 余个。其中 21% 属于网站与应用程序相关数据,8% 为宏观经济数据,这些宏观经济数据包括若干子类,如就业、国内生产总值、通货膨胀、生产、经济指标等(见图2.4)。

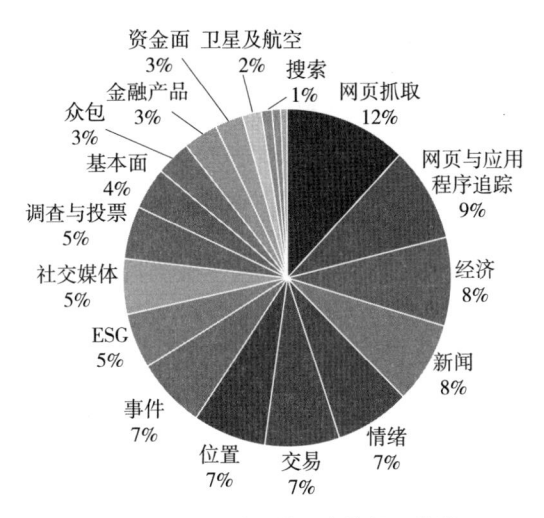

图 2.4 买方使用的另类数据源分类

资料来源:Neudata。

第2章 驾驭大数据 29

前6个数据种类占据所有数据源的50%。有必要指出，一个数据集可以分为多个种类。一个数据集可以包含多个来源，可适用于不同的使用实例。

然而，在投资管理中利用这些数据源的方式并不统一，也不能反映数据源的供应方情况。

2.4 如何判断哪些另类数据有用

对很多基金经理而言，终极问题在于选择何种数据源用于研究或回测。其中一个关键问题在于，哪种数据集较易操作？需要进行多少数据清理、数据对应及准备工作，从而将一个数据集与一个研究数据库整合？

我们试着回答这些问题的其中一个方式是根据表2.2中的8个因素对每一数据集打分。可以理解的是，每一个基金经理对表2.2中哪种因素最重要都有不同观点。很多人会有特别的"硬性要求"。例如，有人可能会选择对某一数据集进行回测，只要这一数据集有至少5年的历史，每年花费少于50 000美元，至少每天更新一次，并且与至少1 000只公开上市股票相关。

表2.2 评估另类数据有用的关键标准

因素	描述
数据历史长度	时间数据可获得的最早历史点
数据频率	数据能够被推送的频率
覆盖范围	数据集与多少投资公司相关
市场熟知度	Neudata对某一数据集有多少机构投资者熟知进行的评估
拥挤度	Neudata对有多少对冲基金与资产管理客户使用这一数据集的估计

(续表)

因素	描述
独特性	Neudata 对某一特定数据集独特性的评估
数据质量	对数据完整性、结构、准确度与及时性的评估
年度价格	数据供应商收取的年度订阅价格

资料来源：Neudata。

当然，上述这些因素只是一种初步概述，以使机构投资者确定一个数据集与另外一个数据集到底有什么不同。除此之外，有众多质量因素需要考虑，以判断某一数据集是否值得进一步调查。可以进行全面调查，试着回答 80 到 100 个问题，其中包含了我们从投资界最常收到的提问。例如：

1. 数据的原始来源是什么？
2. 数据是如何收集的，又是如何呈现的？
3. 三年前的数据是否如今天一样完整？
4. 数据面板规模大小如何随时间改变，有何偏误？
5. 数据推送的时效性如何？
6. 数据是否在"某一特定时间点"？
7. 数据是否映射到证券标识或代码上，如果有，如何映射？
8. 这一数据集如何区别于类似产品？
9. 目前为止机构投资者对产品的兴趣如何？（如果有兴趣的话）
10. 地理覆盖范围如何？会不会扩大？
11. 这一数据集相关的投资公司具体列表是什么？

我们为找到这些问题的答案，与数据供应商召开了多次会议，审查样本数据（通常与感兴趣的客户共享），并调查了独立的信息来源（如学术论文）。在采取这些措施时，不但创建了一个全面和独特的数据集概况，也提供了一些参考使用案例，可应用于回测中。

2.5　另类数据需要多少成本

对数据供应商和另类数据购买者而言，最具挑战性的问题之一在于，如何决定一个数据集的价格。

对很多进入金融服务行业的新数据供应商而言，定价是一件非常困难的事，主要出于以下两个原因：第一，在很多情况下，新供应商对同业或类似数据订阅定价的理解和认知非常有限；第二，数据供应商不清楚买方将以何种方式使用他们的数据，也不清楚一个数据集能为资产管理公司带来多大价值或超额收益。在资产管理公司看来，数据集的附加值取决于多个因素，例如投资策略、投资期、投资领域、投资规模等，以及许多对某一特定基金经理的投资策略具有独特意义的其他因子。如果新数据源与已经被某一特定基金经理使用的数据集高度相关的话，新另类数据集的边际超额收益可能会很小。

对那些开始研究另类数据的资产管理公司而言，挑战来自用于数据订阅的预算。基于数据格式（如2.3节所述）、数据质量和其他数据供应商的特质，年度数据订阅价格会有很大差别。另类数据集的价格从免费到年度订阅费250万美元不等。在所有数据集中，约70%的定价区间在每年1~150 000美元。也有若干免费的另类数据集。然而，使用免费的数据源，可能会带来数据检索、数据清理、数据规范化、数据标注及其他准备工作带来的间接成本，只有做了这些准备工作，数据源才能够被基金经理应用于研究和生产（见图2.5）。

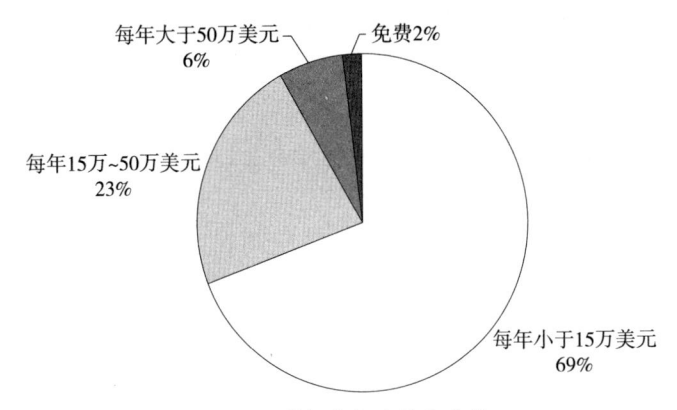

图 2.5　数据集年度价格分类

资料来源：Neudata。

2.6　案例研究

下文中的 5 个例子源自 Neudata 数据团队在过去几年的实践，总结提取自其完整报告，供应商名字已被隐去。

2.6.1　美国医疗记录

供应商：一家能在开出处方的三天内推送医疗品牌销售数据的早期数据供应商。

2.6.1.1　总结
团队为医疗保健领域提供源于医疗记录的洞见。过去 7 年，该公司与全美的医疗转录公司（将书面医疗记录转成电子文档）合作，运用自然语言处理（NLP）技术处理数据。

数据集提供约 2 000 万条医疗转录记录，覆盖全美 50 个州，每月新增 125 万条新记录（2016 年每月新增 25 万条），涵盖全科 7 000 名医生和 700 万名患者。患者离开医生办公室 72 小时后，即可以按结构化或非结构化格式（CSV 文件）获得数据。

2.6.1.2 关键信息 团队声称是商业化此类数据的唯一一家公司。截至目前，其商品可用于：（1）推出药物后立即对其追踪；（2）调查特定品牌未充分使用的原因；（3）在美国食品药品监督管理局（FDA）审批同意前，发现涉及某一公司产品和品牌扩张的不良事件。

2.6.1.3 状态 该公司在过去 6 个月已和两家主观对冲基金合作，目前正考虑达成独家协议（见图 2.6）。

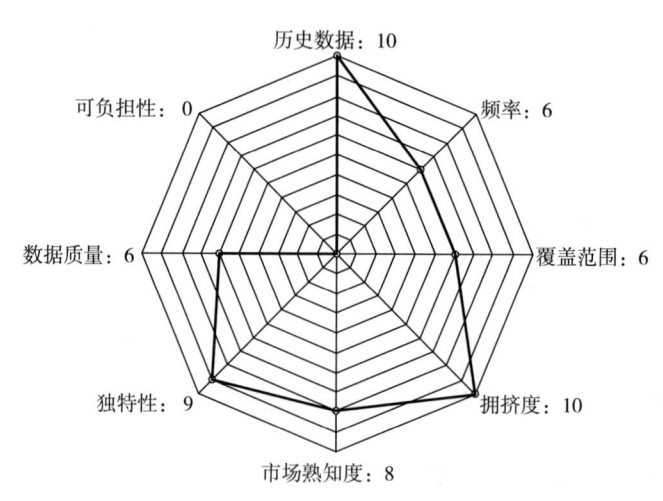

图 2.6 Neudata 对医疗记录数据集的评分

资料来源：Neudata。

2.6.2 印度发电数据

供应商：一家准备推出与印度电力领域相关的每日数据交付成熟的数据供应商。

2.6.2.1 总结 这家数据供应商的核心业务是为对冲基金、经纪人和商业银行组成的客户群提供数据分析与研究服务。产品之一（尚未发布）将提供印度电力领域的每日更新数据。具体而言，这一产品将包含不同地区电力供应的数量数据（百万家单位的能源需求）与质量数据（以兆瓦为单位的峰值短缺）。数据集还将包含不同地区与来源（如煤、太阳能、风能和氢能）的电力供应。总计约有 10 000 个数据点每日更新。

2.6.2.2 关键信息 我们认为，考虑到数据粒度和推送频率，这将是一个独特的产品。自 2014 年起，可提供精确到发电厂发电水平粒度的数据集，详细度要求更低的历史数据集可自 2012 年起提供。一旦产品推出，可通过 API 接口推送数据集。

2.6.2.3 状态 目前为止，尚未有客户使用这一数据集，目前该团队正在积极寻找觉得此数据集有用的机构。一旦找到对此感兴趣的相关方，将需要 4 周左右建立 API 数据推送接口（见图 2.7）。

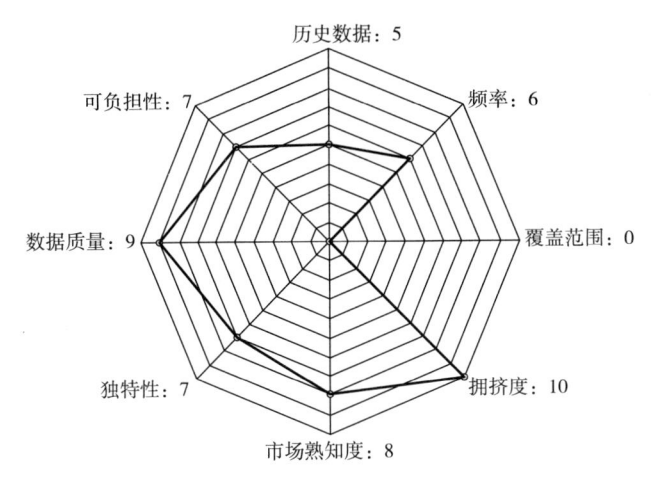

图 2.7 Neudata 对印度电力公司数据集的评分
资料来源：Neudata。

2.6.3 美国企业盈利预测

供应商：是一家投资银行的数据服务部门，为 360 家美国企业提供盈利预测，这些企业主要集中在消费零售领域。

2.6.3.1 总结 产品发布于 2016 年 9 月，包括：（1）线上用户搜索数据；（2）来自 6 500 万个设备的地理位置数据；（3）销售点交易数据。数据按季度输出，旨在帮助客户了解某一特定公司相比于此前季度的表现如何。某一特定公司会计季度结束 3 ~ 10 天后，通过文件传输协议（FTP）或团队网站发送盈利信号。可获取自 2012 年年底起的整个范围的历史数据。

2.6.3.2 关键信息 潜在用户应意识到：（1）与绝对收益数字不同，只为每一公司提供相比此前时期的可选范围内相对收益表现；（2）最新拓展的范围中的样本外数据只有 4 个月；（3）直到最近这一产品仅仅覆盖了约 60 只美国股票，到 2017 年 8 月，拓展到 360 只股票以及消费零售业以外领域，包括影院、餐厅和连锁酒店。自这时起，该团队告知我们用户兴趣已明显增强。

2.6.3.3 状态 约有 8 个客户正在使用这一数据集，其中一半为量化基金。尽管最近几个月对这一产品感兴趣的客户增加，但我们认为该团队有意限制对该数据集的访问（见图 2.8）。

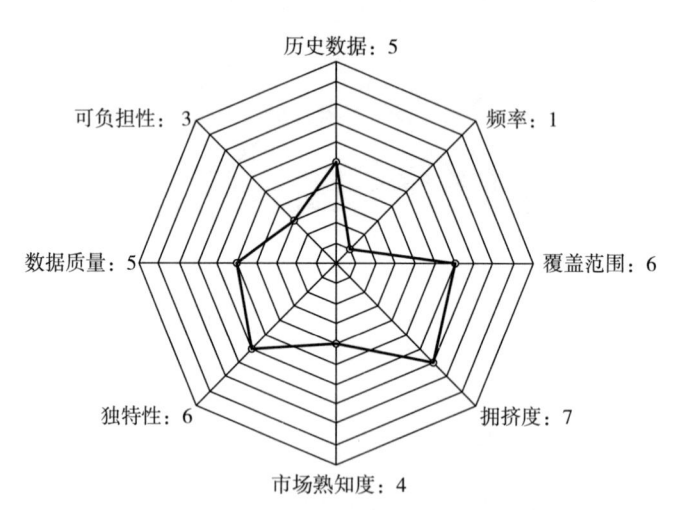

图 2.8 Neudata 对美国企业盈利预测数据集的评分
资料来源：Neudata。

2.6.4 中国制造业数据

供应商：一家使用先进卫星图像分析的数据供应商，以帮助客户追踪中国的经济活动。

2.6.4.1 总结 这一产品为制造业指标，基于中国大陆6 000余个工业用地的图像进行计算。利用数据点构建指标，通过CSV文件每周三次推送给客户，有两周的延迟。可获得自2004年起的历史数据。

2.6.4.2 关键信息 该团队声称，这一产品是对中国工业活动最快且最可靠的衡量。具体而言，该团队认为这一指标比中国的采购经理指数（PMI）更准确。

2.6.4.3 状态 自2017年年初起，该团队开始向一家大型跨国银行的量化部门销售基础数据。最近，其他量化部门也开始对这一产品感兴趣，目前该集团有4个使用相同基础数据的部门。基于客户需求，该团队正在进行上市公司特定工业用地与证券代码的映射对应工作（见图2.9）。

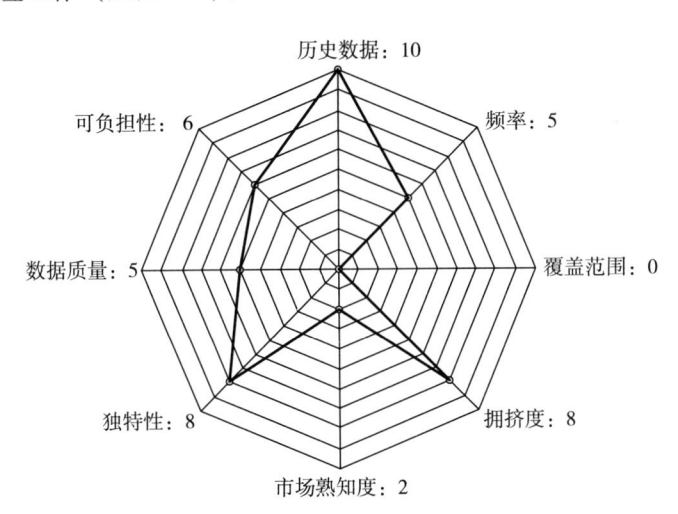

图2.9 Neudata对中国制造业数据集的评分

资料来源：Neudata。

2.6.5 空头头寸数据

供应商：这一公司基于全球600余个投资经理所持有的公开交易证券信息，进行收集、整合并分析证券持仓数据。

2.6.5.1 总结
该团队从30多个国家的监管机构收集公开披露信息，描述了3 200余只普通股的多头与空头头寸。这些公开披露信息由一位投资经理进行整合，同时允许客户针对这些信息进行自己的分析。例如，客户可以发现在某一特定时期内有多少其他投资人进入了某一特定股票的同一空头头寸，以及这一空头头寸有多大。每日提供更新数据，并提供2012年以来的历史数据。

2.6.5.2 关键信息
股票持仓与头寸数据以一种简单标准的格式呈现，便于分析。相反地，监管机构提供的数据并不标准，某些时候可能具有误导性。例如，许多资产管理公司以不同名义披露空头头寸，可能有意地对其头寸轻描淡写。然而，这一产品背后的数据收集方法能够识别这种行为，从而整合披露，为某一特定证券提供全球性的、准确的、管理者水平的持仓信息。

2.6.5.3 状态
该团队于2017年扩张，覆盖面扩大（2017年上半年覆盖北欧国家与某些亚洲国家和地区，包括新加坡、韩国和中国台湾），资产公司客户也不断增加（从2017年上半年的零客户到2017年下半年的12个客户），如图2.10所示。

2.6.6 预测英国建筑商Carillion的崩溃——另类数据的应用实例

英国建筑服务公司Carillion于2018年1月进入清算程序，哪个另类数据供应商能够确定这一公司的崩溃？

下文中我们描述了5种截然不同的另类数据产品，以及这些数据与Carillion经营状况的交叉参照。

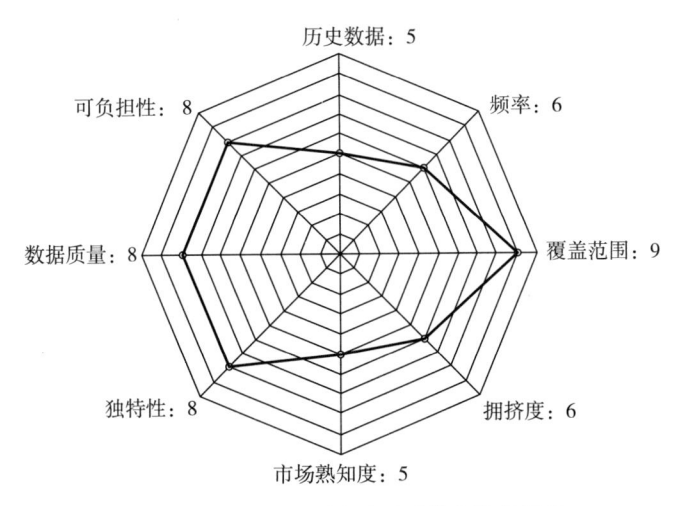

图 2.10　Neudata 对空头头寸数据集的评分

资料来源：Neudata。

2.6.6.1　确定 Carillion 债务负担增长的一家采购数据供应商　正如被高度曝光的，2017 年 Carillion 最大的问题之一是不断增长的债务。当年年底，其平均净负债达到 9.25 亿英镑，同比增长 58%（见图 2.11）。

然而，我们发现最有趣的一点是 Carillion 于 2017 年 7 月发布初始盈利预警到 2018 年 1 月清算之间的一件事，当时该集团（及其下属公司）拿下了 10 个公共部门合同，总金额达 13 亿英镑——进一步增加了该集团的债务负担，同时潜在地暴露出政府并未意识到当时 Carillion 面临着怎样的财务困难。

一家数据供应商应该需要注意到这些合同（以及不断增长的债务负担），同时提供额外的分析。这一供应商的数据库涵盖并可追溯至 5 年前的公共采购通知信息，可提供 62 000 多家供应商的详细资料。数据每日更新，包含总价值 2 万亿英镑的招标通知和总价值 7 990 亿英镑的合同签署通知。通过检索如"Carillion"一类的特定

第 2 章　驾驭大数据　　39

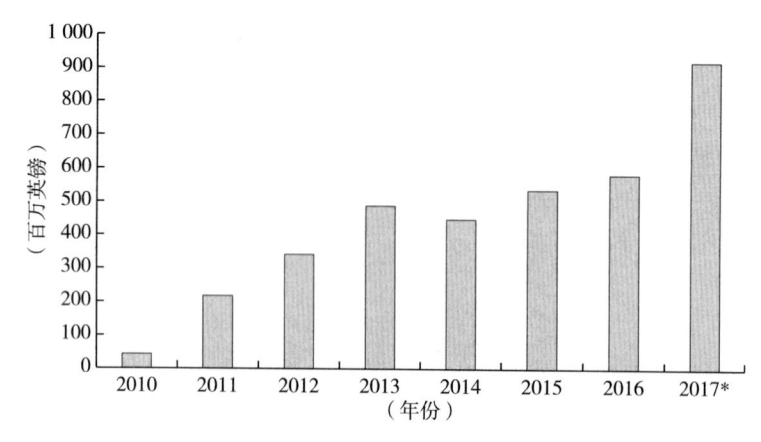

图 2.11 Carillion 平均净负债

* 由 Carillion 截至 2017 年 11 月预测。
资料来源：Carillion。

名称，用户可获得如下指标：

1. 未来到期合同的数量与价值。
2. 获得的合同与指定期限内到期合同的比率。
3. 市场份额、平均合同规模、收入集中度和客户流失的趋势。

2.6.6.2　交易信息整合工具提供详细的空头头寸分析　Carillion 的失败也使那些进行押注看跌的对冲基金（如对冲基金公司 Marshall Wace 和 CapeView Capital）成为人们关注的焦点，这些基金早在 2013 年就开始对该集团进行做空。2017 年 7 月 10 日，在该集团股价下跌 39% 之前，Carillion 是富时 250 指数中做空最多的股票之一。尽管这一重要的空头净额相对来说为人所知，然而依旧较为复杂且需要花费时间从公开披露中确定谁持有哪些头寸、持有多长时间，以及每个卖空者在指定时间点的损益是多少。

在我们看来，这正是某一特定数据供应商可证明自己极其有用的时候。该集团收集、聚合并分析全球600多个投资人持有的公开交易证券头寸数据。此外，该公司聚合了投资人的披露信息，允许客户针对聚合输出的数据采用自己的分析手段。在Carillion一例中，用户可以知道Marshall Wace已做空了多久，这一点如何随时间变化以及所有公开交易的损益。数据每日更新，可提供自2012年起的历史数据（见图2.12）。

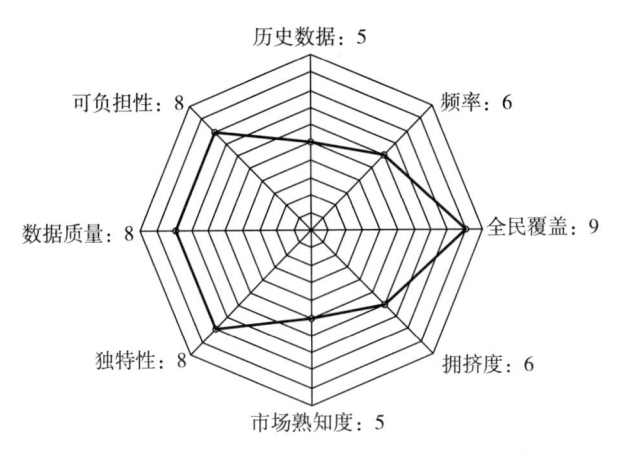

图2.12 Neudata对空头头寸数据集的评分

资料来源：Neudata。

2.6.6.3 另一供应商可以帮助确定逾期付款票据 Carillion的例子同时凸显出逾期付款的问题，据透露，该集团逾期120天未向承包商付款。正如《金融时报》的文章"Carillion的崩溃导致其对承包商逾期支付"所强调的，2017年，英国政府通过监管令，要求大型企业每年上报两次其支付信息（在2018年4月第一次上报时，绝大多数企业都照做了）。然而，通过观察公司的票据数据，例如由另一供应商提供的数据，可以得到粒度分析，更新频率更快。

尽管该集团不能向我们证实它具有针对Carillion的票据数据，

我们相信该集团及其他贴现票据开具方都是值得一提的,可以作为一种有用的来源,来帮助确定哪些公司处于陷入财务困境的初期阶段(见图 2.13)。

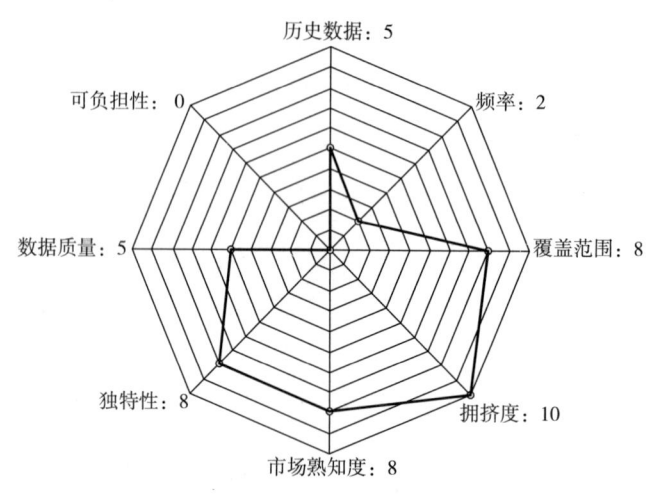

图 2.13 Neudata 对票据数据集的评分

资料来源:Neudata。

2.6.6.4 薪酬基准数据供应商指出与同业相比其高管薪酬与平均薪酬之比较高 Carillion 倒闭后,英国董事协会这一代表英国高管的主要游说组织声称,支付给 Carillion 董事的薪酬极度不合时宜,指出 Carillion 缺少有效的治理,现在必须考虑董事会和股东在公司倒闭前是否履行了应尽的监督职责。

事实上,2016 年 Carillion 放宽高管奖金的回拨条件,事后来看这一点确实非常不合时宜。

我们询问了某一工资基准数据供应商的首席执行官,仅通过研究 Carillion 的薪酬数据,能否发现危险信号。

据这一供应商的记录,尽管 Carillion 的员工平均薪酬与其竞争公司相差无几,但与同一行业的高管薪酬相比较,其高管薪酬的比例要高于员工平均薪酬(见图 2.14 与图 2.15)。

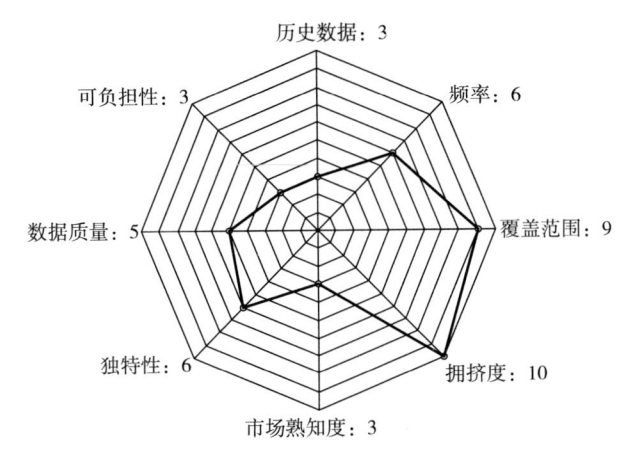

图2.14　Neudata对薪酬基准数据集的评分

资料来源：Neudata。

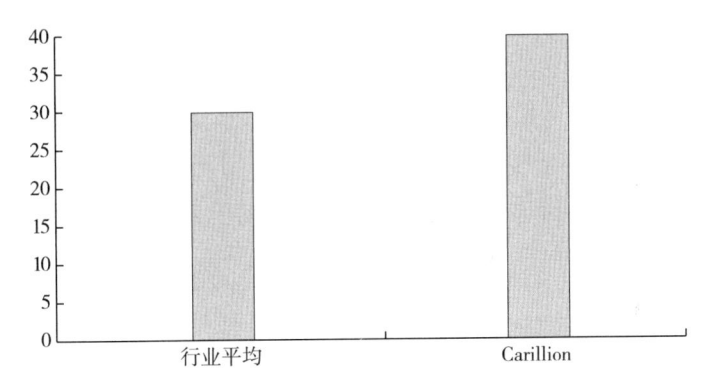

图2.15　2017年首席执行官总薪酬与员工平均薪酬之比

资料来源：Neudata。

与这一数据供应商进一步讨论后，很明显，其基金经理客户之前就应该能够确定自2015年起该公司高管薪酬与平均薪酬的比率的上升趋势。此外，参考2014年首席执行官的加薪，高管薪酬存疑的迹象早在几年前就应该注意到了：

见证了安然公司（Enron）、威朗制药（Valeant）以及其他管理层的彻底失败后,当该公司需要两页纸披露其首席执行官的加薪时,事情就不太对劲了。

2.6.6.5 企业治理数据供应商指出了原因不明的高管离职 当被问及对 Carillion 的看法时,某一企业治理数据供应商指出,该企业最大的危险信号之一是其若干高管毫无缘由的离职。

例如,2017 年 9 月,Carillion 的财务总监扎法尔·汗(Zafar Khan)任职不到一年即离开,对其突然离职并未做任何解释。Carillion 自身也进行了一系列管理人员的人事调整,其战略总监肖恩·卡特(Shaun Carter)离任,同样在声明中并未给出离职的理由。

数据供应商的首席执行官表示,"在我们看来,这些原因不明的离职表明了潜在的治理信号……以及多元化不足的董事会构成"。

此外,这一数据供应商强调,人们应该质疑董事会的构成,质疑董事会成员是否具有合适的技能及专业知识管理公司,或是否具有良好的风险管理与企业治理实践经验(见图 2.16)。

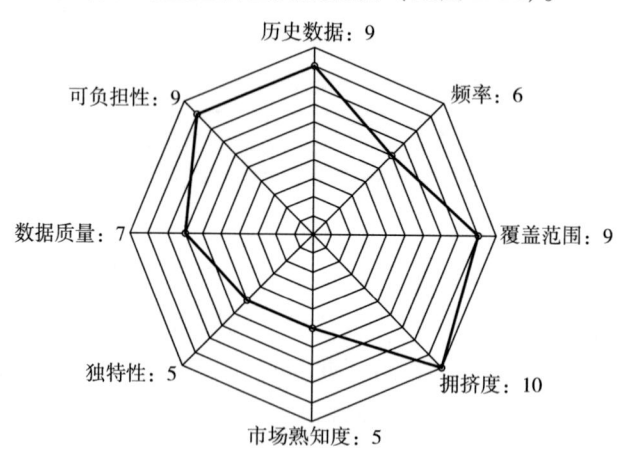

图 2.16 Neudata 对企业治理数据集的评分
资料来源:Neudata。

2.7 使用另类数据的明显趋势

在这一节中,我们将简要介绍一些我们在另类数据领域观察到的最明显的趋势。

2.7.1 另类数据仅用于股票吗

通过对另类数据的分析,最令人意外的发现是,这一数据适用于所有资产类别,而并非如普遍认为的那样仅适用于上市公司的股票。在所有另类数据中,20%的数据适用于非上市股票或私人控股的公司。

有关私人控股公司及其品牌与产品的数据正被公司管理者及私募股权基金用作比较分析(见图2.4)。

2.7.2 供应方:发布数据集

2017年,我们观察到了位置、网页与应用程序的数据追踪源的大幅增长。2017年所有商业可用数据源的新增量40%来自这三种数据类型。

另一个值得一提的数据是交易型数据集,尤其是覆盖非美国地区的数据集(见图2.5)。

2.7.3 最常见的需求

在需求方面,2017年大多数月份最常提出需求的数据类别包括ESG、交易、观点及经济数据。

2.8　结论

另类数据的前景是碎片化的、多元化的，新数据供应商与现有的供应商正加速发布新数据集。大部分数据集适用于美国市场。然而，非美国数据的供应商也在通过另类数据集产品迎头赶上。我们认为，适用于公开上市股票的另类数据占所有数据的近50%，用于非上市股票、固定收益、外汇与大宗商品的可用数据比数据买方所意识到的范围更广阔。

对另类数据的使用案例是被严格保密的，超额收益与数据集的使用之间的关系一般很难得到。

对另类数据的使用仍处于早期阶段。然而，系统和量化策略一直在积极探索另类数据源，其数据预算充足，并且配有研究团队。2017年，我们观察到另类数据研究项目的数量显著增加，基本面策略的工作也在增加。总体而言，相比买方对传统数据源的利用，对另类数据的使用仍旧微不足道。除买方对另类数据的有限利用外，有必要指出在大多数情况下，另类数据都被用作多因子模型的一部分。同一数据集可用在不同的时间范围中，此外，使用情况和方法也大不相同。

对早期使用者而言，他们有明显的优势与机会。此外，有明显证据表明某些数据集将代替或替换现有的广泛使用的数据源，成为未来新的主流数据源。

第 3 章

机器学习在投资管理中的应用现状

埃卡特里娜·西罗秋克
(Ekaterina Sirotyuk)

埃卡特里娜·西罗秋克（Ekaterina Sirotyuk）

瑞士信贷（Credit Suisse）的投资解决方案和产品部的投资组合经理，也是《技术赋能投资》（Technology enabled investing）一文的主要作者，文章内容关于人工智能/大数据在投资管理中的应用。在 2014 年加入瑞士信贷之前，她是德国一家投资公司的经理，负责能源相关投资的采购和评估以及交易结构；在此之前，她是伦敦美银美林的固定收益、货币和商品部门（FICC）的助理，为欧洲养老金和保险公司进行跨资产类别构建。埃卡特里娜的职业生涯始于位于纽约和苏黎世的瑞银另类和量化投资公司的投资分析师。她在伦敦大学（伦敦政治经济学院）获得经济学和管理学学士学位（一等荣誉），并在欧洲工商管理学院获得 MBA 学位，她还在那里攻读了金融学博士学位。此外，她一直是瑞士金融和技术协会的领导者。

3.1 导读

智能手机应用程序（App）、Alexa 和 Google Home 等家庭产品实现人工智能的经常性使用，以及在优步和脸书的服务中使用匹配算法[1]，让金融界与学术界之外的人士激动不已，他们想知道，为什么投资管理行业不采取上述科技公司使用的算法原则。我经常与专业人士和客户交谈，他们推测，如果 AlphaGo 能学会如此快地打败人类，那么在几年内，AlphaGo 将成为全球机构和个人投资者资金的主要管理人。然而，除了交易成本、数据收集和处理以及执行硬件设施等问题，金融市场代表了一个更复杂的生态系统，它们具有持续的反馈循环，参与者不断反馈循环，不断改写规则。

3.2 数据无处不在

在这种情况下，我们可以做出一个常见的假设，即对专有数据或大数据的利用会先验地为投资战略创造长期的竞争优势。例如，在会议演示中，有人讨论说，像宜家这样可以访问客户数据的全球企业的财务部门雇用量化分析师来理解公司的全球信息流，并生成专有的交易信号。事实证明，仅用在社交媒体上将相关客户购买行为和电子商务/网站分析/登录状态的信息作为基础，不足以产生良好的信号。为了获得更好的交易结果，必须纳入包含宏观信息（利率、货币）、技术面信息（交易模式）和基本面信息（公司盈利信

---

[1] 人脸和语音识别，实时聚合和分析数据源。

息）的信号。全球企业养老金计划和苹果等公司的金融部门对外部资产管理公司的传统的和另类的数据搜索数量，证实了数据访问不是投资策略成功的充分条件。

  这些结果并不奇怪，金融数据与99.9%的人工智能所依赖的数据不同。此外，金融专业人士最近才更全面地接触大数据。越来越多的数据科学家将新兴的数据集用于金融交易。金融领域大数据的处理和应用与传统领域有何不同？首先，让我们比较一下图片背后的数据（人们可以从CIFAR的公开图库（日期不详）中挑选一张图片或拍摄一张照片）和苹果公司自成立以来的每日股价数据（TechEmergence，2018）。显而易见的是，CIFAR图像数据集是静态和完整的——它们的元素之间的关系一直是固定的（对任何照片而言都是如此）。在CIFAR的图库中，100%的图像有标签。相比之下，经计算（TechEmergence，2018），苹果的每日股价有大于1万个数据点——自1980年12月12日上市以来，每天一个交易数据点。即使采取逐分钟的分辨率（TechEmergence，2018），数据点的数量也将与一张低分辨率照片接近，并且数据点之间的关系与普通照片的像素有根本不同。一只股票的财务数据序列不是大数据。当从各种数据源（例如电子产品原材料价格、汇率或推特上对苹果公司的态度）进行预测时，数据科学家可以创建苹果公司大数据分析问题。然而，人们必须了解到，大数据中会有许多变量的组合，它们可能与苹果公司的价格联系中存在某种巧合。因此，能否在金融中成功应用人工智能方法将取决于数据科学家能否合理地将关于苹果公司的数据转化为特征的工作。作为价值链不可或缺的一部分，特征工程的核心部分是将原始数据转化为特征，这些特征可以更好地向预测模型表示潜在的问题，从而提高模型对未见过的数据的准确性。做好人工智能最终还是会回到表示问题上，科学家必须将输入转化为算法能够理解的东西。这需要在定义数据集、清理数据集、训练以及经济直觉方面做大量研究。

虽然较少被提及，但有一些资产管理公司（最初是高频交易公司）已经使用人工智能多年（Kearns 和 Nevmyvaka，2013），主要用于执行（以降低整体交易成本），而不是生成投资信号和管理投资组合。处理能力的提高以及数据处理和存储成本的降低改变了金融公司更广泛地将人工智能技术应用于投资管理过程的经济性。然而，与金融市场状态建模有关的差异仍然存在，这促使人们更加谨慎地将人工智能纳入金融行业（与其他行业相比，NVIDIA 深度学习博客，日期不详）：

1. 与其他一些静态关系（如照片）的设置不同，金融世界的游戏规则会随着时间的推移而改变，因此问题是如何忘记过去有效但可能现在已经不再适用的策略。
2. 市场状态只有部分可被观察，因此，即使是相似程度很高的市场环境也可能导致相反的结果。
3. 信号目标不像猫和狗的分类问题那么简单，人们无法马上验证信号的有效性。

本章的其他部分将指引读者了解人工智能在金融领域的应用，详细阐述行业和人工智能赋能的相互联系，并开启关于未来行业发展场景的讨论。最后，我们将为从业者、学生和初入行业的专业人士提供建议。

3.3 人工智能应用图谱

3.3.1 人工智能应用分类

为了更好地理解通过人工智能投资和利用大数据的潜在发展

(Sirotyuk 和 Bennett，2017），瑞士瑞信银行的人工智能专家在图 3.1 中对该行业进行了分类。随着 y 轴向上，数据复杂性会随着大数据的 4 个变量（速度、多样性、数量、真实性）而增加。较低的列意味着使用标准价格数据（合同价格）、基本面数据（市盈率、市净率、股息率）和市场情绪数据。更高的列上使用更复杂的数据（包含文本和语音等非结构化数据），并包括以专有方式收集或处理的数据（例如，市场影响、交易对手方在短时间内的买卖报价交易）。y 轴的顶层代表最复杂的大数据，例如通过卫星图像跟踪海洋流动和停车场占用情况。

在 x 轴上，作者逐渐引入了更先进的数据处理技术，这些技术能够更好地解释和应对这些复杂的数据集——从传统工具（如分析统计）到基于人工智能的研究系统［如自然语言处理（NLP）］，再到完全自主的人工智能交易系统。

本节将麦当劳股票交易作为一个例子来引出共同点，以说明算法设计和交易将如何在每个"盒子"中发展。麦当劳案例之后是一个投资管理行业应用的例子。

各种人工智能应用的原型预计在短期到中期内会增加，这将体现在表格的中间列，以"高级交易"、"有竞争力的数据科学家"和"数据科学大师"为代表。

3.3.1.1 **高级交易** "高级交易"往往使用复杂的分析技术来处理现有数据，从而缩短了反应速度。这些交易方能够处理大型数据集或文本，并提取有价值的信息。一个很好的例子是，公司报表（资产负债表或损益表）中有不同的附注，人工智能系统能够系统地提取这些附注（Allison，2017）。

3.3.1.2 **有竞争力的数据科学家** 有竞争力的数据科学家代表的是利用公共和专有、结构化和非结构化数据集来实现投资组合管理。例如，投资组合经理尝试使用 NLP 技术来分析媒体对一个地区或国家的某组股票的评价是正面的还是负面的（Allison，2017）。

3.3.1.3 数据科学大师 数据科学大师可能已经使用非常先进的技术手段，例如卫星图像之类的东西，来了解船只在海上或港口的位置，以便了解市场上的流量。

随着系统可以访问更多数据，经过训练和测试，系统会进一步发展（Allison，2017）。我们可以在预期的未来看到投资行业从结构化数据和有限的 AI 转变为结合一些结构化程度较低的数据和更先进的数据处理技术。参与者这样做的方式显然取决于他们的技能组合、某些数据的可用性以及开发自己的专有数据集和引入大数据的经济性。

3.3.2 金融分析师还是有竞争力的数据科学家

为了演示人工智能系统如何发挥金融分析师（也称为"有竞争力的数据科学家"，如图 3.1 所示）的作用，我们可以看看图形处理单元（GPU）和翻译器促进深度学习（基于学习数据表示的机器学习方法）实施的案例（NVIDIA 深度学习博客，日期不详）。多年来，金融分析师的工作是定期筛选新闻文章，聆听公司电话会议，联系投资者关系部门，从定性讨论中得出结论，并向交易员传达建议。这个过程既费时，又只能人工进行。它还需要一定的专业化程度，因为分析师是按行业和地区划分的，需要掌握当地语言知识和本土行业知识。现在想象一下，使用图形处理器和深度神经网络库，"虚拟分析师"——机器——可以将公共和专有数据库中的新闻输入深度学习系统（NVIDIA 深度学习博客，日期不详）。学习结束后，机器分析一篇文章只需 3 秒钟（相比之下，金融分析师浏览一篇文章需要两三分钟）；通过这种方式，这台机器每天能处理数十万篇文章。该过程的工作方式如下：人工智能系统识别文章中的数百个关键词，然后通过无监督的学习算法给每个关键词赋值，

	无人工智能	高级数据处理	人工智能研究和交易
大数据	**分析师军团** 使用多变量回归等传统工具分析海量、实时、有噪声的数据集。 ·MCD:全球餐厅停车场信息的实时收集和分析。 ·也许可行,但时间和成本高得令人望而却步,因为所需的人工工作需要大量的分析。	**数据科学大师** 使用前沿技术识别新的、最好是专有的数据集,以识别多个来源的α信号。 ·MCD:使用机器视觉来计算停车场卫星图像中的汽车数量,同时根据当地天气、季节和当地节假日/事件进行调整。 ·利用港口/海港/公路的实时地理数据结合元数据(如船只的识别和容量)进行商品市场交易。	**圣杯或天启** 自主数据收集、非结构化数据分析和独立策略开发。 ·MCD:机器从可能有价值的来源收集信息,并完全独立地开发新的交易策略。 ·人类把时间花在沙滩上,或者生活在机器人主人的控制下。
非结构化数据	**数据采集者** 使用传统方法分析大型结构化专有数据集,以识别潜在的α信号。 ·MCD:来自Google Trends的社交媒体情绪用于分析健康生活方式和便利以及对公司的影响。 ·从多个外汇交易平台系统中系统地收集买卖盘价和流动信息,用于信号生产(实时报价现货和远期外汇,涵盖多个交易金额范围)。	**有竞争力的数据科学家** 在公共或专有结构化和非结构化数据集上使用已建立的数据科学技术。 ·MCD:用自然语言处理技术分析其他国家的竞争定位(新闻稿和不同语言的文本)。 ·使用NLP处理分析媒体对一个地区/部门/国家的一组股票的评价是正面的还是负面的。	**策略开发和执行** 机器识别有前途的结构化和非结构化数据集。 在很少的人为干预下进行交易策略的开发和执行。 ·MCD:机器识别出优秀的数据源,并能够独立评估和处理它们。 ·该机器渴望评估其他机器/模型,并决定如何分配。模型被进一步改进以重建数据集。
结构化数据	**传统另类数据** 使用传统的分析工具来构建包含公开可用的结构化数据的复杂模型。 在业内被称为系统交易员、阿尔法交易员、量化交易员和主观交易员。 ·MCD:来自交易所的情绪分析,麦当劳经营区域的宏观数据,以系统或自由方式执行的子行业基本面分析(消费者在垃圾食品与健康的生活方式上的支出)。 ·典型的方法包括动量、趋势跟踪、场外交易趋势跟踪和波动策略。	**高级交易** 用更复杂的分析技术来处理现有数据,实现更快的反应时间、更大的研究空间,并提取单因素策略遗漏的信息。 ·MCD: 技术和基础信息的组合及其在其他股票中的应用。能够在财务报表分析中构建和挖掘细微差别。 ·用机器学习来指导在交易市场中的定位(即检查市场历史上对特征的反应,并获取当前特征的实时读数)。	**自主交易** 该机器基于预先选择的结构化数据集,在很少或没有人为干预的情况下开发并执行交易策略。 系统非常先进,能够定性地行动,并根据假设情景进行思考。 ·MCD: 交易系统自动持有股票的多头或空头头寸(高级算法识别市场制度变化)。 ·系统足够先进,可以调整投资组合构成、净/总敞口、获利、减少亏损头寸并维持高可信度交易。

纵轴:数据的数量、多样性、速度和真实性不断增加
横轴:使用的先进数据处理技术越来越多

图3.1 金融中的人工智能分类

资料来源:Sirotyuk 和 Bennett,2017。

再然后系统的其他模型可以解释和处理该值。深度学习系统的成果包括：

1. 将文章关联到适当的股票和公司。
2. 辨别每篇文章的态度评分，从正面到一般再到负面。
3. 获取新闻影响市场的可能性。该系统还知道"假新闻"，因为信誉良好的来源权重更高，以提高结果的可靠性（NVIDIA 深度学习博客，日期不详）。

3.3.3 投资过程变化：一个"自主交易"案例

人工智能的引入会影响投资团队的组织以及随后的投资流程。以股票投资组合经理（基本面选股者）为例，他对投资组合中的股票拥有最终决定权。他过去常常依靠研究团队、交易员的意见以及自己对所交易市场的理解。分析师通常在细分行业拥有多年经验和庞大的行业人脉网络，并与核心岗位的公司高管有过多次交流。分析师的任务是构建和维护复杂的模型、与高级管理层交谈、记录、设置关键日期和通知预警等。这些任务本质上就是一个迭代的决策过程，例如：

- 第 1 步：分析师研究。
- 第 2 步：向投资组合经理提供输入。
- 第 3 步：投资组合经理构建投资组合，例如股票包含/排除的权重。
- 第 4 步：投资组合经理实施投资组合，例如，关注交易规模和交易结构。
- 第 5 步：返回步骤 1。

可以想象一下，我们让机器完成选股和投资组合构建的过程，然后要求它对研究和投资组合构建做出联合决策。联合决策为大数据/人工智能问题领域提供了更多可使用的数据。如果之后机器通过交易证券来实现投资组合，我们就进入了图 3.1 的"自主交易"。这个问题设计的结果就是一个深度学习框架的例子，如图 3.2 所示。

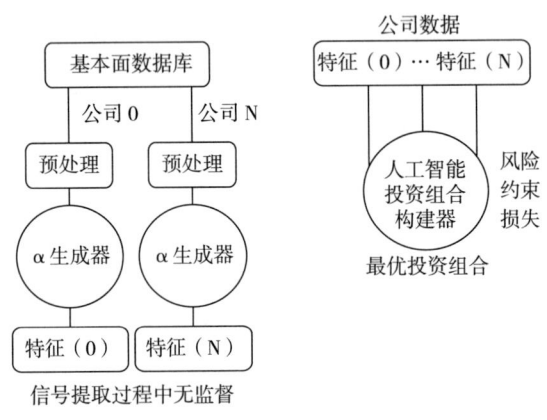

图 3.2 深度学习框架案例

资料来源：NVIDIA 深度学习博客，日期不详。

3.3.4 人工智能和策略开发

拥有大型交易模型和交易历史的资产管理公司能够在自动化资本配置方面占据有利位置。在投资者谈话中经常发生这样的情况：当一个分配者与系统公司讨论多策略产品时，他们听到销售推介说，对于投资组合所采用的风格或模型的分配是三等分，或者是与投资组合环境相关的任何值。通常，对于模型配置策略的简单风格或聚类方式，解释常基于分散化收益和有限的模型择时能力。

越来越多的公司正在测试在模型库上部署神经网络，以了解某些择时策略是否可行。因此，拥有更强大基础设施和模型的资产管理公司可能会提出自动化资产配置策略。

更快的信息收集会促进投资管理行业在人工智能与大数据轨道上的进一步发展。从著名的领先指标来看，投资经理历来在决策时考虑了采购经理指数、就业、批发指数等。所谓的即时预测技术的出现可能会允许人们更早地（在发布之前）了解国内生产总值（GDP）和其他基准（Björnfot，2017）。即时预测的基本原理是，在 GDP 发布之前，可以从大量不同种类的信息源（例如，工业订单和能源消耗）中提取关于 GDP 变化方向的信号。不仅是 GDP，制造业活动也可以用不同的方式来衡量。因此，美国公司 Space-Know 推出了专门的中国卫星制造业指数，该指数基于对中国 6 000 多个工业设施的 22 亿张卫星照片数据编制而成（Kensho Indices，日期不详）。

3.4 行业间的相互联系和人工智能的实施推动者

3.4.1 对人工智能发展的投资

人工智能在金融市场的应用取得了进步，这得益于人工智能在服务行业的更全面的渗透以及行业发展的互联互通。

人工智能或神经网络的概念并不新鲜，但巨大的计算能力最终实现了对巨大数据库的复杂处理，例如图像、视频、音频和文本。这些数据库为人工智能的运行提供了足够的素材（Parloff，2016）。投资人工智能初创企业的风险投资也有所增加。根据 CB 视野的数据，2017 年，排名前 100 家的人工智能初创企业融资总额达到 117 亿美元，共完成交易 367 笔（CB 视野，日期不详）。相比之下，5 年前，将人工智能作为产品核心的初创企业总融资额仅为 50 亿美元。自 2012 年以来，市场对该行业的投资与交易一直在增加。

上述数据不包括科技巨头对自身人工智能能力建设的内部投资。在公司层面，谷歌在 2012 年开展了两个深度学习项目（Parloff，2016），而目前该公司正在其所有主要产品领域开展多达 1 000 多个项目，包括搜索、安卓、Gmail 邮件、翻译、地图、YouTube 和自动驾驶汽车。对于拥有自主选择权的投资者来说，寻找对外国市场的本土化见解，显然的途径是阅读外语版的在线新闻或论坛（在当地分析师的帮助下），或听取高管的评论，以进行差异化的投资，正如我们之前讨论的那样。人们可以很自然地使用谷歌翻译来提供翻译服务，外加一两名核心分析师，而不是组建本地分析师团队。如今，谷歌翻译能够将一种语言的口语转化为另一种语言的口语，可用的语言对多达 32 对，同时提供 103 种语言的文本翻译（Parloff，2016）。虽然目前还有人质疑翻译的质量，但大方向已如此。

3.4.2　硬件和软件开发

在 21 世纪前 10 年，英伟达发动了一场硬件革命，推出了 GPU，这种芯片的设计初衷是为了给游戏玩家提供丰富的视觉 3D 体验[1]，并且能灵活处理其他工作负载。对于那些适合它们处理的任务，GPU 比以前使用的传统 CPU 要高效得多。竞争对手也在迎头赶上。例如，英特尔于 2016 年 8 月收购了深度学习初创公司 Nervana Systems，并于 2017 年 3 月收购了芯片制造商 Movidius 和视觉厂商 Mobileye。这些收购使该公司能够创建一个专门为人工智能设计的芯片系列。这肯定会促进大数据供应商行业的发展。此外，2016 年，谷歌宣布在其数据中心内应用了一个张量处理单元

---

[1] https://gputechconf2017.smarteventscloud.com/connect/search.ww#loadSearchsearchPhrase = &searchType = session&tc = 0&sortBy = dayTime&i（38727）= 107050&i（40701）= 109207&p = .

（TPU），该单元是为大量相对低精度的计算而设计的，特别是与谷歌开源库 TensorFlow 结合使用（谷歌云，2017）。这意味着谷歌服务，如谷歌搜索、街景、谷歌照片、谷歌翻译，都在幕后使用 TPU 来加速其神经网络计算。谷歌现在正在云产品中推出这种芯片的第二代，其能力更全面。

除了硬件和软件的开发，开源框架也帮助了大数据供应商（金融稳定委员会，2017）。开源的概念在软件行业已经存在了很多年。从本质上讲，这意味着特定技术或解决方案的源代码是开放的，供所有人添加和改进（Shujath，2017）。事实证明，这种方法通过开发人员的社区合作解决漏洞，加快了产品创新并提高了产品质量。它能够为原始产品开发新功能。包括微软、谷歌和亚马逊在内的供应商已将它们的人工智能解决方案设置为开源（Shujath，2017）。

3.4.3 监管

美国和其他一些国家的市场监管机构允许上市公司使用社交媒体发布公告，这一做法有助于创建事件数据集（金融稳定委员会，2017）。到目前为止，地域空间数据聚合器已经能够整合并转换它们的聚合分析。计算能力和成本降低带来的是精确性和及时性——直到最近，卫星图像的问题在于数据不够高频，无法对变化做出及时反应。每日图像正在成为一个改变游戏规则的因素（Anon，日期不详）。过去几年，大数据供应商发展迅猛，然而，人们必须注意这些公司仍然非常年轻的本质——它们只存在了几年。这方面的例子有 Terra Bella（原 Skybox）和另一家卫星图像供应商 Orbital Insights（Anon，日期不详），前者提供对零售商停车场的汽车数量和港口自然资源储备规模的分析。

3.4.4 物联网

当涉及某一特定行业时，例如农业或能源，无线传感器和其他监控设备的部署已经实现了大数据的收集（金融稳定委员会，2017；Anon，日期不详）。通常绑定在物联网（IoT）框架下的新技术会深入许多行业，因为这些技术使我们能够准确并及时地了解该领域出现的问题，以及进行快速有效的干预，从而迅速解决问题。物联网解决方案再次得到了微软和亚马逊等科技公司以及越来越便宜的芯片的支持。在农业领域运营的初创企业越来越多，也证明了这点（例如 Farmobile Device、OnFarm、CropX、FarmX、Farmlogs；机器人/材料处理类企业：Harvest AI、DroneSeed；乳制品类企业：Farmeron、Anemon、eCow；测绘类企业：HoneyComb、AgDrone；端到端：The Yield）。随着数字化的发展①，越来越多的商品市场接近超流动性状态，例如，了解农作物状况方面的竞争优势来源正在发生变化。信息的规模和范围越来越大，同时也越来越全面。如果你观察某些农产品市场的历史图表，你会发现在过去的几年里，价格区间特别局促。尽管有许多因素在起作用，但平稳的数据收集使大公司能够进行更好的规划，从而使曲线变得平滑，这最终表明，总体而言，未来获取超额收益的操作通常可能仅限于短期内。

3.4.5 无人机

提到商品市场时，人们不能忽视无人机行业，因为无人机有助于在观察到的和可量化的领域等进行远距离移动（高盛股票研究，2016年）。正如高盛在其《无人机行业报告》中所显示的那样，近

---

① https：//www.bcg.com/publications/2017/commodity-trading-risk-management-energy-environment-capturing-commodity-trading-billion-prize.aspx

年来，该行业在军用到消费用途取得了重大突破，无人机预计将迎来从商用到民用和政府应用的下一轮增长。在政府方面，美国航空航天局（NASA）宣布计划在未来 5 年内建立无人空域管理系统（UAS），并且已经进行了试飞。这构成了更广泛的商业和消费者使用无人机的重要要求。[①] NASA 估计，2016 年至 2021 年之间。美国的商业无人机将从 42 000 架增加到 420 000 架。在企业方面，像 Northrop Grumman 这样的公司正在开发一系列价格合理的无人机，然而，无人机在电力使用、高度、飞行成本方面存在限制。[②] 该领域的研究正在积极推进，科学家正在努力解决无人机的成本和寿命问题。最近，麻省理工学院（MIT）的研究人员提出了一种更便宜的 UAS 设计，可以悬停更长的时间——研究人员设计、制造和测试了一种类似于翼展约 7 米的薄滑翔机的 UAS。[③] 据报道，该飞行器可在 4 570 米的高度飞行，并同时携带 4.5 ~ 9 千克重的通信设备，总重量在 68 千克以下，该飞行器由一台 5 马力的汽油发动机驱动，可以在空中飞行超过 5 天。该飞行器不仅可用于救灾，还可用于其他目的，如环境监测（如观察野火、河流流量）。

无人机的重要性体现在高效率、低成本和具有安全性方面。例如，对于清洁能源行业，无人机可以减少风力涡轮机检查所涉及的时间、风险和劳动力成本，目前这项检查主要涉及将工人吊离地面、绳降涡轮机叶片、叶片检查的程序（高盛股票研究，2016）。

此外，最初作为消费无人机（在某些情况下，甚至是玩具）的

[①] https://oig.nasa.gov/audits/reports/FY17/IG－17－025.pdf
[②] http://uk.businessinsider.com/nasa－drones－could－provide－better－weather－data－2017－2? r = US&IR = T
[③] http://www.uasmagazine.com/articles/1710/mit－engineers－unveil－drone－that－can－fly－for－5－days

产品功能正变得越来越强大，这里指的是大疆等制造商。

3.4.6 渐进数字化转型——案例研究

为了说明商品数字化过程以及成熟公司和初创公司之间的迭代及其对市场结构的影响，我们可以从市场的"宏观"视角转向"微观"视角。让我们以玉米市场为例进行说明性研究——在这个市场上，有个体农民、成熟的本地公司和国际参与者。大玩家很可能已经具备了分析能力。因此，问题变成了，世界各地的小农户获得实时数据来共同发挥他们的影响力会有什么影响？对于价值链流程，我们还应该考虑仓储场所、农机供应商，以及从事物流工作的专家。

从播种/收获周期来看，在收获季开始时，所有参与者查看前一年的土壤、天气条件和库存（过剩或不足），并开始预测播种和收获目标。在收获季，所有参与者再次检查天气、疾病、干旱/降水和其他指标，并调整预测。收获开始往往是最繁忙的时期，因为这是所有市场参与者查看进度、收割条件、天气、作物质量和产量的时候。收获的最终数据会在收获结束后一个月内出现。之后，关注焦点转移到消费方面——微观和宏观因素、消费者转移和模式。最后，对库存进行重现评估，以及开启下一个收获季的计划。

政府机构和贸易协会收集商品市场的信息并与农民分享。由于世界各地的土地和粮食安全都受到监管，政府报告仍将是一个重要组成部分。纵观历史，小农户人工收集他们的信息，并将这些信息传递给政府机构。卫星和无人机改善了对企业的监控和向政府机构传递信息的过程（使过程更快，这可能更快发现价格波动）。气象学的进步（以 IBM Watson 为例）为改善农场管理创造了条件。目前，进入田间的拖拉机由人驾驶。未来，随着拖拉机智能化（无须人工操作），机器将自行管理和监测土地。连接到拖拉机上的无人机可以设置参数,并在田地不平或农作物受损时发出警报——就像谷歌汽车一样,不过这是在大宗商品的应用中。目前所面临的阻碍主要是采用这种技术的价格,然而,随着价格下降,它的使用率可能会上升。在种植季,农学家研究田地,采集样本,决定土地需要采取的额外措施。如果代表性取样的成本更低,这可能会带来更大的收获,因为农民能够对田间条件做出反应。由于来自东欧等偏远地区的信息有限,这些地区还是以传统方式耕作,一些市场参与者往往低估了新技术的效果和它们可能给小型农业企业带来的规模效益,以及这些技术对市场的影响。我们可以进一步推测,随着实时数据收集和商品价格更加透明,市场波动性将进一步降低,但短期的波动性也会增加。对投资组合管理的影响也很多——从在分析中捕捉更短的时间框架到在更短的时间框架内交易。

3.5 行业发展前景

3.5.1 自动驾驶技术的教训

在探讨了将人工智能应用于金融市场中的有效案例之后,让我们看一下投资行业发展的一些场景和人工智能应用进一步发展的行业案例。首先,由于持续数十年的研发,自动驾驶技术已经有了一个良好基础——卡内基-梅隆大学最近庆祝了其教研人员参与自动驾驶技术研发30周年(卡内基-梅隆大学,日期不详)。将自动驾驶汽车技术应用到金融市场,可以看到僵化的领域规则将如何去限制机会而不是扩大机会。阿尔忒弥斯资本管理公司(Artemis Capital Management)的专家引入了机器学习中的"影子风险"概念(Cole,2017)。他们说明了程序员使用人工智能开发自动驾驶汽车的过程。这个过程是通过驾驶汽车穿越沙漠数千千米来"训练"人工智能算法来完成。人工智能可以快速学习路线，并且可以以每小时200千米的速度准确且安全地行驶。现在想象你开着汽车在美国进行越野旅行，有高速公路、森林弯道、山路、丘陵、拥挤的城镇。但是当车辆到达丘陵和曲折的道路时，汽车无法再安全地行驶——它会掉下悬崖或采取不可预见的动作。思维实验背后的核心假设是，驾驶算法从未经历过丘陵道路或山口。在这种情况下，基于人工智能的学习的局限性变得很明显。当然，更进一步，该算法将在其他环境中进行训练，最终将了解山路、丘陵道路或严重交通堵塞的情况（Soper，2017；Isidore，2015）。自动驾驶汽车技术的爱好者会指出最近在美国完成的一些越野试驾，但他们最常忽视的事实是，99%的驾驶是自动的，只留下了1%的主观判断。在3 000~6 000千米的旅程中，1%的主观判断对于决策来说是一个很大的数字；在你的30~60千米的道路旅行中，可能是关键的决定才会动用到主观判断。

　　让我们以谷歌在自动驾驶汽车方面的经验为例。在早期，准确地说是2009年，无法通过一个四路停车标志，因为它的传感器一直在等待（人类）司机完成停车并让它离开（Richtell和Dougherty，2015）。人类司机不断向前推进，占据控制地位，导致谷歌的算法瘫痪。自动驾驶汽车领域的研究人员表示，自动驾驶汽车面临的最大挑战之一是在它们所面临的世界中，并不是所有人都按规则行事。为自动驾驶汽车创建的规则手册也表明，一般来说，它会导致车辆的行为更加谨慎（至少谷歌的例子证明了这一点）。研究人员指出，自动驾驶汽车与前方汽车之间保持安全距离，相邻车道上往往有足够的空间让汽车挤进去。在谷歌的另一项测试中，无人驾驶汽车进行了几次规避动作，这也表明了车辆的谨慎程度（Richtell和Dougherty，2015）。在一次操作中，汽车在一个居民区急转弯，以避开一辆没有停好的汽车。在另一个情景中，谷歌汽车在普通的车流中接近红灯，安装在无人驾驶汽车顶部的激光系统感应到一辆从另一个方向驶来的车辆正以高于安全速度接近红灯。在这种情况下，谷歌汽车移动到右侧，避免碰撞。然而，汽车以这种方式接近红灯并不少见——另一辆车没有足够谨慎地接近红灯，但司机确实及时停车了。

和金融市场的情况相似，市场环境显然比试驾所用的沙漠环境复杂得多，此外，规则也会发生变化。迄今为止，主观投资与量化投资方法并存。然而，让我们假设越来越多的机器将与机器交易，而不是与人类交易者交易。然后，正如阿尔武弥斯资本管理公司的专家所建议的，反身性风险会加剧（Cole，2017）。经济学中的反身性指的是市场情绪的自我强化作用。例如，价格上涨会吸引买家，买家的行为会推高价格，直到这一过程变得不可持续，泡沫破裂。这就是正反馈循环的情况。当这个过程导致价格灾难性暴跌时，它就成了负反馈循环。

世界上90%的数据都是在过去两年产生的，这种说法提出了一个问题，即生成的数据及其可操作性如何。如果一个人工智能交易系统训练数据集只能追溯到10年前，甚至更短，会发生什么？2008年金融危机后，正如投资者所知，长期投资是最好的股票交易方式。交易美国股票的人工智能系统很可能会长期存在，而且在波动率环境转变方面没有太多经验。在这种情况下，这种隐性做空波动率并在股票中持有大量多头敞口的人工智能交易系统最终会遇到开始卖出的信号，从而给价格施加下行压力。如果许多人工智能交易系统都有类似的空头训练机制怎么办？一些质疑者会指出"闪电崩盘"的先例，它们对市场的潜在连锁效应，以及系统性投资者加剧这些举措的可能性（国际清算银行市场委员会工作组，2017；Condliffe，2016；Bullock，2017）。举一个最近的例子，新闻中广泛报道，2016年10月7日，英镑在几分钟内下跌6%，触及1.18美元,这是31年来的低点,随后回升至1.24美元。一些专家将这种突然的抛售归因于法国时任总统弗朗索瓦·奥朗德对英国时任首相特雷莎·梅的评论:"如果特雷莎·梅想要硬脱欧,他们就会硬脱欧。"随着越来越多的算法针对新闻提要,甚至在社交媒体上的趋势做出交易,一个英国脱欧的负面头条可能会通过算法产生一个明显的卖出信号(Bullock,2017)。然而,国际清算银行(Condliffe,2016)的官方报告得出结论,抛售不能仅归因于算法交易,而是催化这一举措的多种因素的综合作用,包括日内交易、期权、对冲交易量等机械性放大器。

3.5.2 新技术,新威胁

自动驾驶汽车技术的许多测试仍然在梳理假设的风险,如网络安全犯罪和现实世界的问题(例如,当自动驾驶汽车在高速公路上抛锚时会发生什么)。这些操作问题对金融市场参与者来说也非常重要。事实上,在对纽约证券交易所和欧洲期货交易所的负责人的多次采访中,都提及网络安全是金融稳定的关键风险之一(埃森哲网络安全,2017)。网络安全专家证实,他们已经看到了许多以获得自动交易模型为目标的案例。

从小数据到大数据的转变也引发了对数据隐私、所有权和数据用途的各种担心(Sykuta,2016),不仅是从金融玩家和交易者购买数据的角度,而且从底层市场组织的角度。如果潜在的市场组织发生变化,那么将有利于某些拥有大量优质信息的供应商,这将对价格动向产生影响。再来看看农业,精准农业实践已经存在了一段时间,并利用了诸如全球定位系统引导的设备和可变速率种植及喷洒设备、车载田间监测器和网格采样等技术。虽然数据的数量、速度和种类已经存在多年,但汇总、分析和识别重要信息工具的能力刚开始发展。随着如孟山都等成熟农业技术供应商进入市场,人们越来越关注个体农户的集体数据,对数据所有权的担忧变得更加明显。谁拥有数据?谁有权享有数据的价值?数据通过什么方式共享?我认为,在某个时候,我们将看到政府机构对这些行为进行更彻底的审查。就商品市场而言,我们可以仔细看看像杜邦和孟山都这样的公司,它们除了数据服务,还对销售自己的农产品感兴趣。基于当地农业运作知识的产品将如何发展?由大数据分析驱动的自动化农业设备的持续发展会从根本上改变生产农业的组织和管理吗?这是否意味着更适合需求的生产?这是否意味着大宗商品的波动率将进一步降低?这些公开的问题对金融市场乃至整个社会都有巨大的影响。

3.5.3 主观判断的空间

即使自动化过程越来越多,交易也将随之更多地出现在机器与机器之间,然而高可信度的主观投资依然有合理的理由(拉扎德资产管理,2015)。通过设计,集中的策略有利于投资于最有说服力的想法,从而限制与指数的重叠,实现高主动份额,并有可能实现超额表现。理论和实证证据都支持集中投资组合能够较好产生超额收益的观点。拉扎德资产管理在相关论文中总结了(共同基金的)多元化股票投资组合与集中投资组合的经验结果。作者进行了这项研究,通过研究线上交易中的独立账户数据,证实更集中的机构委托的表现。他们将美国大盘股的主动管理策略分为集中策略型(他们定义为持有30股或更少的策略)和多元化策略型(他们定义为持有30股以上的策略),然后,回测了过去15年秉持集中和多元化策略的投资经理以及标普500指数的三年和五年平均滚动回报。他们发现,集中策略型经理的表现优于多元化策略型经理和指数(扣除成本后)。由此说明,将专有数据源与人类直觉相结合具有巨大的竞争优势(见图3.3)。

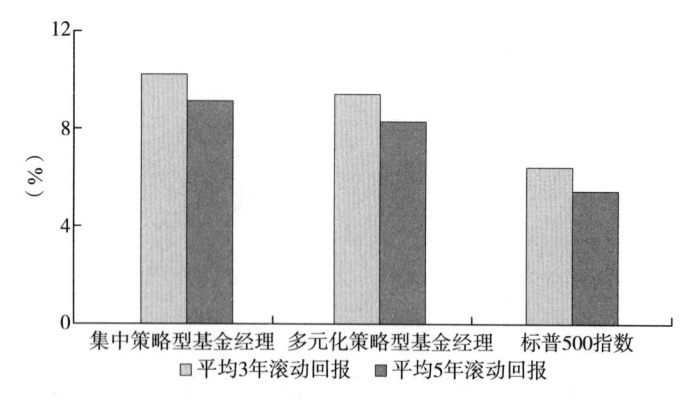

图3.3 股票表现和投资组合集中度
资料来源：拉扎德资产管理公司（2015）。

3.6 关于未来

3.6.1 改变经济关系

在大学里听金融讲座通常会学习著名的公式和论文（布莱克·斯科尔斯期权定价、法玛-弗兰奇因素模型、公司财务信号理论等）。虽然今天一些概念在金融产品的构建中仍然有价值，例如风险溢价，但其他一些概念已经发生了重大变化。通胀和失业之间的关系似乎也有所不同，一部分原因是技术，还有一部分原因是非常规的经济政策。多年来，金融危机后各国央行和经济学家关注的焦点是增长及其与通胀的联系，然而，在大幅量化宽松时期之后，美国、欧洲和日本的核心通胀率低于2%。这一经验观察表明，央行不能再依赖传统模型来管理通胀率，如菲利普斯曲线（1958年开发的一种衡量指标，用于概述失业和通胀之间的反比关系）。

金融公司技术基础设施的处理速度更快，让旧的投资模式更快地衰退，并剔除不成立的相关关系（即通货膨胀/失业）。在关注金融史的同时，必须留意新的模式。普通大学课程很可能仍然落后于金融行业的发展；然而，这个行业需要对商业问题有全新认识的人才。谷歌、英伟达、微软和亚马逊等科技巨头的人工智能库为理解核心概念提供了良好的教育基础。

3.6.2 未来的应用重点

显而易见，如图 3.1 所示，大数据和人工智能的使用将极大地增强主观投资组合管理能力。类似的转变也将出现在量化投资上（见图 3.4）。纵观量化投资的演变，20 世纪 80 年代末，CTA 开始受到关注，背后的模型产生了买入和卖出信号，这些信号通常不会比价格越过移动平均线或退出通道更复杂。然而，这些模型有时会在不同的时间范围内覆盖100多个市场，这表明实际执行与分配策略之间存在很大差异。早期的 CTA 往往只考虑价格数据。典型的中期 CTA 持有期限为 80~120 天，因此可以归类为长期投资者。再后来，短期 CTA 出现了。随着计算速度的提高，该行业出现了统计套利策略，该策略使用复杂的数学模型从两个或多个证券之间存在的定价失灵中挖掘潜在的盈利机会。

技术的进一步发展产生了高频交易——这是一种以高速度和高成交量为特征的算法交易。高频交易者以高交易量和高交易速度进出头寸，目的是在每笔交易中赚取有时不到一美分的利润。模式相互影响，随着技术的进一步发展，出现了一种新的适用模式——人工智能。

当我们观察趋势跟踪策略的历史表现时，早期交易的特点是基础工具的大幅波动。当越来越多的行业专业人士继续交易时，这些市场的波动性就会降低。此外，金融危机后央行的量化宽松基本上"扼杀"了主要外汇远期和利率期货市场以及股票指数期货的波动性，这导致趋势跟踪策略表现平平。在后量化宽松时代，场外（OTC）衍生品等另类市场继续提供回报。整体波动水平的下降也

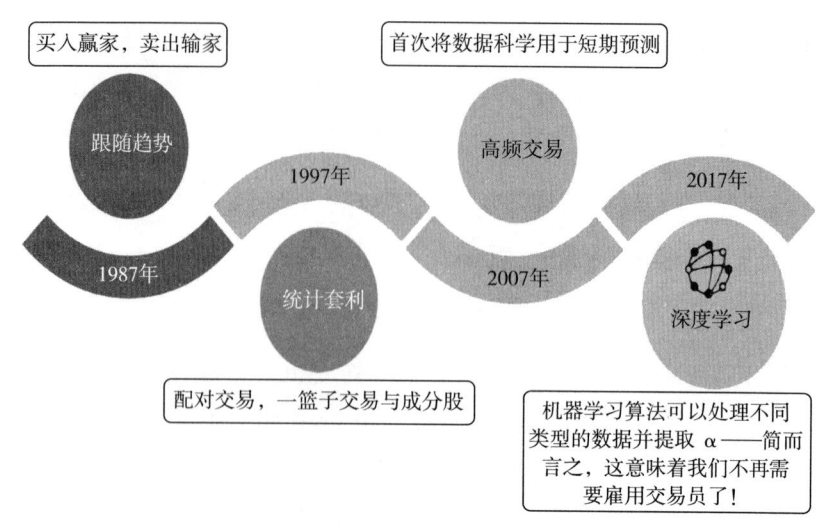

图3.4 量化投资的演化

资料来源：Qlum, www.qplum.co/

减少了统计套利和高频公司的机会。交易总量下降，促使一些交易商选择合并［高频交易公司沃途金融（Virtu Financial）收购KCG控股公司］，关闭所有业务（高频交易公司Teza Technologies）或合作进行资源整合（例如Go West合作项目，包括DRW、IMC、Jump Trading和XR Trading在内的顶级交易商选择集中资源在芝加哥和东京的金融中心之间建立一条超快的无线和有线线路，而不是各自为自己的网络付费）。

3.7 结论

每个新模式都有一个α时期，此时先发优势占主导地位。随着时间的推移，可以预见这个α的减少。不仅是参与者的数量导致参与者的拥挤和参与者能分到的蛋糕减少，而且更全面广泛的货币政策和财政政策对金融市场也产生了影响。以上和数据生成的加速证明了人工智能在金融领域的潜力,并值得对其中个别算法进行深入研究。随着越来越多的人工智能应用于金融领域,特征工程和特征提取将占据中心地位,因为流程设计的差异将导致最终收益表现的差异。

第 4 章

在投资过程中使用另类数据

维内什·杰哈
(Vinesh Jha)

维内什·杰哈 （Vinesh Jha）

ExtractAlpha 的首席执行官兼创始人，该公司于 2013 年在中国香港成立，致力于为资本市场的新数据集的分析和营销提供严谨的分析论证。从 1999 年到 2005 年，维内什担任旧金山 StarMine 的量化研究总监，在那里他开发了行业领先的卖方分析师绩效指标，以及基于分析师、基本面和其他数据源的商业 alpha 信号和产品。随后，他为纽约美林证券和摩根士丹利的自营交易台开发了系统级的交易策略。目前，他担任 PDT Partners 的执行董事，该公司是摩根士丹利首屈一指的量化资产交易集团的分拆公司。除了做研究，他还将自己在复杂量化概念的交流方面的经验应用于投资者关系。他拥有芝加哥大学数学本科学位和剑桥大学数学研究生学位。

4.1　导读

2007年8月，在被称为"量化浩劫"的三天时间里，华尔街的许多量化投资者遭受了最严重的损失，这给系统投资敲响了警钟。这一事件在量化行业之外没有被广泛报道，但对于通过量化进行交易的投资组合经理来说，这是改变他们世界观的一周。从某种意义上说，投资组合经理从这之后开始着手搜索另类数据源。

本章将介绍这一重要事件，以及该事件是如何推动另类数据集的使用的，同时将介绍目前业界使用另类数据的程度，另类数据逐渐被使用的解释，以及基金经理更广泛地使用另类数据的一些准则。然后，我们研究了另类数据的一些重要问题，包括数据质量和数量。我们研究了另类数据是如何切实帮助传统的量化或基本面研究的，以及在另类数据集中寻找 alpha 的技术。最后，我们提供了4个另类数据示例以及回测结果。

4.2　量化浩劫：激励人们寻找另类数据

在2007年7月表现不佳但并非异常的情况下，8月7日、8日、9日连续三天内，许多量化策略都经历了巨大的损失——一些账户录得了12个或更多的标准差波动。在高度风险控制的市场中性量化投资领域，这样一系列的回报表现前所未闻。通常情况下保密严格的量化投资人甚至联系了他们的竞争对手，以掌握正在发生的事情，尽管没有立即给出明确的答案。

许多量化人士认为，这些混乱一定是暂时的，因为其偏离了模型所认为的公允价值。然而，在混乱期间，每位投资经理都必须决定是否砍仓以止损，如果没有按照预期迅速好转，那么投资经理必须冒着破产的风险坚持下去。而在他们无法获得稳定的资金来源时，决策权有时并不在他们手中。投资者不能强迫拥有每月流动资金的对冲基金进行清算，但是独立管理账户（SMA）和自营交易部门的经理不一定有这种奢侈。

8月10日，正如事件发生后不久发表的一篇分析报告（Khandai和Lo，2008）所示，这些策略展现出了强劲反弹。到了周末，那些坚守阵地的量化投资人几乎回到了他们的起点，他们每月的回报流甚至没有任何异常。遗憾的是，许多人没有或不能坚持下去；在某些情况下，他们一直砍仓或降杠杆。一些大型基金不久就关闭了。

4.2.1　发生了什么

人们对于所发生的事情逐渐达成了共识。最有可能的是，一只同时交易经典量化信号和一些流动性较差的策略的多策略基金在流动性较差的持仓中遭受了一些重大损失，他们迅速清算了量化股票持仓，以弥补保证金的追加。他们清算的头寸与世界上许多其他量化投资组合持有的头寸非常相似，清算给这些特定股票带来了下行压力，从而对其他基金造成负面影响，其中一些基金又反过来进行了清算，造成了多米诺骨牌效应。与此同时，更广泛的投资界没有注意到，这些策略大多是市场中性的，当时市场没有大的方向性变动。

事后看来，我们可以回顾一些可知是拥挤的因子和其他不拥挤的因子，清楚地看到量化浩劫期间表现的差异。在表4.1中，我们考察了三个简单的拥挤因子：收益率、12个月价格动量和5天价格反转。我们现在用来减少投资组合拥挤度的大多数数据集在2007年并不存在，但对于其中一些不那么拥挤的alpha，我们可以在回测中追溯这一点。在这里，我们使用了ExtractAlpha模型的组件，即战术模型（TM1）的季节性组件，它衡量的是一只股票在一年中的那个时间段的表现良好的历史趋势（Heston 和 Sadka，2008）；交叉资产模型（CAM1）的成交量组件，其比较看涨期权成交量和期权成交量（Fodor 等，2011；Pan 和 Poteshman，2006）；CAM1 的偏斜成分，其用于衡量虚值看跌期权的隐含波动率（Xing 等，2010）。记录这些异常现象的学术研究大多发表在 2008 年至 2012 年之间，当时这些理念并不广为人知；可以说，与"聪明贝塔"相比，这些投资异象相对来说并不拥挤。

表 4.1 显示了基于这些单一因子构建的美元中性、同等加权的美国股票投资组合的平均年化回报（每日重新进行平衡）。在量化浩劫之前和之后的 7 年中，不拥挤因子表现并不突出，而拥挤因子表现相当好——这一时期的平均年化回报率约为去除交易成本前的 10%，约为拥挤因子的一半。但与拥挤因子相比，量化浩劫期间不拥挤因子表现的下降幅度很小。因此，我们可以将其中一些因子视为分散投资或对冲拥挤的交易。如果你确实想平仓，那么在一个不拥挤的投资组合中应该会有更多的流动性。

表 4.1 美元中性、同等加权的美国股票投资组合的平均年化回报率

	更拥挤的因子				不太拥挤的因子			
	净收益率(%)	动量(%)	简单逆转(%)	平均值(%)	TM1季节性(%)	CAM1成交量(%)	CAM1偏斜率(%)	平均值(%)
2001—2007 年平均年利润	11.00	14.76	35.09	20.28	8.64	3.60	17.10	9.78
2007 年 8 月的每日因子收益率								
2007 年 8 月 7 日	−1.06	−0.11	−0.34	−0.50	−0.06	0.33	−0.85	−0.19
2007 年 8 月 8 日	−2.76	−4.19	0.23	−2.24	−0.21	−0.04	0.21	−0.01
2007 年 8 月 9 日	−1.66	−3.36	−3.41	−2.81	−0.29	−1.27	−0.23	−0.60
2007 年 8 月 10 日	3.91	4.09	12.45	6.82	0.71	−0.01	1.70	0.80

我们现在知道的拥挤因子表现不佳，这对当时的一些管理者来说是一个令人震惊的启示，这些管理者认为他们的方法是独特的，或者至少是不寻常的。事实证明，他们都在交易非常相似的策略。大多数股票市场中性量化股在类似的领域内交易，有着类似的风险控制模型。大多数人把赌注押在建立在相同数据源上的 alpha 上。

4.2.2 下一次量化浩劫

在随后的几年里，量化回报率总体良好，但许多投资人花了数年时间恢复其声誉和管理资产规模（AUM）。到 2016 年年初，量化浩劫似乎已经足够遥远了，回报率已经足够好，足以让人产生自满情绪。在截至 2017 年年中前的 18 个月内，量化回报一直相当强劲，直到最近的量化缩水，当时至少有一只规模相当大的量化基金关闭，几家知名的多头资管公司关闭了量化仓位。与此同时，许多另类 alpha 对回报的预测表现良好。最近的表现不佳可能是由于量化因子的拥挤，部分原因是量化基金的激增（过去 10 年中展现了比主观基金更出色的表现），以及聪明贝塔产品的兴起。一个明确的解决方法是让基金管理者多样化他们的 alpha 来源。

如今有如此多的可用数据——其中大部分在 2007 年是无法使用的——顶级投资管理公司明显倾向于使用另类数据，但许多基金经理的投资组合仍然由经典的拥挤因子主导。最具前瞻性的量化基金经理与系统投资组合经理都在非常积极地寻求另类数据。然而，大多数量化管理者仍然依赖于与以往相同的因子，尽管他们可能会更加关注风险、拥挤度和流动性。对于我们目前在技术采用生命周期曲线上的位置，有几种可能的解释。其中最主要的困难是，找出哪些数据集是有用的并将其转换成 alpha。

换句话说，截至写作本章之时，另类数据尚未"跨越鸿沟"。杰弗里·摩尔（Geoffrey Moore）从创新技术供应商的角度详细介绍了产品的生命周期，指出技术采用周期中最困难的部分是从有远见的"早期采用者"转向更务实的"早期大众"采用者，他们在采用新技术时更倾向于规避风险（见图4.1）。

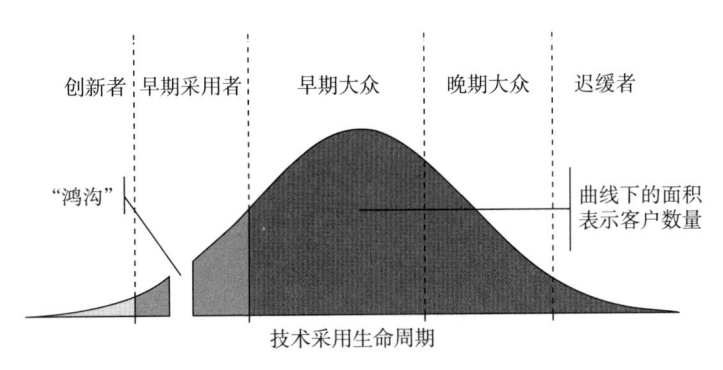

图4.1　技术采用生命周期
资料来源：维基共享资源，作者：克雷格·切里乌斯（Craig Chelius），https：//commons. wikimedia. org/wiki/File：Technology-Adoption-Lifecycle. png。

这一概念在科技初创企业中广为人知，但在机构投资领域尚未广泛应用。另类数据参与者很清楚，我们目前正处于早期采用阶段，但可能处于早期阶段的尾声——在鸿沟的边缘。格林尼治联营公司（Greenwich Associates）的一项调查（McPartland，2017）指出，80%的买方受访者希望采用另类数据作为其投资过程的一部分。根据我们的经验，取得重大进展的人相对较少，但是人数在继续增长。早期采用者往往是那些已经特别精通数据的量化基金管理公司，他们掌握着新数据集的实验资源。

不幸的是，关于另类数据的新闻报道可能具有误导性，并且充满了炒作。数万亿美元规模的基金回报中，只有一小部分可能是由先进的机器学习技术驱动（Willmer，2017）。真正基于人工智能的基金寥寥无几，我们还不足以知道这些技术创新是否会带来卓越表现（Eurekahedge，2017）。举一个例子（Hope，2016），目前还不清楚使用卫星图像计算沃尔玛停车场的汽车数量能带来多少可扩展的 alpha。

因此，尽管数据和量化技术比量化浩劫时流行得多，但实际采用的情况和炒作的情况还是存在较大差距。一些基金经理对另类数据集的拥挤度表示担忧，但至少根据目前对使用情况的合理估计，这些担忧还没有根据。

也许那些没有接受另类数据的坚持者希望价值、动量和均值回归策略不会很拥挤，或者他们对这些因子的看法有足够的差异性——在缺乏竞争对手信息的情况下，这是一个大胆的赌注。诚然，2017 年市场上的量化分析师和量化基金比 2007 年多得多，涉及更多的地域和风格，因此一些机构记忆已经消退。

有可能是一种行为上的解释正在发挥作用：羊群效应。正如那些在大型基金相对于新兴基金表现不佳的情况下仍投资于大型基金的配置者，或者那些随大流调整预测以避免出现大胆但可能错误的判断的卖方研究分析师一样，也许基金经理更喜欢在其竞争对手的下注被证明是错误后，才承认自己的下注是错误的。在上述所有情况下，利益相关者不能因为许多同行已经做出的决定而责怪羊群效应。在一些管理者看来，这似乎比采用具有创新性但业绩不佳的另类数据策略更好，而且使用另类数据可能更难向配置者或内控机构解释，尤其是在不顺利的情况下。

无论理由是什么，似乎很明确，2017 年再次发生量化浩劫的可能性比 2007 年更大。具体的机制可能不同，但在这些竞争性市场中，拥挤驱动的清算事件似乎很有可能发生。

4.3　利用好另类数据爆炸带来的好处

我们在与基金经理的多次对话中观察到，他们变得更善于与数据供应商接触，并更善于在供应商管理方面完成评估。越来越多的大型基金拥有数据源团队。但这些团队中的许多人在评估数据集时还不能有效地找到其中的 alpha。

提高这一效率的一些方法包括：

1. 将更多的研究资源专门分配给新的数据集，为每个数据集的评估设定明确的时间范围（例如，4~6 周），然后就数据集中是否存在附加值做出最终判断。这需要维护新数据集的渠道，并设定和遵守时间线与标准流程。
2. 建立一个可投入使用的回测环境，该环境可以有效地评估新的 alpha 并确定其对现有流程的潜在附加值。在测试数据集的过程中总会涉及创造性，但更普通的数据处理、评估和报告方面可以自动化，以加快（1）中的过程。
3. 指派一位经验丰富的量化分析师负责评估新的数据集——其以前见过很多 alpha 因子，且能够思考与当前数据集的相似或不同之处。另类数据评估应被视为任何系统化基金的核心能力。
4. 加强对创新数据供应商的联系，而不只是从大数据供应商那里获得数据，它们的产品很难称得上真正的另类数据。
5. 优先考虑相对容易测试的数据集，以加快人们获取另类数据 alpha 的速度。更复杂、原始或非结构化的数据集可以实现从一到多的多样化和独特性，但代价是在一个因子上耽搁太久。因此，如果对另类数据不熟悉，那么最好从可轻松实现的目标开始。
6. 更宽容地对待另类数据集有限的历史长度。对于许多新的数据集，人们总是根据短暂的历史数据来做决定。人们不能用对待传统因子的方式采取 20 年回测标准来判断这些数据集，既因为旧的数据根本不存在，也因为 20 年前的世界对今天拥挤的量化市场几乎没有影响。但不评估这些数据集的替代方案风险更大。下面，我们将介绍一些可以用来解释有限历史的技术。

将另类数据转化为交易策略的过程并不简单。此外，它与投资组合经理的核心活动争夺注意力和时间，包括日常投资组合管理、筹资和不断增加的合规负担。但经过仔细规划，可以在现有框架的基础上构建另类数据策略，该框架用于评估定价、基本面等传统数据集。对量化基金经理而言尤其需要如此。

4.4　选择要进行评估的数据源

在这里，我们研究了在量化股票投资过程中选择数据进行评估的一些问题。

首先，我们必须收集数据，或从数据供应商处获取数据。大多数基金不会花费大量资金直接收集数据，除非它们拥有大量可支配的资源。考虑到如今的供应商数量激增，即使是与数据供应商合作，也需要专门的资源。

大多数管理者不清楚哪些供应商的数据集具有投资价值。大多数数据供应商没有能力以与顶级从业者一致的方法严格地回测他们自己的数据或信号。许多供应商回测忽略了交易成本；还有的是非流动资产带来的不可在现实世界中获得的回报；将等权的投资组合与市值加权组合的基准进行比较；仅使用当前指数成分或当前股票；而没有做到特定时间点准确交易（point in time）；或者不考虑持股风险敞口。当然，供应商的回测很少表现出较差的性能，所以他们经常受到质疑。因此，供应商评估通常是一个内部过程。

一个数据集至少应具有足够的历史和广度；应该可以将数据转换为接近精确时间点的数据；数据应该可以对证券进行标记和联系。传统的量化回测技术对于覆盖范围小于几百项资产、历史长度小于三年的数据集往往不太有效，尤其是当数据集用于预测季度基本面时。

一旦选择供应商进行评估，就需要仔细检查他们的数据集。由于其中许多由在资本市场经验有限的供应商收集，因此它们的设计可能不便于使用或回测。例如，这些数据记录可能没有被标记为安全标识符，或者它们仅被标记为非独特的标识符，例如股票代码。历史记录可能相对较短，特别是如果数据集基于移动互联网或社交媒体活动，较老的历史记录可能无法代表当前的技术使用状态。可能会出现幸存者偏差，特别是当数据被回填时，并且供应商数据集很少位于精确的时间点。所提供的时间戳可能不准确，可能需要进行验证。

这些数据集没有像彭博、慧甚和汤森路透等大型数据供应商提供的数据集那样经过彻底清洗和梳理。因此，更可能出现数据错误和漏洞。

通常，这些数据集没有进行太多的学术研究。因此，我们必须建立自己的假设，解释为什么这些数据集可能具有预测性或有用性，而不是利用已发表的论文。某些卖方研究组已经研究了知名数据供应商的数据集。

数据集可以是"信号"形式，换句话说，可处理至很容易地纳入多因子量化过程。信号通常更容易测试和解释，但它们的使用实际上需要投资组合经理将研究外包给供应商。因此，评估供应商的来源和模型构建的严谨性至关重要。更常见的情况是，数据的提供形式为原始数据，其允许更大的灵活性，但显著增加了评估数据有效性所需的时间。许多规模较大的量化基金会更喜欢原始数据，而资源受限的量化基金管理者或非量化基金管理者会更喜欢信号产品，但是都有例外。

大多数另类数据集根本没有投资价值，或者它们的价值自然受限。这些数据集通常听起来很直观，但可能缺乏广度；例如，最近许多供应商使用卫星图像计算大型零售商（尤其是在美国）停车场中的汽车数量，或者测量油箱中的油量。然而，与此相关的资产总数自然是有限的。

另一个例子是，从在线活动中捕捉情绪数据集（也许是我们现在考虑的另类数据的最早形式）已经爆炸式增长至几十家供应商，其中大多数都在推特上挖掘情绪数据集。除了推特包含大量噪声，一些关于微博情绪的实证研究表明，此类信号的预测能力持续不了几天，因此很难纳入可扩展的投资策略（Granholm 和 Gustafsson，2017）。

最后，我们应该至少提出一个一般性假设，说明为什么我们可能会在数据集中发现价值，无论该价值来自预测股票价格、波动性、基本面数据还是其他方面。

4.5　评估技术

对于量化基金管理者来说，另类数据集的评估过程可能与评估非另类数据（如基本面数据）时的过程非常相似。我们可对为什么数据会预测回报或带来收益，或者就投资者关心的其他东西提出假设，然后制定一套公式，允许对这些假设进行样本测试。如果数据是结构化的，并且有很长的历史记录，则尤其如此。根据风险敞口和交易成本，可在回测或事件研究中测试其预测能力，但要考虑到风险暴露和交易成本；在样本中进行优化或简单选择，以生成尽可能强的单变量预测；对照现有的（通常是非另类的）预测因子来检查独特性和对更广泛策略的贡献；然后假设结果是直观的、稳健的和唯一的，并在样本外进行验证。

上段中的内容与大多数量化股票投资组合经理在评估传统数据集时所做的工作没有什么不同。虽然机器学习和人工智能经常与另类数据一起提及，但当数据具有一定的结构时，通常不需要引入这些技术，这样做可能会带来与人们预期相比更加不直观的结果——特别是对于不太精通此类技术的研究人员。

但在某些情况下，另类数据集使该过程的某些部分更加困难。例如，非结构化数据或具有更有限历史的数据可能需要新的方法来处理数据和创建公式。最常见的例子是情绪分析，其细节超出了本章的范围。这种方式使用自然语言处理或其他机器学习技术，将人类生成的文本或语音信息浓缩成乐观或悲观的衡量维度，然后相对容易地将其汇总到投资级别的策略。

某些另类数据集可能没有很好地标记安全标识符（如 CUSIP、SEDOL 和 ISIN）。许多数据供应商开始使用代码进行标记，但是代码可以更改并可以重用。另外，一些原始数据集仅通过公司或实体名称进行标记。为此，需要建立一种可靠的公司名称匹配技术，适当考虑缩写、拼写错误等。一旦构建，这些工具可以应用于多个数据集。

许多另类数据集没有提供明确的时间戳，表明数据在历史上何时可用，从而使回测变得困难。通常，唯一的解决方案是去观察一段时间内的供应商收集数据过程，并评估所提供日期与数据可用日期之间的一般性迟滞，并将其应用于旧数据。

如前所述，任何使用另类数据集的人最终都会碰到这样一种情况：一个数据集，其本身具有很强的吸引力，但其历史数据可用性比人们希望的要少。短暂的历史有几个内涵：

1. 历史可能不包括多种不同的宏观经济环境，如高波动和低波动时期。
2. 数据越少，回测结果噪声就越大，并且无法像处理历史较长数据那样进行稳健的细分（例如，按区域划分）。
3. 传统的样本内和样本外技术，如前10年用于样本内，剩余5年用于样本外，可能不适用。

第一个问题无法解决，但第二个和第三个问题在某种程度上可以解决。

短期回测噪声很大，是因为股票价格噪声很大。对于一天或更长时间的预测尤其如此，而这正是大型机构投资者最感兴趣的时间长度。解决这一问题（以及横截面覆盖范围过窄问题，例如行业特定数据集）的一种非常直观的方法是，不对股票价格或回报进行预测，而是预测一些更偏基本面的数据（如收益或收入），或是这些数据的简单衍生，比如盈利异常或收入增长。由于资产波动性——可以由情绪和外部冲击驱动——在长期超过收益波动性，基本面预测往往比资产价格预测更稳定。因此，我们可以在相对较短的历史中建立基本面的稳健预测。

基本面预测在学术文献中并不是什么新鲜事。例如，一篇著名的论文（Sloan，1996）表明，与现金流驱动的收益相比，应计利润驱动的收益的持续性较差，这种差异随后持续反映在股价中。20世纪90年代末和21世纪初的研究还表明，个别分析师的盈利预测能力不同，这些差异可以转化为交易策略（Mozes和Jha，2001）。关于收益预测的工作最近已扩展到Estimize平台收集的众包来源的另类数据集（Drogen和Jha，2013）。

当然，让基本面预测在投资组合管理中发挥作用的前提是，对基本面的准确预测会使得投资组合表现更出色。换句话说，市场关心的是基本面预测带来的收益。尽管有证据表明，从长期来看这是事实，但是资产价格由基本面之外的因素驱动的市场状况也并不罕见。在过去几年中，我们已经多次看到这种情况，包括全球金融危机后以及 2016 年期间的"风险"反弹，当时股市因对英国脱欧和美国总统选举等宏观事件的预期变化而受到冲击。识别这些环境有助于使基本面预测更加可靠。

资产波动率本身往往相当稳定，因此历史有限的另类数据集的一个相对被忽视的应用是改进对波动性的预测。在本章后面，我们将探讨一个这样的例子。

考虑到更短的历史和不断变化的量化环境，样本内和样本外的方法必须改变。例如，我们可以交替使用样本内和样本外月份，从而使回测包括更多的近期样本内日期，测量该因子在当前市场条件下的表现，并确保对于任何长度的历史数据，样本内和样本外的日期都有类似的划分。这种方法必须非常小心地处理，以避免任何从样本内泄漏到样本外的情况，并避免季节性偏差。

另一个考虑的点是，与拥挤因子相比，许多从另类数据（尤其是基于情绪的数据）中获得的 alpha 相对较短；alpha 期限通常在一天到两个月的范围内。对于不太能灵活变动持仓的大型资产管理公司而言，以非常规的方式使用更快的新 alpha，例如为长期交易（Jha，2016）确定更好的进入和退出点——或者在更快的交易仓位中单独交易——得以利用这些数据集实现目标。由于投资账户夏普率较低的以及高频交易的量化投资者希望提高回报，向中线 alpha 靠拢的趋势更加明显，这使得对差异化的中线 alpha 的需求更大。

在评估基于事件的另类数据时——例如，来自网络的众包预测集合，或盈利超预期、并购剥离的公司事件数据集——事件研究是一种非常有用的技术。典型的事件研究涉及事件前后窗口中跟踪资产的回报。这些研究可以证明一个事件之前或之后是否有较大的回报，也可以告诉你这些回报实现的时间范围，这将使研究人员了解该事件是否可用于短期或长期 alpha 生成，以及需要多快对新事件进行响应。我们还可以沿多个维度将事件划分为不同类型：例如，大盘股与小盘股的事件，或在盈利周期的不同时间，或由不同类型的预测者产生的事件。最后，我们可以不使用原始资产收益，而是对收益进行残差处理，即控制对共同风险因子的暴露，从而使研究人员能够确定他们在事件发生后看到的任何超额收益是不是事件数据原本就有集中投资的结果，例如小盘或动量偏向。

上述可能的调整可以解释另类数据的一些特质，但与基本面量化研究的基本原理仍然相关：我们应该建立直观因子的精确时间点数据库，在考虑风险和交易成本的同时，在精心设计的样本期内对其进行严格测试。

4.6　基本面基金管理者与另类数据

尽管量化基金，特别是系统对冲基金，是另类数据的最早采用者，但主动基金和基本面基金经理也开始接受另类数据。这种向"量化投资"的转变反映了市场的一些其他趋势，包括量化策略的规模增加，远离股票多空策略，以及更多地接受机械的"聪明贝塔"或风险溢价投资风格。

量化投资有多种形式，包括在基本面分析驱动的投资组合背景下，使用传统量化技术（如回测、风险控制和投资组合归因）的增长。在这里，我们将主要关注主观分析师和投资组合经理对另类数据的使用。

量化投资的增加意味着以前在数据科学方面经验有限的基金将需要了解量化研究的一些基础知识。挑战在于将这些广泛的数据驱动方法与强调深度而非广度的投资理念相协调。理查德·格林诺德（Richard Grinold，1989）在《主动投资的基本法则》中抓住了这一区别：

$$IR = IC * \sqrt{N}$$

信息比率（IR）是衡量风险调整后超额收益的指标，它是两个因子的函数：

- 信息系数（IC），即基金经理的预测与随后实现的回报之间的相关性，是其能力的衡量标准。
- 独立投资的数量（N），是投资广度的衡量标准。

简单地说，主动基金管理者关注 IC，量化基金管理者关注广度；量化策略可以在许多资产中复制，但很少在任何特定交易中都能提供高收益，而基本面分析师理论上可以通过深入研究提供较高但不可扩展的 IC。

因此，基本面管理者使用另类数据的一个用途是获取关于公司的更深入的见解，而不必增加总的投资的数量。通常由分析师自己来决定新数据是否有助于提供此类见解。由于这些数据不需要在许多股票中广泛而高效地生成，也不需要自动获取，因此数据通常以报告的形式提供，其中可能包含特定行业的信息。这是基本面分析师使用另类数据的最简单方法，只能勉强地认为是量化方法。

在数据采用曲线上，一些基本面团队正在通过用户界面（UI）获取数据，用户界面旨在提供有关另类数据集的可视化、筛选和预警。例如，基本面投资组合经理可能会将其观察清单输入此类工具，去寻找消费者评价或社交媒体舆论的最新趋势表明可能即将出现问题的股票，这些问题将影响基金经理的头寸大小，或者是分析师也可能希望筛选出由这些数据集驱动的交易想法。这些用户界面可以很好地适应基本面投资组合经理或分析师的工作流程，这在历史上一直由彭博终端和 Excel 模型主导。

最后，一些基本面团队最近引入了管理供应商关系和提供内部数据科学工具的团队。这些工具包括类似于上述内容的可视化，以及模型开发，其利用新数据集创建股票排名和评分。多年来，一些资产管理公司一直有量化团队利用传统数据履行这一职责，但它在股票多头/空头对冲基金领域相对比较新鲜。

在这两种情况下，一个挑战是让投资组合经理和分析师关注数据科学团队生成的内部产品。基本面用户可能不完全相信量化方法，也可能不希望量化过程在很大程度上左右他们的决策。因此，管理者可能更愿意与基本面团队合作设计量化方法，考虑他们的期望、反馈机制和工作流程，并在数据科学团队和基本面团队之间持续协调。

另一个问题是，基本面团队通常不熟悉样本大小、回测、稳健性等精细的问题。由于依赖 IC 而非 N，基本面投资组合经理和分析师寻求高可信度信息，但资本市场的经验证据很少提供这样的可信度。量化投资在很大程度上可能是错误的，但仍能获利。一次错误的投资可能会让使用量化技术的基本面分析师失望。分析师可接受培训来提高对量化技术的熟悉程度。

在实践层面上，新的量化团队实际上也必须改变他们使用的工具。过去，主动基金经理的工作流程依赖于书面报告、Excel 模型和彭博终端的结合。传统的量化过程不使用任何这些工具，相反，它依赖于数据源。使用上述工作流工具（如可视化、筛选和电子邮件预警）将新的量化和另类数据源交付给基础团队，这将有助于提高使用率。量化投资团队需要将部分注意力从传统工具上转移，以便更好地使用新的数据集。

4.7 若干例证

我们研究了 4 个使用另类数据生成信号的例证，其可用于投资组合管理过程。虽然在某些情况下，信号生成的细节专有性很强，适用范围很窄，但我们希望提供有关这些技术的足够信息，以推动对其他数据集的研究。

4.7.1 示例 1：博主情绪

我们首先分析 TipRanks 提供的一个财经博客数据集。TipRanks 从各种来源收集在线建议，包括新闻文章和几个财经博客网站。其专有的自然语言处理算法使用文章训练集的手动分类进行训练，用于生成每篇文章的情感。特别的是，该算法将文章分类为看涨与看跌（或买入与卖出）。无法以高置信度进行分类的文章将发回读者，以便进行分类，并在将来更好地训练算法。

新闻文章包括卖方分析师的看涨或看跌评论，这些评论通常与分析师的买入和卖出建议形成重复冗余。汤森路透和慧甚等数据供应商提供的广泛使用的结构化数据集中已经包含了这些买卖建议。因此，这里我们关注的是不太知名的财经博客数据源。寻找阿尔法（Seeking Alpha）和彩衣傻瓜（Motley Fool）等财经博客的内容与推特等平台的不同之处在于，它们通常包含长篇文章，并包含对公司业务和前景的重要分析；因此，它们更像是卖方研究报告，而不是微博帖子或新闻文章。

我们从事件研究开始，以了解归类为买入或卖出的博客文章发表前后的股价行为。我们可以用多种方式对数据进行分类，但样本中最重要的发现是，某些博客网站包含的文章具有预测性，而其他网站则没有。这可能是由于不同网站的编辑标准不同。在具有预测价值的网站中，我们在发布日期前后看到了如图4.2所示的事件研究表现。

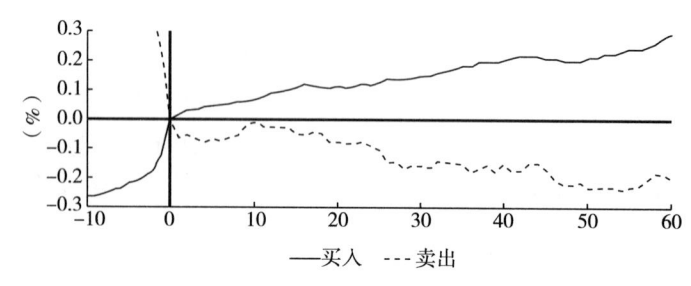

图4.2 博客推荐的累计收益残差

请注意，这里我们绘制的是平均累计收益残差，即进行行业和风险因素控制后的收益，是文章发布日期前后交易日天数的函数。从图中我们可以看出，在文章发布当天会产生很大的影响，这可能是文章对市场的影响以及文章发表可能与重大公司事件同时发生的综合作用。我们还看到了一个明显的"抢跑"效应，即买入之前价格通常会上涨，而卖出之前价格通常会下跌。

我们还看到，在文章发表后的几周内，预期方向会继续变动，这与文章作者继续推动市场、预测未来价格走势的能力相一致。

然后，我们可以将这些买卖信号封装成一个简单的股票评分算法，该算法自2010年年末以来每天对2 000多只美国股票进行评分。这个TRESS算法由TipRanks和ExtractAlpha合作建立，采用的方法非常简单，就是获取某一股票最近所有的买入或卖出（+1或−1）信号，按该文章发表后的天数进行加权汇总。这样，得分最高的股票是那些最近建议买入的股票，得分最低的股票是那些最近建议卖出的股票。为了在推荐较多的股票（通常市值较大或较受欢迎的股票）和推荐较少的股票之间的分数具有可比性，我们以该股票的博客文章的频率为标准。

财经博客通常面向个人投资者和交易者，他们有集中的长期投资组合，因此通常在寻找买入想法而不是卖出想法。结果，大约85%的博客推荐最终被归类为买入。这意味着，一旦我们汇总到股票层面，我们最终会发现在大多数博客中，有净卖出情绪的股票较少。

话虽如此，我们看到，当大多数博主看跌时，股票的表现往往明显不佳，如图 4.3 所示，图中绘制了得分较低（TRESS 值为 1～10）的股票与得分较高（TRESS 值为 91～100）的股票的平均年化回报率，因此抛售或做空信号很少，但很强。

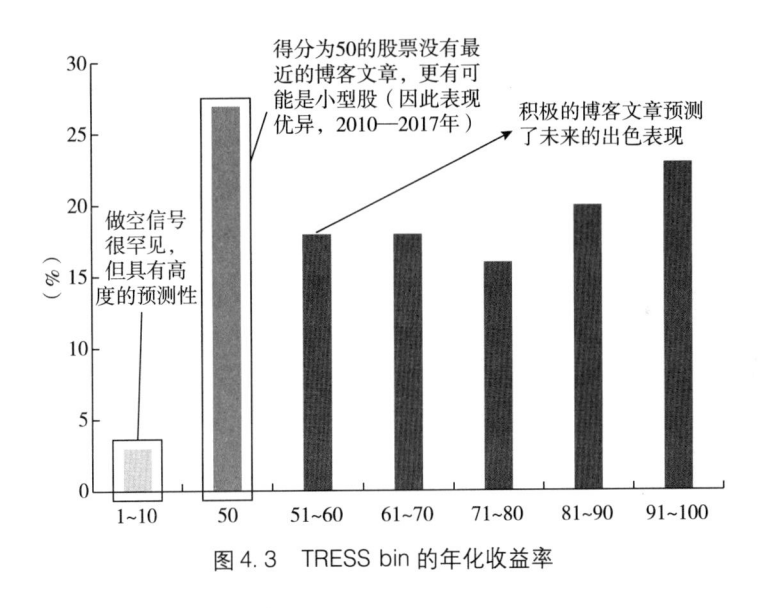

图 4.3　TRESS bin 的年化收益率

低 TRESS 分数和高 TRESS 分数之间的表现差异在不同时期都是一致的，包括样本期（2013 年年中结束）、启动日期（2014 年年末）以及随后三年的实盘数据（见图 4.4）。这表明，财经博客情绪是一个稳定的回报预测因子。有很多方法可以切分这一表现，以证明其稳健性，例如一个简单的多头/空头投资组合，每天更新持仓，对得分为 91~100 的股票做多，对得分为 1~10 的股票做空，这是一个方便的可视化工具。

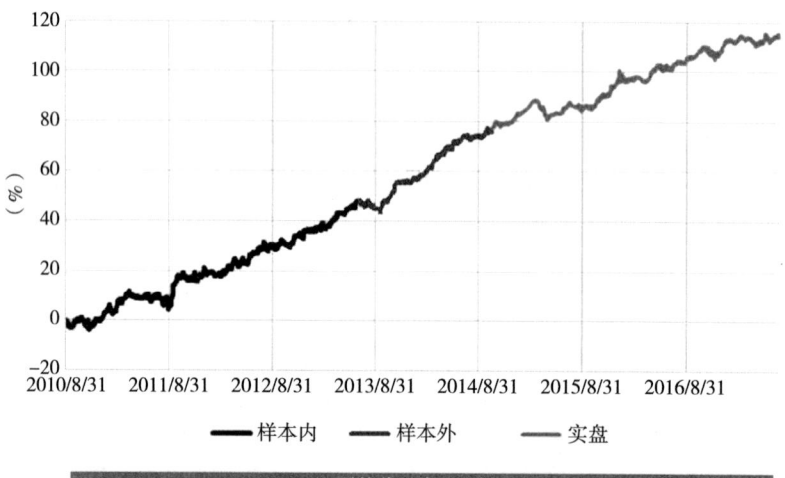

	平均收益率（%）	夏普率
样本内	16.9	1.79
样本外	22.2	3.17
实盘	13.6	1.68

图 4.4 TRESS 总中性累计收益（美元）

在这种情况下，我们绘制了考虑交易成本前的收益图，但要符合市值（1 亿美元）、每日平均美元交易量（100 万美元）和名义价格（4 美元）的最低要求。投资组合每天换仓约为 6%，因此这些结果应在合理的交易成本假设下继续存在。

4.7.2 示例 2：网上消费者的需求

上面的例子着眼于对公司基本面有见解的中间人（在本例中是博客作者）的情绪源的预测能力。一些另类数据集更直接地查看公司基本面指标，例如面板交易数据——我们在下面的第三项中展示了一个例子。在这两个极端之间，我们可以交叉确认让我们了解消费者偏好的数据。基于网络的需求数据有助于提供这些见解。

随着人们越来越多的时间花在网上，消费者不仅在网上购买产品，还在做出购买决定之前研究这些产品。零售消费者以及企业对企业（B2B）买家也是如此。因此，对公司产品的需求可以通过对公司网站的关注程度来表示。尽管注意力可能是一个负面信号（比如丑闻），但文献表明，更多的关注对公司的前景是一件好事。

这种类型的注意力数据在数字营销领域已经使用了一段时间，但对于股票选择模型来说相对较新。在这里，我们检查了 alpha DNA 收集的数据集，他们是数字化需求数据方面的专家。alpha DNA 数据集包括对三个类别的注意力的测量：

1. 网页搜索：消费者是否通过搜索引擎在线搜索公司的品牌和产品？
2. 网站：消费者是否正在访问公司的各种网站？
3. 社交媒体：消费者是否通过在多个平台上关注公司的社交媒体页面来表达他们的注意力？

为了将相关专有名词和属性映射到公司层面，alpha DNA 维护了一个数据平台，这是一个不断发展的精确时间点数据库，包含每个公司的品牌和产品名称、网站和社交媒体（见图 4.5）。这项分析所需的大量前期工作是搭建这一数据平台。

alpha DNA 开发了一个专有的评分系统，对大约 2 000 家公司在数据平台（网站、搜索、社交）和消费者触达率（渗透率、参与度、受欢迎度）上的总体表现进行排名。排名每天都进行，历史数据从 2012 年开始。采取"类民意测验"方法整合来自多个数据

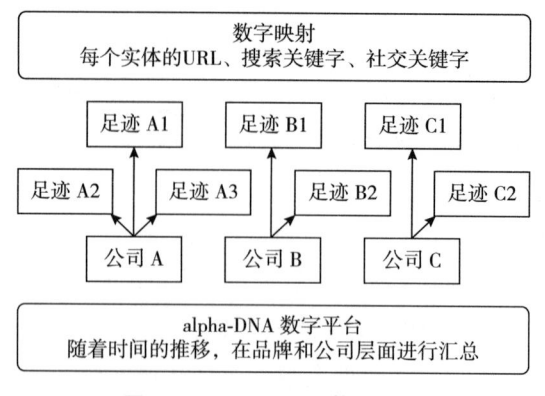

```
┌─────────────────────────────────┐
│         数字映射                 │
│ 每个实体的URL、搜索关键字、社交关键字 │
└─────────────────────────────────┘
      ↑          ↑          ↑
   ┌─────┐    ┌─────┐    ┌─────┐
   │足迹A1│    │足迹B1│    │足迹C1│
   └─────┘    └─────┘    └─────┘
┌─────┐ ┌─────┐  ┌─────┐  ┌─────┐
│足迹A2│ │足迹A3│  │足迹B2│  │足迹C2│
└─────┘ └─────┘  └─────┘  └─────┘
   ┌─────┐    ┌─────┐    ┌─────┐
   │公司A │    │公司B │    │公司C │
   └─────┘    └─────┘    └─────┘
┌─────────────────────────────────┐
│       alpha-DNA 数字平台         │
│ 随着时间的推移，在品牌和公司层面进行汇总 │
└─────────────────────────────────┘
```

图 4.5 alpha-DNA 数字平台

集的许多不同维度的数据，以创建加权分数。

通过这种"类民意测验"方法，每个公司的数字化实力指标都是相对于其同行制定的。alpha DNA 的数字化收入信号（DRS）与 ExtractAlpha 合作构建，根据其盈利超预期的程度来衡量数字化实力；当消费者需求增加时，公司表现有可能超过卖方一致性盈利预期，而当消费者需求放缓时，公司更有可能不及预期。因此，高得分 DRS 股票往往表现出盈利超预期以及积极的收入增长。在图 4.6 中，我们绘制了以 DRS 的十分位数计算的超出盈利目标的股票百分比图，受上述 TRESS 相同的可用范围限制（并进一步排除在写作本章时 alpha DNA 未收集数据的股票），图中包含了 2012—2015 年合并的样本内和样本外期间，以及自 DRS 上线以来的每个后续季度。

很明显，人们可以使用 DRS 嵌入的数字化需求数据来有规律地预测盈利是否超预期。正如人们期望的那样，这种预测也会使得通过 DRS 构建的投资组合可以获得盈利。在图 4.7 中，我们使用与上述 TRESS 相同的方式，绘制了基于 DRS 的投资组合的累计回报。

年化收益率为 11.4%，夏普率为 1.64。进一步观察发现，假如因为每天的换仓比例与 TRESS 相似（6%），结果在不同市值范

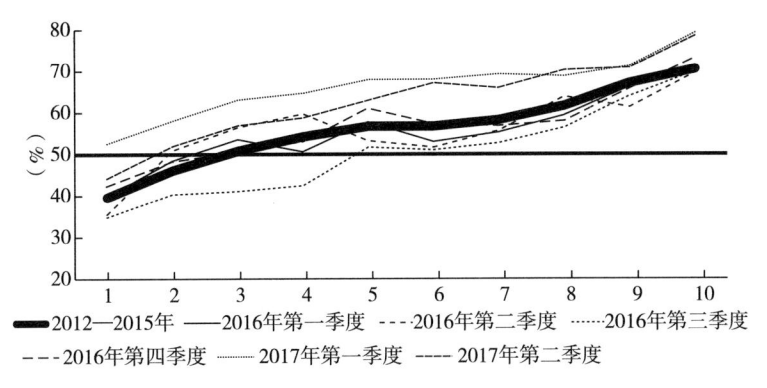

图 4.6 DRS 的各十分位数的超出盈利目标的股票百分比

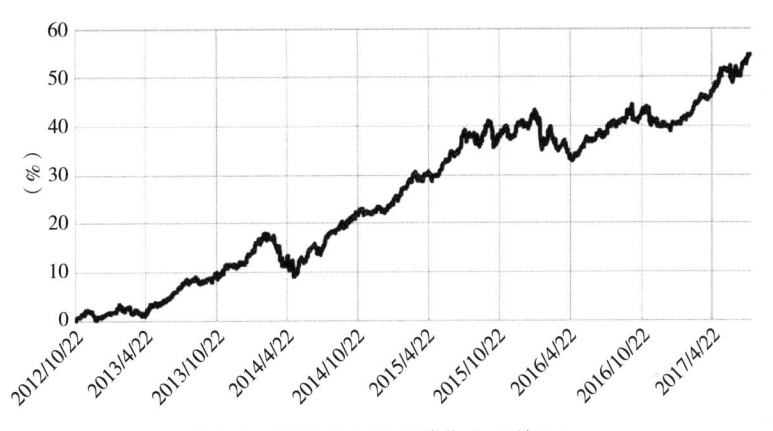

图 4.7 DRS 总中性累计收益（美元）

围和其他大多数合理的横截面上是一致的，并且可以经受交易成本和各种持仓更新规则的挑战。因此，在这种情况下，基于在线另类数据集组合的盈利超预期预测似乎会产生潜在的超额收益投资策略。

4.7.3 示例 3：交易数据

美国使用的另类数据的早期示例之一是信用卡交易数据。这些数据集用于在公司盈利公告之前提前了解行业的收益情况。随着中国消费者活动的增加，人们认识到，作为世界上人口最多的经济体之一，其交易数据可以为在中国拥有重要客户群的公司的收入提供信息，而无论这些公司的总部在哪里，在哪里上市。

Sandalwood Advisors 是第一个专注于中国消费市场的另类数据平台。该公司收集了多个独特的高价值数据集，这些数据集记录了中国线上和线下零售交易。在本研究中，我们重点关注其中一个数据集，即中国最大的 B2C 电商平台天猫网，截至 2016 年，该平台的市场份额为 57%。中国和跨国的消费品生产商通过天猫网进入中国消费市场。天猫网上有各种各样的产品可供出售，包括服装、鞋类、家电和电子产品。外国公司必须满足严格的要求——特别是最低年营收——才能在天猫网上架产品。

在这项研究中，我们关注天猫网数据中的公司级别指标，这些数据每月收集一次，滞后 5 个工作日。基础数据包括以人民币表示的每月总销售额和每月销量。我们能够将天猫网数据与 5 个市场交易的 250 种流动证券进行对应：中国内地、中国香港、日本、韩国和美国。天猫网数据的历史长度有些短，从 2016 年 3 月到 2017 年 6 月。

我们研究了一个非常简单的 alpha 因子，即月销售额的变化。该指标允许我们对天猫网数据集中的任何股票进行评分，但是它也会受到一些噪声的影响，例如公司增加或减少其在天猫平台上的销售投入、促销活动导致的销售额暴增、货币波动对具有不同国际风险敞口的公司的影响，以及每个公司不同的季节性效应。

另外还有市场份额的月度变化。对于每个品类，我们可以计算特定品牌与所有其他公司的市场份额，无论我们是否能够将这些公司与公开上市流动股票进行对应（有些是未上市公司）。然后，我们可以将市场份额汇总到公司层面，通过该类别对公司在天猫网总收入的贡献进行加权。这可能是比月销售额变化更透明清晰的衡量标准，但也有一些缺点，该公司的收入份额可能没有反映其在天猫网的收入份额。也许最重要的是，我们还没有为所有公司确定品类级别的数据，因此我们的样本量对于该指标来说太小了。所以我们将市场份额分析留给未来的后续研究。

按照我们之前通过短期历史数据集来预测基本面的说法，我们首先观察到，天猫网月度收入增长低于 -10% 的股票的实际报告季度增长率（1.8%），低于天猫网月度收入增长超过 10% 的股票（6.1%）。该分析验证了天猫网数据集能够反映公司收入。

然后，我们按照之前的方法通过月度销售增长指标构建多空投资组合，这基本上是月度换仓策略（尽管我们每天都会重新更新持仓）。我们将独立研究每个区域：美国、中国和亚洲发达国家——在这里是指日本和韩国。我们为每个市场使用当地货币来计算回报。由于与前面的模型示例相比，每个区域内的数据都相当稀少，我们将数据分成 1/3 而不是 1/10，然后简单地做多该区域内前 1/3 的股票，做空后 1/3 的股票。结果是投资组合在每个地区都相当集中。

在图 4.8 中，我们展示了每个区域内的累积收益，然后是一个简单的全球投资组合，该投资组合在三个区域内的权重相等，并展示了进行风险调整后的多元化收益。

对证券交易成本而言，美国和日本的交易成本低，中国 A 股的交易成本也已经大幅下降，韩国的交易成本相对较高（因为有印花税和交易费）。此外，我们在这里构建了一个多空组合，特别是在中国股市，融券是受限且成本很高的。但我们确实看到排名靠前的股票在整个范围内都表现优异，这表明仅在多头策略方面就有使用价值。

鉴于我们构建的指标相当简单，这些结果已经展现出了非常大

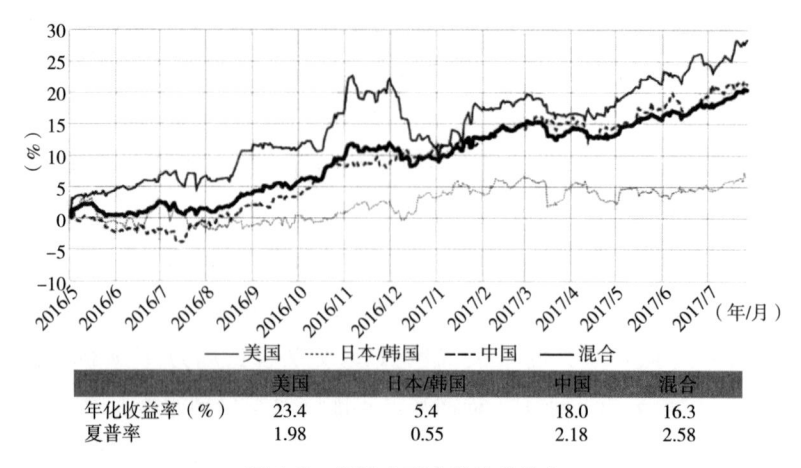

	美国	日本/韩国	中国	混合
年化收益率（%）	23.4	5.4	18.0	16.3
夏普率	1.98	0.55	2.18	2.58

图4.8　累计本币中性总收益率

的希望。尽管这些数据集的历史长度和横截面覆盖率都有一定的局限性，但它们背后展现出的清晰直觉，以及中国网购对于全球零售品牌越来越重要但很少受到投资者关注的事实，都值得深入思考。

4.7.4　示例4：ESG

尽管 ESG 投资有所增长，但大多数评价 ESG 的方式都很简单，例如剥离能源子公司或关注董事会多元化。尽管关于公司可持续性和负责任行为的数据非常广泛，但 ESG 投资通常不是数据驱动或系统化的。

最近的一些研究已经开始揭示一些 ESG 数据集和收益之间的关系，但这方面的论证仍然相当复杂。

一个可能的方向是使用 ESG 因子进行风险管理。在此，我们以 Dunn 等人（2017）为例，使用金融服务行业特有的新数据集来衡量风险。

美国消费者金融保护局（CFPB）成立于全球金融危机后，旨在加强对信用卡和抵押贷款发行人等金融服务供应商的监督。CFPB 维护着一个消费者投诉数据库,该数据库记录消费者有关零售金融服务的投诉,并为金融服务供应商提供一个回应投诉的平台。投诉数据可以从 CFPB 免费获得,但需要一些处理工作才能使其在量化环境中可用。与许多政府数据一样,数据格式随着时间的推移发生了变化,并且数据没有标记为安全标识符。因此,我们采用了一种专有的模糊名称匹配算法,该算法考虑了拼写错误、缩写词(如"Inc."和"Corp."),也考虑了公司名称随时间的变化以及公司名称的相对唯一性,以将 CFPB 提供的公司名称映射到母公司名称数据集,并将母公司名称数据集映射到通用安全标识符,如 CUSIP。

我们的数据库包含大约 100 家上市金融服务公司从 2011 年开始收到的投诉(每年 48 000 起)。数据集非常丰富,包含收到投诉的日期、投诉涉及的特定产品(如借记卡、学生贷款)、公司是否及时回应投诉以及该回应是否存在争议。投诉的内容也包括在内。

我们的假设是,被投诉相对较多的公司面临更大的业务风险,要么是因为它们疏远了客户,要么是因为它们可能受到惩罚性监管行动的影响。只要投资者最终知道这些风险,它们也应该会影响股票的波动。

为了简单起见,这里我们只计算给定时间段内与安全性相关的投诉数量。当然,规模较大的金融产品发行人通常会收到更多的投诉。因此,我们只需计算前一年内的投诉数量——滞后一个季度以确保历史数据的可用性——以及按市值调整的规模。然后我们进行翻转,这样得分高的股票就是那些投诉相对较少的股票。

我们首先使用与之前相同的方法(见表 4.2)进行快速测试,看看我们的投诉评分是否能预测回报。在这里,我们使用五分位数而不是十分位数构建投资组合,因为 CFPB 数据相对于之前的数据集具有更稀疏的横截面覆盖率。2014 年之前的数据太少,让我们无法在流动性前提下创建稳健的五分位投资组合,因此我们在 2014 年年初至 2017 年年中的期间内建立投资组合。

表4.2 投诉的数量可以预测回报吗

组别	公司	天数/发生次数	年化收益率（%）	夏普率
总体	71	903	6.20	0.5
2014	60	248	-3.30	-0.29
2015	72	252	2.00	0.15
2016	76	252	28.10	2.31
2017	79	151	-7.60	-0.53

我们可以看到，有一些证据表明，投诉较少的公司确实表现不佳。由于我们的换仓频率很低，基于该数据的策略不会受到交易成本的严重影响，但结果在一段时间内并不一致，这主要是受到2016日历年的影响。在评测横截面覆盖率有限和有限历史的数据集时，这种非稳健结果是常见的，因为估计参数（如分位数、范围选择和交易参数）的微小变化可能会由于样本量较低而导致结果发生大的变化。虽然回报率的影响值得进一步研究，但我们现在转向衡量投诉数据是否能告诉我们一些关于风险的信息，我们期望可以得到更为可靠有力的结果。

我们通过各个五分位数（见表4.3）来观察常见风险因子的平均风险敞口（平均值为0，标准偏差为1），以此研究这一策略的一般风险特征。

表4.3 常见风险因子的平均暴露（五分位）

	利率	波动率	动量	规模	估值	成长	杠杆
少有投诉	(0.09)	(0.55)	—	0.53	0.19	(0.05)	0.11
2	(0.05)	(0.40)	0.02	0.67	0.38	(0.10)	0.18
3	0.04	(0.33)	(0.13)	0.75	0.48	(0.17)	0.43
4	(0.10)	(0.27)	(0.03)	1.77	0.59	(0.03)	0.24
许多投诉	(0.27)	(0.15)	0.03	0.64	0.28	0.04	0.47

我们可以看到，投诉最多的公司往往更不稳定，杠杆更高，股息收益率更低。因此，我们需要通过观察这些标准风险因子，确定投诉是否更能解释风险。

我们首先根据投诉的五分位数来研究股价波动性。我们以两种方式衡量波动性：

- 每日股票收益的标准差。
- 每日股票收益率残差的标准差与行业和常见风险因子进行横截面回归（排除特异性收益率）。

收益率残差的波动率告诉了我们，投诉数据多大程度上让我们预知未来风险，这些风险不能用常见的风险因子来解释，包括股票本身的历史波动率。对于这两个指标，我们每个月对它们进行百分位排序，以考虑市场整体波动性随时间变化的事实。

我们可以在图4.9中看到，即使在控制了已知的风险因子后，相对于其市值而言，投诉较少的股票也会表现出较低的波动性。这种效果与我们之前看到的基于收益率的衡量标准相比更加一致。

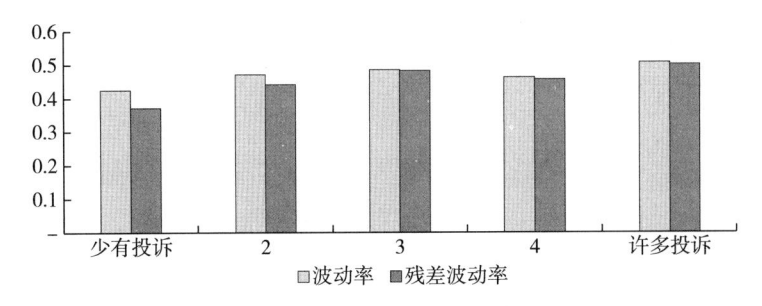

图4.9 按投诉频率划分的波动率百分比

最后，使用基本风险因子，然后加入投诉因子，我们可以使用横截面回归方法来解释收益率波动。在这里，较高的值意味着更多的投诉，因此，如果收到更多投诉的公司风险更大，我们预计投诉变量会出现正系数（见表4.4）。

表4.4 解释收益率波动的横截面回归方法

	基线			投诉		
	参数估计	t值	Pr>|t|	参数估计	t值	Pr>|t|
截距	0.020	101.81	<0.0001	0.019	92.24	<0.0001
波动率	0.008	34.38	<0.0001	0.007	28.91	<0.0001
规模	(0.000)	(5.23)	<0.0001	(0.000)	(5.15)	<0.0001
估值	0.001	4.00	<0.0001	0.001	5.40	<0.0001
成长	(0.000)	(0.03)	0.98	0.000	0.10	0.92
杠杆	(0.000)	(0.33)	0.74	(0.000)	(1.70)	0.09
动量	(0.000)	(2.70)	0.01	(0.000)	(0.75)	0.45
利率	(0.000)	(1.69)	0.09	(0.000)	(1.90)	0.06
投诉				0.003	8.86	<0.0001
校正决定系数	0.350			0.363		

我们可以看到，尽管历史波动率（未来波动率的最佳预测指标）与投诉之间的相关性在第二次回归中表现为历史波动率系数降低。但投诉因子在第二次回归中非常显著，T值为8.86，且回归的调整过的R平方值比基线回归要高。换句话说，除了传统的基本面风险模型，投诉因子为未来风险提供了独特的、增量的解释力。

我们可以每年重复这项实验。我们发现，投诉系数每年都在3%误差或更高水平上显著，调整后的R平方在所有年份都有所改善（见表4.5）。

表4.5 投诉因子:每年在3%误差或更高水平显著

年份	基线 校正决定系数	投诉 校正决定系数	t 值	Pr > |t|
2014	0.294	0.317	5.00	<0.0001
2015	0.397	0.400	2.22	0.03
2016	0.386	0.409	6.06	<0.0001
2017	0.349	0.364	3.47	0.00

ESG增强型风险模型可通过多种方式使用。新因子可作为优化过程中的约束条件，以降低投资组合层面的ESG风险;可以监控投资组合和股票层面的ESG风险;我们可以衡量ESG因子的收益残差，例如用于均值回归股票选择模型。这些探索性的结果表明，非传统ESG数据集可以帮助基金管理者建立更智能的模型来衡量和降低风险。

4.8 结论

在量化浩劫后的几年里，数据驱动的投资快速增长。量化和主观投资领域的有前瞻性的投资者已开始在决策过程中使用另类数据集，尽管在主流市场上还有很大的进一步使用空间。资产管理公司正在努力寻找另类数据使用的最佳方法，并寻找合适的数据集来帮助他们预测alpha、基本面和波动性。我们发现经验证据表明，如果对另类数据集进行仔细审查和严格测试，它们可以帮助解决所有这些问题。随着收集到更多物理世界和网络世界的数据，研究人员可能会发现，处理这些新兴数据集释放的价值越来越大。

第 5 章

使用另类数据和大数据交易宏观资产

沙希德·阿曼
(Saeed Amen)

伊安·J. 克拉克
(Iain J. Clark)

沙希德·阿曼（Saeed Amen）

Cuemacro 的创始人。在过去十几年里，他为雷曼兄弟、野村证券等主要投资银行制定了系统性的交易策略。他还是一名系统级的外汇交易员，自 2013 年起经营自营交易簿，交易流动性强的 G10 外汇。他是《交易泰利斯人：古代世界对我们今日交易的启示》（*Trading Thalesians: What the Ancient World Can Teach Us About Trading Today*）的作者。他现在通过 Cuemacro 为客户提供系统交易领域的咨询和研究报告。他的客户包括主要的量化基金和数据公司，例如 RavenPack 和 TIM Group。他也是 Thalesians 的联合创始人。沙希德拥有伦敦帝国理工学院的数学和计算机科学硕士学位。

伊安·J. 克拉克（Iain J. Clark）

Efficient Frontier 咨询公司的董事总经理和创始人，这是一家独立的量化咨询公司，为银行、对冲基金、交易所和金融服务行业的其他参与者提供咨询和培训服务。他专门研究外汇、外汇/IR 和商品，并且是在金融中应用波动率建模和数值方法的行业专家。他拥有 14 年的金融经验，包括在标准银行（Standard Bank）担任外汇和商品量化分析主管，以及在 UniCredit 和 Dresdner Kleinwort 担任外汇量化分析主管；他还曾在雷曼兄弟、法国巴黎银行和摩根大通工作。他是《外汇期权定价：从业者指南》（*Foreign Exchange Option Pricing: A Practitioner's Guide*，Wiley，2011）和《商品期权定价：从业者指南》（*Commodity Option Pricing: A Practitioner's Guide*，Wiley，2014）的作者。伊安是一位实战型的量化技术专家，也是一位专业的量化建模师和策略顾问，在 C++（多线程、Boost、STL）、C#、Java、Matlab、Python 和 R 等语言方面拥有丰富的实践专业知识。

5.1 导读

近年来,从个人和公司各种来源生成的数据量迅速增加。传统上,对交易者最重要的数据集由描述价格变动的数据组成。对于宏观交易员来说,经济数据也是交易过程中的关键部分。然而,通过一些新的另类数据集来改进现有流程,交易者可以对市场有更深入的了解。在本章中,我们将深入探讨另类数据和大数据的主题。我们的讨论分成三部分。

在 5.2 节和 5.3 节中,我们试图定义大数据和另类数据的一般概念。我们解释了为什么数据会以快速增长的速度生成,以及"数据废气"的概念。我们讨论了各种开发描述市场模型的方法,比较了传统方法和机器学习方法。我们详细阐述了机器学习的各种形式,以及它们如何应用于金融环境。

在 5.4 节中,我们将重点介绍另类数据在宏观交易中的一般应用。我们讨论了如何将另类数据用于改善经济预测,例如,构建即时预测模型。此外,我们还列出了大数据和另类数据集的真实案例,比如来自新闻邮件和社交媒体的数据集。

在 5.5 节中,我们更详细地介绍了几个使用另类数据集或不寻常技术来了解宏观市场的案例研究。我们展示了源于美联储通信中的情绪指数与美国国债收益率走势之间的密切关系。我们讨论了使用机器可读新闻来告知外汇市场的价格行为,以及新闻量与隐含波动率的关系。我们还基于金融网站 Investopedia 的网络流量研究了一个代表投资者焦虑情绪的指数。我们展示了如何用它来创建标普 500 指数的主动交易规则,以超越只做多和基于 VIX 过滤的交易方式。最后,在一个案例研究中,我们使用了一种新颖的方式分析了一个传统的数据集（外汇波动率数据），用英国脱欧前后的英镑/美元数据来试图预测围绕事件的价格表现风险。

5.2　理解大数据和另类数据的一般概念

5.2.1　什么是大数据

近年来，大数据一词也许已经被过度使用。构成大数据的特征被统称为4V：数量（Volume）、种类（Variety）、速度（Velocity）和准确性（Veracity）。

5.2.1.1　**数量**　构成大数据的一个最显著的特征是巨大的数量。大数据的范围可以从几千兆到几十亿兆字节。使用大数据的挑战之一就是如何简单地存储数据。

5.2.1.2　**种类**　大数据可以有很多类型。虽然传统交易员使用的数据通常是结构化的包含数值的时间序列格式，但大数据并不总是如此。以网络内容为例，大量的网络内容由文本和其他媒体形式组成，而不是纯粹的数字数据。

5.2.1.3　**速度**　大数据的另一个决定性特征是其生成频率。与更多的典型数据集不同，它可以以高频和不规则的时间间隔生成。一个金融领域高频数据的例子是交易资产的逐笔数据。

5.2.1.4　**准确性**　大数据的准确性往往更不确定。通常，大数据可能来自未经验证的个人或组织。最明显的例子是推特，在推特上，账户可能试图积极传播虚假信息。然而，即使是金融大数据（其来源可能是受监管的交易所），数据也常常需要清理以去除无效的观测值。

5.2.2　结构化和非结构化的数据

结构化数据，顾名思义，是一个相对有组织结构的数据集。通常，它有足够的结构来存储为一个数据库表。该数据集往往是相对干净的。如果一个结构化数据集主要是文本数据，那么我们将会用元数据来描述它。例如，情绪分数、概述文本一般主题和时间戳数据。

相比之下，非结构化数据的组织程度要低得多。通常，它可能包括从网页或其他来源获取的文本。网页获取的数据通常是原始形式，包括所有 HTML 标签或格式，而这些都需要在后续阶段被删除，从而用最少的元数据来描述它。将非结构化数据转换为更有用的结构化数据集通常是十分耗时的。在实践中，大多数大数据开始都是非结构化形式，我们需要尽力将其转换为结构化数据。

5.2.3 你应该使用非结构化还是结构化的数据

使用结构化数据相对更容易、更快，并且通常供应商已经帮你用大量时间清理了非结构化数据并创建元数据。但是，在某些情况下，因为一些成本以外的因素，如果数据供应商没有提供相关的结构化数据集，你可能仍然倾向于使用非结构化数据集。此外，在某些情况下，非结构化数据集是专有的，而没有现成的结构化数据集。还有一种可能是你希望以不同的方式构建数据。因为一旦数据集被结构化为特定格式，就会使你能够对其进行的分析类型减少。而为了做到这一点，你需要有机会接触到真实的原始数据。虽然大型量化基金通常热衷于获取原始数据，并有能力对其进行数据处理，但许多其他投资者可能更喜欢使用较小的结构化数据集。

在图 5.1 中，我们给出了一个结构化数据集的例子，即由佛蒙特大学创建的 Hedonometer 指数，它的开发是为了研究推特上每个用户的幸福感。它抽取了大约 10% 的推文，并采用词袋模型技术，根据幸福程度对每条推文进行分类。一本字典包含了大量的单词，人们利用亚马逊的土耳其机器人服务对这些单词的相对幸福感打分。在词典中,"欢乐"等词得分较高,而"死亡"等词得分较低(见图 5.2)。

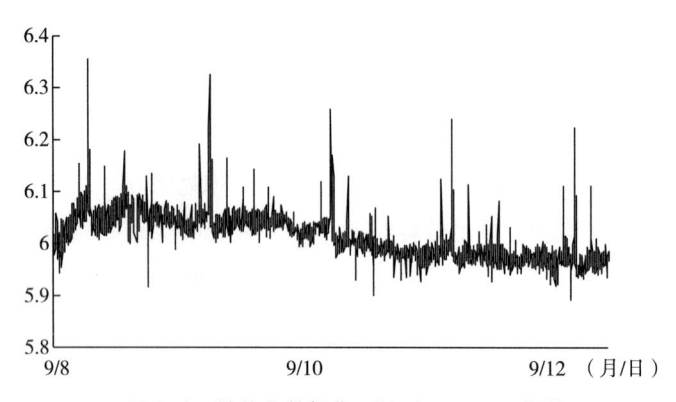

图 5.1 结构化数据集—Hedonometer 指数

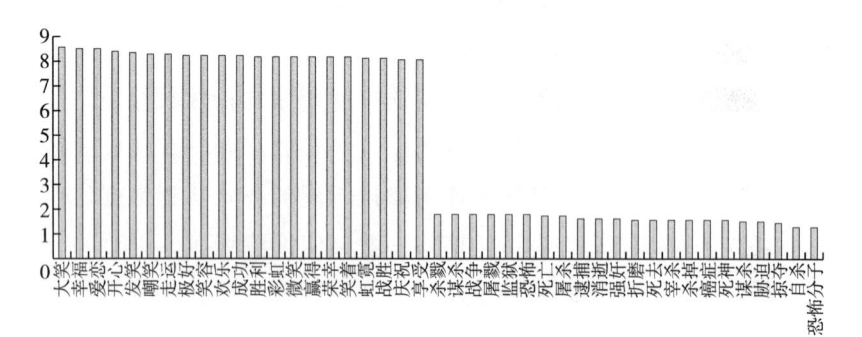

图 5.2 词语得分

在图 5.3 中,我们计算了一周中每天的平均分数。也许毫不奇怪,我们看到人们在周一最不快乐,而他们的快乐程度在一周中不断上升。这个示例说明了尽管非结构化大数据(在本例中是从推特中提取的)可能会因非常大的数据集而有所折损,但一旦结构化,就更容易对数据进行推断。

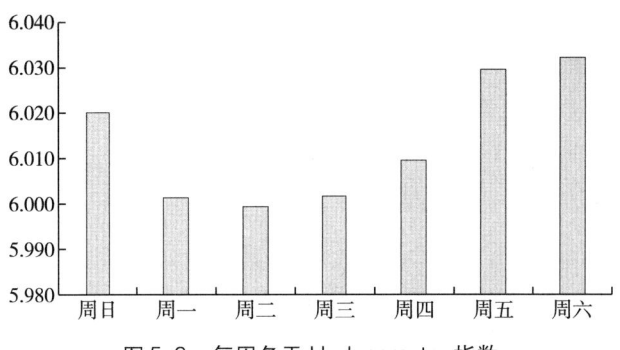

图 5.3 每周各天 Hedonometer 指数

5.2.4 大数据也是另类数据吗

让我们先考虑一下金融市场背景下的另类数据。最简单的是考虑那些在金融领域不常用的数据集。诚然，未来几年，我们目前认为"另类"的数据集可能会变得更加主流，而更新的数据集可能出现在另类数据的范畴中。重要的是，另类数据不一定总是由大数据组成。另类数据集实际上可能相对较小，只有几兆字节，而不是我们倾向于与大数据紧密联系的几千兆字节甚至几十亿兆字节。事实上，甚至可以将整个原始另类数据集存储在一个 Excel 电子表格中，而大数据的情况肯定不是这样。

5.2.4.1 这些数据从何而来 根据 IDC（2017）的数据，2016 年，全球产生了 16.3 ZB 的数据，相当于每人每天 1.5 GB。IDC 预测，到 2025 年，这一数字将上升至 163 ZB。这些数据是在哪里生成的？在报告中，它将数据来源分为三类：核心、边缘和终端。

核心涉及数据中心，包括云端和企业网络上的数据中心。边缘由数据中心之外的服务器组成。终端包括网络边缘的一切，包括个人电脑以及其他设备，如电话、汽车、传感器等。当然，边缘中的许多数据源都是新设备。终端上的许多设备都是物联网（Internet of Things）设备。报告估计，大部分数据实际上是在终端中创建的，其余数据在核心区域和边缘区域之间分割。其中大量数据是以非结构化形式存在的。

存储技术的发展速度跟不上我们生成数据的速度，因此，有大量数据无法被存储。在许多情况下，我们可以避免将数据存储在多个位置。以音乐或视频内容的流媒体为例——通常由用户使用，而不是本地存储，因为它可以在任何时候从云端的副本再次传输。此外，还有其他情况，数据可能不存储在任何地方，一旦被使用完就会丢失。

5.2.4.2 数据集货币化和数据废气 我们已经广泛讨论了数据生成的领域。在本节中，我们将举例说明如何通过向交易者出售数据集来实现货币化。我们还会讨论"数据废气"的概念，它可以作为交易者使用另类数据集的来源。

数据通常具有一个主要用途。以金融交易为例，生成大量的市场数据是其日常业务的一部分，而这些数据由交易所的市场参与者生成。这些数据来自市场参与者之间发布的报价和实际执行情况。显然，这些市场数据对于交易所的运作非常重要。

虽然交易费用可以占交易所收入的很大一部分，但它们可以通过出售数据源获取超额收益。如果市场参与者想要非常细化的市场深度数据，那么他们将比那些只获得每日收盘报价的人付出更多成本。交易所也可以存储生成的所有数据，并将历史数据出售给量化交易者，用于模型回测。

如果考虑金融以外的例子，不妨以媒体内容为例。如果我们考虑视频数据，如电影或电视，它主要是为了娱乐消费者而产生的。音乐也是如此。然而，我们可以将此数据集用于其他目的。例如，他们也许能够对电影进行语音识别以生成字幕，也可能通过自然语言处理来识别电影表达的情感类型，从而帮助对其进行分类。

一家流媒体公司也可能收集次级数据，这是用户听音乐或看电视的副产品。他们在什么时间、什么地点播放什么歌曲和视频，其中我们可以获取无数个数据。一旦所有数据集被正确地排列起来（这本身可能是一个耗时的过程），流媒体公司就可以解决许多问题，来为每个用户提供个性化的体验。对观看内容的建议，不同的用户显然会有很大的不同。然而，这种由公司在其日常业务中生成的"数据废气"还有其他用途。在实践中，经常会出现这样的情况，即在了解数据的全部用途之前就收集好了数据。这可能在多个领域出现，而不仅仅是金融领域。

在前面的金融示例中，我们注意到交易所通过向金融市场参与者出售数据集来实现货币化。而实际上，企业也可以通过向交易员出售数据集来实现数据集的货币化，并帮助他们做出更好的交易决策。然而，在此之前，他们需要了解与此相关的法律问题。

5.2.5 关于出售另类数据集的法律问题

5.2.5.1 个人数据 在我们关于一家流媒体公司的示例中，我们注意到"数据废气"的用途之一是助力提供用户个性化的体验。然而，如果一个公司要将这些数据出售给交易者，需要考虑几个法律问题，特别是各种数据保护条款，如公司与用户签订协议中的法律条款是否允许这样做？数据售出时的格式是什么？此外，公司通常需要将数据集做匿名化处理。有时，简单地将个人详细资料清空可能是不够的。以社交网络为例，即使用户没有使用其真实姓名，但也有可能通过语言分析以及他们的联系人来推断出该人的许多详细信息。

在实务中，交易者并不需要数据中的个人身份来帮助其制定交易策略。公司也可以在出售之前将原始数据聚合成更加结构化的形式。

5.2.5.2 另类数据集和非公开信息
另类数据集之所以是另类的，是因为它们不像传统数据集在金融领域（如价格数据）普遍使用。我们可以猜测，如果某些另类数据集具有特定的可交易价值，如果使用这些数据集的市场参与者较少，则可能会有更多的优势。当一个策略容量有限时，这种情况尤为明显。从宏观角度来看，数据集可以帮助我们更好地预测经济数据，使我们能够围绕这些实际数据进行交易。而出于流动性原因，此类交易策略的容量相对较小。

如果一家公司只向一个客户出售关于自己的数据，而其他人均无法购买，那么它是否存在泄露"重大非公开信息"的风险？这要取决于数据集的性质。缓解此问题的一种方法是，将数据以某种形式聚合在一起，使得任何敏感信息都无法通过逆向工程得到。Fortado 等人（2017）指出，出于这个原因，某些基金宁愿不使用独家数据集。

我们可以说，如果第三方正在收集关于某家公司的信息，如果这一过程可以被其他人复制，那么风险就会小很多，特别是来源为网络上的公共信息。而宏观资产交易员通常对更广泛的宏观建模更感兴趣，而不是特定公司的数据。当然，宏观市场中仍然可能存在"重大非公开信息"风险，比如经济数据或央行决策的泄露。

5.2.6 另类数据集价值几何

数据市场并不新鲜。几个世纪以来，有关金融市场的数据一直以多种形式进行交易，即使其交易方式已从纸质（如报纸）转变为各种公共和私人网络的电子方式。在许多情况下，也可能出现有多个供应商出售类似的价格数据集，这有助于价格发现。

然而，根据定义，另类数据集的商品化程度远远低于大多数价格数据集。即使是由多家供应商发布的最"常见"的另类数据集，如机器可读的新闻，也远不如价格数据集常见。此外，即使在这里，机器可读的新闻数据集的结构和使用的原始数据源之间也存在明显差异。

而对于某些另类数据集，也可能只有一家供应商出售。如前所述，基金也可能是特定另类数据集的独家用户，这可能会提高数据集的价格。

对于任何交易者来说，无论是宏观还是其他，都面临着一个问题——一个另类数据集价值几何？同样，对于这些数据集的出售者来说，他们又应该报出怎样的价格？这对双方来说都很困难。很明显，交易者没有义务向供应商准确说明他们会如何使用数据集。然而，如果没有这些信息，供应商很难知道数据集对交易者到底有多大价值，因此也就很难知道他们应该如何制定价格。

显然，对交易员来说，他们需要考虑数据集的有效性，以了解他们愿意为此支付多少。仅仅因为数据集被认为是"另类"的，并不一定意味着它价值数百万美元。数据集中的历史数据有助于确定其价格。如果没有任何历史数据，就很难对一个另类数据集进行任何历史回测，从而了解它到底有多有用。遗憾的是，考虑到另类数据集通常较新（在某些情况下是由全新的技术收集而来），其历史可能比更传统的数据集小得多。更一般地说，任何数据集的质量都是非常重要的。如果数据集凌乱且有许多缺失值，则可能会降低其效用。

在考虑另类数据集的价值时，我们还需要能够量化它对我们的策略的改进程度。如果另类数据集对回测中的影响很小，那么它可能不值得购买，特别是当我们无法抵消购买它的初始成本时。

使用数据时，还存在规模经济的问题。规模较大的基金可能会发现更容易收集数据的成本。虽然数据集成本通常与用户数量相关，但额外成本可能会按比例低于一家较大公司在与该数据集相关的策略上的运营资本量。

我们需要问的是，数据集是否仅用于非常具体和低容量的策略，或者是否可用于多种交易策略。与小规模交易操作相比，规模较大的基金可能对只用于低容量策略的数据不感兴趣。实际上，这里对较小的交易商是有利的。更广泛地说，数据价值对于不同的交易者不太可能相同。根据我的经验，我发现在多个不同基金使用完全相同的另类数据集时，得到的反馈非常不同。从交易的资产类别以及实际交易策略的不同来看，这可能有很多原因。

另类数据集的成本不应仅从购买使用许可的财务角度来衡量，还应该评估数据集和制定相关策略的成本。如果没有资源来使用数据集，数据集将一文不值。因此，相对于其他优先事项，我们需要考虑这种另类数据集是否值得研究。通常，数据供应商会定期向大型量化对冲基金提供新的数据集。而即使是对非常大的基金而言，也很难全面评估每一个数据集。

5.3 传统建模方法与机器学习

传统上，在制定交易策略或进行任何类型的预测时，我们首先都会尝试找到一个假设，然后，我们可以使用统计分析来验证（或者证实我们的假设无效）。其基本原理是，这种做法有助于降低数据挖掘的可能性。我们基本上是在删减我们的搜索空间，希望只留下我们认为的相关的领域。

5.3.1 什么是机器学习

机器学习技术的原理是，我们不需要事先知道变量之间关系的形式。这与线性回归形成对比，例如，在线性回归中，我们已经假设了变量（或特征，机器学习术语）之间存在某种关系。而机器学习相反，机器学习算法可以帮助我们对函数进行建模，即使它是高度非线性的。使用机器学习算法可能使我们找到我们尚未想到的变量之间的关系。

5.3.2 传统机器学习和深度学习的区别

在传统的机器学习中，我们定义一组特征，然后让算法找到合适的函数。然而，在某些情况下，手动建立可能相关的特征是很难的。以识别图像中的一个物体为例，容易定义的特征，如获取图像中所有像素的平均亮度或颜色，但这不太可能为我们提供任何有用的信息来识别图像中物体的类别。相反，深度学习算法会尝试提取特征，而非定义它们。深度学习在某些领域已经非常成功，例如图像分类。而为了使深度学习有效，它通常需要提供大量的训练数据。

5.3.2.1 监督学习、无监督学习和强化学习 机器学习依靠训练来识别模式。这通常需要一个训练集。在监督学习中，我们提供了一个成对标记的训练集。手动标记数据会非常耗时，从而限制了我们使用的训练集的大小。在无监督学习中，我们拥有未标记的训练数据，该算法旨在从训练数据中推断模式，而无须"提示"。因此，鉴于我们没有使用标记数据的限制，使用更大的数据集会更容易。深度学习通常使用无监督学习。而强化学习是一种不同的方法。在这里，我们创建了一组简单的规则，算法可以遵循这些规则，使得奖励函数最大化，而这已成功应用于游戏领域。在这种情况下，奖励函数可以被定义为赢得比赛。强化学习让计算机自我学习找到解决问题的最佳方法。在游戏的例子中，它可能以一种与人类玩家截然不同的方式结束游戏。DeepMind 在游戏领域中广泛使用了强化学习。DeepMind 的 AlphaZero 通过强化学习学会了如何下棋，并成功击败了世界上最好的下棋计算机 Stockfish 8（Gibbs，2017）。

5.3.2.2 我们应该使用机器学习去构建交易策略吗　对于非常大的数据集，我们可以尝试使用机器学习技术让数据"说话"。然而，困难在于，我们最终可能会在噪声中找到解决模式。此外，金融问题的性质并不稳定，金融时间序列是非平稳的。市场会经历体制的不断变化。例如，2008 年的市场与 2016 年的市场大不相同。这与机器学习已经成功的领域形成对比，例如图像分类或游戏，这些机器学习的问题不会随着时间的推移而改变。

在实践中，识别和构建重要因素（或特征，机器学习术语）仍然是制定交易策略的关键部分。然而，我们相信机器学习的技术仍然对交易有用，只是在使用机器学习制定交易策略时，我们必须谨慎行事。

一种情况是，如果我们运行一个黑箱交易模型，我们无法理解它在做什么，当它开始亏损时，我们可能就不得不关闭该模型。我们可以通过一些方法来缓解模型的可解释问题。一种方法是创建一个更简单的线性模型来代理机器学习交易规则，这可能使我们更容易理解不断变化的输入是如何影响我们的交易的。

为了避免非平稳金融时间序列的问题，我们可以在交易问题中应用机器学习，而不是单纯地专注于预测资产本身的时间序列。毕竟，制定交易策略不仅仅是定义信号；在构建任何实际交易规则之前，我们还需要对数据集进行预处理和清理。在我们讨论机器学习在交易中的有效性时，我们会对各个领域进行区分。高频交易等领域拥有非常大的数据集，因此可能更适合机器学习（Dixon 等，2017）。机器学习，特别是深度学习，也被用于提高长期股票因子模型的性能（Alberg 和 Lipton，2017）。

预处理还包括对数据集进行分类，如应用情绪分析或文本主题识别等技术。在这些情况下，我们认为机器学习可能会非常有用。

5.4 大数据和另类数据：在宏观交易中的广泛使用

5.4.1 如何在宏观背景下使用大数据和另类数据

对于宏观交易者来说，我们可以使用哪些一般方法来理解大数据和另类数据呢？在这里，我们给出了一些初步的想法。

5.4.1.1 改善即时预测/经济预测 我们可能希望使用许多非常规数据集来改进对每月变化的非农就业人数的预测。如果我们对这个数字有足够好的预测，我们可以在盘中围绕这个数字进行交易。我们也可能获得月内生成的实时估计，来帮助制定交易策略。显然，除了非农就业，这一方法也可以复制到其他经济数据中。我们还可能寻求使用另类数据集来改善长期经济预测，或者可以使用另类数据集直接为我们提供预测，这可能对更广泛的投资有用。如果我们能够做出合理的预测，我们还可以围绕经济数据进行短期交易。

5.4.1.2 市场定位和资产情绪 交易的一个关键部分是了解市场的其他参与者在想什么，特别是他们是如何定位的。例如，如果市场看涨，它有时就会增加卖空的机会。这时就有可能使用另类数据集来帮助建模。我们还可以使用阿尔法捕获数据（稍后将讨论）来衡量市场定位，并将其与做市商的专有流量指标进行结合。

5.4.1.3 改善波动率估计 无论是传统数据源（如新闻专线）还是新数据源（如社交媒体），它们都可以证明，市场波动性与新闻量之间存在合理的关系。因此，我们可以通过使用与新闻和社交媒体相关的交易量数据来改善波动率估计。

5.4.2 大数据和另类数据的真实示例

在本节中,我们以前面描述的一般情况为基础,列举了一些可能与交易员相关的大数据和另类数据的例子。稍后,我们将描述适合金融应用的结构化数据集,这些数据集可以被视为另类数据。并且这些数据集通常既可供人类交易员使用,也可以机器可读的形式使用。通常情况下,这些机器可读数据可以通过 API 出售,以便计算机实时接收,或者以较低的频率(例如每天)以面板文件的形式出售,这更适合长期投资者。

5.4.2.1 大数据

5.4.2.1.1 高频市场数据 市场数据由交易所、交易平台和做市商发布。除了提供较小交易规模的报价数据和已执行的交易数据,还可以提供更精细的数据,如市场深度。交易者可以通过市场深度数据来计算市场不平衡及其偏度等指标,这些指标可用于深入了解高频价格行为。

5.4.2.1.2 网页内容 从广义上讲,来自网页的内容是非结构化的。如果我们从网页上获取数据,它往往会以非结构化的形式存在。这时就有必要对数据集进行清理并分类,同时创建额外的元数据来描述它。网页内容可以由许多不同的形式组成,包括文本、视频和音频。我们还可以从网页内容中获取衍生出的数据废气,如页面浏览量。

5.4.2.1.3 社交媒体 许多形式的社交媒体都可用于机器可读的解析,如推特可以通过 Gnip(一个被推特收购的社交数据供应商)获得。然而,这类文本的格式对于计算机来说可能特别难以理解。不仅文本通常比新闻文章的文本短得多,而且很难理解文本的准确性。考虑到缩略语和讽刺的使用,解读此类文本的情绪可能很棘手。此外,还有理解推文所处背景的问题,因而理解上下文的方法通常会与其他类似数据来源（如机器可读新闻）结合使用。

突发新闻有时会在新闻报道和对市场产生影响之前就出现在推特上。因此，它本身已成为一个重要的新闻来源。一个特别的例子是在特朗普任职总统早期，他经常在推特上发布有关公司的信息。事实上，推特创建了专门的应用程序来标记他发出的此类推文（Turner，2017）。由于推特在突发新闻中的重要性，一些新闻通讯社，如彭博新闻社（Bloomberg news，简写为 BN）也会直接报道重要的推文。

5.4.2.1.4　移动电话数据　与移动电话相关的跟踪数据可从不同的供应商处获得。从总体上看，这些数据可用于绘制人员流动图。例如，我们可以用它来模拟通过商店的人流，以帮助估计零售业的数据。如果我们要分析高峰时段火车站进出的总人流量，或是在这些时期道路上的汽车数量，那么我们就可以使用这些数据来判断就业水平。

5.4.2.2　更具体的数据集

5.4.2.2.1　通讯社　由通讯社产生的新闻文章主要是给人类读者的。彭博新闻社的文章通常被设计为供彭博终端用户使用。然而，彭博也以机器可读的形式提供这些新闻，还附以大量的元数据，包括主题分类等。其他通讯社，如汤森路透和道琼斯会通过 RavenPack 提供机器可读的新闻。新闻数据集可用于评估市场情绪，包括更广泛的经济情绪和与特定资产相关的情绪。

5.4.2.2.2　阿尔法捕获　最著名的阿尔法捕获数据集之一是由经营独立交易理念网络的蒂姆集团（TIM Group）聚合而成的。从本质上讲，这涉及以系统的方式收集投资人的交易建议。许多对冲基金在其投资组合中使用基于阿尔法捕获的策略，特别是针对单一股票。它们有时也会用于宏观资产的分类。阿尔法捕获数据集可以被投资者系统地跟踪。它们还可用于提供市场定位的指示。例如，如果许多经纪人建议购买一个特定债券，这表明该资产是非常看涨的。

5.4.2.2.3　预测和即时预测　长期以来，市场参与者都可以参与预测。历史上，这些预测的来源通常是卖方经纪人的研究团队，然后由彭博等数据供应商进行汇总。然而，现在的许多预测都是同时来自卖方和个人投资者的众包预测。

彭博社根据个人在推特上提供的估计值，发布了美国非农就业人口月度变化预测，这是一个月内最重要的经济数据发布之一（见图5.4）。随后，在一个案例研究中，我们根据几个变量（其中一个变量来自推特）对薪资进行了预测。

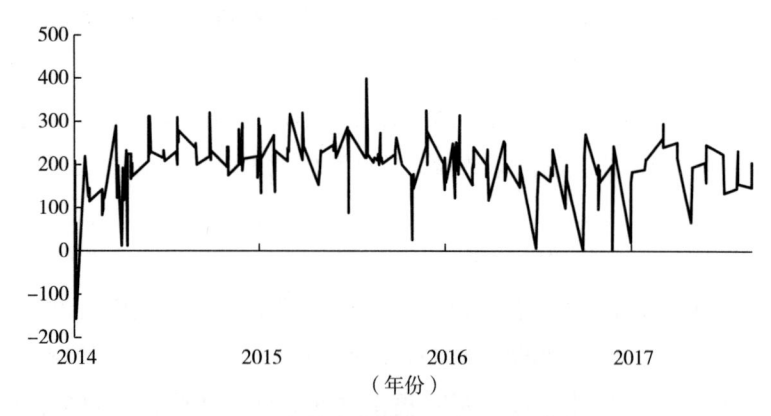

图5.4　彭博发布的美国非农就业数据

评估众包对股票收益和经济数据的预测。阿尔法捕获数据集建议将卖方经纪人的交易建议收集到一个易于操作的数据集中。

有许多供应商（如 Orbital Insights）会提供卫星摄影。而大宗商品交易商可以利用这一数据来估计当前筒仓中的石油储存水平或作物产量。

5.4.2.2.4　网页内容　虽然可以直接从网页上获取内容，但有几个特定的网页内容的数据集可以用更易于使用的格式下载。其中最著名的是维基百科语料库，它的整个数据集均可供下载和分析。此外，读者统计数据也是可用的，这可以帮助我们深入了解哪些是热门话题。另一种查看热门话题的方式是谷歌趋势，它提供了一段时间内特定搜索词相对数量的统计信息。

5.4.2.2.5 社交媒体 我们注意到，从广义上讲，社交媒体可能带来挑战，特别是因为信息的长度。许多金融数据供应商（如Dataminr、Knowsis、彭博社和汤森路透等）会提供它们自己的结构化数据集，这些数据集来自推特，并且被标记了信息主题，有时还标记了情绪类别。

还有专门用于金融应用的社交媒体网络，如StockTwits，它拥有约150万活跃用户（Roof，2016），也可以提供机器可读的数据集。

5.5 案例研究：使用大数据和另类数据深入挖掘宏观交易

我们已经给出了许多关于各种数据集的广泛示例，并快速总结了宏观交易员应该如何使用这些数据集。在本节中，我们将深入探讨这一主题，并对每一种数据集进行简要的案例研究。

5.5.1 美联储：美联储外汇、债券的宏观情绪指数

直观上看，美联储发布的信息确实会影响宏观经济，特别是联邦公开市场委员会（FOMC）会议前后宏观经济的重大波动。然而，要量化对市场的影响是很难的，美联储宏观情绪指数则试图以一种系统的方式来量化其对市场的影响。

原始输入数据由美联储发布的文章组成，其数据规模相对较小。然后，它会被结构化为一个表格数据矩阵。这包括美联储发表的演讲、声明和会议记录。然后从这些文本中提取元数据，如使用

自然语言模型生成情绪得分。

这些情绪得分会被汇总成一个时间序列,以表示一个指数,该指数会跟踪一段时间内美联储的整体情绪。这一想法并非为了创建一个高频交易指数——如仅围绕联邦公开市场委员会的公告进行交易——而是为了给出美联储近几周情绪的代表性观点。

交易员可以更容易地使用该时间序列,尤其是了解外汇或债券市场的走势。在图5.5中,我们绘制了十年期美国国债收益率相对于情绪指数的变化图,共有100万个数据点。我们注意到,这两个时间序列之间有着很强的关系。此外,如果我们将它们相互回归,T统计量约为2,这表明这种关系是显著的。我们还可以注意到,指数变化中存在一些偏差,这是可以直观理解的,因为美联储并不总是美国国债曲线的关键驱动因素。例如2017年11月,唐纳德·特朗普当选总统后收益率上升,但这并非是因为美联储政策有何变化。

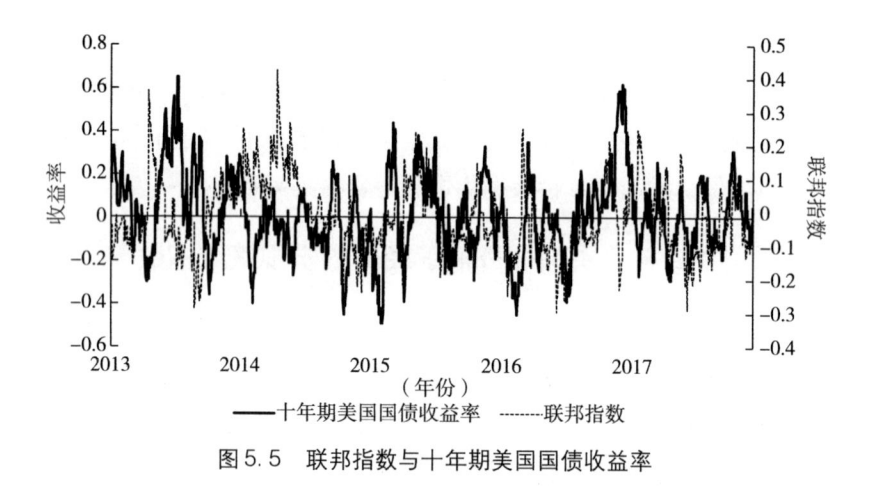

图5.5 联邦指数与十年期美国国债收益率

5.5.2 机器可读新闻:通过彭博新闻去了解外汇价格走势

各种各样的通讯社每天都有大量的新闻。新闻是推动市场的一个重要方面，这一概念并不新鲜。毕竟，交易者关注新闻也是他们决策过程的一部分，试图从新闻中的噪声中提取信号。然而，人类很难每天阅读所有的新闻；实际上，人类通常只能读取一小部分。因此，我们似乎有理由思考，这种新闻阅读过程是否能以某种方式实现自动化，来帮助了解市场。

基于 Amen（2018）的案例研究结果，我们研究了 2009 年至 2017 年彭博新闻社的文章。虽然彭博新闻社通常由彭博终端用户使用，但它也可以提供机器可读的数据集形式，从而可以被输入进系统交易策略。

而我们案例研究的重点是了解该新闻数据集是否可用于成熟市场的外汇交易。我们想制定一个每日交易规则，而非高频交易规则，即在每一篇新闻报道后就做出交易决定。

虽然已经结构化的数据集有助于简化分析，但我们仍然需要对每篇新闻文章的正文进行少量清理，删除每篇文章的开头和结尾，其中包含撰写文章的记者的姓名和联系方式。此外，我们还会通过删除以后不会使用的字段来减小数据集的大小。

为了使数据集更可用，我们需要对新闻文章做一定的调整，将重点放在那些我们认为可能对我们的资产类别（例子中是外汇）影响最大的新闻文章上。因此，下一步是过滤数据集中涉及特定货币的文章。这样做的另一个好处是再次减小了数据集的大小。

虽然对我们正在交易的资产进行过滤是最明显的方法，但过滤新闻文章也同样有效。因而另一种方法是过滤与货币高度相关的新闻主题，比如每个国家的经济新闻。这些文章很可能没有提到货币，然而，经济新闻对货币政策预期有影响，而货币政策预期是货币行为的关键部分。我们还可以选择阅读与货币其他因素高度相关的新闻，如地缘政治新闻。

然后对这些过滤后的文章用自然语言模型进行处理，为每篇过滤后的新闻文章创建情绪分数。如前所述，我们分析的目的是评估大量新闻文章的情绪，而不是试图在每篇文章之后立即进行高频交易。因此，这些情绪分数随后会被汇总为每种货币的每日标准化分数。使用单个货币分数，我们可以生成货币对的每日分数。例如，美元/日元的分数就是美元分数－日元分数（见图5.6）。

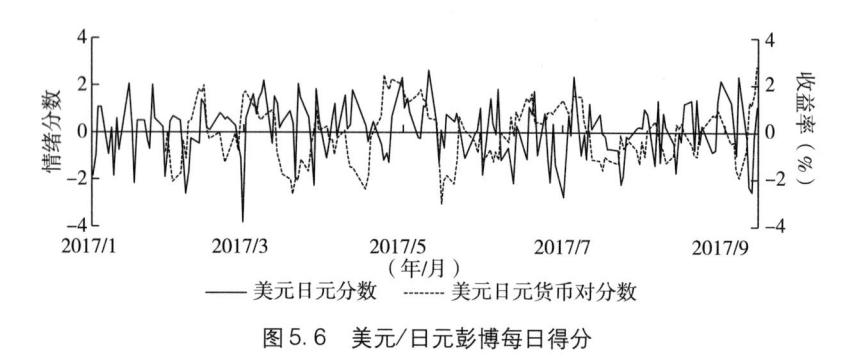

图5.6 美元/日元彭博每日得分

我们的交易规则基于短期动量。它的前提是，在短期内，关于一项资产的"好消息"可能会以积极的方式影响该资产。因此，如果一个货币对的新闻分数为正，我们就买入它。相反，如果一个货币对的新闻分数为负，我们就卖出它。而从新闻中提取信号可能还有其他方法。特别是，我们可以尝试应用更长的时间窗口来评估新闻，然后基于均值回归制定交易规则。其基本原理是，在很长一段时间内，如果新闻持续"好"，市场则会根据它调整预期，反之亦然。

在图5.7中，我们展示了一篮子发达市场货币对美元的历史回报。交易成本和利差都包括在内。我们将收益与外汇中的通用趋势跟踪模型作对比。我们选择了趋势，因为它通常是交易员进行外汇交易的策略之一。Amen（2013）讨论了如何使用趋势和套利策略来解释外汇基金的高收益。因此，一般的趋势和套利策略可被视为外汇贝塔系数的代名词。

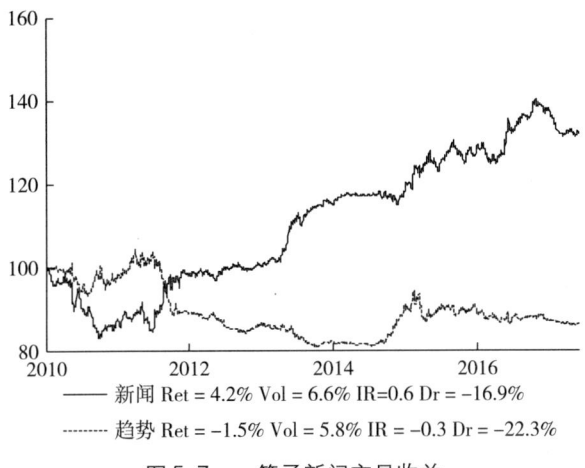

图5.7　一篮子新闻交易收益
—— 新闻 Ret = 4.2% Vol = 6.6% IR=0.6 Dr = −16.9%
-------- 趋势 Ret = −1.5% Vol = 5.8% IR = −0.3 Dr = −22.3%

我们发现，在此期间，新闻策略在风险调整上优于趋势策略。此外，这两种策略之间几乎没有相关性。这表明，新闻策略可以用于分散典型外汇基金经理的回报风险。

虽然有可能通过衡量机器可读新闻的情绪来提取方向信号，但新闻量本身也有很多用处。在图5.8中，我们绘制了各种外汇交易中隐含波动率以及与这些货币相关的新闻量之间线性回归的T统计量。我们发现，隐含波动率和新闻量之间存在着统计意义上显著的正相关关系。这表明我们可以通过输入新闻量来模拟隐含波动率。

Amen（2018）还对此进行了许多进一步的研究，讨论了如何利用欧洲央行和联邦公开市场委员会会议前后的新闻来估计这些数据点附近的外汇波动行为，发现联邦公开市场委员会和欧洲央行声明相关的新闻量对短期外汇波动性有很大影响。

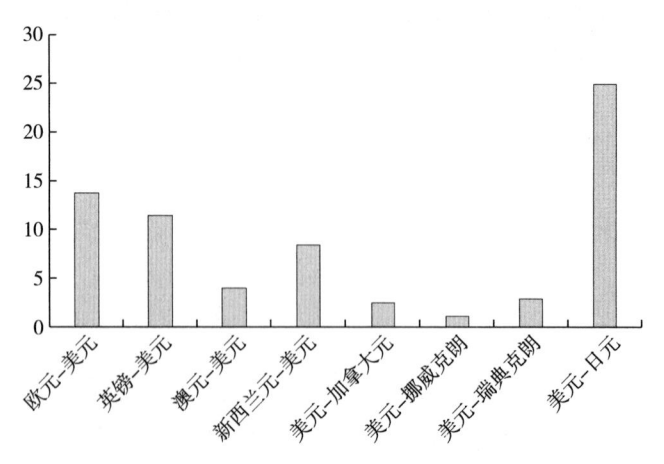

图5.8 新闻量与隐含波动率的回归结果

5.5.3 网络流量数据：使用投资百科网站的焦虑指数了解市场情绪

投资百科（Investopedia）是一个金融教育网站。我们能从用户在投资百科上搜索的主题中收集到什么吗？而其焦虑指数的原理其实是跟踪用户的搜索词，从而获得投资百科页面浏览量。它主要关注那些与投资者焦虑相关的搜索词，如"卖空"。在最终索引中，总共有 12 个不同的 URL 被引用，这些 URL 通常具有较高的页面浏览量（Kenton，2017）。在图 5.9 中，我们绘制了投资百科焦虑指数（IAI）与 VIX（通常被称为"华尔街恐惧指数"）的对比图。我们注意到，当 VIX 上升时，表明期权变得更加昂贵，我们看到投资者的焦虑指数上升。相反，VIX 的下降通常也伴随着投资者焦虑指数的下降，即期权价格与投资者焦虑有关。

Amen（2016）讨论了如何利用 IAI 在标普 500 指数上创建一个主动交易规则。在图 5.10 中，我们展示了本章中基于 IAI 的标普 500 指数期货的主动交易规则的收益情况，并将其与 VIX 交易规则、多头交易规则进行比较。基本上，当 IAI 处于高位时，我们与标普 500 持平，反之则为多头。VIX 也类似。我们发现，在样本中，IAI 过滤策略的风险调整收益率是最高的，比 VIX 过滤策略的收益率更高。风险调整后的回报率最低的是纯做多的策略。

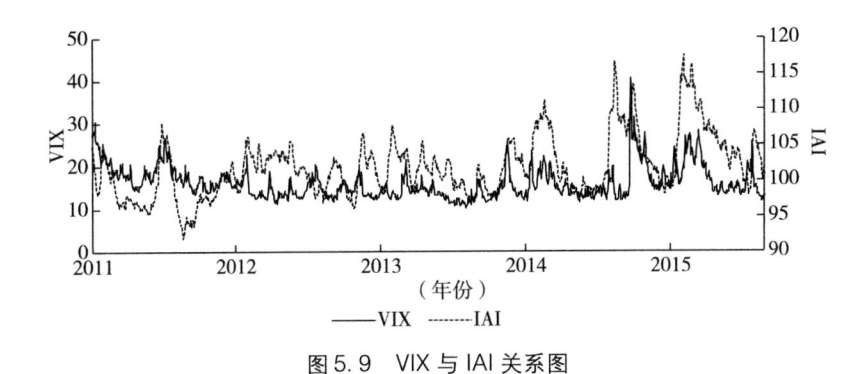

图 5.9　VIX 与 IAI 关系图

图 5.10　IAI、VIX、多头交易标普 500 指数

多头交易 Ret = 12.9% Vol = 15.5% IR = 0.83 Dr = −23.4%
IAI Ret = 15.6% Vol = 12.4% IR = 1.26 Dr = −17.2%
VIX Ret = 13% Vol = 13% IR = 1 Dr = −16.7%

5.5.4　波动率数据：预测围绕预定事件的外汇现货行为，重点关注英国脱欧

波动率数据集并不罕见，毕竟，外汇期权已经交易了几十年。然而，使用波动率数据来预测预定事件周围的现货行为也许不太常

见。特别是，我们可以从事件发生前的波动表面推断现货的隐含分布。Clark 和 Amen（2017）讨论了如何利用英镑/美元波动率来推断 2016 年 6 月 23 日英国脱欧投票期间的现货分布。

他们从英镑/美元隐含波动率中提取了截至 2016 年 6 月 13 日的隐含概率密度数据，并据此估计，市场预计投票退出可能导致英镑/美元汇率从 1.4390（2016 年 6 月 10 日的即期参考）下降至 1.10～1.30 的范围，即下跌 10%～25%，这很可能是由于价格波动剧烈导致的。在图 5.11 中，我们展示了英国脱欧投票前若干日期英镑/美元的隐含概率分布。

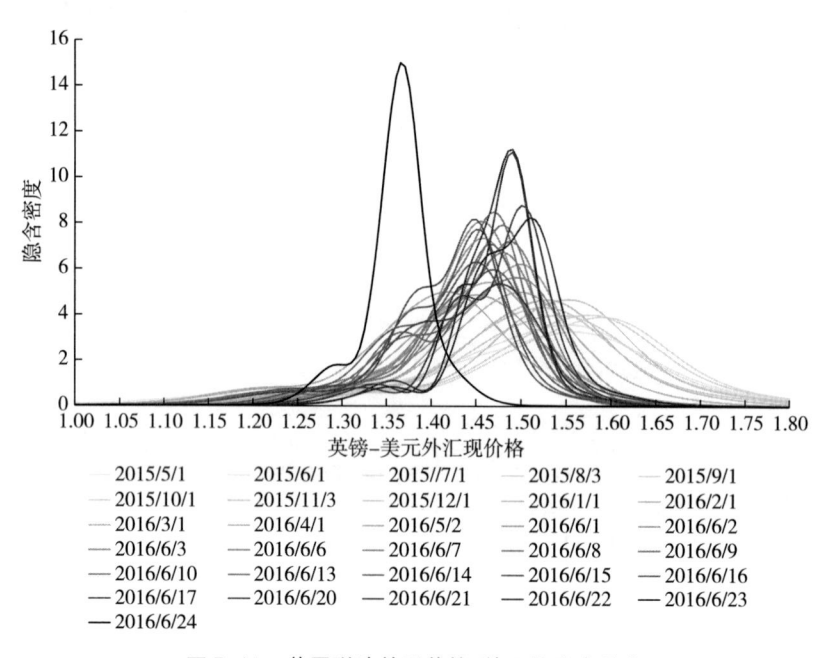

图 5.11　英国脱欧前后英镑/美元的隐含分布

他们还构建了一个混合模型，涉及公投投票后英镑/美元汇率的两种情况，一种是"留欧"，另一种是"脱欧"。将这个模型用 2016 年 2 月 24 日至 6 月 22 日 4 个月的市场数据进行校准，我们发现，

"脱欧"与预测的英镑贬值为约 1.37 美元/英镑，贬值 4.5%，这与观察到的公投后汇率从 1.4877 下降至 1.3622 变动一致。

5.6 结论

我们已经讨论了大数据的一般特征，即 4V。此外，我们还讨论了结构化数据和非结构化数据之间的差异，以及大多数数据是以非结构化形式存在的。

我们讨论了不断生成的数据是如何快速增长的，并预计将进一步增加。作为日常业务的一部分，公司收集了大量数据，即所谓的"数据废气"。这些数据集可以通过向交易者出售来实现货币化。

机器学习可以用于在大型数据集中发现模式。我们描写了各种形式的机器学习，以及它们在交易过程中的应用。然后，我们花时间讨论了各种类型的大数据和另类数据，这些数据可能与金融市场参与者相关。

最后，我们深入探讨了更多细节，介绍了几个基于宏观交易者使用另类数据集的案例研究，包括使用机器可读的新闻和网络流量数据，以及一项基于外汇期权数据的新技术，用于推断现货的价格表现的后续分布。

第 6 章

大即为美，从电子邮件收据数据预测公司销售额

朱利亚诺·德罗西
(Giuliano De Rossi)

雅库布·科洛齐吉
(Jakub Kolodziej)

古尔文德·布拉尔
(Gurvinder Brar)

朱利亚诺·德罗西（Giuliano De Rossi）

麦格理欧洲量化研究团队的负责人。在加入麦格理之前，他曾在太平洋投资管理公司（PIMCO）的信贷、股票分析以及资产配置团队担任分析师。在此之前，他在瑞银的量化研究团队工作了6年。朱利亚诺拥有博科尼大学学士学位与伦敦政治经济学院硕士学位，并在剑桥大学获得经济学博士学位。在进入金融业之前，他曾在剑桥大学担任了三年的经济学讲师。他的研究领域较为广泛，具体包括配对交易、低波动性、全球ETF的跟踪误差、跨资产策略、下行风险和文本挖掘等，学术成果发表在《计量经济学杂志》（Journal of Econometrics）和《实证金融杂志》（Journal of Empirical Finance）上。

雅库布·科洛齐吉（Jakub Kolodziej）

于2014年加入位于伦敦的量化研究团队，此前他曾在一家量化对冲基金担任投资分析师。他拥有伦敦政治经济学院金融与私募股权硕士学位和华沙经济学院金融与会计学士学位。

古尔文德·布拉尔（Gurvinder Brar）

麦格理量化全球量化研究小组负责人，该小组由13名分析师组成，团队在所有主要股票市场区域开展业务。他们的目标是针对阿尔法、风险和投资组合构建等问题进行前沿、专题和可操作的研究，并热衷于与客户建立深入的合作伙伴关系。区域团队之间密切合作，旨在建立一个共同的全球技术知识库，并在需要时以特定的本地专业知识为后盾。此外，该团队还为客户承接定制项目，协助投资流程的各个方面。

6.1 导读

本章介绍了我们在一个大数据项目上的工作经历。在本章中，我们的目标主要有两个：（1）评估电子收据数据作为信息源的可能性，特别是实时预测公司的销售额；（2）阐述处理大数据集的难点及解决方案。

我们分析使用的数据集由一张庞大的表格组成，其中详细列出了大量美国消费者在一些线上销售平台的消费情况，如亚马逊、亿客行、达美乐比萨等公司。

在经济金融领域，将大量消费者数据整理为面板数据并不罕见。例如，美国密歇根大学的收入动态面板研究就从 1968 年开始定期收集问卷调查，对 18 000 个个体及其后代进行跟踪。然而，Quandl 数据库在以下两个方面与"纵向面板"非常不同。

第一，Quandl 数据库中的样本数据不具有代表性。人们往往是因为从 Quandl 的合作公司处需要使用电子邮件，才会选择与 Quandl 数据库签订数据共享协议。因此，样本统计的人口数据、收入和其他特征都相当稀少。所以，如果该样本被用于推断总体，很可能会造成偏差。

第二，样本大小和数据采集的详细程度完全不同。最大的纵向面板只有 25 000 人的样本数量，并两年更新一次；而大数据样本目前有高达 300 多万的活跃用户，且每周进行一次抽样。纵向面板通常只会就每个家庭在食品、休闲和其他支出类别上的支出金额提问。但是大数据可以获得每个用户购买商品和服务的详细信息。由于大数据是基于实际的交易，因此不存在自报数据中常见的潜在不准确和曲解问题。然而，值得指出的是，历史非常有限，即与横截面维度不同，时间序列的长度目前并不长。

我们统计分析的主要目标之一，是在使用大规模样本数据的同时，减少潜在偏差。

图 6.1 至图 6.5 给出了从 Quandl 数据库中生成的分析类型的示例。图 6.1 显示了达美乐比萨一周内每一天的销售比例明细。对于比萨爱好者来说，周末显然是最受欢迎的时间。图 6.2 则着重于一天中下订单的时间，显示了午餐时间（中午 12 点到下午 2 点）是明显的高峰时段，而夜间的预订量明显减少。这张图片还显示了不同尺寸比萨的销售额，其中中等大小的比萨始终占据主导地位。图 6.3 显示了样品订单中排名前 30 的配料预订频率。出乎意料的是，目前仅次于奶酪和西红柿的需求量最大的配料是意大利辣香肠。同时，培根也出乎意料地受欢迎。

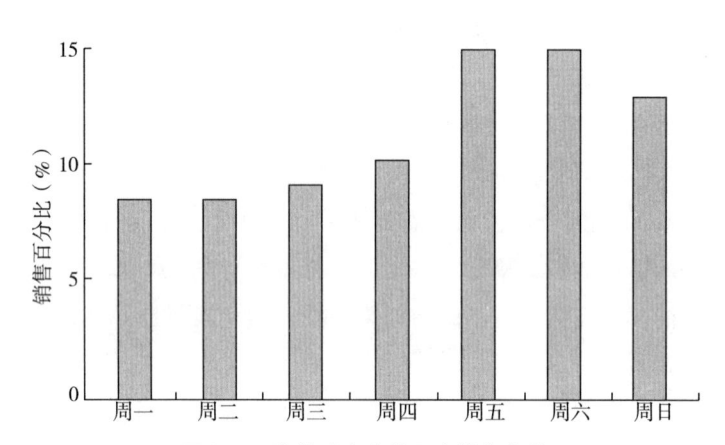

图 6.1 达美乐比萨的周末销售高峰

资料来源：麦格理研究院，Quandl 数据库，2017 年 9 月。

对于亚马逊这样的电商公司来说，订单的时间结构则完全不同。图 6.4 显示，从周一到周六，样本中用户在亚马逊的订单数量稳步下降。如果绘制周中各天的日内订单结构（见图 6.5），可以看到，直到当天上午 10 点左右，周日一直是亚马逊一周中销

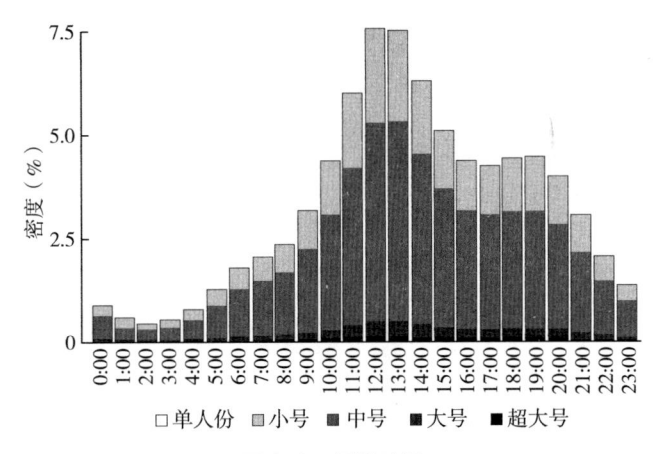

图 6.2 用餐时间

资料来源：麦格理研究院，Quandl 数据库，2017 年 9 月。

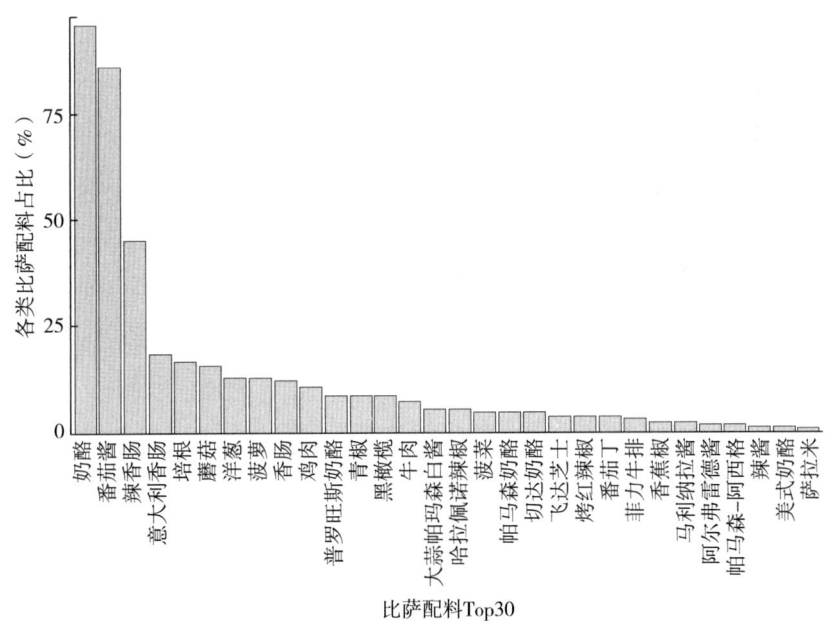

比萨配料Top30

图 6.3 最出乎意料的比萨配料：辣香肠

资料来源：麦格理研究院，Quandl 数据库，2017 年 9 月。

第 6 章 大即为美，从电子邮件收据数据预测公司销售额　　139

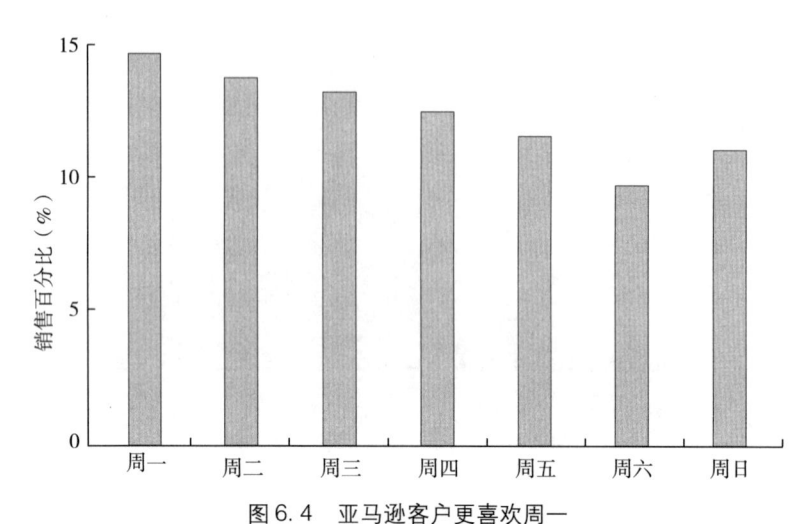

图6.4 亚马逊客户更喜欢周一

资料来源：麦格理研究院，Quandl 数据库，2017年9月。

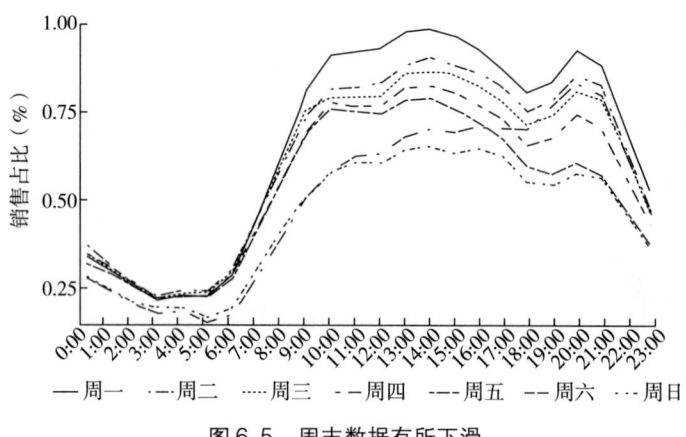

图6.5 周末数据有所下滑

售最冷清的一天；而随后，周日订单的增长速度要快于其他几天订单的增长速度。即使在下午其他日期出现下降时，周日的订单也在继续增长。到晚上10点，星期日几乎是一周中第三繁忙的日子。

这些示例说明了 Quandl 数据库的一些重要特性。具体到单个产品，信息粒度都是显著的。此外，使用时间戳收集订单确保了数据趋势能够以比以前更高的频率实时捕获。此外，尽管我们并不追求这个目标，但我们依旧可以使用数据推断不同公司的数据模式。例如，推断客户是否倾向于订购竞争对手的产品替代达美乐的产品，或者更愿意在其他供应商之间以大致恒定的比例分配他们在餐馆的支出。还可以根据样本参与者的购买情况对其进行分类（例如，阔绰的消费者与花钱少的消费者），并分析类别之间数据模型的差异，从而确定早期用户。

6.2 Quandl 的电子邮件收据数据库

6.2.1 处理电子收据

首先，我们会分析 Quandl 数据集的结构。许多美国消费者同意与 Quandl 的合作商分享在线购物信息，而该数据集依赖于这些消费者大量的信息样本。通常，他们会在使用电子邮件时选择同意此数据共享协议。因此，每周数据供应商都能扫描所有活跃参与者的收件箱，以识别从众多已参与的在线商户（如亚马逊、沃尔玛、H&M）收到的所有电子收据。图 6.6 演示了该过程：电子收据（如左侧所示）被扫描并转换为一系列记录，每购买一个产品就会有一条记录。示例中，我们购买了三种不同的产品，但因为订单包括两个线路追踪传感器，所以项目总数为 4。在数据库中，这由三行表示，如图 6.6 右侧所示。数据在周二发布，有 8 天的滞后期（也就是说，它涵盖了从上个星期一开始直至现在的范围）。

显然，每个用户都是匿名的，数据库只能收集用户 ID，而所有

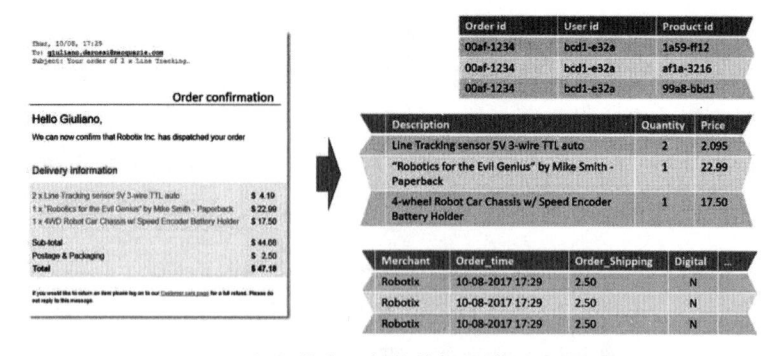

图 6.6　如何将电子邮件收据转换为采购记录

注：实际的 Quandl 数据表包含 50 个字段，大部分字段未在图中显示。
资料来源：麦格理研究院，Quandl 数据库，2017 年 9 月。仅用于说明目的。

关于姓名、电子邮件地址和支付方式的信息都会被丢弃。用户 ID 可用于查询一个单表，该表包含其他信息，如邮政编码、用户进入和退出样本的日期、用户上次购买的日期等。值得强调的是，用户 ID 是唯一和永久的，因此可以跨不同平台（例如，一个用户在亚马逊、蒂芙尼和沃尔玛都订购过商品），随时间的推移重建每个用户的购买历史数据。

图 6.6 中的表格显示了 Quandl 实际提供的一小部分字段，其中包括每个记录所指的订单、产品和用户的永久标识符。此外，它还提供了每种产品的概述、数量、价格和许多潜在有用的附加数据，如税收、运费、折扣等。一些字段（例如价格、商品概述）针对的是特定产品，而其他字段如运输成本和时间戳则指的是整个订单。

电商收据数据库是 Quandl 提供的另类数据产品之一（见图 6.7）。除消费者数据外，产品范围还包括来自物联网设备的数据、作物和农田传感器的农业数据、物流和建筑数据。

每次新用户加入样本时，Quandl 的合作商都会扫描他们的收件箱，寻找之前已保存的电子邮件中仍然可用的收据。例如，如果用

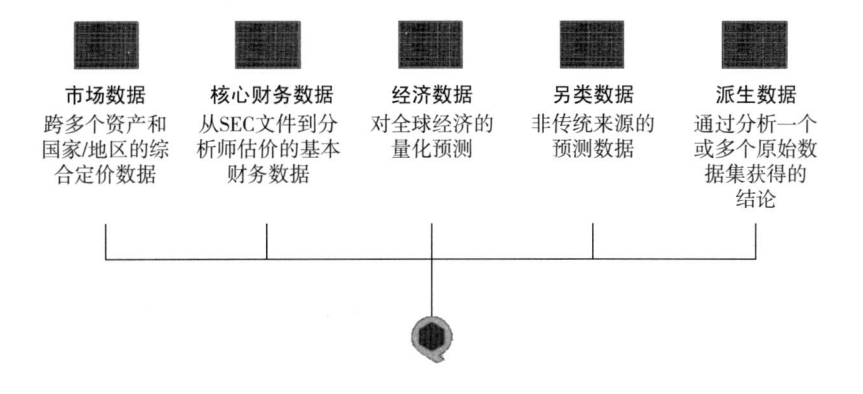

图 6.7 Quandl 提供的数据结构

资料来源：麦格理研究院，Quandl 数据库，2017 年 9 月。

户在 2017 年 9 月加入，但其电子邮件账户保留了能够回溯到 2007 年 9 月的亿客行收据，则这 10 年的亿客行订单将立即被添加到数据库中。因此，在数据收集开始之前就存在的一些购物回执也会包含在数据库内。虽然不明确这种回填技术是否会引入偏差，但如果实时使用数据，回填的观测结果是不可用的。下面对此展开详述，同时也是出于这个原因，我们决定将重点放在记录的交易上，而用户实际上也正是样本的一部分。

6.2.2 样本

图 6.8 显示了随时间推移样本中活跃用户的总数，即那些其收件箱可被 Quandl 的合作商访问的用户。如上所述，当用户同意签订数据共享协议时，就会加入样本；而当无法继续访问其收件箱时，则代表一些现有的用户样本退出了。数据显示，2015 年年底，当其中一个 Quandl 的合作商宣布退出时，样本量急剧下降。之后，规模逆势持续增长，2016 年年中出现明显加速。目前，组成数据库的单一用户总数接近 470 万。

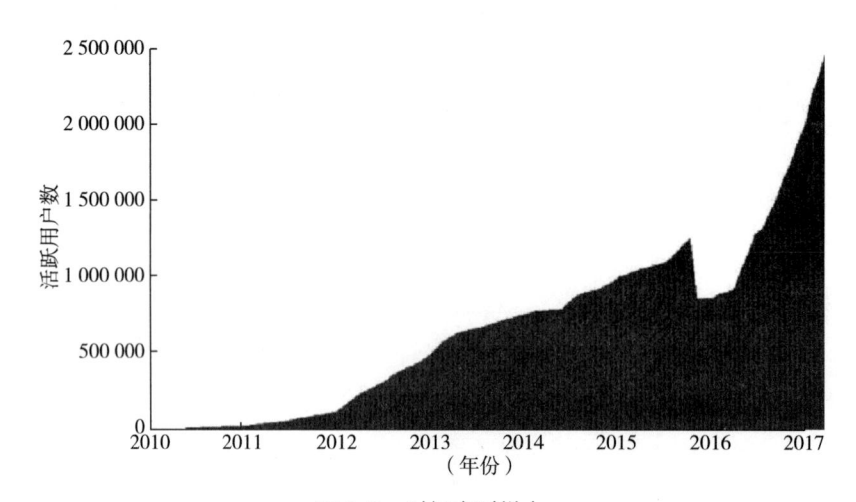

图 6.8 时间序列样本

资料来源：麦格理研究院，Quandl 数据库，2017 年 9 月。

为了进行分析，我们将访问三家公司的收据数据：亚马逊、达美乐比萨和亿客行。数据集终止时间为 2017 年 4 月。

已知样本中所有的用户都位于美国。该数据库追踪了大约 250 万用户，而美国人口约为 3.25 亿（覆盖比率为 0.77%）。大多数州的覆盖率都在该值附近，这表明覆盖范围并不集中在少数几个地理区域，其中特拉华州（覆盖率最高）和新墨西哥州（覆盖率最低）为两个极端情况。

通过亚马逊的大量交易数据，可以得知大多数用户是个人或家庭。然而，在少数情况下，用户似乎代表一个更大的群体下单。比如，一个案例同时处理了 500 个微控制器的采购（及同样多的机箱和电源适配器），这表明该订单用户是一所学校。

个人用户加入和退出样本的频率如何呢？图 6.9 是 470 万独立用户中每个人在样本中留存时间的柱状图。其中包括了当前的活跃用户（例如，无论用户是否在 4 月 1 日之后离开样本，1 月 1 日加入的用户都会显示三个月的持续时间）。该图显示，大多数用户在样本中的留存时间不到 12 个月。鉴于过去 18 个月参与人数激增，而 12 个月的留存时间正好是一个高峰，这可能与 Quandl 合作商提供的应用程序初始订阅时长有关。而三年前或更早加入样本的用户中有很大一部分仍然保持活跃状态，但很少有用户留存时间超过 5 年。

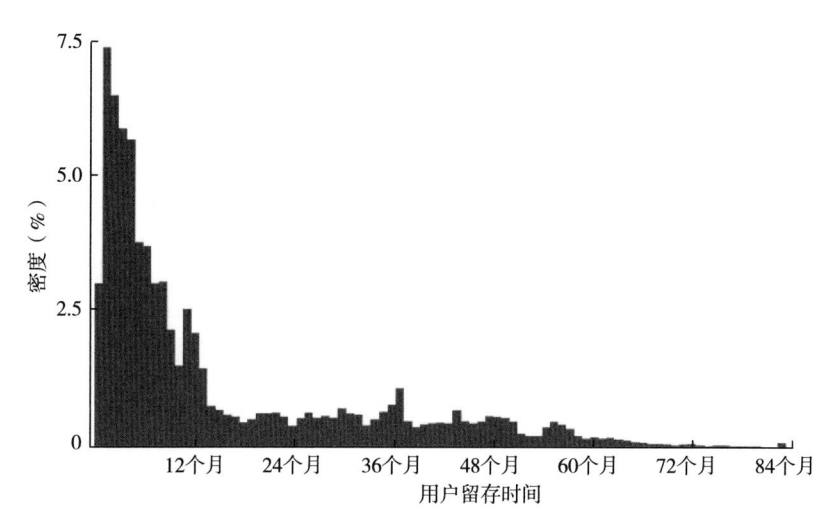

图 6.9　用户在样本中的留存时间
资料来源：麦格理研究院，Quandl 数据库，2017 年 9 月。

为了衡量数据的质量，研究人员查询了数据库，以确定样本期间亚马逊电商平台上发生的最大交易（见表 6.1）。大多数商品由第三方销售，而非直接由亚马逊销售。表内的 6 件商品中，有三个是真实的数据点：一张从未发行过的电影海报、一块豪华手表和一枚稀有硬币，而其余产品却有些可疑。然而，事实上，很少有商品的价格会高于 10 万美元，这表明了由于电子邮件数据解析不当而导致的数据错误不太可能会成为一个问题。

表6.1 亚马逊上最昂贵的6笔交易

高品概述	品类	价格（美元）
1907圣高登斯20美元PR69PCGS	稀有硬币	4 194 800.00
《圣灵办公室：所有教会最需要的研究》，作者：乌尔里希·里斯基·比森	书	4 000 003.99
《畸形人》（1932），导演：托德·布朗宁，27×41，经典恐怖极为罕见！！	电影海报	850 000.00
一块非常昂贵的石头	?	500 004.99
三星SmartCam HD Pro1080p全高清无线摄像头	无线摄像头	360 006.24
爱彼朱尔斯超卓复杂功能腕表	手表	275 504.49

资料来源：麦格理研究院，Quandl数据库，2017年9月。

  另一类简易的检查包括将数据汇总，从而根据预期的零售电商模式，检查Quandl样本参与者的总购买量。众所周知，亚马逊的销售模式有强烈的季节性。通过会计数据，不难发现亚马逊往往会在第四季度出现峰值，第二季度出现低谷（见图6.10）。而通过大数据样本，我们能够以更高的频率汇总在亚马逊上进行的交易数据。图6.11表示了一年（52周）中每周的平均销售额，并对其进行了缩放，使销售指数的平均值等于1。数据清楚地显示了亚马逊会员日和黑色星期五（传统上被认为是圣诞节购物期的开始）对应

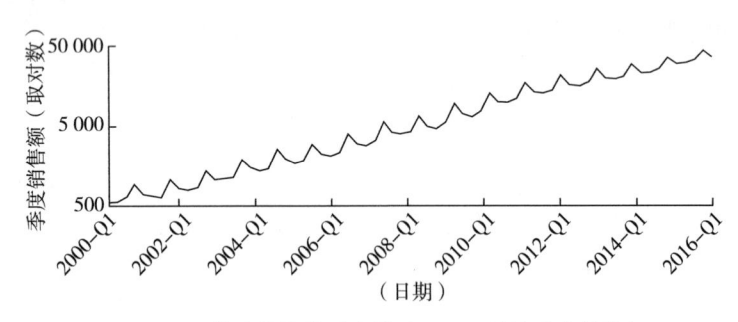

图6.10 基础数据的季度模型：亚马逊的季度销售额

资料来源：麦格理研究院，慧甚数据库，2017年9月。该图以对数刻度绘制。

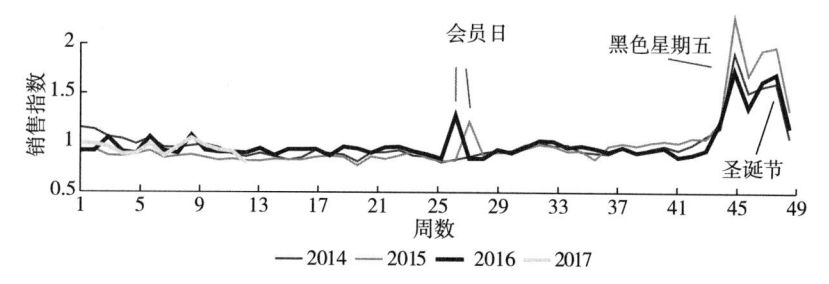

图 6.11　季度数据模型：亚马逊的每周销售额

注：销售指数是通过标准化每个用户每周在亚马逊上的平均消费额度来计算的，因此年平均值等于 1。

资料来源：麦格理研究院，Quandl 数据库，2017 年 9 月。

着显著的峰值。第四季度销售增长的峰值（见图 6.10）集中在黑色星期五到 12 月底之间的几周。

导读中提到，通过大数据得到财务预测结果并不总是简单的。以亿客行为例，它是 Quandl 电子邮件收据数据库覆盖的公司之一。正如亿客行利润表中的附注所述，该公司不将其平台用户所预订服务的总价值计为收入。相反，收入是由亿客行收取的预订费决定的，而这些费用无法直接从发给客户的收据中推断出来。

即使通过对预订成本采用固定的百分比来计算费用，我们也无法从数据中得出总销售额的估计值。亿客行的收据数据清楚地表明，每一条业务线都可能收取不同的费用。并且，随着时间的推移，不同业务的销售额会发生显著变化（见图 6.12）。例如，与住房业务相比，航空业务的利润率往往较低。

因此，为了充分挖掘大数据的潜力，在分析中加入深刻的先验基本假设至关重要。在这种情况下，我们必须从估算公司的每个业务线（航空、住房、租车）收取的费用开始。因此，我们就能利用大数据样本来预测各细分市场的总预订量，并将其汇总，以获得标题销售的估计值。

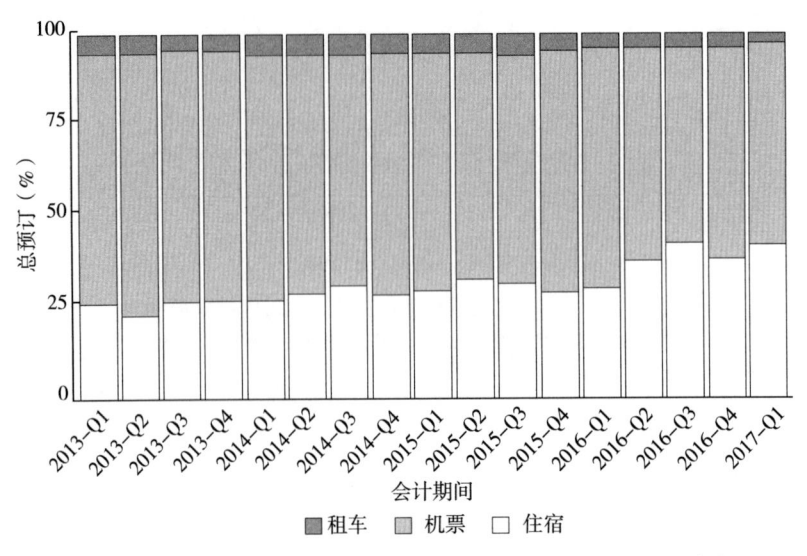

图 6.12　亿客行的大数据预订业务在过去三年中发生了重大变化
资料来源：麦格理研究院，Quandl 数据库，2017 年 9 月。

6.3　大数据工作中的挑战

在之前的分析中，我们使用的数据仅涵盖三家上市公司，以面板文件形式存储时，数据占用空间超过 80GB，其中包括 470 万独立用户的 1.441 亿次购买（行数据）。因此，尽管我们只能访问 Quandl 数据库中的三个类目，但数据集的规模依旧巨大。所以，即使是最简单的查询，在使用标准数据库工具运行时也是很困难的。面对这一技术挑战，研究人员尝试了其他解决方案，以便在合理的时间范围内处理数据。

经过验证，"亚马逊 Redshift" 是我们的首选解决方案，因为它经过优化，可以使用简单的语法进行分析处理（只需要对标准 SQL

查询进行一些修改）。并且，在我们的设置中，它比 MySQL 的速度要快得多（大约 10 倍）。"Redshift"以压缩的形式按列而非按行存储数据库表信息，这减少了磁盘输入/输出请求的数量以及从磁盘加载的数据量，特别是在处理大量列数据时是非常高效的（如本例所示）。

将较少的数据加载到内存中，使"Redshift"能够执行更多的内存处理。此外，"Redshift"查询引擎经过优化，可以在多个计算节点上并行查询。为了进一步提高速度，完全优化的代码会以编译后的格式发送给计算节点。

6.4 预测公司销售额

公司收入的增长是股票投资者和分析师关注的最重要的指标之一。众所周知，销售业绩爆发会触发股价的波动，而分析师动量信号（即销售预期修正）已被证实可以预测股票收益。

6.4.1 方法概述

本节介绍了预测方法背后的基本原理。设置如图 6.13 所示：我们会根据管理层发布的资讯，以及电子邮件收据数据集中的可用信息来预测第 t 季度的销售额。

如图 6.13 所示，第 t 季度的实际收入是在第 t 季度结束后获得的，通常在第 t + 1 季度之前。而使用电子收据数据集的一个优点是，因为所有样本信息都是每周更新的，所以可在季度结束后立即生成预测。换言之，我们在第 t 季度结束后的几天内就可以获得样本用户在该季度的所有购物信息。

此外，随着每周新数据的更新，我们可以频繁在第 t 季度生成

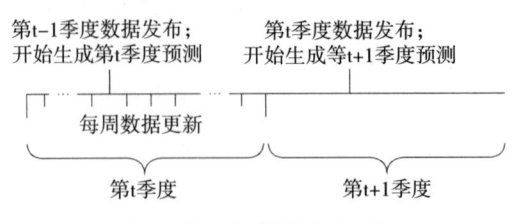

```
第t-1季度数据发布;            第t季度数据发布;
开始生成第t季度预测          开始生成等t+1季度预测
        └─每周数据更新─┘
            第t季度                 第t+1季度
```

图 6.13　季度预测时间表

资料来源：麦格理研究院，Quandl 数据库，2017 年 9 月。

实时预测。本节末尾，我们将更详细地解释其方法。

我们利用两个信息来源：管理层预期和电子邮件收据。前者由一系列收入预测值组成，它也可转化为最新季度的收入增长率。[①] 首先，测量两个季度样本中一组用户的购买量增长率。然后，将该增长率与管理层预期范围进行比较，以预测销售额是否符合管理层的预期范围。而如果样本内的增长率不在预期范围内，那么我们就可以简单地假设销售额处于管理层预期范围的底端或顶部。

例如，2016 年第二季度，亚马逊收入总额为 304 亿美元。而第三季度，亚马逊的销售预期在 310 亿美元到 335 亿美元之间，增长率在 2% 到 10.2% 之间。如果 Quandl 跟踪的样本用户在第三季度的支出比第二季度多 3.6%，那么，我们将把 3.6% 作为我们的估计值，这接近增长率范围的底部。如果样本中的增长率为 12.5%，在预期范围之外，那么，销售可能处于预期范围的顶部。因此，我们将使用 10.2% 作为估计。

本节剩下的部分会为大家展示，这种简单的方法可以用严格的统计学方法证明。甚至，我们认为可以采用贝叶斯方法使这两种信

[①] 本节描述的框架模仿了亚马逊等公司提供关于季度营收的指导的过程。它还可以稍加改变以适应其他情况，例如提供单一预期值（而不是范围）或在不规则间隔上的预期指导。

息源得以结合，并将管理层指引视为先验信息。进而，我们对数据进行处理，以描述销售增长的后验分布（见图6.14），也即数据的增长率分布。

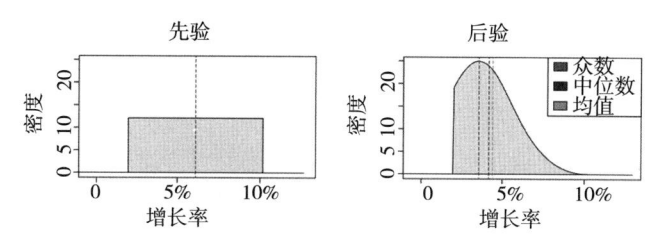

图6.14 季度收入增长的贝叶斯估计

注：图表绘制了模型中 $\varphi_1 - 1$ 的数量密度。先验分布反映了管理的指导，而后验分布则反映的是电子邮件收据数据库中的信息。

资料来源：麦格理研究院，Quandl数据库，2017年9月。

如图6.14所示，先验分布仅利用了管理层预期范围，例如增长率在2%和10.2%之间。而后验分布则是利用上文示例中的增长率3.6%。

6.4.2 贝叶斯方法

贝叶斯方法是基于两组样本来估计第1期和第2期之间的销售额变化。假设有两组观测值，分别用 $\{y_{11}, \cdots, y_{1n}\}$ 和 $\{y_{21}, \cdots, y_{2n}\}$ 表示。

这里暂时先抛开后面将要讨论的两个复杂问题：

1. 样本可能引入一些选择偏差，因为"Quandl人口"与总体人口不同。
2. 人口数会随着时间的推移而增长。

我们假设每个样本都是在两个时间点从一个大群体中抽取的。样本中各个体保持不变：有些用户不消费，没有新用户加入，也没有用户退出。假定每个时间点的分布参数是给定的，并且这两个时期的支出是独立的，则分布函数的形状可以概括消费增长的所有相关信息。

假设每个样本均来自参数为 λ_i 的负指数分布：

$$p(y \mid \lambda_i) = \lambda_i e^{-\lambda_i y} \tag{6.1}$$

指数分布（见图 6.15）是一种简单的方法来模拟具有高偏度分布的正随机变量。现实中，消费者购物样本数据总会有长右尾的特点，这反映了该时期少数用户高消费的特征。[①]

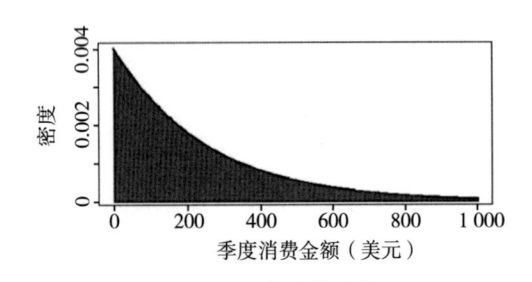

图 6.15　负指数分布

资料来源：麦格理研究院，Quandl 数据库，2017 年 9 月。

若给定参数 λ_1 和 λ_2，假设两个样本是独立的，这等价于假设平均参数的变化反映了第 1 期和第 2 期之间人口变化的所有信息。

由指数分布性质，人口数量均值为 $1/\lambda_i$。

6.4.2.1　先验分布

我们最感兴趣的是不同样本的均值之比 $\dfrac{\lambda_1}{\lambda_2}$，它反映了从第 1 期到第 2 期的平均消费金额的增长。定义 $\varphi_1 = \lambda_1/\lambda_2$，并假定一

[①] 指数分布通常用于模拟等待时间。然而，它也被应用于需要用到高偏度分布的问题，比如模拟降雨记录（Madi 和 Raqab，2007）。在经济学中，它经常被应用于模拟收入和财富分布，例如在 Dragulescu 和 Yakovenko（2001）中。

个均匀分布作为先验分布①:

$$\varphi_1 \sim U(\underline{\mu}, \overline{\mu}) \tag{6.2}$$

其中 $\underline{\mu}$ 和 $\overline{\mu}$ 是预期范围的上下限,表示逐季度的增长率。我们强调先验分布是无信息的,因为我们没有在管理层预期范围内对模型施加任何其他假设(见图6.14)。

首先,选取伽马分布作为参数 λ 的先验分布,假设 λ_1: $\lambda_1 \sim$ Gamma(α,β)。然后,我们给定第2期人口均值的先验值,以考虑股票的预期增长率范围:

$$\lambda_2^{-1} \mid \lambda_1 \sim U\left(\frac{\underline{\mu}}{\lambda_1}, \frac{\overline{\mu}}{\lambda_1}\right)$$

其中,$\underline{\mu}/\lambda_1$ 可视为第1期平均值乘以管理层预期增长率的下限值。

作为替代方案,我们还考虑了 Datta 和 Ghosh(1996)的高斯先验分布和非正常先验分布。如有需要,可联系作者获取相关信息。

6.4.2.2 后验分布

鉴于收据数据集中的证据,本节描述了我们感兴趣的参数的分布,也即平均支出增长率。在推导后验分布时,我们会使用先验分布(等式6.2)(伽马和均匀)和似然估计(等式6.1)(指数)的假设来计算参数 φ_1 分布。

可以推出:

$$p(\phi_1 \mid data) \propto \begin{cases} \left(\frac{\phi_1}{s}\right)^{\alpha+n} \left(1 + \frac{\phi_1}{s}\right)^{-(\alpha+2n)} & if\ \underline{\mu} \leq \phi_1 \leq \overline{\mu} \\ 0 & otherwise \end{cases}$$

由 $s = \sum_i y_{2i}/(\beta + \sum_i y_{1i})$,当 $\underline{\mu} \leq \varphi_1 \leq \overline{\mu}$ 时,其后验分布属于皮尔逊分布

---

① 尽管通常的增长率度量是 $\varphi_1 - 1$,但我们将把这个数量视为增长。

族，可以表示为 F 分布的变换。① 因此，众数可以计算出来，而其均值和中位值则可以通过对概率密度函数进行数值积分来计算。后验分布如图 6.14 右侧所示。

实际上，我们可以用后验分布的众数作为销售增长的估计值。首先，对各时期的平均支出进行估算：

$$\hat{\lambda}_1 = \frac{\alpha + n}{\beta + \sum_i y_{1i}}, \quad \hat{\lambda}_2 = \frac{n}{\sum_i y_{2i}}$$

其中，$\hat{\lambda}_1$ 是参数为 λ_1 的后验分布的均值，$\hat{\lambda}_2$ 是第 2 期中样本均值的倒数。而增长率的最大后验概率估计值由下式给出：

$$\widehat{\phi_{1MAP}} = \begin{cases} \underline{\mu} & if\ \hat{\lambda}_1/\hat{\lambda}_2 < \underline{\mu} \\ \hat{\lambda}_1/\hat{\lambda}_2 & if\ \underline{\mu} \le \hat{\lambda}_1/\hat{\lambda}_2 \le \overline{\mu} \\ \overline{\mu} & if\ \hat{\lambda}_1/\hat{\lambda}_2 > \overline{\mu} \end{cases} \quad (6.3)$$

因此，我们可以通过选取两个时期的参数估计值之比来估计增长率。如果估计值超出了管理层预测范围，则采用下限或上限作为估计值。值得注意的是，随着样本量的增加，以 λ_1 为参数的先验分布对估计值的影响会越来越弱，即参数 α 和 β 变得越来越不重要。

6.4.2.3 样本具有代表性吗

本节将介绍一种简单的调整方法，用于处理由于抽样误差而导致的失真问题。Quandl 数据集中的样本，在性质上不同于更为广泛的全球客户和潜在客户。此外，正如下一节的亚马逊案例研究，该业务的电商部分可能不允许我们对整个业务的销售增长情况得出结论。

因为不同的业务可能有不同的营销模式，所以季节性效应可能

---

① 更多信息请看 Johnson 等人（1995）。

不容忽视。尤其是电商，在 12 月和季节性销售期间可能会出现更明显的高峰，这将导致我们高估这些效应的影响。此外，我们很可能会捕获一个客户子集，该子集往往比较年轻，并且比其他人更广泛地使用电商平台。

一种简单而实用的方法是将从样本中得到的增长率视为与实际兴趣变量相关的信号，即整个总体的增长率。表示形式如下：

$$g_t = f(\phi_t) + \varepsilon_t$$

其中 g_t 代表季度销售环比增长率。然后，我们可以使用数据来拟合一个合适的函数 f，例如使用一些非参数方法，如核回归方法。然而，在案例中，由于历史样本长度极短，我们更愿意分析考虑季节性的线性模型：

$$g_t = \beta' f_t \phi_t + \varepsilon_t$$

上式中，β 是 4×1 的季度斜率向量，f_t 是一个 4×1 的向量，根据时间指数 t 所表示的季度选择正确的斜率，即 $f_t = (f_{1t}, f_{2t}, f_{3t}, f_{4t})$

$$f_{qt} = \begin{cases} 1 & if\ t = 4k + q\ for\ some\ k \in \mathbb{N} \\ 0 & otherwise \end{cases}$$

乘积 $\beta' f_t$ 是比例因子，由于季节效应随时间而变化。系数向量 β 可以通过回归进行估计。在实证分析中，我们经常还会考虑 β 的所有分量都相等的情况。

一旦模型被估计，就有可能产生一个大数据预测的误差修正版本 $\widehat{\phi}_{1MAP}$：

$$\widetilde{\phi}_{1tMAP} = \widehat{\beta'} f_t \widehat{\phi}_{1tMAP} \tag{6.4}$$

然而，考虑到季节型变量本身的时间变化很重要，例如，如果一家公司不同业务的相对重要性发生变化，那么最佳比例系数也会发生变化。处理该问题的一种简单方法是将斜率 β 的向量视为（缓慢的）时变系数。经常在此情况下应用的模型①是状态空间模型，它将系数向量视为随机游走项：

$$g_t = \beta'_t f_t \phi_t + \varepsilon_t$$

$$\beta_t = \beta_{t-1} + \eta_t$$

其中，ε_t 和 η_t 是均值为零的干扰项，同时还满足，$Var(\varepsilon_t) = \sigma_\varepsilon^2$，$Var(\eta_t) = \sigma_\varepsilon^2 I$。模型可以使用先验分布参数 $\beta_0 \sim N(1, kI)$ 进行初始化，进而通过卡尔曼滤波器和平滑器进行估计。参数 σ_ε^2、σ_η^2 和 k 可根据数据进行校准。但由于样本覆盖的时间有限，我们没有进一步讨论。

另一个潜在的误差来源是人口增长。样本包括所有活跃的用户（即所有选择进入 Quandl 数据库并可访问的用户），其中也有不在电商平台上进行任何购买的个体。这可以反映出一般人群层面上用户增长的一个方面，即刚开始使用该平台的新客户。然而，出生、死亡和移民导致的美国人口规模和人口构成的变化，也可能影响电商销售额。例如，移民的大量流入可能会增加销售额。同样，年轻人可能更倾向于网上购物。

在分析中，我们在计算增长率时假定人口保持不变，这样结果就不会被选择与 Quandl 共享数据的应用程序的用户增长所影响。鉴于大部分收入都来自人口增长率较低的发达国家②，因此这种影响几乎可以忽略不计。另一种方法是对用户增长进行建模，并将其添加到从样本中获得的销售额预测增长率中。

---

① 这类时变系数模型在金融领域有着悠久的历史。Adrian 和 Franzoni（2009）是其中的一个例子。

② 如上所述，超过一半的订单发生在美国，而美国的人口增长率每季度不到 0.25%。

6.5 实时预测

6.5.1 我们的结构性时间序列模型

本节讨论的是实时生成季度销售额预测的问题，即当季度内每周数据更新时同步当前预测。为了避免不必要的符号复杂化，我们人为地将每个季度分为 13 个周期，并称之为"周"。在实践中，当一个季度不是正好包含 91 天时，我们便设定一个更长或更短的第 13"周"。比如，在闰年，我们总是假设第一季度的第 9 周有 8 天。表 6.2 对我们的命名规则展开了全面描述。

表 6.2　将每个季度分为 13 周

周数	一季度 起始日	一季度 终止日	日数	二季度 起始日	二季度 终止日	日数	三季度 起始日	三季度 终止日	日数	四季度 起始日	四季度 终止日	日数
1	1月1日	1月7日	7	4月1日	4月7日	7	7月1日	7月7日	7	10月1日	10月7日	7
2	1月8日	1月14日	7	4月8日	4月14日	7	7月8日	7月14日	7	10月8日	10月14日	7
3	1月15日	1月21日	7	4月15日	4月21日	7	7月15日	7月21日	7	10月15日	10月21日	7
4	1月22日	1月28日	7	4月22日	4月28日	7	7月22日	7月28日	7	10月22日	10月27日	7
5	1月29日	2月4日	7	4月29日	5月5日	7	7月29日	8月4日	7	10月28日	11月3日	7
6	2月4日	2月11日	7	5月5日	5月12日	7	8月5日	8月11日	7	11月5日	11月11日	7
7	2月11日	2月18日	7	5月13日	5月19日	7	8月12日	8月18日	7	11月12日	11月18日	7
8	2月18日	2月25日	7	5月20日	5月26日	7	8月19日	8月25日	7	11月19日	11月25日	7
9	2月25日	3月4日	7 或 8	5月27日	6月2日	7	8月26日	9月1日	7	11月26日	12月2日	7

第 6 章　大即为美，从电子邮件收据数据预测公司销售额　　157

(续表)

周数	一季度 起始日	终止日	日数	二季度 起始日	终止日	日数	三季度 起始日	终止日	日数	四季度 起始日	终止日	日数
10	3月4日	3月11日	7	6月3日	6月9日	7	9月2日	9月8日	7	12月3日	12月9日	7
11	3月11日	3月18日	7	6月10日	6月16日	7	9月9日	9月15日	7	12月10日	12月6日	7
12	3月19日	3月25日	7	6月17日	6月23日	7	9月16日	9月22日	7	12月17日	12月23日	7
13	3月26日	3月31日	6	6月24日	6月30日	7	9月23日	9月30日	8	12月24日	12月31日	8

资料来源：麦格理研究院，2017年9月。

以亚马逊为例，图 6.16 显示，我们的数据集捕获的购买数据在每个季度都显示出了强烈的季节性模式。随后我们建立了一个周销售指数，该指数被归一化为每个季度的单位均值（与图 6.11 不同，在图 6.11 中，我们对整个日历年都施加了单位均值）。因此，有必要对季节性进行建模，以便根据每周数据生成有效的预测。例如，如果我们只看第四季度前半段的累计销售额，我们最终可能会低估其增长率，因为大多数采购通常在 12 月进行。

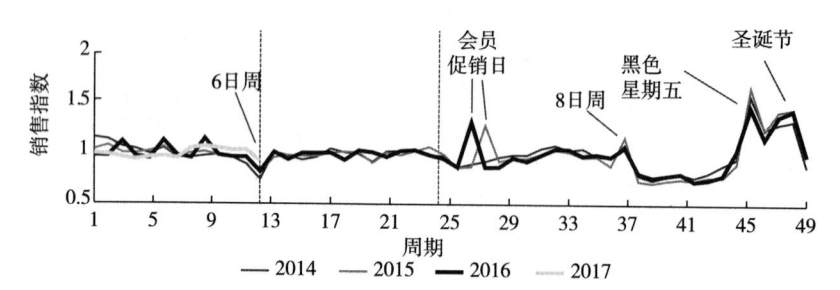

图 6.16 大数据中的季节性模式：亚马逊的周销量

注：销售指数的计算方法是将每个用户在亚马逊官网上的每周平均消费额归一化，使其季度平均值等于 1。在文中所使用的符号中，该变量表示为 $Y_{t,n}/Y_t$（乘以 13，一个季度中的周数）。

资料来源：麦格理研究院，Quandl 数据库，2017年9月。

为了简单起见，我们将区分季节销售 Y_t 和第 t 季节观察到的每周销售 $Y_{t,n}$，其中 n 表示一个特定的星期，因此 $1 \leq n \leq 13$。然后通过构建 $\sum_{n=13} Y_{t,n} = Y_t$，每周的时间序列模型就可以表示为：

$$Y_{t,n} = Y_t (I_{t,n} + \Lambda_n M_{t,n}) + u_{t,n}, \quad n = 1, \ldots, 13$$

其中，$I_{t,n}$ 是一个不规则的分量，反映了亚马逊会员促销日对销售额的影响；Λ_n 是季节性分量，$M_{t,n}$ 是一个乘数，反映了长度不规则星期的影响（例如，在第一季度结束时那个只有 6 天的星期，$Mt, n = 6/7$）。u_t 是均值为零的误差项。系数随模型中季度的变化而变化（即第一季度的第一周与第四季度的第一周不同）。同时为了保持符号简单，我们只使用下标 t 来表示。

需要注意的是，季节性分量 Λ_n 在不同年份是固定的，而会员促销日的日期和乘数 M 会随时间变化（后者是由于闰年的缘故）。我们加入限制条件 $\sum_{t=1}^{13} (I_{t,n} + \Lambda_n M_{t,n}) = 1$，因此有，

$$E\left(\sum_{t=1}^{13} Y_{t,n}\right) = E(Y_t)$$

其中，E（Y）可被视为期望季度销售总额。

6.5.2 估算与预测

由于该模型的乘法性质，我们可以直接从图 6.20 所示的一系列归一化销售额来估算其参数，即利用比率 $Y_{t,n}/Y_t$。而会员促销日的影响 I_t 可以通过计算会员日的归一化销售额和同一周非会员日的归一化销售额的差值来进行估算。

给定一年天数的情况下，乘数 M_t 是已知的。

为了估算季节性分量 Λ_n，我们用 KFS 对 $Y_{t,n}/Y_t$（在减去不规则分量后）进行三维样条的拟合。图 6.17 至图 6.20 展示了对亚马

逊的估算。从图中可以清楚知道，季节性影响在最后一个季度尤为明显。

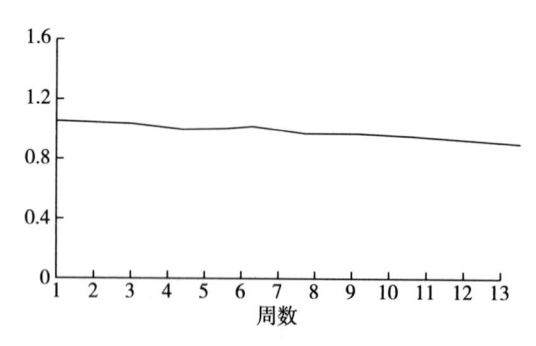

图 6.17　季节性分量估计，第一季度
资料来源：麦格理研究院，Quandl 数据库，2017 年 9 月。

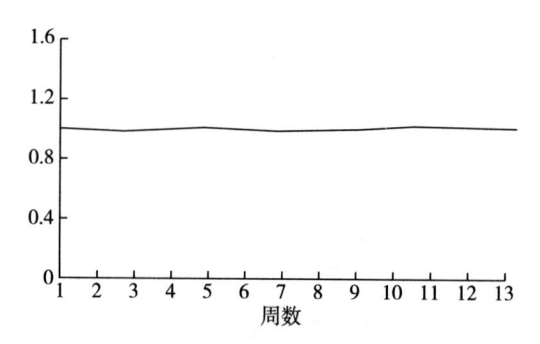

图 6.18　季节性分量估计，第二季度
资料来源：麦格理研究院，Quandl 数据库，2017 年 9 月。

假设我们观察到一个客户样本的每周购买量为 s，小于新季度 13 周总额，那么我们可以预测整个季度的总额为：

$$\hat{Y}_{t|s} = \sum_{n=1}^{s} Y_{t,n} \left(\sum_{n=1}^{s} (I_{t,n} + \hat{\Lambda}_n M_{t,n}) \right)^{-1}$$

然后用上一节介绍的方法来预测季度间的增长率。

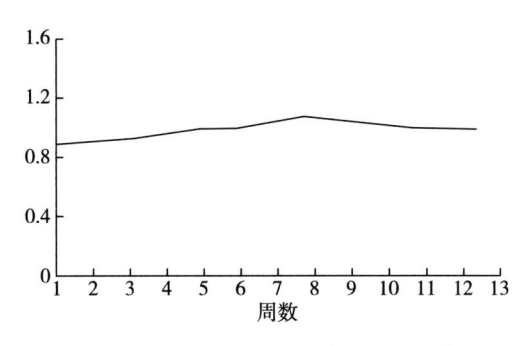

图 6.19　季节性分量估计，第三季度

资料来源：麦格理研究院，Quandl 数据库，2017 年 9 月。

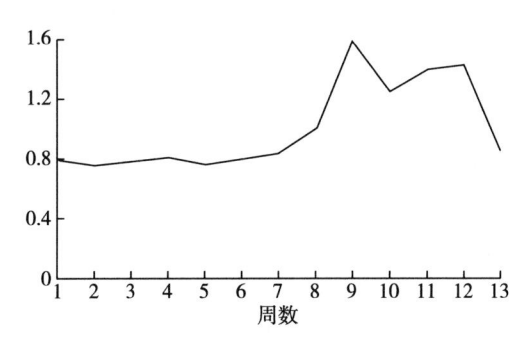

图 6.20　季节性分量估计，第四季度

资料来源：麦格理研究院，Quandl 数据库，2017 年 9 月。

6.6　案例研究：亚马逊销售案例

6.6.1　背景

在本节中，我们将上述方法应用到预测亚马逊季度收入的问题。在 Quandl 数据库中，亚马逊是目前拥有最多观测数据的公司。此外，它也是一个拥有复杂结构的公司，这意味着我们需要从量化和基本面两个角度对其进行深入分析。

亚马逊公布了各业务线的季度销售额，随着时间的推移，这一数据不断在发生变化。在图 6.21 中，我们研究了相对重要的两大类：电商和其他［包括亚马逊网络服务（Amazon Web Services，简写为 AWS）］。由于我们的数据集源自电子邮件收据，因而我们只能调查美国电商销售的趋势。图 6.21 表明，电商收入占总收入的很大一部分，尽管由于亚马逊网络服务的快速增长，这部分收入占比有所减少。但我们仍然可以从图 6.22 中看到，亚马逊对北美客户的销售额（我们可以获得的最新的销售数据）依旧占总销售额的一半以上。

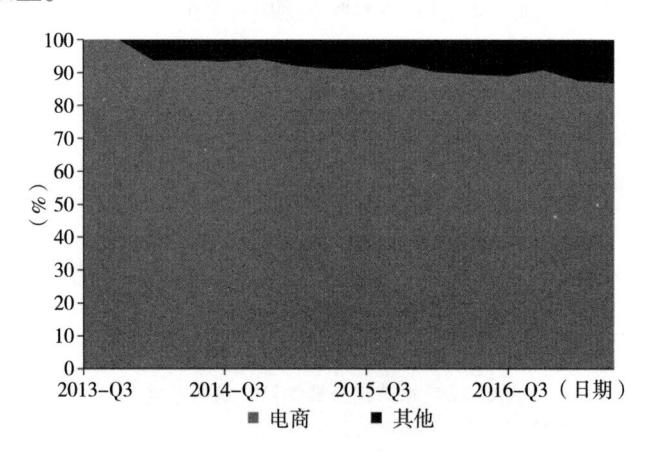

图 6.21 亚马逊各细分销售类型

资料来源：彭博，2017 年 9 月。

然而，我们还不能断定该数据集专注于美国电商就能得到无偏估计。第一，正如上一节中讨论的，我们的样本可能仍然具有显著的选择偏差，因为我们无法确定 Quandl 中的样本数据是否代表美国人口。

第二，尽管不通过电商平台预订的销售比例和发生在美国以外的销售比例都很小，但这些细分市场可能有显著不同的增长率，并最终导致我们的预测出现偏差。

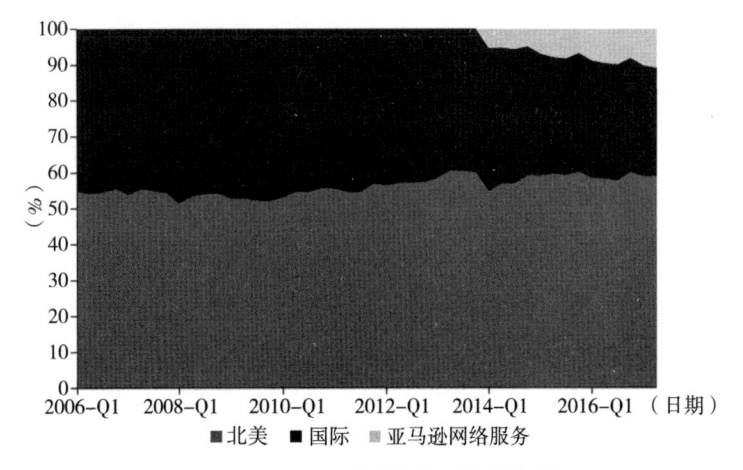

图 6.22 亚马逊在各地区的销售额

资料来源：彭博，2017 年 9 月。

为了解决这个潜在的问题，我们将销售增长（季度环比）分解为区域贡献和亚马逊网络服务（见图 6.23 至图 6.26）。在这些图中，条形图的总高度代表亚马逊相应季度的收入增长率。各个分量是通过每条业务线的相对权重乘以其季度增长率得到的。

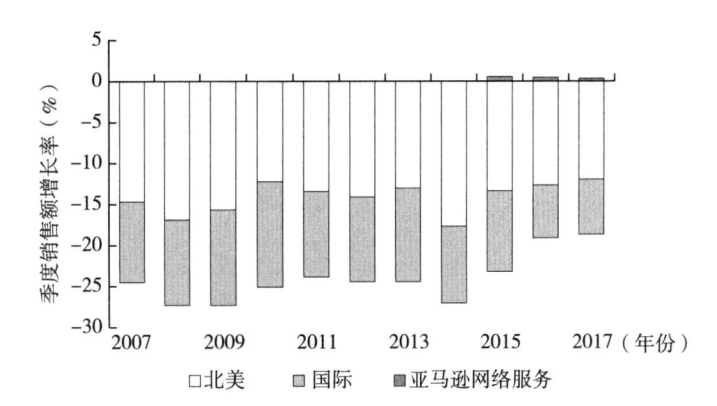

图 6.23 第一季度对销售额增长的贡献

资料来源：麦格理研究院，彭博，2017 年 9 月。

第 6 章 大即为美，从电子邮件收据数据预测公司销售额 163

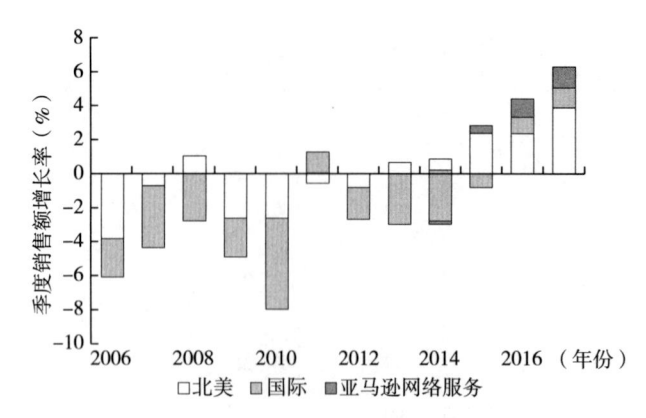

图6.24　第二季度对销售额增长的贡献

资料来源：麦格理研究院，彭博，2017年9月。

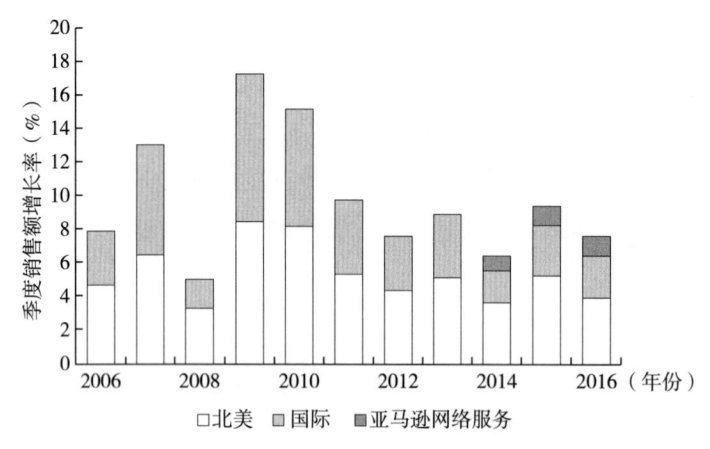

图6.25　第三季度对销售额增长的贡献

资料来源：麦格理研究院，彭博，2017年9月。

结果表明，亚马逊网络服务对总体销售增长率的贡献仍然很小，尤其是在第一季度和第四季度。然而，它对第二季度和第三季度的销售影响越来越大。另外，北美和世界其他地区对总体销售增长率都有很大贡献，但在大多数情况下，前者所占份额更大。

最后我们可以得到，专注于美国的数据集会带来更小的误差，但这忽视亚马逊网络服务细分市场（亚马逊网络服务最近的增长速度比电子商务快得多）。按业务线进行分解（为了节省篇幅，此处省略）也会产生类似的结果。

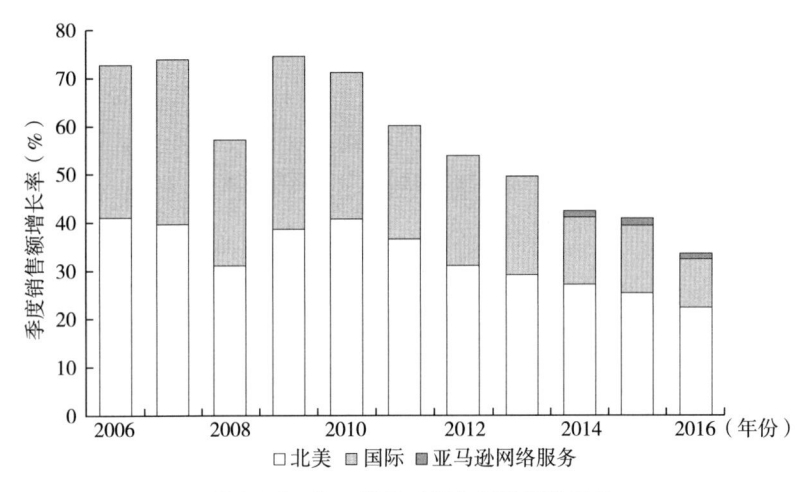

图 6.26　第四季度对销售额增长的贡献

资料来源：麦格理研究院，彭博，2017 年 9 月。

6.6.2　结果

我们转向讨论预测总销售额的问题。在此之前，我们通过散点图（见图 6.27）研究了总销售额增长和电商销售额增长之间的差异。黑色实线上方的点代表电商销售额增长速度超过总销售额增长速度的季度。正如预期的那样，由于圣诞节的因素，这往往会发生在第四季度（当季度环比增长率超过 30%）。图 6.28 显示，专注于美国销售额的数据集本身不太可能导致显著的偏差。

为了预测亚马逊的季度销售额增长率，我们运用了上一节讨论的估计量。表 6.3 显示了我们对预测的不同版本的结果，并将它们与共识进行比较，即在日历季度结束一周后从 I/B/E/S 获得

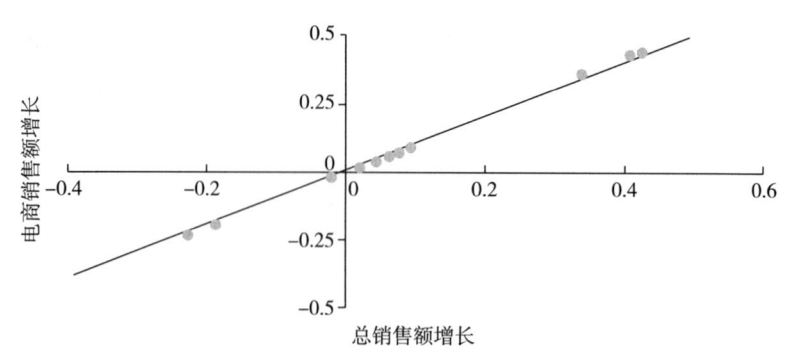

图 6.27　电商销售额增长与总销售额增长
资料来源：麦格理研究院，彭博，2017 年 9 月。

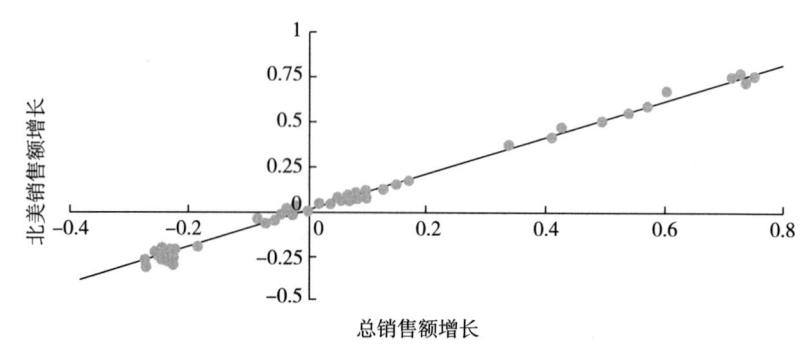

图 6.28　北美销售额增长与总销售额增长
资料来源：麦格理研究院，彭博，2017 年 9 月。

的分析师的平均预测值。到那时，Quandl 已经处理了该季度所有客户的交易数据，并将其添加到数据库中，因此两个预测都是可用的。

表格的中间部分显示，大数据估计要优于共识：与分析师的平均预测相比，两个版本的预测都显示了较低的平均绝对误差（MAE）。均方根误差（RMSE）更有利于共识，因为少数离群值在样本早期导致了较大的误差。表的第三列显示了命中率，即我们的预测优于共识的次数，并以总样本量的百分比表示。

我们在 2/3 的时间里实现了提升。虽然时间序列中的观测数据数量有限，但我们的分析似乎表明，大数据估计至少与共识一样准确。

偏差校正进一步改善了估计值（就平均绝对误差而言）。这再次表明了 Quandl 样本并非没有选择偏差。然而，我们的研究结果表明，通过使用上一节中详述的解决方案，即等式 6.4，可以更加准确地对偏差建模。随着时间序列变得更长，如果描述样本偏差的季节性模型随时间变化，我们可能需要使用之前建议的自适应估计。

表 6.3 将大数据和共识相结合，可以得到总销售额增长的精准预测

预测因子	平均绝对误差	均方根误差	准确率
共识（1）	1.76%	2.11%	
收据数据和报表（2）			
·无偏差修正	1.64%	2.34%	66.7%
·偏差修正	1.51%	2.40%	66.7%
组合（1）-（2）			
·无偏差修正	1.21%	1.47%	75.0%
·偏差修正	1.32%	2.15%	75.0%

注：无偏差修正的估计量在式 6.3 中被定义，在文本中标示为 $\hat{\phi}_{1MAP}$。有偏差修正的版本对应估计量 $\tilde{\phi}_{1MAP}$，在式 6.4 中被定义。这个组合就是共识和 MAP 估计量的算术平均值。

资料来源：麦格理研究院，2017 年 9 月。

在表 6.3 的底部，我们展示了结合分析师估计和大数据估计相结合的结果。这两种预测通过取两个值的算术平均值组合起来。这使得测量的准确度（以平均绝对误差和命中率来衡量）达到了 75% 的改善。虽然就均方根误差而言，证据并不充分（偏差修正版本与共识相比有较高的误差），但总体而言，结果强调了通过结合

大数据和分析师的基本面研究可以提高对事件的预测能力。

图6.29给出了大数据预测与实际值之间距离的图像（图中没有使用分析师预测数据），看上去预测值紧跟实际销售额而变化，估计误差似乎随着时间序列观察次数的增加而不断减少。同样，这一结果可以归因于这样一个事实，即随着在估计中使用的扩展窗口的增加，偏差修正机制也随之变得越来越精确。

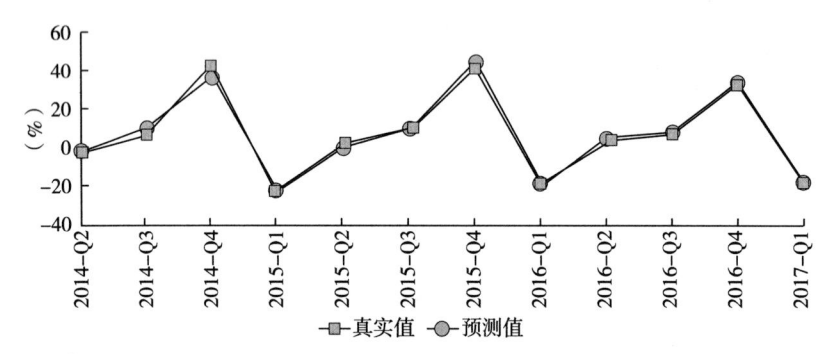

图6.29　随着样本量的增加，预测能力有所提高

注：图中表示的大数据估计值源自收据数据和报表，且带有修正偏差。
资料来源：麦格理研究院，2017年9月。

6.6.3　聚合

我们发现，将大数据估计与共识进行比较也是有用的（见图6.30和图6.31）。在图6.30中，我们绘制了两种估计的预测误差散点图。在样本早期（特别是2014年第四季度）出现的较大误差导致我们的预测显示较高的均方根误差。有趣的是，市场共识呈现出季节性变化：分析师倾向于低估第一季度的销售额，而高估第四季度销售额。然而，在大数据预测中没有发生这样的情况。

图6.31通过绘制销售额预测值和实际值的意外情况，以略微不同的方式表示了相同的信息。实际数字被计算为报告数额（在形成预测时无法获得）与共识之间的差额。预测值的意外情况是大数

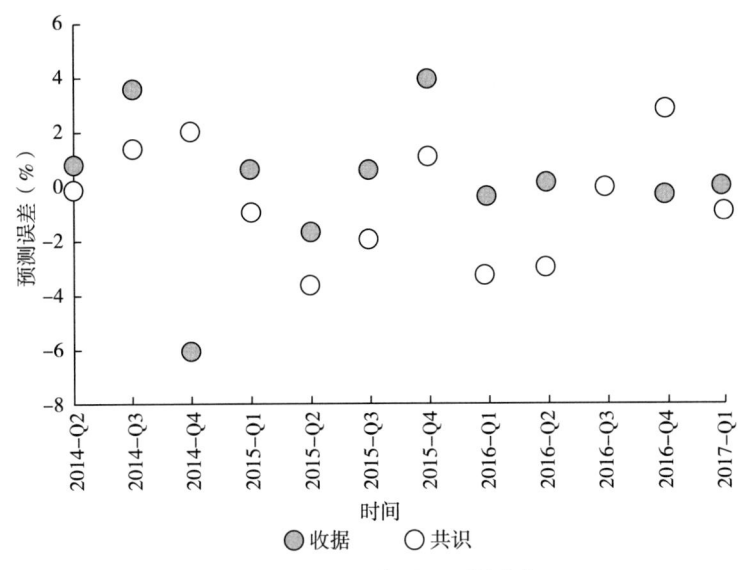

图 6.30 用大数据来预测销售额

资料来源：麦格理研究院，2017 年 9 月。

据估计和共识之间的差异，即如果我们的估计结果 100% 准确会发生的误差。从图中可以明显看出，第四季度有着强烈显著的意外情况。而除了两个季度（2014 年第三季度和 2015 年第四季度），我们都能够正确地预测每个季度的意外情况。

表 6.3 中有一个令人惊讶的结果，使用偏差修正的预测组合（表的最后一行）的表现居然不如没有偏差修正的组合。这与大数据估计量单独使用是受益于偏差修正的结论不符。而到底为什么当我们的估计量与共识量相结合时，结论会发生变化呢？事实证明，如果我们依赖 Quandl 数据而不试图纠正偏差，我们倾向于在第四季度看涨，而事实上第一至第三季度更看涨。如图 6.32 所示，我们样本的增长率往往低于第四季度的预测值，而剩下的几个季度增长率往往更高，尤其是第一季度。

这与共识显示的误差情况正好相反（见图 6.35）。因此，与"负

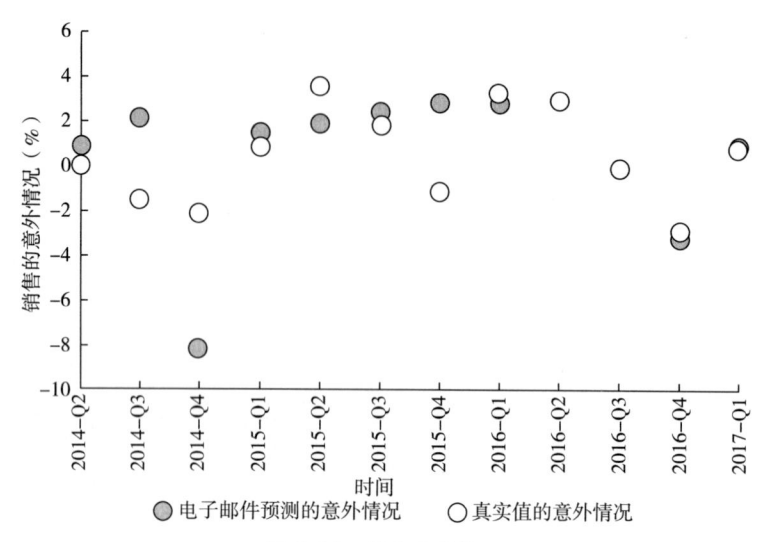

图 6.31　销售意外情况

资料来源：麦格理研究院，2017 年 9 月。

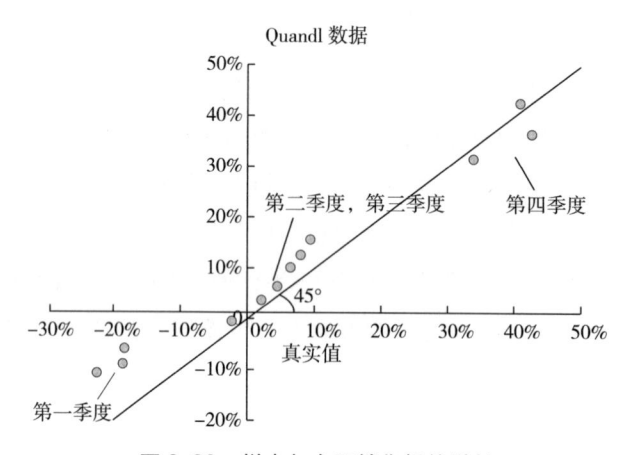

图 6.32　样本与实际销售额的增长

资料来源：麦格理研究院，Quandl 数据库，慧甚数据库，I/B/E/S，2017 年 9 月。

负不得正"的老话相反，当我们把两个估计值结合起来时，误差相互抵消，这导致了平均绝对误差，特别是均方根误差的改善。然而，我们不将我们的结果解读为建议在将大数据与分析师预测相结合时使用原始估计值$\hat{\varphi}_{1MAP}$。一个强有力的结论，往往需要深刻地了解偏误的产生原因。

表 6.4 的上半部分评估了大数据估计的效果在多大程度上受到两个输入的驱动，即管理层预测和收据数据。我们首先检查结果对我们选择的先验分布的敏感性。这是通过以下两种方式进行的：

1. 仅通过依赖 Quandl 数据得出预测。这与 Datta 和 Ghosh（1996）所主张的一致，假定增长率的模型参数服从非正常先验分布。
2. 选取正态先验分布模型，而非伽马-指数分布模型。

我们的基线模型在表中被称为指数型。

忽视管理层预测信息会导致估计值的效果显著恶化。例如，平均绝对误差从 1.64% 上升到 5.14%，命中率只有 33.3%。然而，管理层预测信息本身不足以匹配大数据估计的预测精度。在表 6.4 中，我们展示了管理层预测中点（即预测范围的中间点）的表现指标作为对未来季度增长的估计。由此得出的平均绝对误差（2.73%）和均方根误差（3.23%）明显高于表 6.3 中的任何预测因子。其命中率低于 20%。综上，方法中的两类成分（管理层预测和大数据）在提供非常准确的销售额增长估计方面都发挥着重要作用。我们的研究结果也表明，管理层预测信息对于减小可能结果的范围是十分重要的，而 Quandl 数据集则对范围内增长率的估计至关重要。

表6.4　结果具有稳健性

模型	输入值	平均绝对误差	均方根误差	准确率
非正常先验模型	收据数据	5.14%	6.52%	33.3%

(续表)

模型	输入值	平均绝对误差	均方根误差	准确率
指数模型（基准）	收据数据，指导	1.64%	2.34%	66.7%
高斯模型（正态）	收据数据，指导	1.64%	2.34%	66.7%
指导中点	指导	2.73%	2.23%	16.7%
季度平均增长	历史增长率	7.86%	12.94%	25.0%

注：数据涵盖 2014 第二季度至 2017 年第一季度。
资料来源：麦格理研究院，Quandl 数据库，慧甚数据库，I/B/E/S，2017 年 9 月。

表 6.4 还包含一个不成熟的预测结果，即历史平均增长率。鉴于强烈的季节性影响，我们通过扩展窗口计算每个季度的历史季节性平均值。与其他方法相比，它的预测效果要差得多。

6.6.4　实时预测

在本节中，我们实施了上一节中讨论的方法，以便在 Quandl 数据库每周更新时对销售额的增长进行实时估计。

通过前 t（$t<13$）周的数据，推断整个季度的增长率，然后应用上面讨论的估计方法，修正潜在的偏差，最后结合管理层预测信息。

现有的数据库太短，无法进行系统分析。相反，我们专注于样本期的最后 4 个季度（2016 年第二季度至 2017 年第一季度），并给出了样本外分析的结果。唯一使用完整样本估计的参数是影响每周销售的季节性分量（见图 6.19 至图 6.22），它是由 2014 年至 2016 年的数据得到的估计量，用于推断每周销售趋势。我们承认，这可能会产生轻微的前瞻偏差。然而，该种偏差并不影响 2017 年第一季度的样本外分析。此外，任何前瞻性偏差都只适用于每个季度的早期，因为随着更多周的数据加入进来，推导过程对结果的影响变得不那么重要。一旦当前季度结束，估计量不再变化，我们也就不再需要对每周的季节性影响进行估计。

图 6.33 至图 6.36 将结果显示为时间序列图。灰线表示共识估计，黑线表示实时大数据预测的演变。此外，自管理层预测信息发布之日起，我们用灰色阴影区表示管理层预测表示的增长率范围。最后，每张图片中的圆圈表示真实增长率。

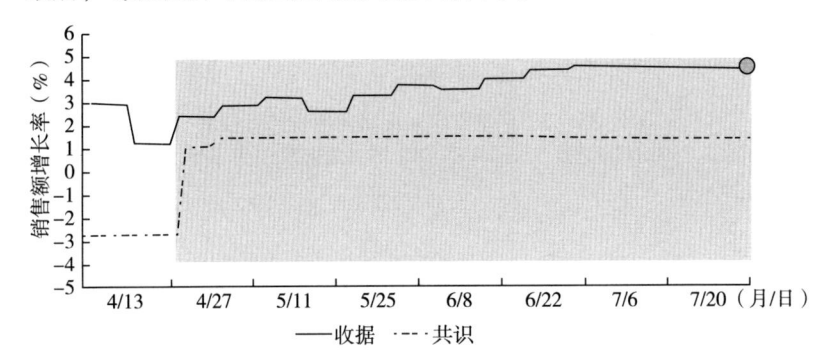

图 6.33 2016 年第二季度销售增长实时预测

注：阴影区域确定了管理报表所暗示的销售增长值的范围。圆圈代表亚马逊报告的实际增长率。虚线是忽略报表，从收据数据中得到的估计值。

资料来源：麦格理研究院，Quandl 数据库，慧甚数据库，I/B/E/S，2017 年 9 月。

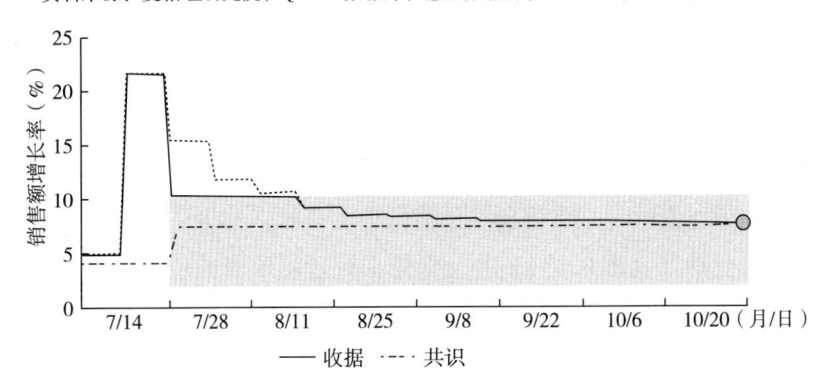

图 6.34 2016 年第三季度销售增长实时预测

资料来源：麦格理研究院，Quandl 数据库，慧甚数据库，I/B/E/S，2017 年 9 月。

在所有 4 种情况下，当亚马逊报告其结果时，大数据的估计结果比共识更准确。在这里，我们会对 Quandl 数据库中的信息进行

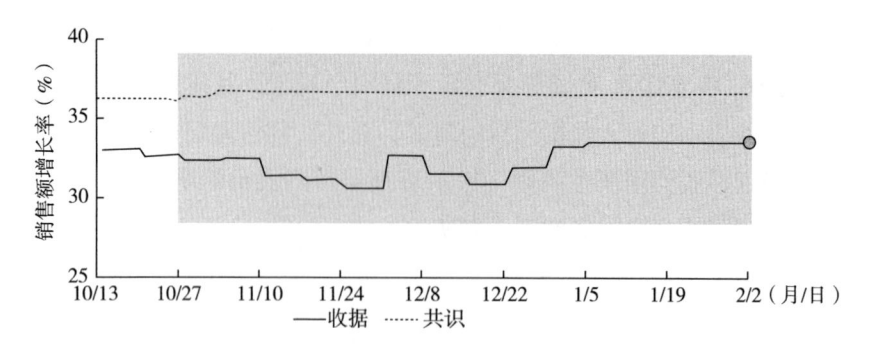

图 6.35　2016 年第四季度销售增长实时预测

资料来源：麦格理研究院，Quandl 数据库，慧甚数据库，I/B/E/S，2017 年 9 月。

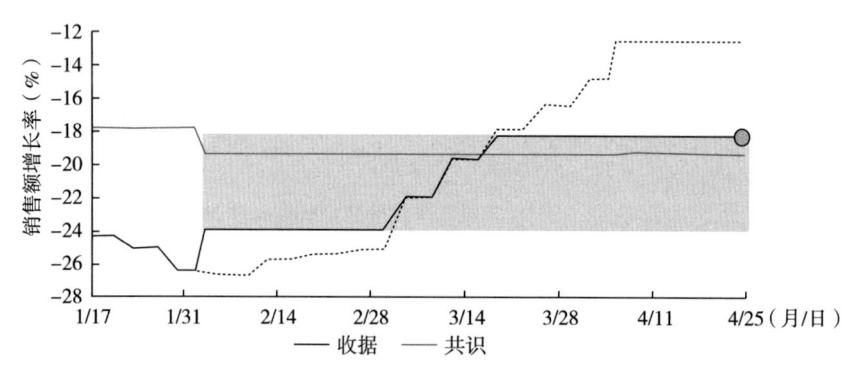

图 6.36　2017 年第一季度销售增长实时预测

资料来源：麦格理研究院，Quandl 数据库，慧甚数据库，I/B/E/S，2017 年 9 月。

评估，研究它需要多长时间才能得出足够准确的估计值。

值得注意的是，当管理层预测信息发布时，共识估计值往往会有剧烈变动（见图 6.33），并且保持在管理层预测的范围内。而相对于预测范围，共识估计值往往在该点之后变动很小，通常保持在上半部分。

大数据估计值在每一季度结束后保持不变（例如 6 月 30 日，图 6.33 中有一周的延迟），因为在那之后没有新的可用信息。在本分析所考虑的整个期间内，只有一种情况下，Quandl 样本产生的增长率超过了指导界限（见图 6.36）。图中虚线表示原始估计值。在

2016年第三季度（见图6.34），估计值开始高于上限（并向中间收缩），但随着更多周的数据可用，它会下降直到进入管理层预测范围。

我们的大数据预测通常比共识更不稳定，特别是在本季度早期，甚至比在管理层预测信息发布之前更明显。然而，值得强调的是，这两类预测——分析师预测和大数据预测——很少有交叉（只有一次发生在图6.36），这表明销售额变化异常的可能性是可以在该季度初就被预测到的。

第 7 章

将集成学习应用于量化股票：多因子框架中的梯度提升算法

托尼·吉达
(Tony Guida)

吉约姆·科克雷特
(Guillaume Coqueret)

托尼·吉达（Tony Guida）

伦敦一家老牌养老基金的资深量化投资基金经理，负责管理多因子股票投资组合。在此之前，曾在 EDHEC RISK Scientific Beta 担任高级顾问，负责聪明贝塔和风险配置，就如何构建和配置风险溢价向资产所有者提供专业建议。在加入 EDHEC 之前，他在 UNIGESTION 工作了 8 年，担任高级研究分析师。他曾是 Minimum Variance Strategies 研究和投资委员会的成员，负责领导机构客户因子投资研究小组。他拥有法国萨沃伊大学计量经济学和金融学学士和硕士学位。曾多次发表关于量化投资现代方法的演讲，并多次举办关于"机器学习应用于量化投资"的研讨会。

吉约姆·科克雷特（Guillaume Coqueret）

自 2015 年以来，一直担任蒙彼利埃商学院的金融学助理教授。他拥有 ESSEC 商学院的工商管理博士学位。2013 年至 2015 年在 EDHEC 风险研究所担任高级量化研究分析师。他拥有两个量化金融领域的硕士学位。他的研究成果发表在《银行与金融杂志》（Journal of Banking and Finance）、《投资组合管理杂志》（Journal of Portfolio Management）和《专家系统与应用》（Expert Systems with Applications）等期刊上。

7.1 导读

很显然，公司在股票市场上的表现是由它们的一些核心特征驱动的。Fama 和 French（1992）在其开创性的文章中表明，账面市值比率较高的公司明显优于账面市值比率较低的公司。他们还在文章中表述，小企业的收益率往往高于大企业的收益率。[1] 后来，Jegadeesh 和 Titman（1993，2001）通过买入表现优异的股票和做空表现不佳的股票，构建了异常盈利（动量）的投资组合。

诸如此类的研究推动了因子指数的构建，其中投资者买入表现高于平均水平的股票并卖出表现低于平均水平的股票。关于这些反常现象的文献非常之多，并且都具有自己独特的研究分析（Subrahmanyam，2010；Green 等 2013；Harvey 等，2016）。[2]

但是有一点是存在争论的，这些股票表现的差异是源于真正普遍的定价因子，这些因子构成了股票收益的横截面（Fama 和 French 1993 年发表的一系列文献），还是直接源于公司的特征（Daniel 和 Titman，1997）。

任何情况下，大家都有一个共识，即投资者能够从公司的基本面信息获得一些资产配置决策上的帮助。

由于聪明贝塔指数在资产管理行业的突出作用（Kahn 和 Lemmon，2016），使得人们更加追捧对公司基本面的研究。除了构建简

---

[1] 这通常被称为规模溢价。这方面的文献是由 Banz（1981）发表的，Van Dijk（2011）对此进行了回顾。
[2] 此外，McLean 和 Pontiff（2016）通过前者的视角对这一话题进行了一些说明。

单的投资组合[①]，后续还出现了一些由 Brandt（2009）和 Ammann 等人（2016）提出的更复杂的量化方法。

人工智能和更具体的机器学习在更多领域（计算机视觉、翻译等）的兴起，已经对量化处理数据的方法产生了颠覆性的影响。最近应用较广的技术包括贝叶斯估计（Bodnar 等，2017）、标志模式识别（Arévalo 等，2017）、聚类（Nair 等，2017）、随机森林、提升树和神经网络（Ballings 等，2015；Patel 等，2015；Krauss 等，2017）和循环神经网络（Fischer 和 Krauss，2018）等。

大多数文章的局限性主要在于，预测变量通常仅限于价格数据或可能的技术数据。这是不理想的，因为资产定价文献还介绍了许多其他的候选解释变量或影响因子。在本章中，我们将基于机器学习技术（特别是提升树模型）的优势进行研究分析，如非线性性、正则性和其良好的泛化结果，并且可以进行大数据分析。目前在该领域最前沿的学者是 Ballings 等人（2015）。而本章与 Ballings 等学者研究的主要区别是标签过程的复杂性：Ballings 等人（2015）只关注价格方向，而我们采取了更具结构性的方法。

本章的结构如下。第 7.2 节简单介绍了提升树的原理。7.3 节主要讲述了数据和研究方案的内容。我们先阐述了具有特征和标签的数据结构，而后介绍了标准方案在计算机社区的应用以及机器学习对这一方案的校准。

[①] 如果希望在因子投资和资产管理之间相互关系的方面获得更详细的视角，我们推荐参考 Ilmanen（2011）和 Ang（2014）的专著。

7.2 提升树入门

本节专门对决策树和提升树进行了简单的介绍。如果想了解更多，请参考本书第 9 章和第 10 章，关于 Friedman 等人（2009）研究的介绍。

首先，我们假定一个二维数据库，x 为解释变量，y 为预测变量。设 T 为数据出现的次数，K 为解释变量的数量；矩阵 $x = x_{t,k}$ 的维度为（T×K）。与此同时，标记 x_t 为 K 的向量，它包含所有维度 t 出现的次数。

提升树的目的是将数据（即 (x, y) 的集合）划分为许多簇，每个簇中元素 y_t 尽可能相似。如果 y 是一个数值变量，这意味着减少聚类内部的方差；如果它是一个分类变量，那么它相当于减少聚类的"杂质"（我们将寻求一个强优势类）。

为了更好地理解概念，我们先来计算一个回归树。在树的根部，变量 j 的最佳分割 s 是这样的，即根据该变量形成的两个簇在 y 中的总方差最小：

$$V_j^s = \sum_{t=1}^{T} \mathbf{1}_{\{x_{t,k}>s\}}(y_t - \mu_j^+)^2 + \sum_{t=1}^{T} \mathbf{1}_{\{x_{t,k}\leq s\}}(y_t - \mu_j^-)^2,$$

其中 μ_j^+ 和 μ_j^- 是簇内平均值：

$$\mu_j^+ = \frac{\sum_{t=1}^{T} \mathbf{1}_{\{x_{t,k}>s\}} y_t}{\sum_{t=1}^{T} \mathbf{1}_{\{x_{t,k}>s\}}}, \quad \mu_j^- = \frac{\sum_{t=1}^{T} \mathbf{1}_{\{x_{t,k}\leq s\}} y_t}{\sum_{t=1}^{T} \mathbf{1}_{\{x_{t,k}\leq s\}}}.$$

符号 1 {.} 表示指标运算符：如果 x 为真，则 1 {x} 等于 1，否则为 0。对于所有解释变量 j，在所有合理值 s 中，V_j^s 是使算法最小化并保留总方差最小的值。然后执行第一次拆分，并在两个结果簇上重复该过程。

请注意，在 V_j^i 的定义中，这些术语只是按比例 $(yt - \mu_j^{\pm})^2$ 缩放的方差，因为我们构建了一个回归树。它与线性回归的类比是很直观的：古典 OLS 估计值找到了最小化实际数据和预测值之间的差异。在分类树中，方差计算被一个捕获集群杂质的度量代替。其中一种常见的度量是交叉熵。如果 $\pi_k^{s\pm}$ 是由 s 排序产生的两个聚类中 y 类的 $K^{\pm}$ 比例，则交叉熵是杂质的常用度量：$-\sum_{k=1}^{k\pm} \pi_k^{s\pm} log(\pi_k^{s\pm})$。最小化交叉熵通常会导致一个主导类的出现（至少，这是它的目的）。

当节点一分为二时，树会逐渐增长，并且随着叶子数量的增加，拟合度随之增加。显然，一棵有数百个叶子的树很可能会过度拟合数据。固定节点数量的标准通常是一个线性组合：拟合优度减去由叶子数量的倍数组成的惩罚项。

一旦构建了一棵树，提升树学习的特点是将一棵或多棵树结合起来以提高拟合优度（这是集成学习的一个特殊情况）。一种直接的方案是训练多个分类器将它们的预测组合成一个输出信号。Schapire（1990）开创性地研究了如何拟合三棵树，然后使用二元分类对树的数据结构进行分析。这个想法的改进导致了 AdaBoost 分类器系列的发展（Freund 和 Schapire，1997）。我们参考 Friedman 等人（2000）的研究对该模型进行讨论。在后几篇论文中，作者表明 AdaBoost 原则可以用一个简单的加法表示。

为了形象地说明这些观点，我们在图 7.1 中绘制了两棵简单的树。我们只对决定性特征感兴趣，即 y。后者的值通过颜色编码，树的目的是构建具有相似颜色的集群。最终两棵树都有一个"热"集群（左/叶 1/第一棵树），但它们在第二个实例 y_2 的定位上有所不同。现在，如果我们要使用 y_2 的特征来预测新事件的颜色，我们的预测将综合两个相应集群的结果。

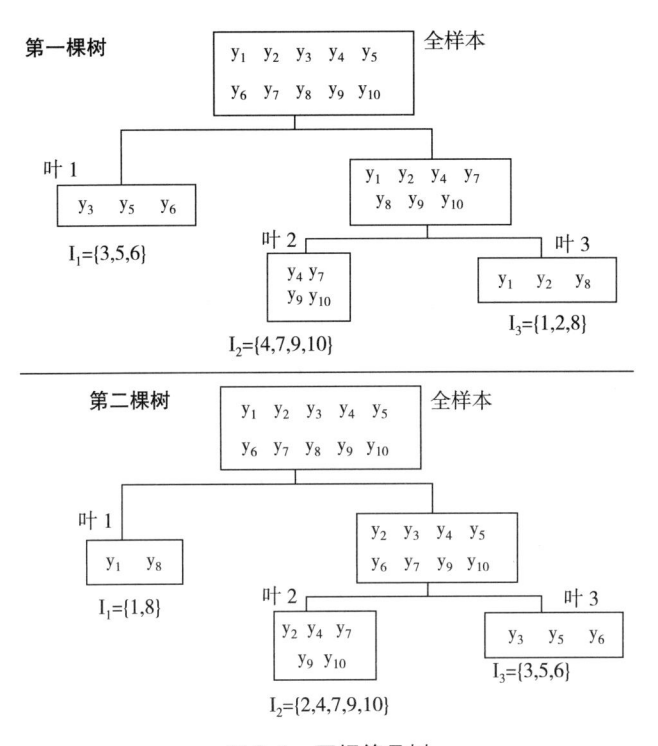

图7.1 两棵符号树

注：因变量（y）的变化用颜色表示。黑色矩形和线段显示了树的结构。灰色的 I_j 是叶子的实例集。

我们现在更深入地讨论加法方法。让我们从第一棵拟合树开始，然后在"它的顶部"添加另一棵树，以减少第一棵树的错误（如通过将新树拟合到残差上）。让我们称 T_1 为第一棵树。

而第二棵树 T_2 的构建方式如下：$T_2(x_t) = T_1(x_t) + \gamma_2 f_2(x_t)$，其中选择 γ_2 和 f_2 以使 T_2 最小化损失函数（如总方差或交叉熵加权和）。该过程可以迭代任意次数，当然就有：

$$T_m(x_t) = T_{m-1}(x_t) + \gamma_m f_m(x_t).$$

而真正的挑战显然是找到最佳的 γ_m 和 f_m。最近的方法①是使用梯度来解决这个问题。下面，我们将介绍 XGBoost 的算法（Chen 和 Guestrin，2016），该算法本质上是计算来自不同树预测的加权和。

我们从一些符号开始。用 $\widehat{y^m}$ 作为过程第 m 次迭代的预测。L 是损失函数，如：回归树的加权方差或多分类的加权交叉熵。我们寻求最小化的目标如下：

$$\Lambda^m = \sum_{t=1}^{T} L(y_t, \widehat{y^m} + f^m(x_t)) + \Omega(f^m),$$

其中 f^m 是我们寻找的函数（这里是树）。是惩罚树复杂性的正则项。我们抽象地将 q 写成 f^m 的结构（节点/分叉）。此外，不失一般性，我们将叶子数量设为 J，其权重（在最终加权和中）设置为 w_j。假设 $\Omega(f^m)$ 的 L^2 形式，使用 L 关于 $\widehat{y_t^m}$ 的二阶泰勒展开式，并简化为近似形式：

$$\widetilde{\Lambda}^m = \sum_{t=1}^{T} \left[g_i f^m(x_t) + \frac{1}{2} h_i f^m(x_t)^2 \right] + \frac{\lambda}{2} \sum_{j=1}^{J} w_j^2,$$

其中 g_i 和 h_i 是对应泰勒展开式中的前两个导数。如果我们定义叶子数 j 的实例集：$I_j = \{i \mid q(x_t) = j\}$，则

$$\widetilde{\Lambda}^m = \sum_{j=1}^{J} \left[w_j \sum_{k \in I_j} g_k + \frac{w_j^2}{2} \left(\sum_{k \in I_j} h_k + \lambda \right) \right],$$

对于每个给定的叶子，最小化权重为：

$$w_j^* = -\frac{\sum_{k \in I_j} g_k}{\sum_{k \in I_j} h_k + \lambda}.$$

---

① 例如，XGBoost 和 LightGBM；都是在 Friedman（2001）的基础上做的开创性研究。

然后通过贪心算法找到一个合适的树结构。请注意，在上面的权重中，梯度位于分子处，考虑到负号，这似乎很直观：按照惯例，算法朝着相反的方向进行。最后，可以通过合并进一步增强算法。一种方式是收缩，其核心的逻辑是，通过大量数据学习优化算法的精度，但实际情况还是差一些。① 因此，新添加的树可以被一个因子稍微稀释，为未来的树留下更多空间：

$$T_m(xt) = T_{m-1}(x_t) + \eta \gamma_m f_m(x_t).$$

另一种处理方法是重采样，详情请参考原始文献。

7.3 数据和方案

本节介绍了机器学习模型使用的数据和实证方案。我们只研究美国市场的股票，以避免在欧洲或全球的股票市场遇到不同货币或国家政策从而对模型结果产生影响。而且美国股票具有更大的财务指标覆盖范围和市场化程度。

自此，我们交替使用"特征"或"自变量"两个名词来表达股票特征。在本节中，我们将解释特征变换，即把每个特征线性化并以相同的单位表达它们（XGBoost 和树状回归旨在处理非标准化变量）。

7.3.1 数据

我们收集了在美股上市公司市值排名前 3 000 只股票的月收益率和月股票特征，并根据自由流通量进行调整。完整的数据集的起

---

① 感兴趣可以进一步访问 Kaggle 的博客，深入了解超参数的调整。http://blog.kaggle.com/2017/01/23/a-kaggle-master-explains-gradient-boosting.

止时间是 1999 年 12 月到 2017 年 12 月，股票范围包括 Quandl 优质股票包的所有普通股票。数据是按照时间节点来收集的，因此不会受到幸存者偏差的影响。价格是每月的离散总回报，并且考虑了股票分割和股息调整，其中价格均以美元表示。

该数据集表示大约 62 万个实例，每个实例都是由股票和日期的组合组成。我们想要预测的变量 y 是未来一年行业中股票表现优于大盘的概率。我们模型中的解释变量包含了传统、财务、价格和成交量等 200 多个特征因子。

为了避免预测误差，我们将使用 24 个月的滚动窗口来训练模型。因此只有在 $t + 12$ 个月时才能进行预测，我们会将模型训练需要的前向时间段来抵消预测日期，并且每个月都会进行重复培训，因此每个月都会更新每只股票 12 个月后跑赢大盘的概率。每个滚动分析周期将根据 80% 的训练数据和 20% 的测试数据进行分割，将测试数据保持在滚动窗口的最近部分，以避免"测试重复"。测试部分的数据可用于调整超参数，这样就可以避免模型过拟合。

7.3.2　特征和特征工程

机器学习在金融中的应用相关的研究失败的原因大多是经济框架的缺乏和目标的不明确，比如寻找"最佳股票"。相反，我们的目的更合理，因为我们试图预测极端行为，并将其从每个行业中最糟糕的股票中挑出，进而表达为一个概率，以便对整个横截面的股票进行排名。

我们对标签（未来回报）和特征进行"设计"，以便为算法提供一个更具有因果关系的股票市场表征的结构。同时，我们改变了传统的方法，不再寻求从过去的价格或短期回报来推断未来的表现。我们将基本面、风险、成交量和动量信号均作为我们的特征。

每个特征和标签都用z值表示,然后转换成百分位数,以便在结果分析部分进行比较。

一句中国老话——"巧妇难为无米之炊",同样可以用于量化分析,因而我们现在尽可能地尝试为数据特征增强其结构性。

1. 一年的表现足以让我们在一定程度上找出数据集中特征和标签之间的因果关系。
2. 按每只股票的板块进行归一化,抑或是在特征中使用虚拟的扇区变量,而若在标签上添加正确的结构,其目的会更明确。
3. 去除标签中的异常值:在训练中剔除其行业中性表现前5%和95%之外的股票。我们的目标是用标签映射特征的因果关系。例如,我们正在剔除已经在实施并购的股票,或者已经陷入欺诈、会计丑闻的股票,因为我们希望标签真正与股票的特征相关。
4. 仅处理过滤后股票的上下五分位数。我们想对横截面的顶部和底部进行拟合。通过这个函数,我们希望对行业表现不佳/表现出色的股票有一个清晰的分层表示。

我们将 Y_1^i 定义为股票 i 在未来一年内跑赢其行业 S 的概率。因此 $Y_0^i = 1 - Y_1^i$ 将是股票 i 在一年后表现落后于其行业的概率。Y_1^i 作为我们分类任务的主要输入变量。我们在算法中处理的标签如下:

$$y^i = \begin{cases} 1 \ if \ Y_0^i \geq 0.5 \\ 0 \ if \ Y_0^i < 0.5 \end{cases}.$$

因此,该变量跟踪相应的股票是否可能跑赢大盘。在下一小节中,我们将重点介绍预测 y^i 所依赖的解释变量。

7.3.3 变量/特征使用

在我们的模型中,我们的目标是每个月使用可扩展的梯度提升算法来预测股票表现优于其行业的概率。由于我们希望逐步创建弱学习器(单个树)并可以进行残差分析(分类错误的标签),使得其在下一轮循环中效率有所提升,因此我们将利用数据集中的所有特征。在使用树算法进行机器学习预测的情况下,高度相关的变量不会干扰模型的结果。大量高度相关的变量会给算法带来更多的自由度,从而能够确定每个变量的附加值。

为了评估特征数据集之间潜在的相关性,我们计算了特征的秩相关性的分层聚类。如图 7.2 所示,我们可以识别代表信号族的不同指标组。例如,图 7.2 中的左侧矩形显示了基于估值比率的指标,从简单的收益率和账面价格指标再到更多基于规则的综合指标,根据公司的性质增加了更多的条件。

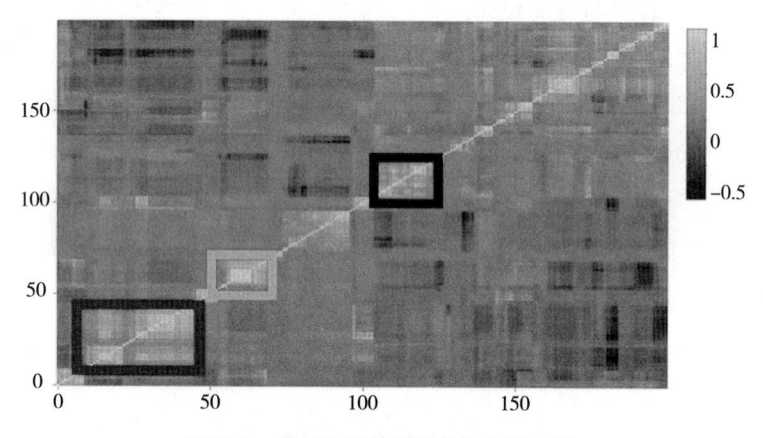

图 7.2 变量之间等级相关的分层聚类

注:整个数据集计算秩相关,然后使用欧几里得距离进行聚类。分层热图的颜色编码如下:饱和度越高(越低),相关性就越高(越低)。

中心矩形代表基于价格的风险信号聚类,例如价格波动率信号的不同期限或波动率的相关性加速度。总的来说，这200个特征可以分为6个系列，我们在表7.1中列出了它们。

表7.1 每个族类型的特征摘要和示例

评价	指标/量	月度/技术	风险	估计	体量/流动性
收益率	投资回报率	12-1月收益	5年熊市成交量	EPS修正	市值
账面收益率	自由现金流/资产	6个月的RSI	3年相关性	第一财年EY	成交量
销售收益率	毛利/资本运用	12-1月收益/量	PCA的特定风险残差	第一财年EPS增长率	流动性风险

注：根据层次聚类，基于度量类型，划分了6个主要特征系列。我们为每个系列提供了一些示例。

在本章中，我们保留了数据集的所有特征。换句话说，我们在第一阶段不会着重去寻找决定性的特征指标，而是让提升树模型通过训练出来的正则化参数来确定重要特征指标的范围。此外，我们在每一步训练中使用的时间非常短（两年），因此保持大量特征是在适应不断变化的市场条件时确保更多自由度的好方法，例如行业和风格的轮换、风险偏好/厌恶期等。

7.4 建立模型

在上一节中，我们介绍并解释了该方法的对象、数据集和变量以及它们的结构。我们现在深入研究 XGBoost[1] 模型中使用的一般

---

[1] XGBoost（eXtreme Gradient Boosting）是一个开源包，通常被称为第三代提升树模型。感兴趣的读者可以在官网找到文档、代码和示例：http://xgboost.readthedocs.io/en/latest。

参数和超参数的细节。在本节中，我们将介绍机器学习模型，以及通过我们分析数据发现的有趣的超参数。此外，我们将介绍如何调整它们，以便为读者提供更实用的"操作方法"。

XGBoost 是一种可用不同语言（C++、R、Python、Julia、Scala）实现的开源模型，由于其在超参数调整方面的灵活性和快速的代码执行，以至于其在计算机科学界非常受欢迎。

7.2 节介绍了提升树的原理及其应用。我们会在数据训练模型中通过分类算法预测股票表现优于行业均值的概率（我们的标签 y^i 只能取 1 或 0 作为值）。

为了获得表现优于行业均值的概率，我们采用基于逻辑（Logistic）分类的方法：通过逻辑（sigmoid）函数处理出现的结果，最终产生一个介于 0 和 1 之间的数字。[①]

目标函数将是常见的逻辑损失函数，用来控制模型复杂的正则项。控制模型的复杂性是提升树的首要任务，因为它们往往会过拟合数据，并且可能在样本外呈现出较差的泛化表现。

7.4.1 超参数

提升树中有许多不同的超参数，然而要想涵盖所有这些参数就超出了本章的范围（这些参数通常取决于聚合树的方法和实现的过程）。本节中，我们将介绍在训练模型中使用到的参数。参数如下：

- 学习率：用于防止过拟合的步长收缩。在每一步提升之后，我们可以直接得到特征的新权重值，而 η 实际上在过程中缩小了特征权重的值，从而使提升的过程更加保守。
- 最小分裂损失：它是在提升树叶节点上进一步分区所需的最

[①] sigmoid 函数由 $S(x) = (1+e^{-x})^{-1}$ 定义。

小损失减少量。算法程序越大，它就越保守（树会更小）。
- 最大深度：它是从树的根到叶子的最长路径（就节点而言）。这个值的增加会使模型更复杂，更容易过度拟合。
- 正权重的比例控制正负权重的平衡：它对于不平衡的分类很有用。一个典型的值：(负案例的总和)/(正案例的总和)。
- 回归：它是关于权重 L^2 的正则化项（在技术部分中提到），增加该值将使模型更加保守。

7.4.2 交叉验证

在图7.3中，我们对三个不同的参数进行了交叉验证。[①] 为了更为直观，我们绘制了一张图，其中保存了聚合1 000 棵树的测试结果——每对参数的训练和预测误差。此交叉验证测算使用的评估指标是简单的平均误差，由0.5 的概率阈值定义，并给出了二分类错误率。

从左到右，我们增加了提升树的深度，使它们按照（3，5，7）的序列变得更加复杂。从上到下，我们将学习率从0.01 增加到0.1，最终增加到0.3。更高的学习率意味着模型将学习得更快，但可能会过度拟合，同时在预测未知实例时也不能很好地泛化。

偏差/方差权衡是机器学习算法的核心，与 XGBoost 中惩罚目标函数的核心原则相呼应：最小化损失和控制复杂性。与较简单的模型相关的较高的错误率更可能在样本外有很好的泛化能力。例如，即使经过1 000 次的迭代，低学习率（eta = 0.01）和低深度（depth = 3）的提升树模型的学习速度依旧非常缓慢。这个模型，

[①] 关于交叉验证的更多细节，请参阅 Friedman 等人（2009）的第7章。

即图 7.3 左上角的模型，显然不适合数据的情况：它的学习速度不够快。相反，图 7.3 右下部分的模型（深度 = 7；eta = 0.3）学习速度很快（在测试集 100 轮后达到 20% 的错误率，然后趋于平稳）。在这个例子中，模型更有可能过拟合：这个模型在训练集中达到了近 99% 的准确率。

一般来说，我们可以看到，增加树的深度有助于降低收缩速率较低的误差。当 eta 为 0.3 时，深度 5 或 7 之间的测试误差差异非常小，这表明这两个模型存在一定的偏差（它们在 1 000 轮后的训练集中达到了 99% 的准确性）。

为了确认图 7.3 中的结论，我们进行了网格搜索。而预测提升树模型的参数为：

- 1 000 个训练回合，在 100 处提前停止以防止过拟合。
- η 设置为 0.1 以确保合理的学习速度。
- γ 设置为 0：在我们的测试中，与其他参数相比，其重要性较低。
- 深度为 5：我们需要一定的复杂性才能从 200 个特征中受益。
- L^2 正则化参数固定为 1，这是 XGBoost 模型中的默认值。

7.4.3　评估模型的质量

在评估模型质量的过程中，可以使用许多不同的评估指标。在交叉验证部分，我们特意只公开了训练和测试数据集的平均误差。在本小节中，我们想介绍混淆矩阵的概念和所有相关指标，以便精确评估机器学习模型的质量。

图 7.4 的每一部分都可以解释为：

- Fp：假阳性。股票预计会跑赢大盘，但并没有跑赢样本外大盘数据。
- Fn：假阴性。股票预计表现不佳，但跑赢样本外大盘数据。
- Tp：真阳性。股票预计会跑赢大盘，且跑赢样本外大盘数据。
- Tn：真阴性。股票预计表现不佳，实际也没有跑赢样本外大盘数据。

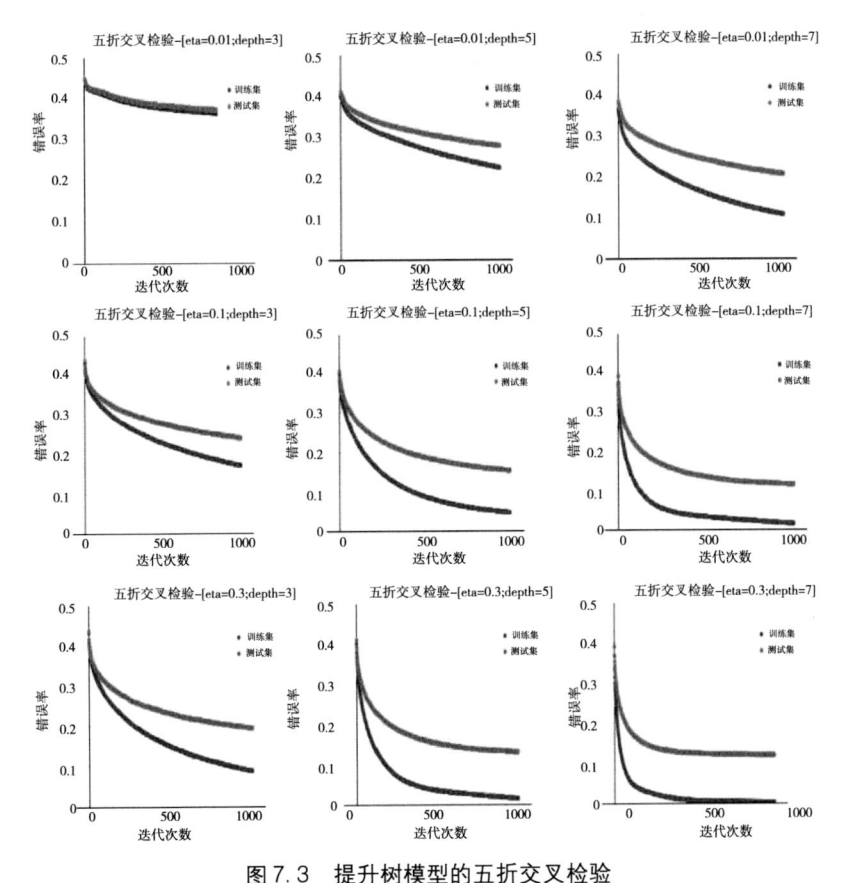

图 7.3 提升树模型的五折交叉检验

注：除了迭代次数、提升树深度和学习率，我们固定了所有的默认参数。

第7章 将集成学习应用于量化股票：多因子框架中的梯度提升算法　193

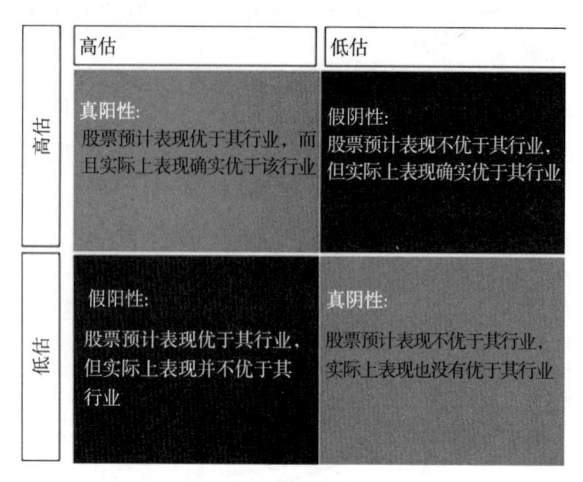

	高估	低估
高估	真阳性：股票预计表现优于其行业，而且实际上表现确实优于该行业	假阴性：股票预计表现不优于其行业，但实际上表现确实优于其行业
低估	假阳性：股票预计表现优于其行业，但实际上表现并不优于其行业	真阴性：股票预计表现不优于其行业，实际上表现也没有优于其行业

图 7.4 混淆矩阵图示

注：我们在训练中解释了混淆矩阵，这是一个监督分类模型，用于预测不同行业中表现优异的股票。在 y 轴上是真实标签，在 x 轴上是预测标签。

从这 4 个案例中，我们可以得出几个评估模型质量的经典指标。

- 精确度：Tp／（Tp＋Fp）。精确度可以定义为对表现优异的行业中性股票的成功预测率。
- 召回率：Tp／（Tp＋Fn）。召回率可以定义为真实率，因为我们包括了被错误分类为负面的实例。
- 准确度：（Tp＋Tn）／（Tp＋Tn＋Fp＋Fn）。这是交叉验证部分使用的准确度水平。

这些措施可以帮助检测类别中的不平衡，而不平衡现象可能会导致"懒惰"的分类器问题，其中总体准确率很高，但有一个类的代表性不足并且显示出较低的准确度水平。在我们的案例中，相比于真阳性，我们对找到真阴性更感兴趣。

在我们选择的模型中，不同评估指标的结果如下：

- 准确度：0.80。
- 精度：0.797。
- 召回率：0.795。

在早期阶段，我们决定在横截面分布的尾部进行训练，此类中几乎没有不平衡，因此，召回率、准确率和准确率非常接近。

7.4.4 变量重要性

对机器学习的一个常见的批评是所谓的"黑箱"[①] 性质的预测，似乎不可能理解或跟踪哪个特征或特征组合主要负责预测。使用集成学习的算法确实有一个很好的特征，可以避免这种"黑箱"的现象：变量重要性。

在图7.5中，我们显示了从2002年12月到2017年12月每个月我们训练并用于预测的模型的平均变量重要性。[②] 每个月，我们都保留训练模型的变量重要性。对于不同的重要性有许多不同的度量标准。集合树中常用的一个度量指标是用于选择分裂点的基尼系数。

在训练中，我们使用增益指标，它等于相应特征对模型的相对贡献（以准确度计）。为了计算增益指标，我们必须对每棵树的每

[①] 对于更复杂的模型来说，这种质疑并不总是合理的，例如神经网络，它可以用20行Python代码来变成"白箱"。
[②] 为了澄清方案协议：我们每个月都进行预测，例如，对于2017年11月底的最后一次预测，我们使用截至2017年11月的特征矩阵，并使用了基于2014年11月开始到2016年11月的24个月的数据集的训练模型。

个特征的贡献进行计算，并对每个月取平均。我们可以将增益指标概括为预测有用性指标。所有特征的增益指标总和为1。

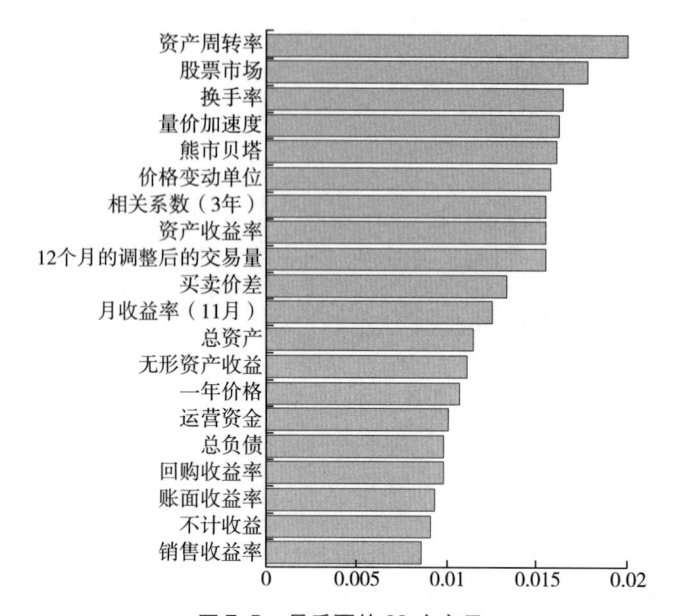

图7.5 最重要的20个变量

注：我们展示了模型中最重要的变量，并对训练后的增益指标的月度结果取平均。

首先，我们可以看到，平均而言，没有一个特征是主导和解释大多数预测的重要性。其次，看看特征类型，人们可以注意到：

- 我们从表7.1中收集了6个不同的度量系列。
- 在前20个特征中，价格-风险指标作为一个整体似乎比估值、流动性指标等更好。
- 我们发现了资产定价文献中提到的一些常见的、众所周知的和研究过度的特征（账面收益率代表价值，市值代表规模，资产收益率代表质量，价格波动率代表低波动异象和12-1个月的趋势）。

7.5 结果和讨论

现在我们继续研究一个案例。这个案例将测试把机器学习的信号作为构建等权组合的基础。就像处理其他信号一样，我们处理行业表现优于市场的概率。我们将其标准化，以百分数表示，并评估每月重新平衡的十等分投资组合的表现。[①] 作为基准，我们构建了两个信号，并遵循上述的相同方案。这两个信号是：

1. 一个简单的多因子信号，并使用普遍接受的复合指标，以反映"因子投资"的定义。
2. 这是根据我们的提升树模型中最重要的 20 个特征选出的前 20 个指标的线性组合。

在本节中，我们提供了一个作为天真策略实现的信号的统计评估。我们将使用一个由普遍接受的股票特征组成的等权重（EW）投资组合作为基准，这些特征包括：

1. 价值：收益率、账面收益率、EV/EBITDA。
2. 质量：股本回报率，债务/股本。
3. 动量：12 – 1 月总收益表现。
4. 低波动率：三年和一年的价格波动率。
5. 规模：市值。

[①] 自 Fama 和 French（1992）的开创性工作以来，这样的投资组合排序程序是很常见的。

第二个基准将是一个等权重的投资组合，使用由前 20 个最重要特征的线性组合构成的信号。

7.5.1　平均加权十分位数投资组合的时间序列分析

我们在此回测中的目的是评估在多因子框架中使用机器学习信号与现有方法相比的附加价值。为了比较不同的信号，我们根据每个信号的 z 分数创建等权重的十分位数组合。然后，我们利用月度回报分析这些信号来计算时间序列。我们最后集中在最顶端的十分位（D10，偏离中心最多的一组），以给出更多的分析结果。图 7.6 至图 7.8 是两个基准（多因子信号和前 20 个特征的线性组合）和使用提升树分类的机器学习模型的财富曲线（以美元表示）。

可以注意到，三个模型在十分位数上显示了一个单调的累计表现提升，即第一个十分位数的表现低于第二个十分位数的表现，第二个十分位数的表现低于第三个十分位数的表现，等等。

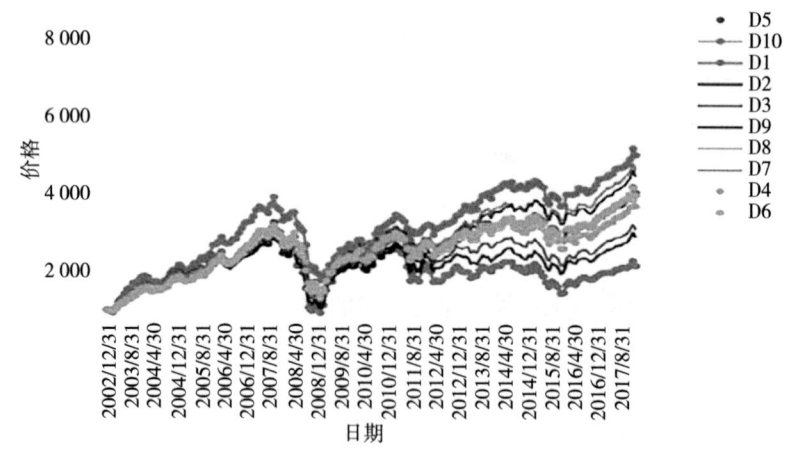

图 7.6　基于多因子信号的十分位数投资组合的财富曲线

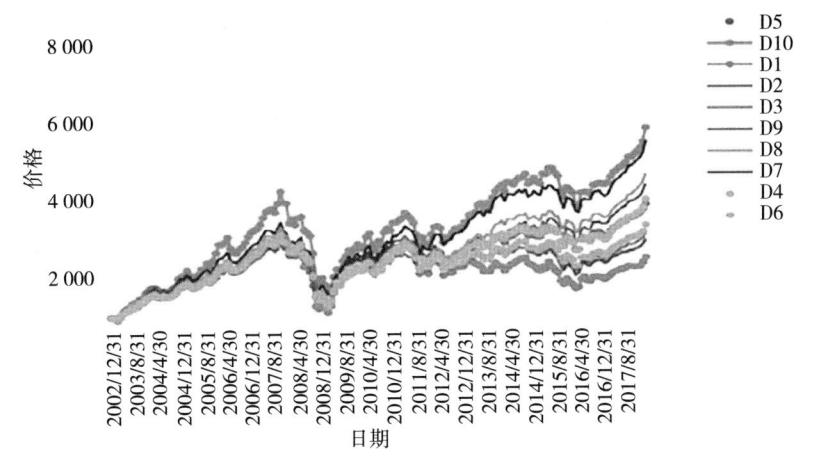

图 7.7　基于机器学习模型前 20 个特征的线性组合十分位数组合的财富曲线

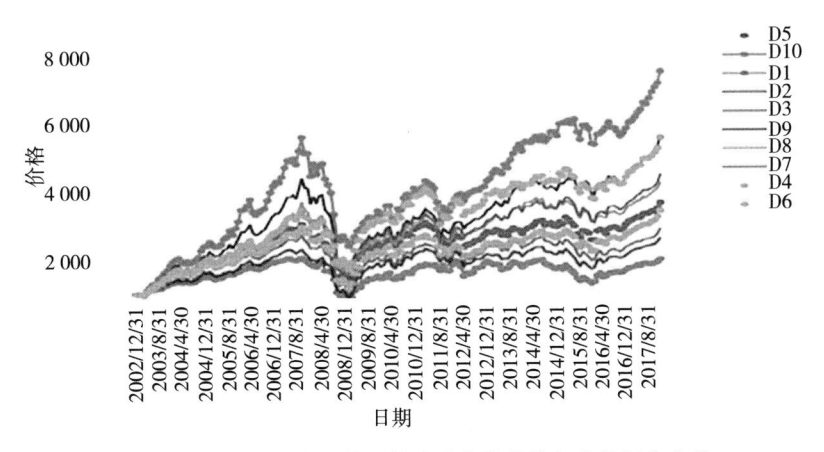

图 7.8　基于机器学习模型的十分位数投资组合的财富曲线

这三幅图的比例是刻意调整相同的，这让我们更加容易进行比较。我们可以看到，使用机器学习模型使得十分位数之间的分散性更清晰，该模型被训练成能成功分类行业中性、表现优异和表现不佳的股票。使用前 20 个特征的线性组合的投资组合也表现出更好的累计性能单调模式。

7.5.2 经济收益的进一步证明

为了进一步简化我们的模型和两个基准之间的比较,我们在一幅图中绘制每个模型每十分位数的年化收益率。在图 7.9 中,我们可以看到,机器学习模型中十分位 1 和十分位 10 的平均收益之间的差距(9.8%)高于前 20 个特征的线性组合(6%)和简单多因子组合(5.1%)。

机器学习模型从它的尾部训练中受益,我们根据一年前的表现集中在顶部和底部的五分位数上股票数据以训练模型。因此,正如预期的那样,机器学习模型在最低十分位(D1)和最高十分位(D10)的表现最差。

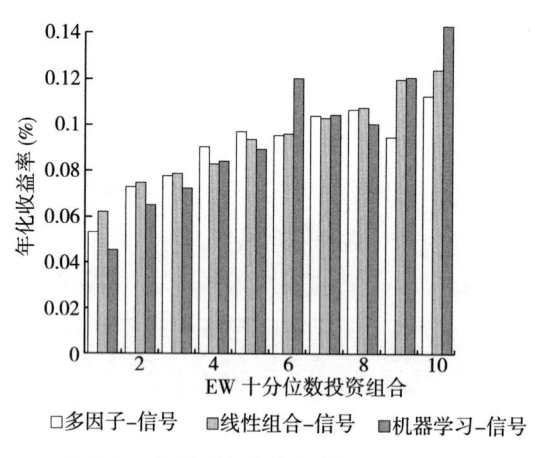

图 7.9 各模型各十分位数年化业绩比较

到目前为止,我们的分析纯粹集中在其性能上,而表 7.2 提供了一些有趣的替代和补充指标。这更深入地评估了机器学习模型的稳健性。

分析风险措施表明,与线性组合(19%)和机器学习方法(17.6%)相比,多因子组合的波动率最低(14.7%)。这一结果并不令人惊讶：多因子投资组合的最终混合信号有 1/5 来自低波动性敞口。最重要的是，某些简单的质量相关指标都是被大家所熟知的，如债务与股本的比例与低波动性的情况相重叠。

表 7.2　每个模型的前十分位数投资组合的分析

	多因子模型	线性组合模型	机器学习
观察数	180	180	180
月回报率中位数（%）	1.2	1.5	1.9
年化收益率（%）	11.2	12.4	14.3
年化波动率（%）	14.7	19.0	17.6
平均秩信息系数（12 个月）	0.05	0.06	0.11
平均秩信息系数（12 个月远期波动率）	-0.46	0.02	-0.05
回报/风险	0.76	0.65	0.81
t-统计量	2.87	2.39	2.95
平均年营业额（两种方式）（%）	155	203	189

对于风险调整后的性能，机器学习模型产生的夏普率为 0.81，而多因子的夏普率为 0.76，前 20 个特征的线性组合的夏普率为 0.65。

观察平均秩信息系数（IC）发现，机器学习信号可以更好地预测未来 12 个月的表现。机器学习信号显示平均信息系数为 11%，而多因子为 5%，前 20 个变量的线性组合为 6%。

最有趣的是，预测远期已实现波动率的平均信息系数数字显示，多因子信号的结果为 -46%。这个数字应该被解释为：高水平的多因子信号意味着与波动率负相关。换句话说，高水平的多因子得分意味着对低波动性股票的风险敞口更高。这一结果在机器学习模型和其他基准测试中是不正确的。

最后，我们模型的三个 t 统计量都是显著的，最高的是机器学习（2.95），而多因子和线性组合分别为 2.87 和 2.39。

由于其更动态的方法，机器学习信号相比多因子信号（155%），产生更高水平的换手率（189%）。尽管如此，资产换手率还是低于前 20 个特征的线性组合。

本节的结果显示，基于机器学习信号的投资组合在风险调整基础上优于形成的两个基准。机器学习信号在一年期业绩方面显示了一个更好的信息系数，在波动性方面显示了中性信息系数。而机器学习信号的多空策略（做多顶部十分位数，做空底部十分位数）在美元中性的基础上优于其他两个基准。

基于我们的机器学习模型的非线性和动态的信号方法被证明在所有指标上（除了营业额）的收益表现和有效性都更好。这突出了提升树算法、正则化和为训练模型保留的大量特征数据集带来的附加价值。

7.6　结论

在本章中，我们介绍了一种应用于系统股票投资的提升树算法。我们演示了使用特征和特征工程的效率。应用更多的条件和施加更多的因果结构，使得现代量化方法能够做出准确的长期预测。这一深刻的发现反驳了最近的质疑，即机器学习方法仅适用于预测非常短期的价格波动。

我们还介绍了如何使用估值和盈利指标等传统财务特征，以及价格动量、风险估计、交易量和流动性特征来调整、训练和测试机器学习模型。研究表明，构建问题的优先级最高，而我们可以通过工程化的特征和根据投资目标转换标签来解决这个问题。

我们发现，与简单的混合多因子投资组合相比，使用具有 200

个特征的提升树算法的简单策略平均产生了 3.1% 的超额收益。我们的结果还表明，基于机器学习的信号是简单多因子信号的补充。在风险商品化对股权多因子投资组合的风险很高的背景下，由于可能导致风格权益套利的拥挤效应，基于机器学习的信号可以成为聪明贝塔过渡期后的有效解决方案，即使在最简单的加权方案及其实施过程中，信号的动态特征也可以形成真正的优势。

第 8 章

企业文化的社交媒体分析

安迪·莫尼兹
(Andy Moniz)

安迪·莫尼兹 （Andy Moniz）

德意志银行的全球市场首席数据科学家。他是自然语言处理方面的专家。在瑞银工作期间，他担任量化投资组合经理这一职务，负责瑞银 O'Connor 的多空股票选择和宏观策略，以及瑞银资产管理 ESG 策略，该 ESG 策略使用非结构化数据的会计信号。在加入瑞银之前，他是 APG Asset Management 的高级量化投资组合经理，负责因子溢价、文本挖掘和 ESG 选股策略。安迪的职业生涯始于 2000 年，当时是英格兰银行的宏观经济学家。2003 年至 2011 年，他曾在多家投资银行从事量化股票工作。他拥有剑桥大学经济学学士和硕士学位、伦敦大学统计学硕士学位以及荷兰伊拉斯姆斯大学信息检索和自然语言处理博士学位。

8.1 导读

在今天以服务为基础的全球化经济中，许多公司的实际价值源自其无形资产，诸如公司声誉、品牌价值、创新效率、人力资本，以及组织资本。无形资产缺乏实物，所有权不透明，以及不存在市场定价，这些因素限制了公司在其财报中对无形资产的估值与记录。在会计准则发生变化之前，为了解决这一"价值悖论"并将无形资产估值纳入决策过程，投资者必须寻找公司自身财务报表之外的其他信息来源。在我们看来，一个可供选择的信息源是网络上公开发表的文本，尤其是社交媒体。

"社交媒体"这一术语表示各种新兴的在线信息来源。这些信息由消费者创造、发起、传播和使用，目的是让他们相互了解产品、品牌、服务、品质以及相关问题。社交媒体使得个人可以公开地分享他们的观点、批评以及建议。据我们所知，之前对社交媒体数据集的文本分析的研究，主要集中于消费者视角（比如亚马逊产品的消费者评价）。相比之下，本研究试图考察一个可能被忽视的利益群体，即公司员工。

我们的研究目的是描述如何挖掘社交媒体数据集，以帮助投资者了解公司的企业文化。而这个多维度的概念通常被定义为"公司成员共享的一套价值观、信仰和行为规范，它影响着员工的个人偏好和行为"。

在这项研究中，我们从职场社区网站 Glassdoor 上检索了 2 237 家美国公司的 417 645 个帖子，并采用计算语言学技术来分析员工对其公司的讨论。该网站作为一个论坛，让员工对其公司文化的"优点"和"缺点"进行评论，为潜在求职者提供帮助。员工的讨论涵盖了一系列不同的主题，从对食堂食物的看法、工作生活平衡、工资和福利，到对公司战略和管理的看法。

我们对既有学术文献做出了两点重要贡献。首先，我们提供了一种从社交媒体推断企业文化的方法。企业文化的无形性在建立一个有效的（测量）结构上产生了很多争议（Cooper 等，2001；Pinder，1998；Ambrose 和 Kulik 1999；O'Reilly 等，1991）。之前的文献要么依赖于缺乏足够深度的测量方法，要么包含大量的测量误差（Waddock 和 Graves，1997；Daines 等，2010）。

近年来，计算语言学技术的发展使研究人员能够自动地组织、总结和压缩非结构化的文本数据，并从大量的数据中提取核心主题。与传统基于调查的措施相比，我们的方法能以更高的频率推断出员工想法和其他公司横截面信息。

其次，我们对关于投资者对无形信息反应不足方面的文献做出了贡献。越来越多的研究发现，股票市场未能充分纳入有关公司无形资产的信息（Edmans，2011；Chan 等，2001）。在一个错误定价的背景下，无形资产只有在随后表现为有形的结果并被股票市场所重视时才会影响股票价格。这一发现被归结为"信息缺乏"假说（Edmans，2011）。在这项研究中，我们提供了统计学证据，证明员工对绩效导向型文化（定义为员工经常讨论需要实现的目标与截止日期的公司）的看法与随后的预期外收益之间存在关系。我们的研究结果与金融分析师低估了企业文化的实际利益的观点一致。

本章的其余部分结构如下。第 8.2 节概述了与企业文化的测量有关的文献。第 8.3 节描述了社交媒体数据集。第 8.4 节描述了用于推断员工对企业文化认知的计算语言学技术。第 8.5 节评估了企业文化和企业预期外收益之间的关系。第 8.6 节得出结论。

8.2 文献综述

传统上,由于缺乏数据,投资者解读公司无形资产的"价值相关性"的能力受到了阻碍。通常情况下,公司的人力资本管理政策可以从企业社会责任(CSR)报告(Kolk,2008)或外部调查中推断出来,如《财富》杂志的"美国 100 家最佳供职公司"名单(Edmans,2011;Levering 等,1984)。但这些来源存在一些缺点。第一,企业社会责任的披露是自愿性的,企业发布此类披露的动机往往并不明确。最近的证据表明,企业发布企业社会责任报告只是出于象征性的目的,以加强其在消费者心目中的社会形象(Marquis 和 Toffel,2012;McDonnell 和 King,2013),而不是为了增加透明度和对投资者的责任。第二,企业社会责任对于公司的财务业绩来说可能是内生的,即只有当公司盈利能力较强或预期未来盈利能力较强时,才会发布企业社会责任报告。这种关系可能会阻碍投资者对非财务信息的价值相关性进行分解的能力(Flammer,2013)。第三,企业社会责任报告通常被认为"对公司的优先级较低"(Gray 等,1995)。相较于会计相关信息,企业通常在发布企业社会责任信息时会有很大的延迟,这限制了为投资决策进行的信息披露的相关性。基于调查的对企业文化的测量试图解决与公司自身披露相关的一些缺陷,但也存在一些缺点。调查通常是由人工构建的,因此在范围上受限于他们可问的问题数量和他们可覆盖的公司的数量,而且他们在收集和处理答复的及时性方面也受到影响。就《财富》杂志的调查而言,其结果不经常公布(每年一次),仅限于 100 家公司,其中只有大约一半是公开上市的,而且只公布综合得分,可能会掩盖有用的信息(Daines 等,2010)。重要的是,企业为参与调查而付费,从而对企业操纵调查回答产生了不正当的激励（Popadak，2013）。

相比之下，社交媒体描述了各种"新兴的在线信息来源，这些信息来源是由消费者创建、发起、传播和使用的，目的是在产品、品牌、服务、个性和问题方面相互提供信息"（Blackshaw 和 Nazzaro，2006；Gaines-Ross，2010；Elahi 和 Monachesi，2012）。社交媒体数据集的文本分析试图克服许多与公司自身披露和调查相关的缺点，为及时分析大量公司的企业文化提供了重要的进展（Popadak，2013）。尽管有这些潜在的好处，与有关传统会计信息的结构化数据集相比，收集、处理并将这些文本结构化为标准化格式以供分析使用的成本较高，这表明这些无形信息可能会被投资者忽视。因此，即使无形信息是公开可得的，如果它不突出，也可能被投资者忽视（Edmans，2011）。

8.3 数据与样本构建

在这一部分中，我们将描述我们的社交媒体数据集并讨论与自动文化分析有关的挑战。

8.3.1 对在线职场社区网站的描述

我们检索了发布在 Glassdoor 上的员工评论。虽然有许多职场社区网站，但先前的研究表明 Glassdoor 吸引了最多元的用户群（Popadak，2013）。比如，另一同类网站的运营商指出，其用户平均年龄为 43 岁、年收入是 106 000 美元。另一网站则指出其细分市场是大学生和年轻职场人士。相比之下，Glassdoor 独立月活用户预估达 1 900 万，并且根据 Quantcast 的网络流量统计，该网站受益于网站多元化的用户群。该网站（Quantcast）专门从事用户测量，并采用跟踪软件来建立用户受众的情况。

表 8.1 提供了 Glassdoor 网站用户平均情况的描述性统计数据。在年龄、收入、教育和种族上，用户数据在这些不同的社会组成部分中都有一定分布，这表明 Glassdoor 上的评论应该能代表一个普通员工对公司的看法。

表 8.1 用户资料的描述性数据

特征	类别	网络流量的比重
性别	男性	50%
	女性	50%
年龄	<18	11%
	18~24	18%
	25~34	25%
	35~44	20%
	45~54	17%
	55~64	7%
	65+	2%
家庭收入（美元）	0~50 000	47%
	50 000~100 000	30%
	100 000~150 000	13%
	150 000+	10%
教育水平	本科以下	27%
	本科生	51%
	研究生	22%
族裔	白人	65%
	黑人	13%
	亚裔	10%
	西班牙裔	10%
	其他	2%

注：本表呈现了截至 2015 年 6 月从网络分析门户 Quantcast 获得的 Glassdoor 用户概况的描述性统计数据。该网站通过在网站页面上安装跟踪像素点来测量用户数据并汇编访客资料。用户的档案包括性别、年龄、家庭收入、教育水平和种族等数据。

Glassdoor 表示，其网站编辑力求发布的是诚恳、真实且平衡的评论。每条评论在发布前必须符合严格的社区准则。评论者必须对公司的"优点"和"缺点"都进行评论，以确保一个平衡的形象。每条评论都包括一系列元数据，以识别评论者是在职还是离职员工，员工的工作职位、地点以及在公司的服务年限。每条评论必须符合严格的社区准则才能被发布。

评论由网站编辑审查，以防止评论者发布诽谤性攻击、重复评论或虚假评论，而身份则是匿名的，以消除员工对因为发布负面评论招致公司报复的担忧（Popadak，2013）。大约15%的评论被网站编辑拒绝发出，因为它们不符合指导方针。数据集的另一个优势是丰富的元数据，包括每条评论的发布日期戳、评论者在公司的工作年限、职位、就业状况（兼职/全职）以及工作地点。此外，评论者以"星级评价"的形式总结了他们对公司的意见（以1~5分为标准）。公司按照6个方面进行评分：文化与价值观、工作生活平衡、高管、薪酬与福利、职业机会和总分。

基于本研究的目的，我们主要是用评价者的文本。2008年以后的这类文本是可获得的，相较之下，对公司的星级评价则是从2012年以来才稳定可得。

8.3.2　给员工评论添加安全识别符

与非结构化数据检索有关的主要挑战之一是需要将评论者的文本与存储在传统金融数据库中的结构化数据（如会计数据）进行匹配。我们设计了一种算法，将 Glassdoor 评论中的公司名称与 CRSP 数据库进行匹配。该方法考虑到了在匹配文本中的公司名称时通常遇到的"同义词检测问题"（Engelberg，2008）。比如，在 CRSP 数据库中的官方公司名称 International Business Machines 在 Glassdoor 评论中更常以 IBM 的名称被提及。我们的算法首先从公司网站和维基百科上检测公司的流行名称,然后使用该名称列表在 Glassdoor 的子域中进行搜索,以检索到相关的评论。我们总共为 2 237 家美国公司检索到了在 2008—2015 年的 417 645 条评论。

表 8.2 显示了样本数据集的描述性统计数据。A 组显示,评论的数量随着时间的推移稳步增长。大多数评论是由北美员工发布的。这一观察结果缓解了跨文化分析的一个潜在问题,即区域差异可能会导致员工认知的差异(Hofstede,1980;Triandis 等,1988)。B 组显示,60% 的样本来自声称自己是在职而非离职员工的人,且只有少数的评论者(6.9%)表示他们是兼职员工。C 组显示,评论者平均在其公司工作了 1~3 年。最后,通过运用检索自 Compustat 数据库中的全球行业分类标准(GICS),D 组报告了这些评论依据行业划分的覆盖范围。虽然 Glassdoor 数据集包括来自所有行业的评论,但略高于一半的评论来自信息技术和非必需消费品行业。我们认为这种覆盖率是数据集的一个潜在优势,因为以服务为基础的行业通常与知识型资产有关,如研发、人力和组织资本(Lev,2001)。

表 8.2 Glassdoor 数据集的汇总统计表

A 组:以就业地划分的数据概述①										
地区	2008	2009	2010	2011	2012	2013	2014	2015	总计	占比
亚洲	189	285	926	1 330	6 311	6 264	7 798	2 551	25.654	6%
欧洲	307	257	796	435	1 196	1 849	2 949	1 619	9 408	2%
北美	13 139	10 136	15 637	18 068	30 100	45 821	71 444	25.698	230 043	55%
其他	40	53	97	130	632	751	967	429	3 099	1%
匿名	1537	5001	11 760	13 798	20 931	25 552	46 429	24 433	149.441	36%
总计	15 212	15 732	29 216	33 761	59 170	80 237	129 587	54 730	417 645	
占比	3.6%	3.8%	7.0%	8.1%	14.2%	19.2%	31.0%	13.1%	100.0%	100.0%

B 组:以雇佣身份划分的数据概述②						
地区	全职员工	兼职员工	匿名	总计	在职员工	离职员工	总评价数
亚洲(除日本)	18 954	224	6 276	25 454	17.228	8.226	25.454

（续表）

B 组：以雇佣身份划分的数据概述②

地区	全职员工	兼职员工	匿名	总计	在职员工	离职员工	总评价数
中东及非洲	1 121	49	388	1558	956	602	1 558
欧洲	5 787	296	1 125	9 408	6 038	3 370	9 408
日本	118	9	73	200	109	91	200
拉丁美洲	1 124	18	399	1 541	987	554	1 541
北美	119 506	21 290	89 247	230 043	133 114	96 929	230 043
匿名	56 464	6 798	86 179	149 441	93 480	55 961	149 441
总数	203 074	28 684	185 887	417 645	251 912	165 733	417 645
占比	48.6%	6.9%	44.5%	100.0%	60.3%	39.7%	100.0%

C 组：以员工服务年限划分的数据概述③

地区	工作经验小于1年	工作经验1到3年	工作经验5年以上	工作经验10年以上	匿名	总计	占比
亚洲	3 675	12 800	3 591	591	4 997	25 654	6%
欧洲	1 254	3 422	1 348	628	2 756	9 408	2%
北美	33 242	69 275	30 072	17 326	80 128	230 043	55%
其他	330	1 384	616	185	584	3 099	1%
匿名	7 829	24 252	13 282	7 383	96 695	149 441	36%
总计	46 330	111 133	48 909	26 113	185 160	417 645	
占比	11.1%	26.6%	11.7%	6.3%	44.3%	100.0%	100.0%

注：①此表提供了Glassdoor上评论的描述性统计数据——按员工所在地（地区）以及评论发布的年份进行划分。这些信息从评论者的元数据中获得。

②此表提供了Glassdoor上评论的描述性统计数据——按员工地点和就业状况进行划分（全职/兼职，在职/离职员工）。匿名类别是指未提供就业状况的评论。

③此表提供了Glassdoor上评论的描述性统计数据——按地点和员工的服务年限进行划分。匿名类别指的是没有提供服务年限的帖子。

8.3.3 验证员工评论的诚实度

对社交媒体分析经常提出的一个批评是可能出现的样本偏差。这种偏差指的是所选评论样本可能不具有代表性，这可能会干扰到统计推断。尤其是评论者的母语、文化和人类情感经历的差异，在推断情感时可能会导致意外后果（Hogenboom 等，2012；Pang 和 Lee，2004；Wierzbicka，1995）。例如，心怀不满的前员工可能有更强的动力发布关于他们前公司的负面评论。为了评估抽样偏差的可能性，我们比较了员工的星级评价与他们的文字所表达的信息（Hogenboom 等，2012，2014）。这种方法的前提是，无论评论者的背景如何，我们都期待观察到评论者的星级评价和从文本中推断出的情绪表达之间的单调递增关系。这是因为星级评价是评论者意图情感的普遍分类，与潜在的语言、文化或情感差异无关（Hogenboom 等，2012，2014）。

当因变量是一个公司的总体星级评价，而自变量是从评论者的文本中提取的特征时，我们预计二者存在面板回归。公司的基本面数据是从标准金融数据库中获取的。有关价格的变量来自 CRSP，会计数据来自 COMPUSTAT，分析师信息来自 I/B/E/S（机构经济人评估系统）。为了对照，我们囊括了星级评价：其中 COMP 是"薪酬与福利"的星级评价，WORKLIFE 是"工作生活平衡"的评价，MGT 是评论者"高管"的评价，CULTURE 是"文化与价值观"的星级评价，Career 是"职业机会"的评价。我们用两个指示变量来补充星级评价。对于"兼职"这个变量，如果评论者是兼职工作者，则等于 1，否则等于 0。对于"离职"这个变量，如果评论者是前员工，则等于 1，否则等于 0。这些特征是通过每个评论中提供的元数据确定的。

我们的控制变量包括账面市值比 [Log（Book/Market）]、分析师修正值（Analyst Revisions）、价格动量（Pmom）以及一年内历史销售额增长（SG）。账面市值比（自然对数值）是按照 Fama 和 French（1992）的做法，取账面价值除以前一个日历年年底衡量的股权价值的自然对数。分析师修正值是分析师预测的（股价）中位数的三个月总和变化值除以公司前一个月的股票价格（Chan 等，1996）。价格动量是过去 12 个月的股票回报。最后，我们的控制变量还包括在前一个日历年年底所测得的公司规模 [Log（Market

Equity）］。设置这些控制变量的目的是解释如果评论者利用公开信息暗中形成了他们对公司的看法，就可能会产生潜在的"光环"效应（Fryxell 和 Wang，1994；Brown 和 Perry，1994）。表 8.3 显示了回归的结果。

表 8.3　总体评价星级回归

	（1）	（2）
截距项	0.000	0.040
	(2.320)	(1.657)
离职员工	-0.058	-0.059
	(-4.863)	(-4.754)
兼职员工	0.053	0.053
	(5.296)	(5.875)
账面市值比（自然对数值）		0.004
		(1.663)
公司规模（自然对数值）		0.000
		(2.095)
分析师修正值		0.632
		(2.312)
一年内历史销售额增长		0.006
		(0.170)
价格动量		0.009
		(1.417)
拟合优度	0.734	0.744

注：本表显示了评论者的总体评分、员工的元数据和公司特征之间的回归结果。因变量是由 Glassdoor 评论者提供的总体星级评分（1~5 分）。离职员工是一个指标变量，如果评论者是该公司的前员工，则等于 1，否则等于 0。兼职员工是一个指标变量，如果评论者是一个兼职工作者，则等于 1，否则等于 0。关于控制变量的描述，请参考文本。出于展示的原因，作为控制变量的"薪酬和福利""工作/生活平衡""高层管理""文化和价值观""职业机会"等星级评价在表中被隐藏。标准误差按照 Petersen（2009）的方法按公司进行分组。对于每个变量，我们报告了相应的稳健 t 统计量（在括号内）。样本期：2008—2015 年。

回归结果表明，离职员工的星级评价在统计上显著低于平均水平，而兼职员工的评价则显著高于平均水平。为了减少抽样偏差，我们选择去除离职员工和兼职员工发布的评论。虽然这种方法减少了我们的数据集的观察样本数，但我们认为它可以在分析公司当前全职员工的基础上，为企业文化分析提供更有意义的建议。

8.4 推断企业文化

在这一节中，我们介绍的方法是用于对企业文化的看法进行推断。主题建模是一种用于在大量无注释文档集进行巡览的流行技术。主题模型在获取大数据集的低维表征方面非常有用，并在计算机科学（Blei 等，2003）、社会科学和政治学以及数字人文学科的各种数据挖掘任务中发挥了分类与总结文本的重要作用。主题模型在文本的分类和总结方面发挥了重要作用。其原理是：文档被呈现为各种隐藏主题的随机混合物，其中每个主题的特点由单词分布决定。对于每个文档，我们都预设词汇是在一个两阶段的过程中生成的。

1. 随机选择一个主题的分布。
2. 对于文件中的每个词：
   a. 从步骤 1 中的主题分布中随机选择一个主题。
   b. 从词汇表的相应分布中随机选择一个词。

每个文档都以不同的比例表现出主题（步骤 1）；每个文档中的每个词都来自其中一个主题（步骤 2），其中所选的主题是从每个文档的主题分布中选出的（步骤 2a）。主题建模的目标是自动从文档的集合中发现主题。文档本身是肉眼可见的，而主题结构（话题、每个文档的主题分布和每个文档中每个字的主题分配）则是隐藏的结构。

为了说明上述过程，图 8.1 提供了一个员工发布在社交媒体网站上的评论的摘录。在文本中，与潜在的不同主题相关的词被人为地进行了颜色编码。在同一评论中倾向于一起出现的词更有可能刻画同一主题。反之，很少一起出现的词则可能描述不同的主题。例如，关于员工工作环境的讨论可能包括对"同事""团队"等词的使用，而关于员工表现的讨论则可能包括"认可"和"晋升"等词。

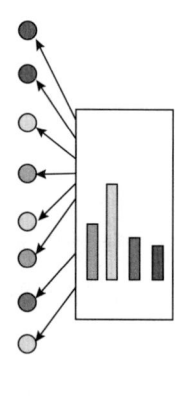

图 8.1 主题建模的说明性例子

注：一个主题模型假设整个文档集存在若干个主题，这些主题是对词的分布（最左边）。每个文档都是按以下方式生成的：首先选择一个话题的分布（右边的直方图）；然后，为每个词选择一个主题分配（灰色圆圈），并从相应的主题中选择该词。

通过逆转该生成过程，人们通过后验分布获得预测模型。主题模型的总概率由以下公式给出：

$$P(\mathbf{W}, \mathbf{Z}, \boldsymbol{\theta}, \varnothing; \alpha, \beta) = \prod_{k=1}^{K} P(\varnothing_k; \beta) \prod_{j=1}^{M} P(\theta_j; \alpha) \prod_{t=1}^{N_j} P(Z_{j,t} \mid \theta_j) P(W_{j,t} \mid \varnothing_{Z_{j,t}})$$

(8.1)

其中，K 是主题的数量，M 是文档的数量，N_j 是文档 j 中的词的数量。主题 k 中的词的分布由 $P(\varnothing_k; \beta)$ 给出，一个具有狄利克雷先验和统一参数 β 的多项式。文档 j 的主题分布由 $P(\theta_j; \alpha)$ 给出，一个具有统一参数 α 的狄利克雷先验的多项分布。标准方法是设置 α = 50/K 和 β = 0。最后，$P(W_{j,t} \mid \varnothing_{Z_{j,t}})$ 表示在给定文档中第 t 个词的主题 $Z_{j,t}$ 的情况下，词 t 在文档 j 中的概率。参数估计的任务是学习主题是什么，以及哪些文档以何种比例使用这些主题。为了使用这个模型，我们需要解决的关键推理问题是给定文档中隐藏变量的后验分布。

$$P(\theta, \varnothing, z \mid w, \alpha, \beta) = \frac{P(\theta, \varnothing, z, w \mid \alpha, \beta)}{P(w \mid \alpha, \beta)}$$

(8.2)

为了解决极大似然估计，吉布斯抽样被用于来构建一个马尔可夫链，该链收敛于主题 Z 的后验分布。然后使用该结果来间接地推断变量。该模型对噪声数据很有吸引力，因为它不需要注释，只需从学习数据中发现语料库中的主题，不需要任何管理。

该算法的输出是一个尺寸为 K 个主题×N 个文档的矩阵，其中主题的数量是通过最大化模型的拟合可能性推断出来的。在语料库上拟合模型的可能性最大化来推断主题的数量。表 8.4 列出了由模型推断出的 6 个聚类。每个聚类都呈现为词的分布，这些分布构成了语义相似的各个概念。为了帮助读者解释推断出的聚类，我们报告了每个聚类的最高概率的文档术语，并按照它们在文本中出现的频率递减的顺序排列。

鉴于本研究的重点是识别以绩效为导向的文化，我们的分析限定于与"目标设定"主题群相关的词汇（即员工对"计划"、"目标"和"绩效"的讨论）。我们将 Glassdoor 评论中来自该群组的词语比例标记为 GOAL。

为了推断员工评论中表达的情绪，我们使用 General Inquirer 词典（Stone 等，1966）来计算 TONE，即每条评论中积极与消极词汇的比例。这种方法在金融文献中用得较为普遍（Tetlock 等，2008）。

我们对传统的"词频统计"方法稍作改动，以考虑到可以改变文本语义的否定词。诸如"虽然""但是""不""不是""却不"等否定词在社交媒体文本中经常出现，因为社交媒体更频繁地使用口语（Hu 和 Liu，2004）。具体而言，如果在评论者的文本中，在匹配的情绪词汇相邻 5 个词内存在否定词汇，则我们将 General Inquirer 词典中列出的词汇的标记取反。

表 8.5 着重显示了随机选择的 GOAL 分数在前 1/5 公司的员工评论的例子。

表8.4 由主题模型推断的主题聚类

"社会价值"		"发展价值"		"经济价值"	
词汇	概率	词汇	概率	词汇	概率
朋友	0.18	机会	0.24	工作生活	0.18
团队建设	0.14	工作机会	0.22	条件	0.07
同事	0.12	进步空间	0.13	福利	0.05
团队	0.09	职业发展	0.07	多样性	0.04
工作环境	0.07	倡议	0.07	地理位置	0.03
"应用价值"		"组织结构"		"目标设定"	
词汇	概率	词汇	概率	词汇	概率
激励	0.28	经理	0.27	计划	0.16

(续表)

"应用价值"		"组织结构"		"目标设定"	
责任	0.10	改变	0.17	目标	0.14
天赋	0.07	进程	0.12	奖励	0.13
晋升	0.07	高管	0.10	表现	0.13
奖金	0.05	沟通	0.08	方向	0.01

注：本表显示了每个主题群的最常见术语及其使用主题模型推断出的相关概率。

表8.5 员工评论的说明性示例

A组：积极情绪评论的例子
- 良好的基础已经奠定，有一个共同的目标来理解每个人。
- 如果你努力工作，这是一个很好的工作场所，它淘汰了懒惰的人和不想工作的人。
- 这里的人很棒，有相同的目标。
- 如果你不懒惰，这是一个很好的工作场所。
- 计划有素的工作习惯，良好的公司文化。

B组：消极情绪评论的例子
- 最难的事情是达成你的业绩。如果你没有达到公司的预期目标，公司将开除你。
- 没有很好的工作生活平衡，截止日期咄咄逼人。
- 事实上，摩根大通的最终目标始终是盈利，因此工作负荷和时间非常紧张，但工作令人兴奋并且值得。
- 为了成就和成功，节奏快且目标的压力大。
- 工作时间长，有时压力大，不得不在周末工作以满足截止日期。

注：本表显示了与绩效导向型文化相关的员工评论的说明性例子。为了帮助读者解读，我们随机选择了5条带有积极和消极情绪的评论。拼写和语法错误如网上评论中发布的那样。

8.4.1 数据与概要统计

表8.6的A组报告了4组企业的基本面特征的中位数，按照GOAL分数的四分位对企业进行划分。我们对在1%的水平上的企业特征做了缩尾处理，以消除离群值的影响。最后一栏说明了前1/4和后1/4企业在每个基本面特征上的期望偏差t检验的统计学意义。处于最高GOAL四分位的公司，其增长速度显著高于最低四分

位的公司。这一发现在资产、员工和销售额增长方面也是一致的。

表8.6的B组报告了Glassdoor平均星级评价和GOAL之间的斯皮尔曼秩相关关系。GOAL与整体综合星级评价之间的相关性似乎相对较低,这表明从GOAL推断出的看法与评论者的星级评价所提供的信息不同。

表8.6 公司特征的描述性统计结果　　　　　　　（单位：百万美元）

A组：基本特征[①]

特征	前1/4	1/4至中位数	中位数至3/4	后1/4	期望偏误t检验（前1/4与后1/4）
应计项目	−0.044	−0.035	−0.043	−0.042	
年度资产增长率	0.037	0.051	0.086	0.087	＊＊＊
年度员工增长率	0.021	0.028	0.046	0.052	＊＊＊
杠杆率	0.429	0.510	0.318	0.307	
市值	13 329	17 178	22 289	28 408	＊＊＊
历史价格动量	0.148	0.164	0.150	0.198	＊
资产收益率	0.146	0.149	0.149	0.162	＊＊＊
年度销售额增长率	0.038	0.045	0.057	0.069	＊＊＊
托宾Q值	1.329	1.474	1.620	1.837	＊＊＊
GOAL	0.040	0.072	0.099	0.145	
总体	3.231	3.308	3.505	3.500	＊＊＊

B组：Glassdoor星级评价分数的相关性[②]

	GOAL	总体	薪酬与福利	工作生活平衡	高管	文化与价值观	职业机会
GOAL	1.00						
总体	0.04	1.00					
薪酬与福利	0.12	0.58	1.00				

(续表)

B 组：Glassdoor 星级评价的相关性[2][2]							
	GOAL	总体	薪酬与福利	工作生活平衡	高管	文化与价值观	职业机会
工作生活平衡	0.05	0.76	0.56	1.00			
高管	0.01	0.74	0.44	0.63	1.00		
文化与价值观	0.00	0.60	0.41	0.49	0.54	1.00	
职业机会	0.03	0.76	0.54	0.74	065	0.49	1.00

注：①此表报告了 4 组企业的基本面特征的中位数，按照"GOAL"分数的四分位对企业进行划分。"GOAL"是指由主题模型推断出的提及绩效导向型文化的评论比例。我们在 1% 的水平上对所有公司的特征做了剔除，以消除异常值的影响。"总体"是 Glassdoor 上的评论者提供的总体星级评分，是每家公司连续盈利公告日之间的平均数。所有基本面数据来自 COMPUSTAT 基本面年度数据库。表的最后一栏显示了每个基本特征的前 1/4 和后 1/4 公司之间的期望偏误 t 检验的统计意义，其中＊＊＊表示在 1% 的水平上有统计意义，＊＊在 5% 的水平上有统计意义，＊在 10% 的水平上有统计意义。样本期：2008—2015 年。

②此表报告了 Glassdoor 评论所提供的星级评价与"GOAL"之间的斯皮尔曼秩相关关系。样本期：2008—2015 年。

8.4.2 验证"目标"度量

我们将公司的 GOAL 分数与 Glassdoor 的"星级评价"进行回归，以考察从评论者的文字中推断出的信息是否比星级评价和 TONE 中提供的信息更多。我们的控制变量包括账面市值比（Log(Book/Market)）、分析师修正值（Analyst Revisions）、价格动量（Pmom）和一年内历史销售额增长（SG）。账面市值比（自然对数值）是按照 Fama 和 French（1992）的做法，在前一个日历年年底衡量的账面价值除以市场价值的自然对数。分析师修正值是分析师预测给出的中位数变化的三个月总和，除以公司前一个月的股票价格（Chan 等，1996）。价格动量是过去 12 个月的股票收益，而公司规模［Log（Market Equity）］是在前一个日历年年底测量的。

我们加入了公司的企业社会责任属性来衡量传统的人力资本。按照标准做法，我们纳入了一个从 KLD 社会研究和分析数据库中获得的员工关系指标（Waddock 和 Graves，1997；Hillman 和 Keim，2001；Statman 和 Glushkov，2009）。我们通过在特定年份将所有确定的优势加起来并减去所有确定的劣势来计算员工的净优势（Verwijmeren 和 Derwall，2010）。我们将这个指标命名为 KLD。最后，我们加入了一个员工满意度指标，以评估 GOAL 是否与《财富》杂志"美国 100 家最佳工作公司"名单中公布的信息有所不同（Edmans，2011）。我们创建了一个指标变量 BC，如果一个公司被列入《财富》杂志的名单，则等于 1，否则等于 0。按照 Petersen（2009）的做法，标准误差按公司分组，以纠正标准误差的时间序列依赖性。表 8.7 报告了回归的结果。

第 2 列表明，GOAL 与 Glassdoor 的管理质量以及机会星级评价之间存在正相关关系，而 GOAL 与企业的薪酬星级评价之间存在负相关关系。后一相关关系与如下观点是一致的：以绩效为导向的公司试图通过提供更大比例的可变薪酬而非固定薪酬来激励个人（Gneezy 等，2011；Kamenica，2012；Gehart 和 Rynes，2003；Adams，1963）。第 2 列表明，GOAL、一年内历史销售额增长和价格动量之间存在正相关关系，这表明以绩效为导向的公司通常会表现出增长特征。最后，第 3 列对传统的企业社会责任指标进行控制的变量，表明 GOAL 并没有被 KLD 的净员工关系指标或《财富》的员工满意度指标包括在内。综上所述，我们的发现表明 GOAL 是企业文化的一个独特维度。

表8.7 绩效导向型公司的公司特征回归关系

	(1)	(2)	(3)
总体	0.012 (2.867)	0.078 (5.663)	0.011 (2.63)
文本极端程度	0.023 (0.798)	0.026 (0.986)	0.009 (0.312)
变革		-0.047 (-3.505)	
工作生活平衡		-0.002 (-1.92)	
满意度		0.032 (2.581)	
文化与价值观		0.001 (0.305)	
工作机会		0.022 (3.853)	
前一年年底的账面市值比（自然对数值）	-0.003 (-1.078)	0.001 (0.463)	-0.002 (-0.786)
资产收益率	0.027 (1.117)	-0.004 (-0.175)	0.028 (1.19)
一年内历史销售额增长	0.056 (4.213)	0.030 (2.39)	0.055 (3.986)
分析师修正值	0.147 (0.21)	0.070 (0.634)	0.095 (0.721)
价格动量	0.009 (2.288)	0.009 (2.724)	0.007 (1.874)
员工净优势			-0.003 (-2.754)
公司是否被列入《财富》			-0.018 (0.885)

注：本表显示了"GOAL"与公司特征之间的关系。因变量是由主题模型推断出的"GOAL"分数。"文本极端程度"是对文档极端程度的衡量，通过使用 General Inquirer 词典（Stone 等，1966）计算正面（P）与负面（N）词汇的数量。标准误差按照 Petersen（2009）的方法按公司进行分组。对于每个变量，我们报告相应的稳健 t 统计量（在括号内）。样本期：2008—2015 年。

8.5 检验结果

本节研究了以绩效为导向的文化、公司价值和公司未来收益之间的关系。我们计算了托宾 Q 值作为公司价值的衡量标准，公司价值在这里被定义为公司的市场价值除以公司资产的重置价值。资产的市场价值是由资产的账面价值和流通的普通股的市场价值之和减去普通股的账面价值和资产负债表的递延所得税之和来衡量的。替代价值由资产的账面价值体现（Kaplan 和 Zingales，1997）。我们控制了部门、地区和年份的影响，并运用混合普通最小二乘法（OLS）回归来估计托宾 Q 值的模型。我们使用了按公司分类的异方差稳健标准误差来检验系数的显著性（Petersen，2009）。表 8.8 报告了集合回归结果。

表8.8 绩效导向型公司与公司价值回归关系

	(1)	(2)	(3)
GOAL	1.624	1.400	1.720
	(2.691)	(2.023)	(2.823)
文本极端程度	−0.374	−0.034	−0.166
	(−0.701)	(−0.046)	(−0.311)
总体	0.328		0.322
	(4.472)		(4.393)
薪酬与福利		−0.211	
		(−1.848)	
工作生活平衡		0.143	
		(1.181)	
高管		0.261	
		(1.679)	

续表

	(1)	(2)	(3)
文化与价值观		-0.102	
		(-1.007)	
工作机会			0.300
			(1.738)
账面价值/市值	-0.762	-0.744	-0.699
（自然对数值）	(-2.634)	(-2.488)	(-2.69)
资产收益率	4.348	4.057	4.725
	(3.364)	(3.282)	(3.192)
一年内历史销售额增长	2.846	2.635	2.736
	(2.941)	(2.921)	(2.255)
员工净优势			-0.073
			(-3.727)
公司是否被列入《财富》			1.130
			(2.978)

注：本表显示了公司价值对一组自变量季度回归的结果。因变量是托宾 Q 值，被定义为公司的市场价值除以公司资产的重置价值。基本面变量的定义在文中有所描述，除了按照 Petersen（2009）的方法按公司分组的标准误差，其余都来自 COMPUSTAT 基本面年度数据库。对于每个变量，我们报告了相应的稳健 t 统计量（在括号内）。样本期：2008—2015 年。

第 1 列显示 GOAL 的系数为正，在统计学意义上表明以业绩为导向的公司往往更有利可图。第 2 列表明，没有证据表明相关的星级评价和公司价值之间存在统计上的关系。第 3 列表明，GOAL 对员工满意度和员工关系指标有增量作用。

接下来我们假设，如果金融分析师忽视了无形信息，可能是由于收集、处理和分析非结构化数据的成本，那么我们会认为企业文化的积极效益只有在盈利公告后表现为有形的结果时才会被认可（Easterwood 和 Nutt，1999；Edmans，2011）。我们的主要测试是利用季节性随机游走与趋势模型来计算每个公司的收益中的标准化预期外收益（SUE）(Bernard 和 Thomas，1989)。

$$UE_t = E_t - E_{t-4}$$
$$SUE_t = \frac{UE_t - \mu_{UEt}}{\sigma UE_t} \quad (8.3)$$

其中 E_t 是公司在 t 季度的收益，预期外收益（UE）的趋势和波动性分别等于公司前 20 个季度预期外收益数据的平均值（μ）和标准差（σ）。按照 Tetlock 等人（2008）的做法，我们要求每个公司都有最近 10 个季度的非遗漏收益数据，并假设所有收益数据少于 4 年的公司的趋势为零。

我们使用盈利公告前 I/B/E/S 摘要文件中最近一个统计期的分析师预测中值。我们在 1% 的水平上对 SUE 和所有的分析师预测变量进行缩尾处理，以分别减少估计误差和极端异常值的影响。我们为每家公司创建一个综合文件，通过汇总 Glassdoor 的评论，使不同频率的数据保持一致。

我们要求每家公司在季度盈利公告之间至少有 30 条评论，以避免使用有限的且可能不具代表性的员工评论集而得出统计推论。回归分析控制了公司的滞后收益、规模、账面市值比、分析师的收益预测修正和分析师的预测分散度。我们将分析师的预测分散度计算为分析师在盈利公告之前的最近一段时间内的盈利预测的标准差，以盈利波动率（σ）为尺度。表 8.9 报告了回归的结果。标准误差按日历季度分组（Petersen，2009）。

第 2 列确定了 GOAL 的系数为正且具有高度统计显著性，这表明该指标包含了超过公司基本面或者 TONE 中的预期外收益的增量信息。第 3 栏控制了员工关系和满意度，这表明 GOAL 所包含的信息并没有被这些指标所囊括。

8.6 结论

迄今为止，投资者希望管窥一家公司内部状况的努力一直掣肘于数据匮乏。传统的以调查为基础的测量需要手动操作，耗时且范围有限，表现在可问的问题数量、可覆盖的公司的数量以及他们收集和处理答复的及时性。本研究试图通过推断员工在社交媒体上表达的看法来克服这些局限性。

我们展示了计算语言学技术在推断文本中讨论的潜在维度方面的优点。我们的方法提供了一个客观的框架，可以推断出与公司的主要利益相关者（即其员工）最相关的主题。我们发现以绩效为导向的公司和公司的未来预期外收益之间具有统计意义，这表明企业文化对财务分析有切实的好处。

表8.9　绩效导向型公司与预期外收益的回归关系

	(1)	(2)	(3)
滞后的公司收益	-0.012	-0.015	-0.012
	(-0.358)	(-0.423)	(-0.351)
预期分散度	-2.700	-2.806	-2.581
	(-3.196)	(-3.318)	(-2.916)
总体	0.067	0.053	0.079
	(0.761)	(0.505)	(0.755)
GOAL		1.770	4.477
		(2.536)	(3.751)
文本极端程度		0.054	1.714
		(2.071)	(1.796)
高预期			14.180
			(2.892)
分析师修正值	15.130	14.730	18.050
	(4.749)	(4.622)	(5.173)

(续表)

	(1)	(2)	(3)
公司价值	0.000	0.000	0.000
（自然对数值）	(-1.078)	(-1.021)	(-1.552)
账面市值比	-0.006	-0.018	-0.053
（自然对数值）	(-0.096)	(-0.294)	(-0.857)
价格动量	0.716	0.738	0.774
	(7.411)	(7.612)	(8.007)
员工净优势			0.055
			(1.904)
公司是否被列入			-0.974
《财富》			(-1.699)

注：本表提供了关于"GOAL"和公司之后一个季度 SUE 之间关系的 OLS 回归估计。因变量 SUE 是一个公司的标准化预期外季度收益。每个公司的综合文件是通过汇总其连续的盈利公告日期之间的 Glassdoor 评论而得出的。盈利公告日期来自 I/B/E/S。每个公司至少需要 30 条评论来生成一个综合文件。"总体"是 Glassdoor 的整体星级评价，是综合文件内的评论的平均值。回归分析的控制变量包括了滞后的公司收益、公司规模、账面价值、交易量、既往股票回报以及分析师的季度预测修正与传播（详见正文）。标准误差根据 Petersen（2009）的方法按公司聚类。对于每个变量，我们报告了相应的稳健 t 统计（在括号内）。样本期：2008—2015 年。

第 9 章

能源期货交易的机器学习与事件检测

皮特·哈菲兹
(Peter Hafez)

弗朗西斯科·劳蒂齐
(Francesco Lautizi)

皮特·哈菲兹（Peter Hafez）

RavenPack 的数据科学主管。自 2008 年加入 RavenPack 以来，他一直是应用新闻分析领域的先驱，为世界顶级银行和对冲基金观测分析另类数据。他在标准普尔、瑞士信贷第一波士顿和盛宝银行等公司拥有超过 15 年的量化投资经验。他拥有约翰卡斯爵士商学院数量金融硕士学位和哥本哈根大学经济学学士学位。他是量化金融会议上关于另类数据和人工智能的知名演讲者，并曾在一些世界顶级学术机构发表演讲，包括伦敦商学院、纽约大学柯朗数学研究所和伦敦帝国理工学院。

弗朗西斯科·劳蒂齐（Francesco Lautizi）

RavenPack 的高级数据科学家，他研究大数据和新闻分析如何重塑金融市场，并就金融机构如何将这些新信息来源用于投资组合和风险管理提供见解。他拥有罗马托尔韦加塔大学的经济学和金融学博士学位，在那里他研究估计误差如何影响大规模投资组合的表现。他一直是 EIEF 的访问学者，并拥有罗马托尔韦加塔大学的金融学硕士学位。

9.1　导读

　　商品期货是当今金融市场中不可分割的一部分。特别如原油、汽油和天然气等与能源相关的产品，其价格无不对供应与需求的起起伏伏做出反应。这些能源相关的商品在人们的日常生活中起着关键作用，因为它们支撑着世界上绝大多数的运输系统，并且是所有工业门类的必要投入。因此，它们与经济周期有着紧密的内在联系。从国内生产总值、失业率等经济指标到政治动荡、自然灾害等社会事件，都对商品期货的定价起着至关重要的作用（见表9.1），更不用说像石油和天然气管道中断或贸易禁运这样的与特定商品相关的议题了。

　　在之前的研究中，Brandt 和 Gao（2016）采用了一种构建供需情绪指数的创新方法，他们利用 RavenPack Analytics（简写为 RPA）所提供的数据来模拟地缘政治、宏观经济事件以及人们情绪对原油价格的影响。具体来说，他们发现，有关宏观经济基本面的消息在大约一个月的范围内具有预测能力，而对原油价格影响很大的地缘政治事件却没有任何短期内可预测的能力。

　　我们寻求通过借助 RPA 提供的事件检测能力来为一组商品建立预测模型，而不是纯粹依靠单一的商品策略。通过使用 RPA 1.0[①]，投资者往往可以利用最新的自然语言处理（NLP）技术创新，识别对于商品而言重要的信息。随着最新版本的问世，RavenPack 事件分类系统已发展出 6 800 多个事件类别，能够快速准确地识别跨多个资产类别和商品种类的影响市场的事件。这些事件的类型包括供给增加、进口/出口导向、库存变化等。

---

①　本章所有涉及 RavenPack Analytics（RPA）的内容均基于其1.0版本。

表9.1 表现统计

统计量	样本外 组合	高波动性	低波动性
年化收益率	9.8%	21.3%	-3.0%
年化波动率	15.0%	16.9%	15.3%
信息比率	0.65	1.27	-0.20
命中率	51.1%	53.9%	47.5%
最大回撤	38.3%	18.0%	62.2%
每笔交易收益率	3.88	8.82	-1.97
交易数量	2740	1929	811

注：高波动性与低波动性策略仅在这些机制期间进行交易，而集成策略交易的进行则与机制无关。

资料来源：RavenPack，2018年1月。

我们选择了与能源相关的4种商品期货。我们使用一组集成的机器学习技术来对能源期货篮子的一日波动率调整收益率进行建模。我们的结果表明，线性模型组合在风险调整收益率方面表现良好。然而，加入更广泛的非线性模型，例如人工神经网络（ANN）或梯度提升树回归，有可能提高模型效果，同时降低了模型选择所涉及的风险。此外，我们还展示了如何通过在波动率上进行条件约束来增强在商品期货篮子水平收益率的可预测性。

本章的研究按如下方式组织。第9.2节介绍了使用的不同数据源，特别是如何构建来自RPA 1.0的输入变量。第9.3节描述了基于5种机器学习算法的建模框架。第9.4节比较了第9.3节介绍的各种模型的绩效。第9.5节呈现总体结论。

9.2 数据说明

通过使用自然语言处理技术，RavenPack将大型非结构化数据集（如传统新闻和社交媒体内容）转化为结构化和机器可读的细粒度数据和指标，进而可以将其加入量化模型中，让投资者能够识别新闻中的实体并将这些实体链接到最有可能影响资产价格的可行事件。每个事件都有各种分析指标的支持，包括情感、新颖性［似事件距离天数（ESD）[①]］和相关性［事件相关性（ER）[②]］。

为了制定策略，我们研究了从 2005 年 1 月至 2017 年 12 月这近 13 年间 RPA 所有与商品相关的新闻报道。

我们对与事件检测和新颖性相关的数据集采取了一些轻微的限制。特别地，我们要求新闻报道能够与 RavenPack 事件分类法中的事件相匹配。而且，我们只保留了所有似事件距离天数等于 1 的事件，以便删除日内重复的新闻事件。与最近关于股票的内部研究不同（Hafez 和 Koefoed，2017a，b；Hafez 和 Guerrero - Colón，2016；Hafez 和 Lautizi，2016），我们不以相关性信号（ERS）为条件，因为在更强的单个事件可预测性和更低的事件频率之间的权衡对我们此处的研究并无裨益。相反，我们直接将其用于特征构建，如第 9.3.1 节所详述。[③]

[①] 似事件距离天数：具有最多 5 个小数位的粒度数据，用以表示过去 365 天内检测到类似事件的时间点距观测点的天数。数据值范围介于 0.00 000 和 365 之间。数据值 365 意味着最近的类似事件可能在过去 365 天前或更多天前发生。数据值 0.00 000 则意味着类似事件发生的时间与观测点时间完全相同。

[②] 事件相关性：一个用以反映整体事件中独立事件的相关性的 0 到 100 之间的整数。事件相关性分数用来指示与独立事件相关的记录，其中有关联的相关记录可以通过在整体事件中具有相同的"事件相关性指数"参数（即"EVENT_ SIMILARITY_ KEY"）来识别。事件相关性分数基于独立事件匹配的最早提及事件和出现频率，在同一段叙述中对事件的额外提及会累加事件相关性分数，累加至该段落的最高分。

[③] 请参阅 Hafez 和 Koefoed（2017a），了解在美国和欧洲股票的背景下，关于 ERS 和 EDS 优点的讨论。

通过施加这些限制，我们得到了一个 RPA 中所有可用事件类别的子集。在我们的回测中，我们发现了 110 个特别的事件类别[①]，每一类在我们的商品统计中都至少有一个记录在案的事件。我们商品统计中的所有商品拥有的平均事件类别数为 34，而其中原油有 103 个独特的事件类别，是其中最多的。

在 RavenPack 覆盖的 89 种商品中，我们选择了 4 种交易量最大的能源商品，其中原油和天然气最为突出。表 9.2 概述了我们研究的商品。

表 9.2　RPA 汇总统计表

商品	事件数	事件天数	事件天数率（%）	每日事件数				
				平均数	第一四分位数（25%）	中位数（50%）	第三四分位数（75%）	最大值
原油	316 959	4 721	99.4	67	22	53	94	480
汽油	48 838	4 407	92.8	11	3	7	15	147
燃料油	6 865	3 085	65	2	1	2	3	46
天然气	64 932	4 594	96.8	14	6	12	19	99

注：4 种能源商品的汇总统计数据取自 2005 年 1 月至 2017 年 12 月。这些数字基于时移数据，详情请参阅第 9.2.1 节。

鉴于 RPA 中可用的事件类别数量庞大，即便有上述限制，自变量矩阵的维度仍然会变得很大。换句话说，我们面临着众所周知的维度诅咒（Donoho，2000），这使得传统的 OLS 回归在没有特征选择的情况下由于过度拟合而变得不切实际。在之前的研究中（Hafez 和 Koefoed，2017a，b），我们依靠 OLS 并使用 RavenPack 的事件情绪评分对股票回报进行建模，但考虑到我们面临的维度和各

[①] 完整的 RavenPack 事件分类法涵盖了近 6 900 个事件类别。

种事件类别之间可能存在非线性的事实，我们跳过了 OLS，而是采用了在 9.3 节中详述的机器学习算法。

9.2.1 价格数据

作为研究的一部分，我们选用来自 Stevens Analytics 的基于每日收盘价的商品期货收益率数据。[①] 此外，为了模拟次日（对数）收益率，我们使用商品期货价格结算时间前 15 分钟 24 小时内的 RavenPack 数据。例如，原油期货的结算价格是美国东部时间下午 2：28 到 2：30 之间在 CME Globex 上计算的[②]，这意味着我们可以在美国东部时间下午 2：15 之前的 24 小时内收集的 RavenPack 数据作为我们模型的输入。

鉴于我们处理的是在品种范围和时间跨度上都有巨大波动的一篮子商品期货，我们希望通过滞后滚动标准差来对收益进行波动率调整，以免每个篮子中波动率最高的商品期货对模型造成过大影响。

我们将对数收益率、标准差和波动率调整后的对数收益率定义如下：

$$r_{t,n} = \ln \left(price_{t,n} / price_{t-1,n} \right) \tag{9.1}$$

$$\sigma_{t,n} = m^{-1} \sum_{j=1}^{m} \left(r_{t-j+1,n} - m^{-1} \sum_{j=1}^{m} r_{t-j+1,n} \right)^2 \tag{9.2}$$

$$y_{t,n} = r_{t,n} / \sigma_{t-1,n} \times target \tag{9.3}$$

其中 $n = 1, \ldots, N$，代表 4 种商品期货；$t = 1, \ldots, T$，是时间参数，用于识别价格或回报的观测日期。对于特定商品的非交易

---

① 反向比率法用于计算合约历史。
② http://www.cmegroup.com/trading/energy/crude-oil/light-sweet-crude_contract_specifications.html

工作日，该时间指数可能缺失。参数 m 定义计算标准差的窗口长度，而 target 表示目标波动率。在整个研究中，我们使用 21 个交易日来计算标准差（$m=21$），年化目标波动率为 20%（target = $20/\sqrt{252}$）。我们尚未优化参数 m，但我们发现它已经在稳定性和可变性之间提供了一个很好的权衡。

9.3 模型框架

为了评估 RPA 套件，我们采用一系列机器学习算法，包括弹性网络回归形式的线性模型、神经网络和树模型。我们总共测试了 5 种不同的模型。为了优化模型的各种超参数，我们使用十折交叉验证（CV），并重新计算结果 10 次，以考虑某些模型和交叉验证过程中固有的随机性。这 5 种模型是：

- 弹性网络回归（ELNET）（Zou 和 Hastie，2005）。
- K 近邻回归算法（KNN）（Altman，1992）。
- 人工神经网络（ANN）（Hastie 等，2009）。
- 随机森林算法（RF）（Breiman，2001）。
- 具有高斯损失函数的梯度提升树（GBN）（Friedman 等，2000）。

上述所有 5 种模型都使用一个附加误差项"e"，它独立于时间和商品，但我们不对它的数据生成过程做任何假设：

$$y_{t,n} = f(x_{t-1,n}) + e_{t,n} \tag{9.4}$$

其中函数形式 f 取决于模型，而 $x_{t,n}$ 是自变量的向量。注意，$x_{t,n}$ 的大小随时间变化，具体取决于包含足够新闻报道的事件类别的数量。我们在 9.3.1 节更详尽地描述了该自变量。

我们采用了一种逐步推进的预测方法，在一年的第一个交易日，用过去 10 年的数据为 5 种模型中的每一种找到最佳超参数设置。然后，我们用每种模型预测当年的日波动率调整对数收益率（见等式 9.3）。即，我们用 2005—2014 年期间的数据估计模型的超参数，并做出 2015 年的日频预测。然后未来一年，再次进行超参数估计和日频预测。

为了克服随机性问题，我们将这个过程重复 10 次，当然，这将导致每种模型会有 10 份预测结果。我们的策略则是将每种模型的 10 套预测运行结果平均化，并作为最后结果输出。该过程从 2015 年 1 月 1 日开始，到 2017 年 12 月 31 日结束，代表我们的样本外时期。

9.3.1 特征创建

这里展示的所有模型都使用相同的输入参数：波动率调整的对数收益率作为目标变量，连续变量矩阵作为特征。这些特征旨在捕捉在时间 t 发生的事件类别对商品 n 的影响及其相关性，构造如下：

$$x_{t,n}^j = \begin{cases} \overline{ERS}_{t,n}^j \\ 0 \end{cases}, 当商品 n 的事件类别 j 在事件 t 被记录到其他情况$$

(9.5)

$$\overline{ERS}_{t,n}^j = I^{-1} \sum_{i=1}^{l} ERS_{t,n,i}^j$$

(9.6)

其中 $i = 1, \ldots, I$，是类别 j 的事件数，ERS 为事件相关性信号。

换句话说，如果我们在日期 t 和商品 n 的给定事件类别中检测到至少一个新闻报道，变量则从 0 切换到加权事件相关性信号。这意味着新闻报道根据其事件相关性信号被加权，相关度高的新闻报道拥有更高的重要性，例如要素出现在标题中的新闻报道。

为了将给定的事件类别包含在商品篮子的建模中，我们需要在样本内数据集中包含至少 50 个该类别的事件日。该要求并未优化，仅为了考虑剔除非常罕见的事件类别。此外，我们酌情删除了完全相关的自变量。

最后，我们根据样本内数据执行特征选择，要求每个特征与目标变量之间的绝对相关性至少为 0.5%。这导致特征数量减少了 37%～45%（具体取决于样本外年份），这意味着我们剩下 34～37 个预测变量。在研究的初步阶段，我们发现对特征施加这种限制可以提高速度，而更重要的是，这种限制可以有效提高 5 种机器学习算法的样本内稳健性。①

9.4　表现

我们研究中的所有策略都使用从第 9.3 节中介绍的模型的预期收益率得出的投资组合权重。预期收益率的信号决定了交易的方向，而预期收益率的相对量决定了投资组合的权重。我们标准化了给定日期的预期回报向量以确保总敞口（Gross Exposure）为 1。同时，净敞口（Net Exposure）的范围可以从 -1 到 1。当然，所有报告的结果均不包含交易成本。

9.4.1　模型组合

表 9.3 展示了我们在大宗商品篮子中的 5 个机器学习模型的一组样本内的表现统计②——产生了 5 个不同的投资组合。③ 总体而

---

① 这种方法的缺点是我们在应用一组线性和非线性模型之前使用线性过滤标准进行特征选择。
② 除非另有规定，所有表现统计均指样本外期间（2015 年 1 月至 2017 年 10 月）。
③ 这些统计数据是基于每种模型通过 10 次运行的平均预测这样的策略的评估来获得的，以解释某些模型和交叉验证过程中的随机性。

言，我们发现模型都具有一定预测效力，但模型之间存在一些相当大的差异。特别地，我们注意到非线性模型在所有指标上都优于线性模型，唯一的例外是随机森林（RF）。其中，梯度提升树（GBN）和人工神经网络（ANN）是样本内表现最好的模型，分别显示出相似的信息比率（IR，2.40和2.39）。

表9.3 样本内表现统计

统计量	弹性网络回归	K近邻回归算法	人工神经网络	随机森林	具有高斯损失函数的梯度提升树
年化收益率	17.6%	19.9%	34.6%	7.3%	**37.3%**
年化波动率	15.6%	**14.3%**	14.5%	15.1%	15.5%
信息比率	1.13	1.39	2.39	0.48	**2.40**
命中率	53.5	54.5	**57.8**	51.7	56.0
最大回撤	22.4%	17.2%	**16.34%**	35.9%	17.9%

注：对于每套统计数据，粗体数字是5个模型中表现最好的。
资料来源：RavenPack，2018年1月。

在展示了样本内的表现之后，表9.4中我们展示了样本外结果。我们发现随机森林模型的信息比率为0.85，年化收益率为13.1%，表现最好。次佳模型是K近邻回归算法，信息比率为0.83，且波动率最低（14.1%）。然后是具有高斯损失函数的梯度提升树，信息比率为0.76，年化收益率为12.3%。弹性网络回归是倒数第二的模型，这表明对解释变量和商品回报之间的非线性关系进行建模确实能够达到优秀的性能。

此外，值得注意的是，如果我们根据样本内数据选择模型，这将导致样本外表现欠佳，样本内表现前二的模型在样本外的表现落后（第三名与最后一名），这提醒我们注意模型选择风险。

表9.4　样本外表现统计

统计量	弹性网络回归	K近邻回归算法	人工神经网络	随机森林	具有高斯损失函数的梯度提升树
年化收益率	8.5%	11.7%	4.0%	**13.1%**	12.3%
年化波动率	15.8%	14.1%	14.7%	15.4%	16.2%
信息比率	0.54	0.83	0.27	**0.85**	0.76
命中率	51.4%	51.7%	50.6%	**52.6%**	51.3%
最大回撤	36.2%	**19.1%**	45.1%	30.7%	23.6%

注：对于每套统计数据，粗体数字是5个模型中表现最好的。
资料来源：RavenPack，2018年1月。

考虑到随机森林的预期收益率与大多数表现较好的模型［例如K近邻回归算法（0.55）］之间仅存在适度的正相关性，我们也许能够将各种模型的预测进行结合以达到更好的效果，并以这种方式控制与模型选择相关的风险，我们将在第9.4.3节中继续进行探讨。

9.4.2　变量重要性

目前为止，我们只回答了我们的框架是否可以产生alpha的问题，但没有考虑哪些变量以及哪些事件类别驱动了alpha的生成。我们选择用随机森林来回答这个问题，因为它是表现最好的模型，样本外信息比率为0.85，并且它提供了一种优雅的方法来计算和分析变量重要性。

为了有效检测到最重要的事件类别，我们采用了基于残差平方和的计量方法，即因变量分裂而导致节点不纯度（node impurity）减少的计量方法。

在图9.1中，我们展示了前10个类别。为了获得按年份的相对重要性的度量，我们首先计算每年中节点不纯度的总减少量。然后，我们通过总减少量来重新缩放重要性指标，来测量每个样本外年份中每个类别的相对重要性。

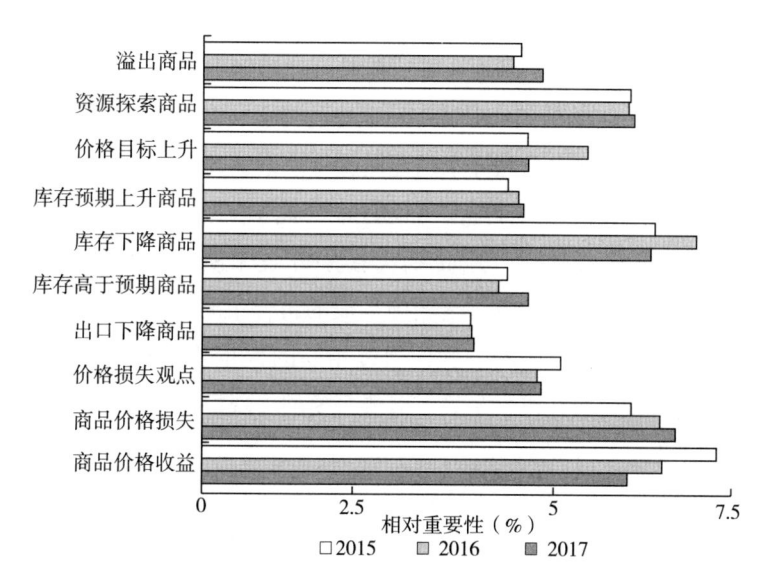

图 9.1 使用弹性网络回归的相对变量重要性

注：特征按每年所有变量的重要性总和进行缩放，从而为每个样本外年份提供相对重要性解释。样本外年份 2015 年的评估窗口为 2005—2014 年，样本外年份 2016 年的评估窗口为 2006—2015 年，样本外年份 2017 年的评估窗口为 2007—2016 年。

资料来源：RavenPack，2018 年 1 月。

对最重要变量的分析结果是非常合理的。特别地，我们在最重要的事件类别中注意到了与库存相关的事件类别，例如库存减少的商品。库存相关的新闻似乎在推动价格方面发挥了相关作用，因为前 10 个变量中有 3 个属于这种事件类型。

此外，我们还发现与供应相关的新闻对价格变化也具有相关作用，比如与发现资源相关的新闻可能表明未来某种商品的供应量增加，而与泄漏相关的新闻可能表明未来某种商品的供应量减少，这一类事件类别也被证明是未来价格的主要预测因素之一。

9.4.3 基于集成模型的组合策略

在第9.4.1节中,我们证实了能源篮子在绝对值和风险调整基础上整体都呈现正收益。然而,在这5种可选模型中我们应该选择哪一种呢?一个行之有效的方法是每一年都选择上一年表现最好的模型。然而,我们已经知道依赖样本内证据进行模型选择可能会导致样本外表现欠佳:比如,人工神经网络模型的样本内信息比率表现很好,基本与最佳模型表现相同,但如果我们选择了这个模型,就将导致最差的样本外表现。另一种方法是实施集成的组合策略(Breiman,1994;Mendes-Moreira 等,2012),我们通过相同的权重将所有5个模型的预期收益结合起来,也就是说,对哪个模型表现最好的问题,我们选择采取"不可知"的观点。[①]

在表9.5中,我们重复展示了的能源篮子的表现数据,并添加了额外的一列展示我们刚才提到的"组合策略"结果。

表9.5 样本外表现统计

统计	弹性网络回归	K近邻回归算法	人工神经网络	随机森林	具有高斯损失函数的梯度提升树	组合策略
年化收益率	8.5%	11.7%	4.0%	13.1%	12.3%	9.8%
年化波动率	15.8%	14.1%	14.7%	15.4%	16.2%	15.0%
信息比率	0.54	0.83	0.27	0.85	0.76	0.65
命中率	51.4%	51.7%	50.6%	52.6%	51.3%	51.1%
最大回撤	36.2%	19.1%	45.1%	30.7%	23.6%	38.3%

资料来源:RavenPack,2018年1月。

[①] 我们没有从基于交叉验证误差统计数据(如均方误差)来确定权重的方法中看到任何收益,因此我们选择采用简单的等权重方法来处理这5个模型。

通过组合这 5 个模型，我们得到的信息比率为 0.65、年化收益率为 9.8%。在没有任何关于 5 个模型中哪一个表现最好的先验知识的情况下，我们能够构建一个在收益方面具有竞争力的集成学习模型（无论是绝对收益率还是经风险调整的收益率），并且可以显著降低与模型选择相关的风险，因此降低潜在过度拟合的风险。这无疑表明了为什么集成模型能在不依赖于单一模型而是使用多种混合模型的情况下达到出色的表现；在我们的例子中，尽管赋予性能相对较差的模型（弹性网络回归和人工神经网络）40% 的权重，但我们仍然实现了 0.65 的信息比率。

自 2015 年以来，组合策略篮子的累计收益率为 29.3%。相比之下，等效的每日重新平衡的基准多头投资组合的总收益率为 -9.0%，信息比率为 -0.11。

通过分析收益率的时间序列，我们注意到我们的最佳模型（随机森林和 K 近邻回归算法）与组合策略的高度相关性，这再次凸显了我们组合策略的竞争力。同时，结果显示组合策略与多头投资组合是负相关的。①

在图 9.2 中，我们针对仅做多的篮子绘制了组合策略的累计收益曲线。总体而言，组合策略在样本外的表现相当不错。且在能源商品总体在全球范围内暴跌的前半段，它的表现明显更为出色。这表明自 2016 年年中以来可能发生了市场机制更替，从那时起大宗商品确实一直在横盘整理，没有太大波动，而组合策略难以完全捕捉到这一点。在第 9.4.5 节中，我们更详细地探究了这一点。

---

① 全样本中组合策略和随机森林模型投资组合的已实现收益之间的相关性为 0.90，组合策略与 K 近邻回归算法投资组合之间的相关性为 0.80，而组合策略与仅做多篮子之间的相关性为 -0.49。

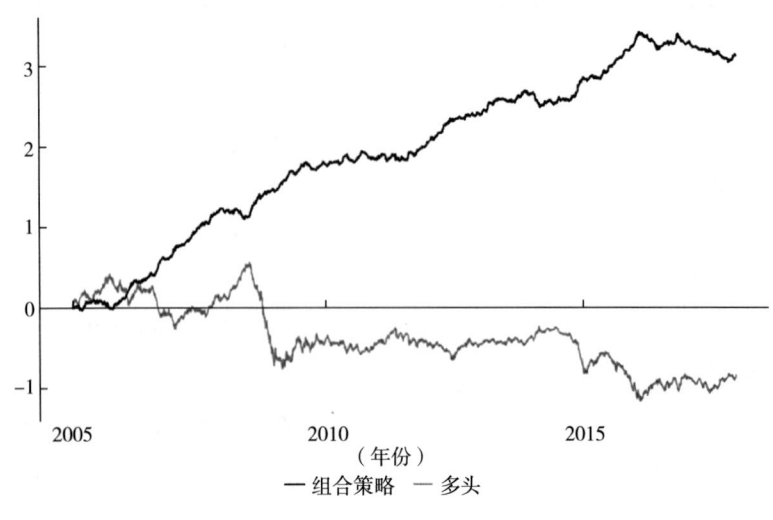

图 9.2　累计对数回报

注：垂直线标志着样本外周期的开始。
资料来源：RavenPack，2018 年 1 月。

9.4.4　组合策略——边际贡献

我们已确定组合策略提供了一种简单但性能良好的方法来组合我们的模型，在本节中，我们将评估每种商品对整体投资组合的表现贡献。在图 9.3 中，我们展示了投资组合策略对任何单一商品的依赖性，展示了每次系统地忽略一种商品以捕捉每种商品的边际贡献时的信息比率。x 轴上的标签表示从篮子中剔除的商品。

通过每次系统地从篮子中剔除一项资产，我们实现了 0.16 ~ 0.69 的信息比率和 2.9% ~ 10.9% 的年化收益率。值得注意的是，剔除天然气对投资组合的伤害最大，信息比率下降至 0.16，也即该商品对投资组合策略的表现贡献最大。

这些结果还表明，对每种商品单独建模可能会有更好的表现，

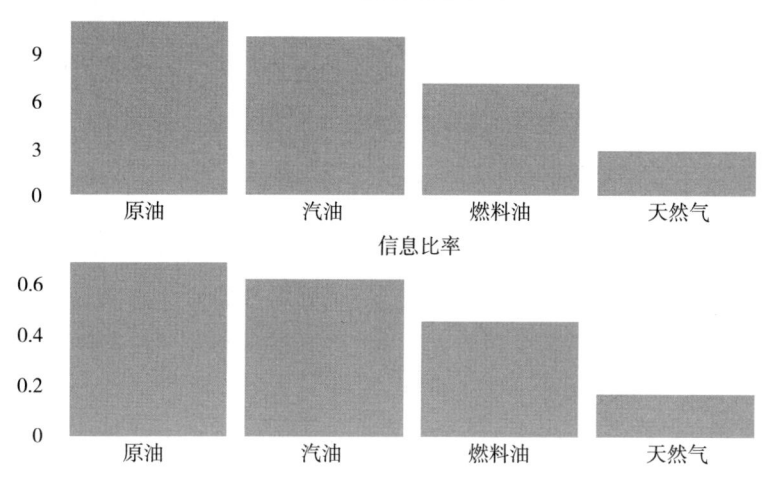

图 9.3 样本外信息比率

注：x 轴上的名称指示了哪些商品被从投资组合策略中剔除。
资料来源：RavenPack，2018 年 1 月。

但是，这样的步骤大大减少了解释变量中非零条目的数量，从而导致更少的特征数量和更多偏差的存在可能性。出于这个原因，我们选择将所有 4 种商品一起建模，这意味着我们假设一个新闻类别在整个篮子中具有相同的影响。

9.4.5　组合策略中的机制检测

目前为止，我们交易了模型生成的所有信号。尽管从信号多样化的角度来看，这种方法很有吸引力，但我们依然对评估我们的信号在特定时间段内是否有更加突出的表现具有浓厚兴趣。例如，波动的市场可能会通过更强的信号提供更多的交易机会。[①] 相反，平

[①] 在 Hafez 和 Lautizi（2017）中，我们在股票投资组合的背景下展示了这一点。

静的市场则可能会通过基本面信息对日收益率产生更明显的影响，而不是被嘈杂的波动所笼罩。正如第9.4.3节中的组合策略一样，在所有市场机制进行交易时，我们可能无法利用单个市场机制所独有的优势。换句话说，通过将我们自己限制在一个交易组合中，我们也许能够提高每笔交易的回报，同时减少整体交易数和与之相关的成本。

我们试图确定是否在某些市场机制下，我们的组合策略可以表现得特别强劲。具体而言，我们通过创建各种投资组合来说明这种结论，这些投资组合仅在满足了与已实现波动率相关的某些要求时才交易标的商品。

我们通过基于滞后1天的21天波动率高于其年平均值，或滞后1天的10天波动率高于其滞后1天的21天波动率来测试这一点。换句话说，波动率是比过去12个月要高，还是最近在上升？[1] 当至少满足其中一个条件时，我们就处于高波动率环境中，否则我们就处于低波动率环境中。

在表9.6中，我们展示了在两种波动率机制（高波动率/低波动率）下，表9.5中的组合策略的表现结果。正如所观察到的那样，以波动率机制为条件，我们能够发现组合策略表现的差异。特别是，我们注意到在样本内期间，高波动率信号表现明显优于低波动率信号。尽管这两种机制都提供了正回报，但在我们训练样本中的这一观察不由得使我们思考一个问题，即我们是否可以在交易信号时通过避免低波动率机制来获得更好的样本外表现。

---

[1] 参数未优化。

表9.6 表现统计

统计量	样本内 高波动率	样本内 低波动率	样本外 高波动率	样本外 低波动率
年化收益率	20.12%	14.05%	21.3%	-3.0%
年化波动率	16.3%	15.5%	16.9%	15.3%
信息比率	1.23	0.91	1.27	-0.20
命中率	55.3%	54.6%	53.9%	47.5%
最大回撤	35.2%	25.1%	18.0%	62.2%
每笔交易回报（基点）	8.59	8.74	8.82	-1.97
交易数	6262	3043	1929	811

注：高波动率和低波动率策略仅在高/低波动期间交易。集合策略的交易与波动机制无关。

资料来源：RavenPack，2018年1月。

之后，我们查看了样本外的表现，并证实了这一猜想，我们发现高波动期会产生相当高的收益率，无论是绝对收益率还是风险调整后收益率。特别是，样本外期间产生的信息比率为1.27，高波动率机制的年化收益率为21.3%，而低波动率制度的信息比率为-0.20，年化收益率为-3.0%。图9.4进一步说明了这种差异，高波动率策略在整个样本期间始终产生较高的回报，尤其是在后半段低波动率策略开始产生负收益时。

在图9.5中，我们比较了组合策略和高波动率策略的样本外累计收益的概况。特别地，我们发现高波动率策略不仅会产生更高的回报，而且具有稳健性，在大部分样本外期间都能产生正收益。具体来说，高波动率策略展现出了更一致的表现，避免了组合策略在2017年表现出的大多数负收益，而这些负收益主要是由于低波动率信号导致的。此外，尽管与组合策略相比，高波动率策略具有交易数量较少的特点（1 929对2 740），但每笔交易回报上的优势足以弥补这一点。与组合策略相比，通过只进行高波动率信号的交

图9.4 累计对数回报

资料来源：RavenPack，2018年1月。

易，我们能够将每笔交易的回报提高一倍以上，从3.38到8.82个基点。

基于集成模型的组合策略是一个开发交易组合的良好起点，但表9.5、图9.4和图9.5中的结果表明，它未能充分考虑市场中可能出现的市场机制转变。这并不奇怪，因为我们的组合策略仅包含了基于RavenPack事件类别是否被触发的事件相关性变量，只采取了24小时的RavenPack数据。更精细的模型可能包括诸如滞后的事件类别、新闻量、情绪或新颖性等信息，甚至包括资产波动率和收益等市场数据（Hafez和Lautizi，2017）。

此外，通过观察全样本时期的累计收益变化，我们注意到它似乎受季节性影响。将信号分为春夏与秋冬[①]的初步研究表明，后者

[①] 在这项快速分析中，我们使用北半球的季节时间。

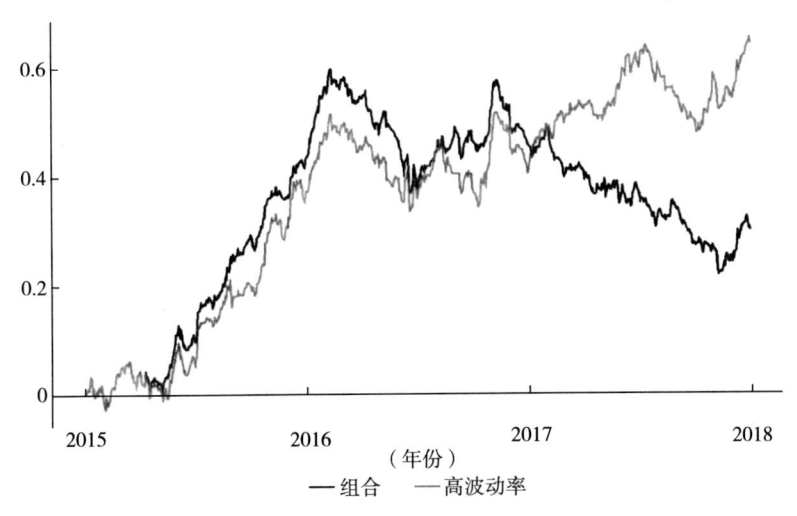

图 9.5　使用组合策略进行样本外性能统计

资料来源：RavenPack，2018 年 1 月。

产生了相当高的收益，这证实了我们对季节性的猜想。该证据印证了我们的假设，即在较冷的月份及实际商品需求激增时，我们的预测模型效果更好。尝试利用季节性来进一步提升策略的表现则是我们未来研究中另一个有趣的方向。

9.5　结论

在这项研究中，我们使用了 RPA 中获取的与商品相关的新闻报道和 5 种著名的机器学习模型，评估了商品期货策略的表现。我们创建了一个能源类商品篮子，其中包含 4 种商品期货，包括原油、燃油、汽油和天然气。

我们说明了 5 种机器学习模型是如何相互叠加起作用的。随机森林模型表现最佳，信息比率为 0.85，其次是 K 近邻回归算法和具有高斯损失函数的梯度提升树。弹性网络回归是表现最差的模型之一，我们的结果表明，其他模型带来的额外复杂性显著提高了对次日收益率的预测能力，主要由于多模型能够更好地检测包括交互项在内的多种非线性因素。

通过综合所有这些机器学习算法，我们继而展示了构建的一个简单的组合策略，即我们对篮子里的所有预测模型进行完全等权的加权，从而产生稳健的结果。采用模型集成方法的好处是通过聚合多种模型来降低偏差和方差，然而，对于哪个单个模型表现最优越，我们却无从得知。模型集成的组合策略的信息比率为 0.65，年化收益率为 9.8%，每笔交易收益率为 3.88 个基点。我们还说明了我们的组合策略组合如何随投资组合的商品组合而变化。更具体地展示了当我们系统地每次从篮子中剔除一种商品时，组合策略得出的信息比率是如何变化的。

最后，我们展示了波动机制是如何影响我们组合策略篮子的表现的。特别是通过对组合策略篮子施加交易限制，我们展示了如何通过加入组合策略中未使用的信息来改善风险调整和每笔交易的收益率，同时降低交易数量和成本。我们特别强调了仅在高波动状态下交易的策略如何产生信息比率为 1.27 的结果，同时使每笔交易的收益增加一倍以上。

探索性的分析表明，我们的预测信号在秋冬季节可能收益能力更强，这表明进一步的研究可以在预测模型中针对季节性进行建模并加以利用，这无疑是未来研究中进一步增强策略的另一个有趣的研究方向。

RPA 事件分类法给商品交易的赋能远远超出本研究中讨论的范围。虽然在从事件类别的层面检测与商品相关的新闻报道方面，我们从 RPA 中获益不少，但我们忽略了其他类型的潜在影响新闻，例如关于全球经济的新闻，以及我们在早期的股票研究中广泛使用的指标，如事件情绪评分等。最后，这里提出的框架可以很容易地修改或扩展到其他主要受宏观经济影响的资产类别，例如股指期货、债券期货和外汇。①

---

① 本章内容最初由 RavenPack 发布，以作为 2017 年 10 月 9 日给客户的报告。本章表达的观点反映了其作者的观点。本章中的任何内容均不应被视为投资推荐或投资建议。本章基于从被认为可靠的来源获得的信息，不对其准确性、完整性或最新性作出任何陈述或保证。对于因使用本章内容而导致的任何直接、间接、后果性或其他损失，RavenPack 不承担任何责任。版权所有。© RavenPack International 2017.

第 10 章

财经新闻中的自然语言处理

M. 贝尔坎·塞森
(M. Berkan Sesen)

亚赞恩·罗马希
(Yazann Romahi)

维克多·李
(Victor Li)

M. 贝尔坎·塞森（M. Berkan Sesen）

博士，副总裁，是美国一家大型资产管理公司的量化研究员和投资组合经理。在此之前，他曾在花旗集团担任量化分析师，管理一个小团队，其任务是建立/维护统计模型以协助算法交易和电子做市。他还共同领导了花旗集团量化分析部门的全球数据分析工作组。他拥有牛津大学人工智能博士学位，专攻机器学习和统计学。他还拥有牛津大学生物医学工程硕士学位。

亚赞恩·罗马希（Yazann Romahi）

博士，CFA，董事总经理，是美国一家主要资产管理公司的首席信息官（CIO），专注于开发公司在另类贝塔和策略贝塔方面的基于因子的特许经营权。在此之前，他是研究和量化策略主管，负责量化模型，帮助建立反映全球多资产解决方案组合的广泛资产配置。他曾在剑桥大学金融研究中心担任研究分析师，并为多家金融机构承担咨询任务，包括先锋资产管理、普华永道和汇丰银行。他拥有剑桥大学计算金融/人工智能博士学位。

维克多·李（Victor Li）

博士，CFA，执行董事，是股票和另类贝塔研究的负责人，也是美国一家主要资产管理公司的投资组合经理。他的主要工作包括研究过程的管理，以及产品的量化贝塔组件的模型开发和投资组合管理。他拥有伦敦帝国理工学院的通信和信号处理博士学位，并在那里担任全职研究助理。他还拥有曼彻斯特大学的通信工程硕士学位。

10.1　导读

新闻一直是投资决策的关键因素。特定公司的新闻、宏观经济新闻和政治新闻都会强烈影响金融市场。随着技术的进步以及市场参与者间联系越来越紧密，新闻的数量和频率都在迅速增长。事实上，过去两年产生大量数据比过去 5 000 年人类创造出的数据总量还要多。据估计，我们在 2017 这一年之内甚至创造了更多的数据（Landro，2016），其中很大一部分来自新闻，这使得人工处理所有与新闻相关的信息变得不现实。

急速增长的大量新闻数据，再加上机器学习的重大发展，使得自然语言处理在金融领域的应用成为主流。自然语言处理是人工智能的一个分支，涉及编程处理自然语言语料库以获得有用的见解。自然语言处理在许多学科中以不同的别名和不同的形式呈现，包括（但不限于）文本分析、文本挖掘、计算语言学和内容分析（Loughran 和 McDonald，2016）。

财经新闻数据的高效利用需要及时、高效地识别相关新闻。重要新闻会对市场和投资者的观点产生重大影响，导致投资领域的风险特征发生动态变化（Mitra 和 Mitra，2011）。为了及时做出可靠的决策，投资者越来越依赖于能够帮助他们实时提取、处理和解释大量新闻数据的程序化解决方案。

对新闻数据做出高效反应的自然语言处理模型，在资产管理和交易方面，以及在风险控制方面都受到高度追捧。在金融领域，自然语言处理通常用于新闻文章的监控、过滤和情绪分析。在资产管理的背景下，这些技术可以作为知识蒸馏工具，将投资组合经理从阅读所有出版材料的负担中解放出来，并允许他们更有选择地支配他们的注意力。

在本章中，我们会了解财经新闻数据的多个方面，关于自然语言处理应用于金融的当代学术研究，以及行业如何利用这些方法获得竞争优势。在第 10.2 节中，我们将介绍不同的新闻数据。在 10.3 节中，我们将仔细研究现有的文献，及自然语言处理在解决金融中不同问题的实际应用。在第 10.4 节中，我们将简要总结自然语言处理分析中涉及的常见分析步骤，如文本数据预处理、单词特征代表技术，最后从模型中获得所需的推论并评估其预测性能。在第 10.5 节中，我们将展示一个真实的自然语言处理解决方案，用于过滤与并购（M&A）相关的新闻文章。在第 10.6 节中，我们将总结提出的要点，并讨论自然语言处理应用于金融领域的挑战和未来研究的途径。

10.2 新闻数据来源

推动过去 10 年财经新闻数据量激增的原因包括传统媒体电子化、监管机构和交易所采用基于网络的传播方式，以及网络社交媒体和内容共享服务的兴起。因此，明智的做法是将新闻数据的来源分为三类，这三类新闻数据为研究人员提供丰富的文本数据集，以检验不同的金融假设。

10.2.1 主流新闻

汤森路透、彭博和慧甚等主流新闻供应商的新闻文章，通常都是通过供应商提供的新闻推送服务来获取。新闻条目通常包含一个时间戳、一个简短的标题，有时还包含标签和其他元数据。在过去的 10 年中，大多数数据供应商在基础设施和人力资源上投入了大量资金，通过对新闻文本内容提供见解，从而处理和丰富他们发布的文章。目前，彭博、汤森路透、RavenPack 等公司都提供了自己的低延时情绪分析和主题分类服务。

10.2.2 第一手新闻来源

第一手信息来源是记者在写文章之前研究的内容，包括美国证券交易委员会的文件、招股说明书、法院文书与并购交易资料。尤其是美国证券交易委员会的电子数据收集、分析和检索系统（EDGAR）提供了美国 2 100 多万份公司文件的自由访问入口，包括注册声明、定期报告和其他资料。因此，它已经成为许多自然语言处理研究项目关注的焦点（Li，2010；Bodnaruk 等，2015；Hadlock 和 Pierce，2010；Gerde，2003；Grant 和 Conlon，2006）。

美国证券交易委员会的 EDGAR 中大多数报告的分析都相当简单直接，因为它们具有一致的结构，通过使用 HTML 解析器可以轻松地识别段落和提取相关文本。与 EDGAR 相比，英国的公司申报文件内容和结构标准化程度没那么高，因为公司管理层有更多的自由裁量权，可以在不同的情况下决定公布哪些信息和多少信息。对研究人员来说，如果没有一致的模板，从这些文件中提取文本数据将变得更加困难。

我们可以进一步将原始新闻分类为计划的和非计划的。计划的新闻事件包括货币政策委员会的公告或公司盈利公告。非计划的新闻，即事件驱动的新闻，可以是并购公告或业务重组。计划性新闻的一个好处是，市场参与者能准备好对其消化并及时做出反应。由于消费者的需求，计划性的新闻条目通常以结构化或半结构化的形式提供。相比之下，事件驱动的新闻是充满噪声的，需要对这些通常非结构化的文本的数据进行持续监控和处理。

10.2.3 社交媒体

许多新闻来自社交媒体服务，它们进入门槛低，因此信号噪声比也低。社交媒体来源包括推特、博客和个人帖子。尽管存在高水平的噪声、缺乏验证和缺乏编辑，但社交媒体仍然可以作为一个有价值的信息来源，因为它们在线生成新闻的速度非常快。事实上，随着社交媒体平台的出现，信息传播模式发生了最显著的变化，使个人和企业能够即时发布他们对（市场）事件的反应。

关于社交媒体，众说纷纭。其中之一的支持观点是博客文章或推文可以让人们利用"群众的智慧"，这指的是由许多个体提供的信息聚合往往会得出比任何单个成员做出的预测更好的结果（Bartov 等，2017）。然而，社交媒体上的帖子可能缺乏可信度，因为大多数提供者没有办法核实共享的信息或激励高质量的信息。来自发达国家当代政治选举的轶事证据表明，社交媒体帖子中的信息可能是有意误导，以服务于发帖者自己的目的。

社交媒体的使用对于传播公司信息来说也越来越普遍，并成为第一手信息供应商的替代品。2013 年 4 月，美国证券交易委员会批准使用帖子和推文来发布公司公告，如盈利公告等。Jung 等人（2015）发现，截至 2015 年，大约一半的标普 500 指数的公司要么有企业推特账户，要么有脸书页面。后续报道称，公司使用推特等社交媒体渠道与投资者进行互动，以减弱投资者对消费品召回的负面价格反应（Lee 等，2015）。

用于处理和提取新闻模式的自然语言处理模型都是使用历史数据进行训练的。新闻数据通常可以通过订阅新闻流和/或第三方供应商的数据库（如彭博、汤森路透或 RavenPack）来获得。另一种常见的方法是通过网络抓取来提取历史新闻中的文本和元数据，例如从丰富站点摘要（RSS）推送中提取，或者从新闻供应商或监管机构的公开可用档案中提取，这种方法个人投资者使用得比较多。

无论分类如何，所有新闻条目都需要通过应用一系列转换，才能将其变成机器可读的格式。新闻文章总是有时间戳，在大多数情况下，发布者会用相关主题、股票标签，有时甚至是观点评分来做标记。这种元数据有助于处理信息。在讨论自然语言处理和应用于原始文本输入数据的常见顺序步骤之前，在下一节，我们将重点关注自然语言处理在金融领域的实际应用。

10.3 实际应用

在这个部分，我们将对自然语言处理在当代金融领域的学术研究和产业应用进行仔细的回顾。维克多·尼德霍夫（Niederhoffer，1971）进行了一项将自然语言处理应用于财经新闻数据的开创性研究。作者调查了《纽约时报》的头条新闻与股价波动之间的广泛关系，其中的头条新闻是从报纸的专栏中人工提取出来的。研究报告称，一些重大宏观经济新闻的发布可能会导致股价大幅波动。然而，新闻条目的特定类别并没有提供关于未来价格变动的信息。此后，计算机和统计推断在该领域的作用逐渐突出。

今天，金融领域的自然语言处理研究涵盖了广泛的课题，从涉及交易和投资决策到做市和风险系统。越来越多的产业应用和学术研究将自然语言处理应用于财经新闻进行分析。然而，由于明显的知识产权和商业秘密问题，描述这些技术在金融公司中的专有用途的行业报告很少会被公开。

10.3.1 交易及投资

自然语言处理在金融领域最常见的应用领域之一是系统交易和

投资,在过去10年中,交易和投资大幅增长,并将继续在股票、期货、期权和外汇等交易中迅速发展。市场参与者将自然语言处理作为获取竞争优势的一种方式,即通过分析新闻数据来进行预测经济行为。其基本原理类似于投资者隐含地应用他们对过去在类似条件下市场表现的知识,来预测当前环境下未来可能发生的情况。

新闻被认为是影响市场微观结构的"信息事件",影响特定证券或市场的价格形成、波动性和流动性(Mitra等,2015)。虽然应用的方法在理论上是不依赖于特定领域,但交易和投资中的自然语言处理分析在股票中得到了很好的发展。

根据应用的不同,研究人员的信息来源有所不同。处理美国证券交易委员会的文件非常流行,因为从美国证券交易委员会的ED-GAR数据库中提取数据相对容易,正如我们在第10.2节中讨论的那样。在2011年的文献调查中,Li(2010)指出,大多数关于公司申报文件的研究都集中在披露的情绪或复杂性及其对盈利或股价的影响上。在Bodnaruk等人(2015)的一个案例研究中,作者试图通过评估10-K披露的情绪来预测流动性事件,以向股东传达他们的担忧。作者计算了一组专有限制性词汇的使用频率,例如"义务""减值""强制",以衡量10-K文件的基调。报告指出,限制性词汇的使用比例对经济产生了重大影响。例如,限制性词汇增加一个标准差,使股利下降的可能性增加10.32%,并使股利上升的可能性减少6.46%(Bodnaruk等,2015)。

招股说明书在预测收益方面也可能起到类似的作用。Hanley和Hoberg(2010)使用1996—2005年期间的大量首次公开发行(IPO)的样本,研究了IPO说明书的情绪对定价和首日回报的影响。作者将招股说明书的文本分解为标准部分和信息组成部分,他们发现招股说明书信息的不足会降低其定价的准确性,因为它意味着更多地依赖于投资者在询价圈购期间为该股票定价,并导致更高的报价变化和较高的初始回报。另一个与此相关的研究是情绪分析，它越来越受欢迎，因此值得我们用另一小节介绍。

10.3.2 情绪分析

情绪分析的目的是分析文本主体对特定主题或实体所表达的观点。在金融领域，大多数情绪分析任务背后的主要动机是将这些观点与未来证券收益的方向性联系起来。这与监测新闻报道以预测交易量和价格波动的自然语言处理应用不同，后者可以说是更简单的任务。尽管情绪分析目前在金融领域很流行，但它的开创性研究实际上集中在电影评论上，旨在训练一种算法来检测文本中的情绪（Lee 等，2002）。与旨在清晰表达观点的自包含文本体电影评论相比，从财经新闻中提取观点是一项更加困难的任务，因为它噪声更多，而且所涉及的上下文信息也不确定。

一般来说，情感可以被建模为"积极"和"消极"的二元分类，或者一个有序的分数，指明一篇文章情感的积极或消极程度。作为一种监督学习范式，我们在情绪分析时，可能需要手动标记具有不同情绪类别/分数的训练数据集，然后将这些数据输入分类或回归算法。这是一项劳动密集型的工作，可能会受到标记者主观因素的负面影响，而且在多个注释者的情况下很容易出现标签之间不一致的情况。事实上，Loughran 和 McDonald（2016）的研究表明，财经新闻很容易被错误分类。

人工标注的另一种方法是编制一个"单词列表"，将单词与不同的情感相关联。使用这样的列表，研究人员可以计算出与特定观点相关的词汇数量，据此，在一篇新闻文章中，悲观词汇的比例较高，就意味着消极观点。虽然自然语言处理从业者可以选择编译和使用他们的专有词汇列表，但也存在公开可用的词汇列表，比如 Henry Word 列表（Henry，2008），它是为金融文本编译的。有了这样的公开词汇表，复制其他研究人员的分析就更容易了。

最后，一种更具原则性的消除研究者主观标签的方法是从新闻出版的时候开始将新闻文章与预测的收益率联系起来。其中一个例子是路透社新闻事件指数（NEI，Lo，2008），它被构建为具有对资产收益率和（实现）波动率的"预测"能力。NEI 的最佳权重是通过将词（主题）频率与日内资产收益率进行回归确定的。

情绪分析在金融领域最突出的应用之一是路透社 NewsScope 情绪引擎（路透社，2015），该引擎根据积极、中性和负面情绪对特定公司的新闻进行分类。Groß-Klußman 和 Hautsch（2011）调查了收益率、波动率和流动性的高频波动在多大程度上可以被路透社当天计划外的新闻用来解释。研究结果表明，尽管情绪标签对于未来价格走势有一定的预测能力，但在新闻传播所引发的显著波动和偏离的买卖差价，使得简单基于情绪的交易策略无法获利。

在另一项研究中，Heston 和 Sinha（2017）利用 2003—2010 年汤森路透社新闻中提取的观点数据探究了个股收益率的可预测性。他们认为，某一特定交易日的新闻观点与随后 1~2 天的股票收益正相关。他们指出，这个预测范围的长度在很大程度上取决于投资组合的形成过程。同样，Das 和 Chen（2007）得出结论，情绪分析对摩根士丹利高科技指数（MSH）水平提供了一定的解释力。然而，自相关性质使得很难对这种实证关系进行建模。

除了主流新闻的使用，越来越多的研究集中于社交媒体的情绪分析。Bollen 等人（2011）就是一个例子，他们研究了从大规模的推特信息流中获得的集体情绪状态的测量值是否与道琼斯工业平均指数（DJIA）的价值随时间的变化相关。为了捕捉情绪状态，他们使用了意见搜寻者（Opinion Finder）和谷歌情绪档案（GPOMS），前者衡量积极和消极情绪，后者将情绪分为 6 个维度（冷静、警觉、肯定、活力、友好和快乐）。作者报告称，一些谷歌情绪档案中的情绪状态与发生在 3~4 天后的道琼斯工业平均指数值的变化存在相关性，而意见搜寻者中的情绪状态似乎没有预测性信息。值得指出的是，虽然一些谷歌情绪档案中的情绪状态与道琼斯工业平均指数值存在滞后相关性，但作者警告说，这并不能保证公众情绪状态与道琼斯工业平均指数值之间存在因果关系。

旨在从第一手来源新闻中提取情感的研究也很常见。Huang 等人（2014）使用朴素贝叶斯（NB）方法，对 1995—2008 年标普 500 指数公司发布的超过 35 万份分析师报告进行情绪预测。他们将分析师报告中的 2 700 多万句句子分为积极、消极和中性观点，并将句子级别的观点汇总，以确定整体报告的情感。他们认为，投资者对负面消息的反应比正面消息更强烈，这表明分析师在传播负面消息方面尤为重要。

在金融领域，与情绪分析相关的共同挑战包括难以提取一致的情感，需要确定某一特定新闻条目涉及了哪一种证券（以及在何种程度上涉及），以及过滤已经被重复使用的文章并选出最新的文章。值得一提的是，情绪分析也存在大量的数据可用性和偏见问题。Moniz 等人（2009）报告称，关于某些公司可获得的新闻数据量在很大程度上取决于它们的规模，在标普欧洲大型股中，按规模计算排名前 1/5 的公司占所有新闻报道的 40%，而排名后 1/5 的公司仅占 5%。除了缺乏市值较小的公司的数据，一些研究发现，被认为是积极的消息比负面消息的数量更多（Das 和 Chen，2007）。相反，个别股票价格对负面消息的反应比正面消息更强烈（Tetlock，2007）。因此，应当意识到伴随情绪分析的常见陷阱。

情绪分析的另一个方法论挑战是，自然语言处理从业者为了获取改进的结果而调整模型参数，从而意外地使推断算法过拟合。这表现为模型过于适应训练期间的细节特性，但实际上对新数据的泛化效果很差。虽然我们可以认为这是机器学习应用于金融时间序列的一个更普遍的缺陷，但由于与情绪评分和标注相关的复杂性和自由度增加，它在情绪分析中更加突出，这是值得讨论的。

最后，根据经验，在进行情绪分析后，我们应检查结果以验证所捕获的信息"优势"确实是由新闻来源所驱动而不是由自相关或其他市场信号的同时信息所驱动。换句话说，我们应该确认基于情感的预测（如对价格的预测）是否增加了未包含在预测市场信号自身过去价值中的信息。我们将在第 10.4.4 节中讨论一些常用的评估指标。

10.3.3 做市

做市商是以盈利为目标的金融工具流动性提供者。在报价驱动的市场中，做市商提供买入价和卖出价。在一个订单驱动的市场中，限价订单提供了流动性。在做市的背景下，新闻数据可以用来更新经纪人对交易量、市场深度和波动率的估计，以调整价格和买卖价差。在重大市场事件发生时，做市商希望通过扩大买卖价差并暴露自己，从而获得相应比例的收益。如前一节所述，这些事件可以是计划内的货币政策公告或计划外的新闻发布，这些新闻可能会引发相关金融工具波动率或交易量激增。

正如我们所提到的，计划外的新闻通常需要更多的时间来处理公告含义并制定适当的行动。在这种思考期间，做市商通常会对交易更加谨慎，流动性也会减少。Groß-Klußman 和 Hautsch（2011）报告说，新闻发布对买卖价差有显著影响，但未必影响市场深度。做市商对新闻的反应主要是修改报价而不是订单量，这与基于非对称信息的市场微观结构理论非常一致，其中专家们旨在对可能的信息不对称进行过度补偿（Mitra 等，2015）。

Von Beschwitz 等人（2013）研究了媒体分析供应商如何影响市场微观结构，特别是他们的存在如何影响股市对新闻的反应。作者发现，像 RavenPack 这样的媒体分析供应商以独特的方式影响着市场。如果一篇文章能够在 RavenPack 中得到一致的报道，那么股票价格和交易量的调整速度将会更快。市场会暂时对误报做出反应，但随后会迅速恢复。因此，对于做市商来说，消化这种类型的信息以便在财经新闻发布时进行相应的定位非常重要。

10.3.4 风险系统

自然语言处理在金融领域也被应用于风险管理。随着市场的发展和复杂化，风险管理工具也在进化，以满足更具挑战性的需求。重大新闻事件会对市场环境和投资者观点产生重大影响，导致交易证券的风险结构和风险特征迅速变化。自然语言处理在风险管理中使用的方式多种多样，从发现和管理事件风险到加强欺诈和内幕交易检测。

事件风险可以描述为由计划外的新闻所带来的不确定性，这种不确定性会在短时间内引起大幅度市场波动。虽然经常被提及，但由于难以量化文本消息，事件风险通常只能被归为定性判断和由管理人员自行决定（Healy 和 Lo，2011）。自然语言处理在金融风险管理中的一个常见用途是作为交易执行算法的限制器。我们已经讨论过，重大市场事件通常会导致做市商的买卖价差增加。作为交易对手，资产管理公司和自营交易机构可以在交易的证券出现"实质性的"和"全新的"新闻时，暂时停止当前的行动。Brown (2011) 报告称，在自动交易策略中使用新闻分析作为"断路开关"和"狼探测"系统，有助于增强此类策略的稳健性和可靠性。

同样，有时将与投机性市场新闻相关的证券排除在投资考虑之外可能是明智的。这类投机性新闻事件发生之后，通常会出现价格波动和波动峰值，形成不可分散的风险，即异质性风险。在第 10.5 节中，我们将提供一个真实世界的自然语言处理应用，这一应用旨在准确区分与并购相关和与并购无关的新闻标题，以减少并购公告造成的特殊风险。

自然语言处理在金融风险管理中的另一个应用领域是旨在识别异常活动和虚假报告的异常值检测。Purda 和 Skillicorn（2015）分析了 10-K 文件，根据报告中管理层讨论和分析部分使用的语言来区分虚假性报告和真实性报告。他们的方法很大程度上依赖于识别某些报告与同一家公司发布的其他报告的显著偏差，突出了利用该公司本身作为控制变量的有效性。异常值检测方面的类似研究在检测非常规模式方面也很受欢迎。

除了上述讨论的案例，自然语言处理可用于改进内部财务报告并及时更新关键事项（尤其是合规方面）。通过对元数据的文本分析和内容的"理解"，可以有效跟踪监管要求的变化并确定与合规相关的成本（LaPlanter 和 Coleman，2017）。因此，自然语言处理可以显著减少确保合规合法所需的人工处理，并可以通过汇聚来自不同业务部门的相关数据，促进与监管部门的沟通。

值得注意的是，对财经新闻进行文本分析也可能产生意想不到的后果。自然语言处理对新闻的响应速度的提高，也增加了对响应正确性的要求。事实证明，快速但错误的响应方式可能是危险的。例如，2013 年 4 月，一条关于所谓白宫发生爆炸的误导性推文引发了股市的一场小型闪崩，一些人很快就将其归咎于算法。同年晚些时候，汤森路透社因提前几秒钟向高频交易机构出售预订的经济新闻而受到指责（von Beschwitz 等，2013）。在下一节中，我们将重点讨论自然语言处理的技术方面。

10.4　自然语言处理

如前所述，自然语言处理是人工智能的一个分支领域，用计算机编程处理文本数据，以获得有用的见解。它以不同的形式和名称超越许多学科，如文本分析、文本挖掘、计算语言学和内容分析。在上一节中提到的所有自然语言处理应用，都需要执行一些常见的顺序步骤，例如在输入统计推断算法之前，对文本数据进行预处理，并将单词表示为预测性的特征。在本节中，我们将更详细地了解这些所有自然语言处理任务中必须保证的常见步骤。

当然，任何统计分析都是从收集数据开始的。对于金融领域的自然语言处理应用来说，收集数据有多种方法，包括订阅路透社或彭博社等主要信息供应商的新闻推送，或者使用自定义脚本进行网络爬虫从而提取历史新闻的文本和元数据，例如 RSS 推送或者新闻供应商或监管机构的公开档案。

一旦数据被收集，自然语言处理从业者将需要首先预处理和清理数据，尽可能减少数据的噪声。在预处理之后，选择一种适合数据和具体任务的特征表示方法是很重要的。

一旦这些词被转换成预测性特征，它们就可以被输入统计推断算法，以提取有用的见解。图 10.1 说明了这种常见的自然语言处理流程，它在很大程度上与一般机器学习分析中包含的步骤重叠。

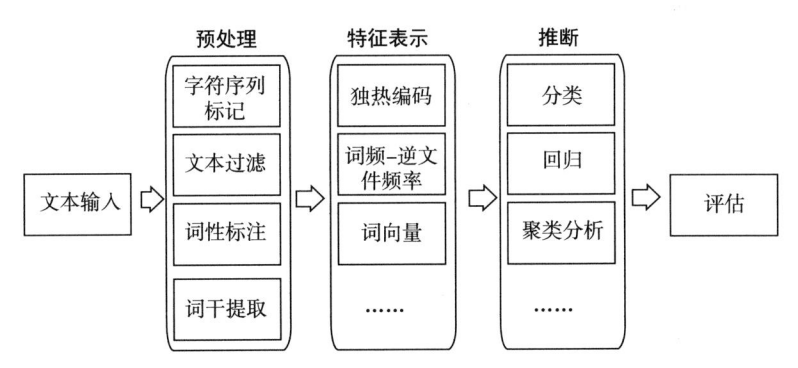

图 10.1 从预处理到特征表示再到推断的自然语言处理流程

第 10 章 财经新闻中的自然语言处理

在接下来的 4 个小节中，我们将详细地讨论图 10.1 中描述的顺序步骤。我们有意地确保我们的介绍是概念性的，目的是让大家大致了解这些常用步骤，而不是提供深入的技术性讨论。

10.4.1 文本数据预处理

财经新闻数据与定量市场数据最显著的区别在于其不精确性。为了将新闻数据输入计算机，我们需要将一组特征转换为一种格式，以精确的方式捕获所传达的信息。下面我们将介绍应用于文本数据的一些最常见的预处理和转换步骤。为了更全面地了解本节讨论的预处理步骤，读者可以参考 Manning 等人（2009）的研究。

10.4.1.1 标记化 在大多数自然语言处理应用中，第一步通常是对原始文本数据进行标记，通过定位单词边界将其分解为标记单元。然而，标记不一定只是文字，它们可以是数字或标点符号。事实上，标记化通常与删除标点和停用词有关，这些非常常见的词汇对自然语言处理任务可能没有什么价值。确认这些停用词显然是一项针对特定语言的操作，根据语料库的语言不同，可能涉及不同的子阶段。

10.4.1.2 词汇 虽然可以将文本建模为字母集合，但大多数自然语言处理方法将单词视为预测性特征的原子单元。自然语言处理语境中的词汇是指语料库中出现的待处理的不同词汇的集合。限制词汇量的常用方法是考察词汇频率，只保留出现频率较高的单词。这样，不常见的单词将会被捆绑到通用单词索引中，这也可以被视为在特定应用中的停用词删除过程。

一种最简单但很强大的自然语言处理方法是专注给定文本中的几个特定单词或短语。由于模糊性，过大的词汇量通常比专注于更少的含义明确的单词或短语更容易出错。一个可能的解决办法是忽略或将词汇表中的货币数量、数字和 URL 等标记捆绑在一起，因为它们各自的表示极大地扩展了词汇表的大小。

较少遇到的单词通常包括专有名词，如个人或组织名称，而限制词汇量可能有助于正则化，即把某公司或国家名称捆绑到通用索引中，这可能有助于消除偏差。减少词汇量类似于机器学习中的特征选择。这是机器学习中一个非常活跃的研究领域，其中存在比词汇频率更加原则性的指标，如互信息和增益比，它们可对不同特征捕捉的分类辨别信息进行评分。

10.4.1.3 词性标签 词性标签是指将一个标记赋予语法范畴的过程，如动词、名词等，以了解其在句子中的作用。词性标签器是专门的计算机程序，它将单词序列（即句子）作为输入，并将一个元组列表作为输出，其中每个单词都与相关的标签相关联。词性标签的一个应用是根据单词的标签为其赋予不同的权重，将重点放在强调的文本片段上，如形容词和副词周围。例如，Das 和 Chen（2007）在他们的情绪分析五分类器集成框架中使用了一个基于形容词和副词的分类器，该分类器假设使用形容词或副词的短语包含了大量观点，因此在基于字数的特征表示中"理应"获得更大的权重。

10.4.1.4 词干提取和词形还原 词干提取和词形还原都用于把单词的派生语法形式减少还原为基本形式。虽然对大多数英语单词来说，词干提取和词形还原产生的是同一个单词，但两者并不是一回事。词干提取通常在不了解上下文的情况下对单个单词进行操作，并使用一种粗略的启发式过程，删除派生词缀，将单词还原到词干。相比之下，词形还原的目的是以更有原则的方式实现这一目标，即使用词汇和词法分析来返回一个单词的基本形式或词典形式，也称为词元法（Manning 等，2009）。与词干化不同，词形还原不仅处理基本的单词变化，如单数和复数，而且处理同义词，如

"小汽车"（car）匹配"自动驾驶汽车"（automobile）。此外，词形还原通常需要事先用一个词性标签器提供所需的上下文信息，然后将单词映射到适当的词元中。

10.4.2 将词汇表示为特征

绝大多数新闻数据是为人类阅读而产生的，因此以非结构化格式存储，如新闻推送文章、PDF 报告、社交媒体帖子和音频文件，这些都不能被计算机直接处理。按照上一节中讨论的预处理步骤，为了将信息内容输入统计推断算法，需要将预处理的标记转换为预测性特征。

自然语言处理中最常用的特征表示技术是词袋模型，根据该模型，文档被编码为一个（无序的）集合，不考虑语法和词序，但保留多样性。文本被转化为"词袋"后，可以计算各种度量，并生成预测性特征。由词袋模型生成的最常见度量是术语频率，我们在前一节中已经讨论过了。

在词频表示中，所有单词都被假定为独立的，文本被压缩成一个术词——文档矩阵，由表示单个单词的行和提供每个文档的单词计数的列组成。这种方法有多方面的缺点。第一，它不保留单词出现的顺序，因此失去上下文。想想可口可乐公司 2017 年第三季度的盈利报告中，标题是《受特许经营 18 点阻力影响，净收入下降 15%；受价格/混合 3% 推动，有机收入（非 GAAP 准则）增长 4%》（可口可乐公司，2017）。即使是这样一小段文字，词频表示不能确定什么是"下降"，什么是"增长"，由哪个因素推动。

在简单的词袋模型之外，根据邻近的词来表示一个词的意思是最常见的扩展。N–gram 模型属于这一类，它通过存储相邻出现的单词序列来部分解决上下文缺失的问题。因此，例如，一个两字的 N–gram 模型，即双词模型，将文本解析为一组连续的配对。这显然有助于捕捉单词的共现。理论上，N越大，模型可以存储的上下文信息更多。然而，在实践中，大多数NLP应用仅限于双词组或最多三元组，由于计算资源和时间的限制，一个综合大型的N-gram方法可能具有挑战性。

词频表示的第二个缺点是常见的词几乎总是所有文本中使用频率最高的词，如代词或介词，但这并不一定意味着对应的词更重要。为了解决这个问题，"归一化"词频的一种最流行的方法是逆文档频率（即词频-逆文档频率）作为一个术语加权。词频-逆文档频率是自然语言处理中最流行的术语加权方案之一，它旨在反映语料库中一个词对文档的重要性（Aizawa，2003）。

在自然语言处理中，我们应该研究的关于特征表示的另一个方面是特征如何编码。大部分早期的自然语言处理应用都是将词汇编码为离散的原子符号，也就是说，如果我们有一个词汇表，"购买"和"获得"是其中不同的单词，"获得"可以表示为Id-102，"购买"可以表示为Id-052。这种编号完全是任意的，没有提供任何有用信息揭示这些个体符号之间存在的明显关系。这意味着，在处理一篇包含"获取"的新闻文章时，该模型无法利用它所学到的关于"购买"的知识。在机器学习中，这种类型的特征表示，分类特征被编码为唯一标识，被称为"单热编码"，导致数据稀少。这意味着我们可能需要更多的数据才能成功地训练一个统计模型。

使用分布式表示可以克服其中的一些障碍。分布式表示也被称为向量空间模型，或向量嵌入，语义相似的词在连续向量空间中聚合在一起。回到我们关于"获取"和"购买"的例子，经过训练后，分布式表示中这两个单词将映射到向量空间的邻近坐标。因此，遇到这两个看似不同的预测性特征时，算法是可以感知到它们确实是密切相关的。

分布式表示的不同利用方法可以划分为两类。第一类是基于计数的方法［例如潜在语义分析（LSA）］，它量化了大文本中单词与其他单词的共现频率，并利用这些统计数据将每个不同单词映射为密集向量。第二类是所谓的预测性方法，通过迭代更新单词的向量坐标进行训练，以便更准确地预测邻近单词。两种模型的最终结果与基于计数的模型相同，即将词汇表中的每个不同单词映射为密集嵌入向量（Tensorflow，2017）。使用这种预测模型计算的分布式表示尤其有趣，因为向量空间显式地编码了许多语言规律和模式。而且，令人惊讶的是，许多模式可以用线性平移来表示（Mikolov等，2013）。

迁移学习是另一个流行的话题，它与自然语言处理中的分布式表示密切相关。这个概念已经出现几十年了，指的是通过转移类似领域中已经学习过的相关任务中的知识，来提高在新任务中的学习能力。在自然语言处理中，知识迁移通常是指把巨大语料库中训练过的单词的分布式表示重复使用到较小的细分领域。这使得自然语言处理从业者可以在自己的特定领域应用中利用大规模研究获得的语义信息和语言模式，而不必依赖更多细分和更有限的数据集来重新学习相同的信息。在第 10.5 节中，我们将提供由一家领先的资产管理公司使用的现实自然语言处理应用，该应用使用了经过数百万篇新闻文章训练的向量嵌入，并将其应用到特定的并购领域。最常用的预训练向量表示是谷歌的 Word2Vec（Tensorflow，2017）和斯坦福大学的 GloVe（Pennington 等，2014）。

虽然量化一个单词集合的全部信息内容是不可能的，但特征表示的总体目标是使表示的信息量最大化。语言本质上是复杂的，它不仅依赖于构成文本的字母和符号，还依赖于人类大脑对内涵和上下文的理解能力。因此，随着我们从基于语法的方法转向考虑上下文和语义关联的方法，开发能够捕捉人类交流的所有复杂性的自然语言处理工具变得越来越困难。重要的是应当清楚，在使用诸如

"单词是独立单位"之类的假设时,有多少上下文信息被丢失。

10.4.3 推断

像所有其他人工智能任务一样,自然语言处理应用生成的推断通常需要转化为决策,以实现可操作性。图 10.2 给出了从推断到决策和行动的自然流程。来自自然语言处理应用的推断可以帮助人类进行决策,其中效用函数的应用将推断转换为决策。这个效用函数可以像概率阈值一样简单,或者是领域专家大脑中隐含的利弊权衡。或者,推断作为自动化量化策略的一部分,可以被计算机直接转化为行动。

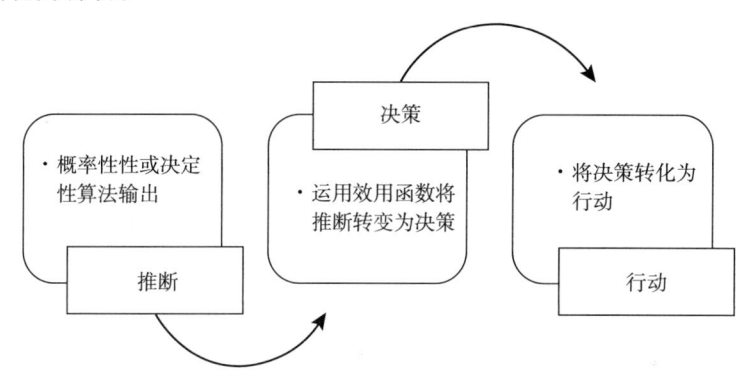

图 10.2 将推论结果转换为决策和行动的工作流

推断一直是机器学习的核心话题,在过去 20 年中,自然语言处理从业者使用的推断工具经历了前所未有的进步。机器学习的推断分为三大类,即有监督学习、无监督学习和强化学习。虽然推断的类型取决于具体业务问题和训练数据的类型,但在自然语言处理中最常用的算法是有监督的或无监督的学习。简而言之,有监督学习需要有标签的训练数据,目标是将一组预测性特征映射到它们记录的或期望的输出上。

相反,无监督算法可以从无标签数据中学习模式。还有一个介于两者之间的混合类别，即半监督学习。半监督学习通常使用少量的标签数据和较多未标记数据进行学习，以解决监督问题。

在自然语言处理中，朴素贝叶斯模型（Naïve Bayes）是最常用的监督方法之一，它假设给定类别标签，所有单词的特征都是相互独立的。由于这个高度简化但很大程度上是错误的假设，朴素贝叶斯模型与词袋的词汇表示非常一致。朴素贝叶斯模型通常被描述为机器学习中更复杂算法的"攻击目标"。然而，尽管它简化了假设，但它经常与更复杂的分类器不相上下，有时甚至优于更复杂的分类器。Friedman 等人（1997）将这一悖论归因于这样一个事实：分类估计只是函数估计符号的一个函数（在二进制情况下）；在分类精度较高的情况下，函数近似值仍可能不合理。这指的是分类器的不良校准情况，我们将在下一节中讨论。

监督学习算法的复杂性光谱另一端是现代神经网络结构。过去的 5 年间，神经网络结构主导了自然语言处理的推断，如循环神经网络（RNN）和卷积神经网络（CNN），都颠覆了以前的技术水平。与朴素贝叶斯模型相比，这些结构能够学习复杂且相互依赖的特性，这些特性可以识别输入数据中的模式，并将这些模式映射到所需的输出中去。在自然语言处理领域，提高这些结构性能的一个催化剂是我们在前一节中讨论的分布式表示的兴起。

现有的自然语言处理文献大多集中在有监督学习方面，因此，无监督学习应用是一个开发相对较少的子领域，而其中测量文档相似度是最常见的任务之一。这通常是通过计算两个新闻条目之间的余弦相似度来实现的，其中文档被表示为词频率或词权重的向量。在这一领域的研究包括 Hoberg 和 Phillips（2016）的分析，他们专注于 10-K 产品描述，以创建基于文本的行业分类；而 Lang 和 Stice-Lawrence（2015）比较了年度报告的相似性。

在自然语言处理中，另一种常用的无监督技术是潜在语义分析

(LSA)，也称为潜在语义索引（LSI）。潜在语义分析通过生成一组与文档和术语相关的潜在概念，查看一组文档与所含单词之间的关系。从技术上讲，这些潜在的概念是通过应用奇异值分解（SVD）来降低术语文档矩阵的维度，同时保持矩阵内的结构相似性。简单地说，我们可以把这些技术看作单词的因子分析。潜在语义分析通常用于测量文档的相似性，并揭示跨不同领域的文本关联模式。

潜在语义分析在财经新闻中的应用是一个有待开发的研究领域。Mazis 和 Tsekrekos（2017）分析了联邦公开市场委员会（FOMC）发布的声明对美国国债市场的影响，这是少数关于该主题的研究之一。使用潜在语义分析，作者发现，委员会使用的反复出现的文本"主题"能描述在作者取样期间所传达的大多数货币政策。这些主题能显著地从统计上解释三个月、两年期、五年期和十年期国债收益率的变化，即使在控制了货币政策的不确定性和同时出现的经济前景之后也是如此。

潜在语义分析还有一个基于潜在类模型的概率变种——概率潜在语义分析（pLSA，Hofmann，2001）。概率潜在语义分析为一个更复杂的方法铺平了道路，即基于狄利克雷先验的潜在狄利克雷分配（LDA，Blei 等，2003）。潜在狄利克雷分配允许研究者使用词语–文档矩阵来识别语料库中的潜在主题结构。它是一种生成模型，更具体地说，是一种分层贝叶斯模型。在该模型下，文档被建模为主题的有限混合，而主题又被建模为词汇表中单词的有限混合。主题建模是一个日益壮大的研究领域，自然语言处理从业者为文本语料库建立概率生成模型，以推断文档组中潜在的统计结构，揭示单词可能的主题属性。

10.4.4 评估

一般来说，自然语言处理任务中的推断评估与其他机器学习方法的分析类似。对于试图预测连续因变量（如收益率或波动率）的回归模型，评估指标通常是各种误差指标，包括但不限于均方根误差（RMSE）、平均绝对误差（MEA）和均方误差（MSE）。对于输出是类别变量的分类任务，存在许多基于混淆矩阵的指标，如准确性、精确度和召回率。混淆矩阵是一个联表，它将分类器预测的类标签与真实的标签进行比较，真实的标签也被称为真值。因此，对于二进制分类任务，混淆矩阵是一个 2×2 矩阵，它给出预测标签和真实标签对比的汇总统计信息。最直观的基于混淆矩阵的指标是准确性，它能显示分类器对数据集的哪一部分进行了正确分类。

值得一提的是，对于分类任务，基于混淆矩阵的指标只给出整体性能的部分评价。这是由于为形成混淆矩阵，分类器的输出需要通过一个概率临界值将后验类别概率，如 P（'Related'）＝0.78，转换为一个类标签。对于二元分类问题，最常见的做法是选择概率阈值为 0.5，因此任何高于这个值的预测都被标记为一个"正"预测，用于混淆矩阵。观察敏锐的读者可能会注意到，这种概率输出的二值化会导致信息丢失，理论上，只要把概率阈值在 0 到 1 之间做简单变化，就可以使用相同的分类输出来构建无数混淆矩阵。

为了克服这些缺点，我们找到了一些方法可以在可能的阈值范围内评估分类器的预测性能。这种"系统性"指标的一个常见例子是受试者工作特征曲线下面积（AUROC）。受试者工作曲线（ROC）绘制了分类器在不同概率阈值下的召回率，即将每个阈值下的真阳性率和假阳性率关系绘成图像。图 10.3（a）为受试者工作曲线示例。受试者工作特征曲线下面积值在 0.5 到 1 之间变化，其中 1 表示完美分类器，0.5 表示完全随机分类器。另一个"系统性"指标，与受试者工作特征曲线下面积相似但确实适用于处理高度不平衡数据集，名为精度召回率曲线下面积（AUPRC）。精度召回率曲线旨在捕捉随着正类标签的概率阈值变化，分类器的精确度与（正类的）召回率之间的权衡。图 10.3（b）展示了一个精度召回率曲线样本。对于受试者工作特征曲线下面积和精度召回率曲线下面积的全面介绍，读者可以参考 Davis 和 Goadrich（2006）。

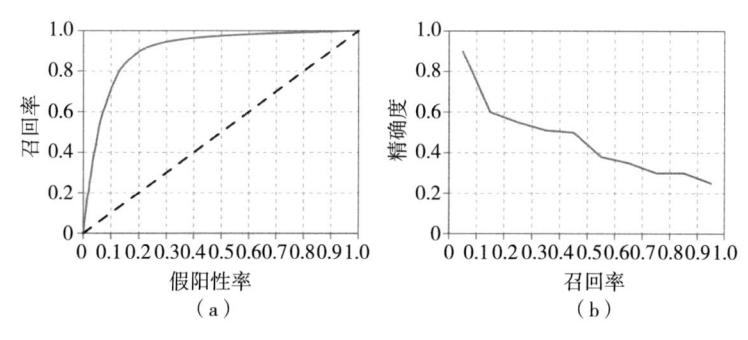

图 10.3 受试者工作特征曲线和精度召回率曲线

评估后验类别概率（分类器输出）而不是最大后验概率（MAP）分类标签对于自然语言处理从业者洞察分类器的"校准"是有用的。经过良好校准的分类器是概率分类器，其后验概率可以直接解释为置信水平。例如，一个经过良好校准的（二分）分类器对样本进行分类，如果样本输出结果中有 0.8 的概率是正类，那么实际上其中大约 80% 的样本也属于正类。一些模型，如我们在前一节中讨论的朴素贝叶斯模型，可以给出可接受的精度结果，但在现实中，未经过较好校准的模型可能会出现不足或过度自信。

Mittermayer 和 Knolmayer（2006）研究了 8 个不同的基于新闻的交易应用程序，他们注意到技术性能指标大多数都没有在其中被报告，如基于混淆矩阵的各种指标。然而，随着机器学习在过去 10 年间的兴起，近年来自然语言处理研究更加注重以有原则的绩效指标来评估结果。

在时序维度评估结果的有效性也是极重要的。当把新闻条目建模为时间序列时，新闻条目的推理以事件点的形式出现。在回归算法中，在探究这些事件点与市场数据（如价格、波动率等）之间的因果关系之前，首先要验证这些关系的格兰杰因果关系。格兰杰因果关系是一种假设检验，用于确定一个时间序列是否能够预测另一个时间序列。根据格兰杰因果关系，如果时间序列 x_1 中的一个信号是时间序列 x_2 中一个信号的"格兰杰原因"，那么 x_1 的过去值应该包含有助于预测 x_2 的信息，而不仅仅是 x_2 过去值所包含的信息。

对于无监督学习，不同算法的变化意味着每种技术都有不同的性能评估方法。不同的聚类技术之间没有公认的通用性能指标。对于 K 均值聚类任务，每个组内"剩余平方和"的评分（也称为惯性）是选择的指标，而对于层次聚类，"轮廓系数"更常用。我们在上一节中讨论的主题模型（如潜在语义分析和潜在狄利克雷分配），存在各种评估潜在空间的指标，如单词入侵和主题入侵。

10.4.5　使用案例：筛选并购套利新闻

在本节中，我们将阅读一个自然语言处理应用于财经新闻分类的真实案例，特别是确定一篇新闻文章是否与并购活动相关时。并购套利是一种成熟的投资策略。简单地说，它是投资者在并购公告日发起的一种风险赌注，赌并购会成功完成。虽然随着时间的推移，并购策略的盈利能力不断下降，但即使仅基于公开的信息，此类策略仍然可以获取到大量的风险溢价（Jetley 和 Ji，2010）。传统上，并购策略是由对冲基金等机构投资者使用的，但通过 ETF 和共同基金，个人投资者也越来越容易获得这些策略。

我们已经讨论过，在金融领域高效利用新闻数据需要及时有效地识别相关新闻。在这种情况下，相关性可以是关于某一特定主题，如合并、重组、股权收购、股东回购或其他资本结构调整。媒体在并购交易中的作用已被充分研究。媒体报道可以动摇有潜在声誉风险的收购方放弃正在进行的交易（Liu 和 McConnell，2013）。媒体可以引入关于新闻报纸读者感兴趣的公司的投机性并购谣言，这些谣言可能会扭曲价格，并可能导致回报率的波动（Ahern 和 Sosyura，2015）。

尽管新闻流在并购套利中很受欢迎，但它的特性在文献中得到的关注相对有限。自然语言处理在并购方面的重点研究中，有几个研究预测了媒体暗示的完成概率。Buehlmaier 和 Zechner（2014）使用简单的朴素贝叶斯方法分析了并购交易完成的决定因素，并对大量的并购公告样本进行了分析。他们发现，与并购相关的财经新闻进展缓慢，需要几天时间才能完全反映在股价中。通过一个简单的并购策略再加上财经新闻内容的强化，风险调整收益率可提高至少 12 个百分点。最近，作者又发现，如果利用财经新闻过滤掉完成概率低的交易，并购套利将会明显变得更有利可图（Buehlmaier 和 Zechner，2017）。

从现有的研究案例来看，投资经理最好及时关注媒体报道，及时了解有关最新的并购交易和现有并购交易的媒体报道。为此，我们研究了系统的自然语言处理方法的有效性，该方法旨在准确区分与并购相关的新闻标题和非并购文章标题。这是通过训练一种有监督的学习算法来实现的，该算法可以被人工标记为与并购相关或不相关的新闻文章类别判别模式。我们的最终目标是利用这个自然语言处理模型，即新闻过滤器（NewsFilter），来推断从未见过的文章是属于前者还是后者。这个模型用于快速响应官方发布的并购公告，以进行套利交易，并从其他股票策略中筛选出与并购交易相关的股票，以最小化其特异性风险。

10.5　数据及方法论

我们的数据集包括 2017 年 1 月至 6 月期间从彭博社等官方新

闻来源检索到的 13 000 条新闻标题。这些头条新闻被一家行业领先的资产管理公司的投资组合经理人工标注为与并购套利"相关"或"无关"。在人工标注结束后，约 31% 的数据集被标记为与并购套利"相关"，其余的则被标记为"不相关"。

我们使用了由数据供应商提供的相关性标签来确定某一新闻标题涉及哪些股票。一般来说，一篇新闻文章在正文中以不同的强调程度提到多个公司是很常见的，大多数新闻供应商会为新闻条目给出相关评分，以量化某篇文章对某一特定公司的相关度。在并购领域，由于所涉及的股票主要是目标公司和收购方，因此相对来说模糊性较小。

我们的自然语言处理分析途径包括了第 10.4 节中讨论过的常见步骤。我们首先对人工标记的数据进行预处理，以减少噪声，并将输入数据转换为机器可读。为此，首先标记新闻标题的文本。在标记之后，我们去掉了标点符号和英语停顿词，还应用词干法将所有派生词减少到一个共同的基础词形，例如将"acquiring"转换为"acquire"。这些步骤有助于巩固数据集中的独特术语。此外，我们还减少了词汇的术语频率，只将最常见的 5 000 个单词作为独立的术语，而将其余词汇归为"其他"。

为了进行推理，我们使用了一系列二元分类器，包括稀疏朴素贝叶斯、岭回归和随机森林等传统分类器，以及各种神经网络架构。除了计算机视觉，自然语言处理是过去 5 年来从神经网络的复兴中获益良多的领域之一。在分析中，我们使用了下列网络架构。为了更深入了解该主题，读者可以参考伊恩·古德费洛（Ian Goodfellow）等人于 2016 年所著的《深度学习》（*Deep Learning*）一书。

1. 前馈神经网络（FNN）：一个前馈神经网络包含一个（可能很大）数量的简单神经元状分层节点。像所有的神经网络架构一样，数据从输入层进入网络，顾名思义，通过网络逐层向前反馈，直到到达输出层。单层中的节点永远不会有连接，通常相邻两层是完全连接的（每个神经元形成一层，另一个神经元形成另一个层）。当信息向前传播时，层与层之间不存在循环或反馈循环。前馈神经网络是设计出来的第一个也是最简单的网络架构。

2. 循环神经网络（RNN）：与前馈架构相比，循环神经网络包含递归循环，使它能够表现出动态的时间行为，并获取序列输入的长期相关性。因此，循环神经网络适用于自然语言处理，因为它们可以根据前面出现的单词的上下文来评估每个单词/符号的输入。然而，由于信息和梯度流的递归性质，此类架构的训练可能会有问题。为了缓解这些问题，人们提出了不同的门控机制，从而产生了各种循环神经网络架构。在我们的研究中，我们使用了一种流行的递归架构，称为长短期记忆（LSTM，Hochreiter 和 Schmidhuber，1997）。

3. 卷积神经网络（CNN）：在输入和输出层之间由一系列卷积块组成。对于自然语言处理应用，单个卷积块通常由一个卷积核组成，该核将前一层的输入在单个空间维度上进行卷积，然后由一个最大池层对卷积输出进行下采样，从而产生一个输出张量。卷积核用于生成表现出组合性的位置不变特征。换句话说，卷积神经网络可以结合基本特征，比如图像中的边缘，以形成更复杂的特征，比如物体的轮廓等。因此，卷积神经网络传统上被应用于计算机视觉中，以自动训练位置不变和构成性特征，以检测图像中的目标。现在，很明显，文本输入与图像具有相似的属性，即字符组合成单词，单词形成 n 字格、短语和句子。因此，近年来，卷积神经网络在自然语言处理任务的使用逐渐变得更加突出（Conneau 等，2016；Yin 等，2017）。在像我们这样的实际操作中，卷积块序列的输出通常会附加一个浅层前馈神经网络，在产生输出之前进一步处理卷积特征。在我们的分析中，我们使用了一个具有不同内核窗口大小的卷积神经网络，目的是提取不同长度的语言特征——我们将其称为一个多尺寸的卷积神经网络。

在特征表示方面，对于神经网络分类器，我们选择使用分布式表示，使用预训练的 Glove（Pennington 等，2014）嵌入。我们使用了根据 2014 年维基百科快照训练出来的 Glove 和 Gigaword 5 数据集，这是一个包含近 1 000 万篇文章的新闻专线文本数据存档。通过这种方式应用迁移学习使我们可以获取 Glove 在大规模新闻和维基百科文章语料库中所获取的丰富语义信息和语言模式。对于所有其他的"常规"分类器，我们使用了术语频率－逆文档频率表示，这已经在 10.2 节中讨论过。所有与自然语言处理相关的预处理步骤都是由 Python 中的 spaCy 包（s. d. 小组，2017）完成的。为了进行推理，我们使用了由 scikitlearn（Pedregosa 等，2011）实现的传统分类器，并使用 tensorflow（Abadi 等，2016）和 keras（Chollet，2015）构建了上述神经网络架构。

10.5.1 结果

多次实验后，我们把人工标记的数据集划分为 5 个大小相等的部分，其先验结果概率大致相等，其中"相关"的概率约为 0.69。在每个实验中，分类器在 4 个分区上进行训练，并在剩下的一个分区上进行测试。通过在所有 5 个分区上迭代这个过程，我们确保实验包含了所有新闻标题。所有预测模型的性能都是基于这些分层的五折交叉验证的 AUROC 值、AUPRC 值和预测精度来进行评估的。

表 10.1 为我们的二元分类任务提供了五折交叉验证的预测性能结果。作为基准，第 1 行和第 2 行表示两个基本分类器的预测结果。顾名思义，随机预测器将一半新闻标题随机分配为"相关"，另一半随机分配为"无关"。先验预测器（除了是按照先验类分布而不是以均等概率进行随机标签分配这一事实）也非常相似。正如预期，随机预测器和先验预测器在预测正确类标签时都表现不佳。

表 10.1 第 3 行和 4 行给出了两个基于实例的分类器结果，即 k 近邻分类器（k-NN）和最近邻中心分类器。这些方法根据与之最相似的训练样本的类别标签，为新的新闻文章生成类别标签。尽管其表现大大优于随机分类器，但基于实例的分类器的性能却不是很好。一个有趣的现象是，虽然基于实例的分类器的平均准确率几乎相同，均为 0.793，但 AUPRC 和 AUROC 指标表明，在并购套利领域，最近邻中心分类器在将文章分类为"相关"与"不相关"方面表现得更好。

表 10.1　新闻过滤样本数据集五折交叉验证预测表现结果

		精确性	精度召回率曲线下面积	受试者工作特征曲线下面积
1	随机预测器	0.498 ± 0.005	0.488 ± 0.006	0.497 ± 0.005
2	先验预测器	0.56 ± 0.01	0.421 ± 0.014	0.493 ± 0.012
3	k 近邻分类器	0.793 ± 0.005	0.707 ± 0.01	0.724 ± 0.003
4	最小中值距离分类器	0.793 ± 0.005	0.74 ± 0.011	0.785 ± 0.007
5	离散伯努利朴素贝叶斯	0.808 ± 0.011	0.733 ± 0.008	0.756 ± 0.012
6	离散多项式朴素贝叶斯	0.812 ± 0.01	0.746 ± 0.01	0.779 ± 0.012
7	被动攻击	0.833 ± 0.009	0.778 ± 0.007	0.812 ± 0.008
8	感知器	0.829 ± 0.009	0.774 ± 0.009	0.81 ± 0.01
9	随机森林	0.851 ± 0.005	0.797 ± 0.009	0.812 ± 0.007

（续表）

		精确性	精度召回率 曲线下面积	受试者工作特征 曲线下面积
10	L1 支持向量机	0.854 ± 0.005	0.803 ± 0.008	0.83 ± 0.004
11	L2 支持向量机	0.858 ± 0.006	0.808 ± 0.006	0.832 ± 0.006
12	具有 L1 特征选择的 线性支持向量机	0.855 ± 0.006	0.804 ± 0.009	0.829 ± 0.007
13	岭分类器	0.858 ± 0.004	0.808 ± 0.005	0.827 ± 0.005
14	弹性网络	0.86 ± 0.003	0.809 ± 0.009	0.827 ± 0.005
15	[3~14] 集成分类器	0.863 ± 0.004	0.814 ± 0.003	0.83 ± 0.003
16	前馈神经网络	0.849 ± 0.005	0.802 ± 0.007	0.906 ± 0.003
17	长短期记忆神经网络	0.869 ± 0.006	0.805 ± 0.006	0.908 ± 0.003
18	多尺寸卷积神经网络	0.875 ± 0.005	0.817 ± 0.006	0.912 ± 0.004

注：沿列方向数据预测性能逐渐增加。单元格包含交叉验证结果期望值和标准差。

第5行和第6行给出了两个朴素贝叶斯变体的结果，即多项式朴素贝叶斯和伯努利朴素贝叶斯。多项式朴素贝叶斯通常要求文档项矩阵中的单词计数为整数。然而，在实践中，像术语频率－逆文档频率这样的分数计数也是常用的。相比之下，伯努利朴素贝叶斯使用的是二进制特征，其中术语频率－逆文档频率被简化为0和1。因此，值得注意的是，内容更为丰富的多项式表示法仅略优于伯努利朴素贝叶斯。

第8行到第14行是其他常用的分类器，从感知器到随机森林以及具有不同正则惩罚项（L1 和 L2）的支持向量机的变种。这些可以被归为传统但相对复杂的分类器，正如它们的性能所反映的那样，它们在准确分类新闻条目方面表现很好。

第15行提供了一个集成分类器的预测结果，该分类器对测试集中的每篇新闻文章采用了第3行至第14行列出的所有传统分类器。正如文献中常见的那样，该集合分类器不出所料地优于其所有成员，提供的预测性能略好于其表现最好的部分，即第 14 行中的弹性网络。

最后，我们可以在第 16 行到第 18 行中看到三种神经网络架构的表现情况。前馈神经网络的预测性能优于感知器。这可以解释为，在前馈神经网络中有更多的隐藏层，这使其具有更强的表示能力，而且我们用于神经网络架构的 GloVe 向量嵌入也可能给单词带来更丰富的表示。将前馈神经网络与递归架构和卷积架构进行比较，可以发现长短期记忆和多尺寸卷积网络的性能明显优于较简单的前馈神经网络结构。而对比长短期记忆和多尺寸卷积神经网络，我们发现后者优于前者，尽管只是略微优于。在目前的文献中，对于递归架构或卷积架构是否更适用于自然语言处理任务尚无共识（Yin 等，2017）。

10.5.2　讨论

如本节所述，新闻过滤器（NewsFilter）可以被归类为一种风险导向的自然语言处理应用程序，它可以帮助投资经理注意到与并购相关活动相关的证券，从而从投资组合中排除特异性风险。对于每一个机器学习应用程序，重要的是要意识到模型的误差（如假阳性和假阴性）可能带来的经济影响。鉴于应用背景，新闻过滤器错误分类的后果仅限于在投资领域错误地排除/列入某些证券。与一些自动交易或做市商应用（第 10.3 节中涉及）出现的直接财务结果相比，这种情况的糟糕程度比较轻。

更重要的是，相对于自动交易应用程序，例如基于情绪分析的交易信号，此模型产生的推论被用来帮助投资经理做决策，为专家自由裁量权留下空间，以发现和减轻该模型的潜在缺陷。

尽管这里列出的更复杂、更强大的神经网络方法论被大肆宣传，但是通过分析与更简单的分类器相比，它们展现出来的性能优势表明这些工具的使用是很重要的。这是由于具有更大自由度的复杂模型很容易出现执行错误和过度拟合，而在不知情的用户手中，意外的结果可能会超过他们感知到的收益。此外，正如机器学习中经常引用的那样，"天下没有免费的午餐"。换句话说，任何机器学习问题都没有完美的万全之策，所以在确定最终的方法之前，应该探索尽可能多的替代方法。

虽然新闻过滤器实现了相当令人满意的预测性能水平，但它依赖于新闻元数据进行实体提取，即确定某篇文章所提及的股票/债券。我们目前正致力于丰富模型的实体提取能力，以补充元数据中报告的标签。除了实体提取，另一个活跃的研究领域是对文章的新颖性检测，以便区分已回收的信息和新信息。如果没有这种过滤，结果就可能会被重复的信息影响，而这可能会导致不合理地放大新闻相关信号的强度/重要性。

10.6 结论

本章目的并非详尽回顾，而是为初学者提供一个了解自然语言处理在金融领域日益流行的应用场景的途径。由于过去30年来计算能力呈指数级增长，而且在处理不断增长的新闻数据的要求下，人们越来越关注文本方法。MarketsandMarkets在2016年的一份报告中估算，2016年自然语言处理市场的价值为76亿美元，预计到2021年将增至160亿美元（Marketsandmarkets，2016）。

过去10年财经新闻数据的爆炸式增长主要是由主流媒体的电子化、监管机构和交易所采用的网络传播以及网络社交媒体的兴起所驱动的。在金融领域，新闻被认为是影响市场微观结构的"信息事件"。使用自然语言处理技术，现代计算机的巨大算力能够识别和利用嵌入文本数据的模式，用于从系统投资到做市和风险控制的金融应用。在所有这些领域中，自然语言处理技术的推断可以作为补充传统市场数据组合的额外信息源，并有可能发现技术或基本面分析所没有捕捉到的模式。

与传统的市场时间序列数据不同，绝大多数新闻数据是为人类消费而创建的，因此以非结构化格式存储。这种非结构化的格式，即人类语言，其本质是复杂的，不仅依赖于构成文本的字母和符号，还依赖于人类理解内涵和背景的能力。尽管目前计算机还无法理解所有的复杂语言，但对自然语言处理的持续研究让我们越来越接近这一现实。文本分析中剩下的挑战之一是超越单词作为独立单位出现的假设，我们在第 10.4 节的特征表示和推断的背景下简要讨论过这个话题。

一般来说，无监督学习和半监督学习在自然语言处理应用于财经新闻方面的研究还比较落后。然而，随着数据生成速度的空前飙升，它们的重要性也在增长，其中大多数数据都是没有标签的、非结构化的。监督式学习依赖于带标签的数据，而对新闻条目进行人工标记是一个劳动密集型的步骤。在有多个人工标记的情况下，标签的一致性是机器提取任何推论的重要先决条件。特别是在情绪分析中，不同的市场参与者受同一事件影响的方式不同，而这可能会导致对同一事件的多种解释。甚至在第 10.5 节讨论的应用中，哪些新闻条目应被视为与并购活动相关或无关这个问题也可能出现标记的冲突。如果多名专家为数据集进行标记，那么人类标记中的这些不一致性也就会变得更加突出。

自然语言处理分析应用于财经新闻的另一个潜在问题是，大多数这些分析都是由数据供应商提供的或可公开获取的公共数据集做技术支持，如美国证券交易委员会的文件。有人认为，与其他市场参与者使用类似竞争算法相比，这可能更难获得竞争优势。虽然这样的担忧是合理的，但同样的观点也可以用于传统的市场数据中，在那里，数据源缺乏差异性也是普遍存在的。此外，不同的应用程序在第10.4节介绍的自然语言处理步骤、标记数据和一些专门的人工制作的功能方面也有不同的变化（Mittermayer 和 Knolmayer，2006）。因此，通过审慎实施和定制用例，从而使其脱颖而出其实是很有可能的。

尽管我们还没有接近实现对财经新闻完整的语义和上下文的理解，但是自然语言处理领域已经取得了重大进展，该技术已经并将继续革新金融机构的运作方式。然而，在金融领域采用自然语言处理虽然可以提高绩效，但也可能产生非预期的后果。自然语言处理提高了我们对新闻的响应速度，也增加了对响应准确性的要求。快速但错误的反应可能会增加市场的不稳定性。展望未来，监管当局面临的挑战是理解这些技术带来的综合影响，并制定管理办法以控制波动性、改善流动性供应并保持金融市场运行的总体稳定。

第 11 章

基于支持向量机的全球战术性资产配置

乔尔·古格利塔
(Joel Guglietta)

乔尔·古格利塔（Joel Guglietta）

Graticule Asset Management 的宏观量化投资组合经理，使用机器学习算法管理多资产对冲基金。在此之前，他曾担任亚洲和澳大利亚对冲基金和投资银行（Brevan Howard、BTIM、HSBC）的宏观量化策略师和投资组合经理超过 12 年。他的专长是在资产配置、投资组合构建和管理的量化模型中使用各种技术（包括机器学习技术和遗传算法）。他目前是 GREQAM（由 CNRS、EHESS 和 Ecole Centrale 共同管理的研究单位）的博士候选人。他曾在亚洲的许多深度学习和机器学习活动中发表演讲。

11.1 导读

本章将展示机器学习的支持向量机/向量回归（SVM/R），如何帮助构建全球战术资产配置组合。首先，我们将对全球战术性资产配置进行快速的文献回顾，解释不同的资产配置组合。然后，回顾过去 50 年的战术资产配置案例，并分析其背后的重要概念。第 11.3 节将解释支持向量机（SVM）的定义。第 11.4 节将介绍用于战术性资产配置的机器学习模型，并讨论其结果。

11.2 过去 50 年的全球战术性资产配置

众所周知，资产配置的目标是获得最佳预期风险收益组合（Dahlquist 和 Harvey，2001）。作者区分了三类资产配置：（1）市场基准资产配置；（2）战术性资产配置；（3）全球战术性资产配置（见图 11.1）。本章中建立的投资组合策略属于第三类模型，其预测模型会根据当前的信息集来预测资产回报。

据统计，从业者管理全球战术性资产配置战略已近 50 年。全球战术性资产配置广义上是指积极管理的投资组合，旨在通过"适时地改变投资组合中的资产组合以响应不断变化的回报和风险模式"来提高投资组合绩效（Martellini 和 Sfeir，2003）。20 世纪 90 年代，桥水基金首席执行官瑞·达利欧通过他的"全天候式"投资组合使这种方法大受欢迎。

支持这种投资方法的理论都已经得到很好的证明。夏普在 1963 年指出，资产回报可分为系统成分和特异成分。有了这一历史悠久

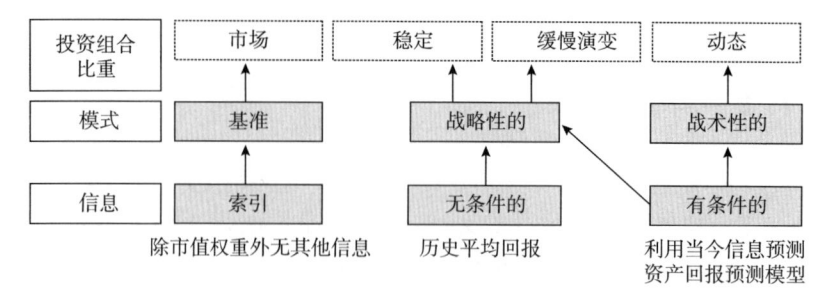

投资组合比重	市场	稳定	缓慢演变	动态
模式	基准	战略性的		战术性的
信息	索引	无条件的		有条件的
	除市值权重外无其他信息	历史平均回报		利用当今信息预测资产回报预测模型

图 11.1 三类资产配置方案

资料来源：Dahlquist 和 Harvey，2001。

的框架，投资组合经理部署了两种形式的积极战略：（1）市场择时，旨在利用系统性回报的可预测性；（2）选股，旨在利用异质性回报的可预测性。学术文献表示，有充分的证据表明系统成分具有可预测性（Keim 和 Stambaugh，1986；Campbell，1987；Campbell 和 Shiller，1988；Fama 和 French，1989；Ferson 和 Harvey，1991；Bekaert 和 Hodrick，1992；Harasty 和 Roulet，2000），但特异成分的可预测性较差。

在 Samuelson（1969）和 Merton（1969，1971，1973）证明了最优投资组合策略受到随机机会集的显著影响之后，最优投资组合决策规则被纳入可预测回报的影响因素（Barberis，2000；Campbell 和 Viceira，1998；Campbell 等，2000；Brennan 等，1997；Lynch 和 Balduzzi，1999，2000；Ait-Sahalia 和 Brandt，2001）。简而言之，所有这些模型都表明，投资者应该在高预期收益期增加对风险资产的配置（市场择时），而在高波动期减少配置（波动率择时）。有趣的是，Kandel 和 Stambaugh（1996）认为，即使是低水平的统计可预测性也可以产生经济意义。即使 100 次中只有 1 次成功把握了市场时机，也能获得超乎寻常的收益。

本质上，全球战术性资产配置分为两步：首先，从业者按资产类别预测资产回报；其次，根据此预测构建投资组合。如今，风险平价投资组合（Hurst 等，2010）正在逐渐形成巨大规模，全球近 3 万亿美元都是根据这种方法管理的。该方法接近全球战术性资产配置，但缺少预测部分。通常，风险平价被认为是桥水基金"全天候式"投资组合的"简易"版本。全球战术性资产配置和风险平价有一些相似之处，因为它们都试图利用唯一的"免费午餐"：多样化。然而，风险平价只不过是投资组合框架的"技术性细则"（所谓的"西格玛分之一"方法，其中给定工具的权重与其实际或预期波动率成反比）。全球战术性资产配置会根据当前信息集调整资产组合，以构建与当前或预期经济周期相适应的"更好"的投资组合，从而获取更高的风险收益率。例如，基于 18 个经济因素，Chong 和 Phillips（2014）使用其"Eta 定价模型"构建了全球战术性资产配置。该模型有两个：一是均值–方差优化（ECR-MVO 策略），二是为减少经济风险而构建的（MIN 策略）。两者都是仅多头投资组合，每半年进行一次调仓。

总而言之，全球战术性资产配置的目标仍然是建立一个在任何经济环境中都表现同样出色的投资组合。为了实现这一点，投资组合经理必须找到最佳的资产组合。资产组合通常包括固定收益（长期或介于中间）、股票和商品（有时包括房地产）。影响这一资产组合的经济周期可以用不同的颗粒度进行建模。我们遵循瑞·达利欧的做法，尽量避免将事情过于复杂化，并选择了一个稀疏的经济周期模型，仅使用软数据（调查）来计算真实经济周期指标（RBC）和实际通胀。

11.3　经济学文献中的支持向量机

对支持向量机/向量回归的全面介绍超出了本章的范围。然而，我们认为有必要向不熟悉它的金融从业者简要解释支持向量机/向量回归的运作方式（并花时间定义一些有用的数学概念），以及为什么我们选择这种方法而不是其他机器学习算法。而本节我们将讨论支持向量机的基本技术问题。

正如阿布·莫斯塔法（Y. Abu-Mostafa，加州理工学院）所说，支持向量机可以说是机器学习中最成功的分类方法，其简洁的解决方案具有非常直观的解释。受统计学习理论的启发，支持向量机是波沙、盖恩和万普尼克于1992年引入的一种"学习机器"，属于监督估计算法（一种分析训练数据并产生推断函数的学习算法，可用于映射新的数据点）。它由三个步骤组成：

1. 参数估计，即从数据集进行训练。
2. 函数值的计算，即测试。
3. 泛化精度，即性能。

正如休厄尔（M. Sewell，2008，2010）所指出的："人工神经网络的发展遵循的是一条启发式的路径，在理论之前有应用和大量的实验。相比之下，支持向量机的发展首先涉及理论，然后才是应用和实验。"

就参数估计而言，"支持向量机的一个显著优点是，尽管人工神经网络可能受多个局部极小值影响，但支持向量机的解决方案是全局唯一的"。这是因为训练涉及凸成本函数的优化，这解释了为什么局部最小值没有使学习过程复杂化。测试基于模型评估，使用了数据中信息量最大的模式，即支持向量（分离超平面所在的点）的模型评估。性能是基于测试集大小增长到无穷大时的错误率测定得出的。

支持向量机比人工神经网络具有更多的优势。第一，它们有一个简单的几何解释，并给出一个稀疏解。与人工神经网络不同，支持向量机的计算复杂度不取决于输入空间的维数。第二，人工神经网络使用经验风险最小化（在实践中效果不太好，因为界限过于宽松），而支持向量机采用的是结构风险最小化。万普尼克和泽范兰杰斯（Vapnik-Chervonenkis，又称 VC）于 1974 年的开创性论文中提出了结构风险最小化原则，该原则使用 VC 维度。VC 维度是通过统计分类算法学习对函数空间容量（复杂性）的度量。结构风险最小化原则是模型从有限的训练数据集学习选择的归纳原则。它描述了容量控制的一般模型，并在假设空间复杂性和训练数据拟合质量（经验误差）之间进行了权衡。休厄尔（同上）对该程序的定义如下：

1. 使用域的先验知识，选择一类函数，例如 n 次多项式、具有 n 个隐层神经元的神经网络、一组具有 n 个节点的样条曲线或具有 n 个规则的模糊逻辑（多值逻辑的一种形式，其中变量的真值可以是 0 到 1 之间的任意实数）模型。
2. 将函数类按复杂度增加的顺序划分为嵌套子集的层次结构。例如，次数递增的多项式。
3. 对每个子集进行经验风险最小化（这基本上是参数选择）。
4. 选择经验风险和 VC 置信度之和最小的模型。

支持向量机在实践中往往优于人工神经网络，因为它们处理了人工神经网络面临的最大问题，即过拟合。因为支持向量机不太容易出现这类致命的问题，所以它们能以更好的方式"泛化"。然而，重要的是，虽然使用核函数可以解决维数灾难，但对某些问题而言，适当核函数取决于特定数据集，因此没有选择核函数的好方法（Chaudhuri，2014）。从实际角度出发，支持向量机方法的最大局限在于核的选择（Burges，1998；Horváth，2003）。

支持向量机可以应用于分类和回归。当支持向量机应用于回归问题时，就称其为支持向量回归。支持向量机和支持向量回归的区别是什么？支持向量回归基于高维特征空间中线性回归函数的计算，其中输入数据通过非线性函数映射。为了直观地了解支持向量回归是如何工作的，假设两个不同类的线性可分点集 $y_i \in \{-1, +1\}$。支持向量机的目标是找到一个特定的超平面，以最小的误差进行分类，同时确保两个闭合点之间的垂直距离最大化。为了确定该超平面，我们设置如下约束：

$$\vec{w}.\vec{x_i} - b = 1, if\ y_i = 1 \text{ 和 } \vec{w}.\vec{x_i} - b = -1, if\ y_i = -1$$

将这个分类问题转化为回归问题很简单：

$$y_i - w.x_i - b \leq \varepsilon \text{ 和 } -(y_i - w.x_i - b) \leq \varepsilon.$$

上面的两个方程表明，超平面两侧都有点，因此这些点与超平面之间的距离不应超过 ε。在二维平面中，这归结为试图在点集合中的某个地方画一条线，使得这条线尽可能靠近它们。这正是支持向量回归在做的。支持向量回归不是最小化观测到的训练误差，而是试图最小化泛化误差界，从而实现其泛化效果。

支持向量机为二元分类问题（如危机或非危机）提供了一种新的解决方法（Burges，1998）。该方法已成功应用于许多领域，从粒子识别、人脸识别和文本分类到引擎检测、生物信息学和数据库营销。例如，乔胡瑞（A. Chaudhuri）使用支持向量机用于货币危机检测。Lai 和 Liu（2010）比较了人工神经网络方法和支持向量机回归特性在金融市场预测中的表现。通过 2002 年至 2007 年恒生指数的历史值以及 2007 年 1 月和 2008 年 1 月的数据，支持向量机在短期预测中表现良好。其他作者，如 Shafiee 等人（2013），在预测伊朗股票收益时的准确率高达 92.16%。Mage（2015）通过 34 只科技股的每日收盘价计算单只股票和整个行业的价格波动率和动量,使用支持向量机预测未来某个时间的股价是否会高于或低于给定日期的股价。虽然作者发现短期预测能力很有限,但从长期来看,其具备很明确的预测能力。

Bajari 等人(2015)指出,应用计量经济学家对机器学习模型表示怀疑,因为它们没有明确的解释,也不清楚如何应用它们来估计因果效应。然而,最近的一些研究表明,这种机器学习方法产生了有趣的结果。例如,McNelis 和 McAdam(2004)应用基于线性和神经网络的"厚"模型来预测美国、日本和欧元区基于菲利普斯曲线表述的通货膨胀。"厚"模型表示了几个神经网络模型的"修正均值"预测。在欧元服务指数的"实时"和"引导"预测方面,它们的表现优于最好的线性模型,在不同国家的消费和生产价格指数方面依旧表现良好,有时甚至更好。回到支持向量机,为解决需求估计问题,Bajari 和 Ali 重点关注了三类模型:(1)线性回归作为基准模型;(2)logit 作为计量经济学模型;(3)逐步回归、向前阶段性回归、LASSO、随机森林、支持向量机和集成学习作为机器学习模型。有趣的是,他们表明机器学习模型在保持样本内预测误差可比性的同时,始终能够提供更好的样本外预测精度,以便进行估计。支持向量回归已应用于时间序列和财务预测。例如,Zhang 和 Li(2013)使用支持向量回归模型预测消费价格指数,利用货币缺口和消费价格指数历史数据进行预测。此外,网格搜索法被应用于选择支持向量回归的参数。本研究还通过与反向传播神经网络和线性回归的比较,研究了支持向量回归在通货膨胀预测中应用的可行性。结果表明,支持向量回归为通货膨胀预测提供了一种很有前景的选择。

11.3.1 理解支持向量机

支持向量机本质上是一种用于解决分类问题的算法,例如决定买入和卖出哪些股票。其主要概念归结为最大化这两组股票之间的差值。而所谓的"核技巧"（kernel trick）用于解决非线性问题。涉及的主要数学是一些大学几何知识和二次优化（微积分）知识。

我们首先假设一个线性可分的数据集，例如一组 4 只股票。为了更好地可视化我们的问题，不妨假设这 4 只股票的两个属性 x_i（例如盈利质量和价格动量）。这两个属性在输入空间 X 中，且形成了一个二维空间。在给定时间，我们可以在这个平面上绘制 4 只股票（图 11.2 中的散点图）。进而不妨假设两个类 $y_i \in \{-1, +1\}$，对应多头股票（+1，灰点）和空头股票（-1，黑点）。我们试图解决的问题是选择一条分隔线，使其比其他线都有优势。首先，可以注意到，这样的一条线是一个具有方程 $w'.x = 0$ 的超平面（维度为 1，则为一条线），其中 w 是权重向量（w' 是转置）。

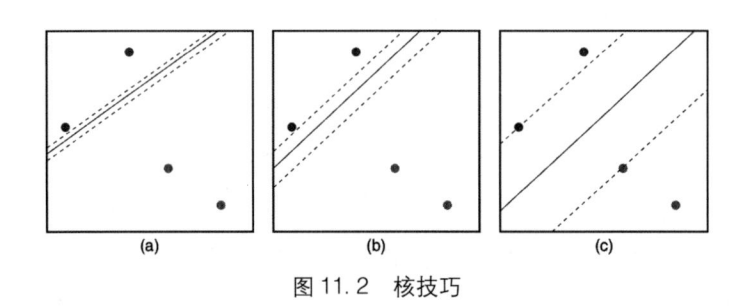

图 11.2 核技巧

让我们研究上面的三个例子，讨论哪条线是分隔各点的最佳直线。情况（a）中的间隔低于情况（b）中的间隔，而（b）又低于（c）。在这三种情况下，样本内误差为零。就泛化而言，当我们处理的是线性可分状态的 4 个点，泛化作为估计将是相同的。然而，直觉上，人们应该觉得情况（c）更好。这带来了两个问题：（1）为什么间隔越宽越好？（2）如何求解使该间隔最大化的权重 w？

在各种情况下，生成数据的过程都是受噪声干扰的。因此，当间隔较窄时，点被错误分类的概率高于边际较宽的情况。这给出了一个直观印象——为什么间隔越宽越好。该证明基于所谓的 VC 分析，其中可以证明更宽的边际会引入较低的 VC 维度（VC 维度是算法可以粉碎的点集基数）。而实际上，更宽的间隔意味着更好的样本外性能。

现在，让我们找到使间隔最大化的权重 w。间隔只是平面到点的距离 D，不妨让我们回到大学几何。让我们将 x_n 定义为离分隔线（超平面）w' 最近的数据点 $x=0$。这个点离超平面有多远？在此之前，让我们解决两个技术问题。

首先，我们对 w 进行归一化处理。请注意，对于每个点，我们都有 $|w'.x_n|>0$。其目标是将 w 与间隔相关联。请注意，我们可以上下缩放 w，因为超平面方程 $w'.x_n=0$ 的尺度是不变的。在不失一般性的情况下，我们考虑同一超平面的所有表示，并只选择 $|w'.x_n|=1$ 表示最小点。这将简化后面的分析。

其次，我们引入了一个人工坐标 x_0。并将其视为一个常量，我们为其分配权重 w_0。为了避免混淆，我们将这个权重 w_0 重命名为偏差 b。我们现在有了一个新的（与 $w'.x_n=0$ 中使用的向量 w' 相比）权重向量 $w=(w_1,\ldots,w_p)$，其中 p 是属性的数量（例如盈利质量、价格动量、违约的默顿距离、流动性）。当我们求解最大间隔时，新向量 w 和 b 将具有不同的作用，而再将两者混在同一个向量中不再方便。目前超平面的方程变为：$w'.x+b=0$ 和 $w=(w_1,\ldots,w_p)$。

我们现在可以计算 x_n 和方程 $w'.x_n+b=0$（其中 $|w'.x_n+b|=1$）的超平面之间的距离 D。

首先，向量 w 垂直于输入空间 X 中的平面。这点很容易证明。让我们考虑平面上的任意两点 $w'.x_1+b=0$ 和 $w'.x_2+b=0$。两个点之间的差是 $w'.(x_1-x_2)=0$，这表明 w' 与平面中的每个向量

($x_1 - x_2$)正交,因此与平面正交。

其次,我们取平面上的任意点 x。从点 x 到点 x_n 的向量(即向量 $x_n - x$)在与平面正交的向量 w 上的投影是到平面的距离 D。为此,我们首先计算单位向量 $\widehat{w}$,即由其范数 $\|w\|$ 归一化的向量,$\widehat{w} = w/\|w\|$。距离是内部(点)乘积,例如 $D = |\widehat{w}'(x_n - x)|$。因此 $D = \frac{1}{\|w\|} * |w'(x_n - x)| = \frac{1}{\|w\|} * |w'x_n + b - w'x - b)| = \frac{1}{\|w\|}$,因为 $|w'.x_n + b| = 1$ 且 $|w'.x - b| = 0$。可以看到,离超平面最近的点与该超平面之间的距离恰好是 w 的范数 $\|w\|$ 的倒数。

因而现在可以制定我们的优化问题。我们的目标是:

$$maximize \frac{1}{\|w\|}$$

subject to $min_{n=1,2,...,N} |w'.x_n + b| = 1$(意味着对数据集的所有点 $1,2,...,N$ 进行最小化)。这不是一个友好的优化问题,因为约束存在最小化问题(其中有一个绝对值,但这个问题很容易解决)。因此,我们试图找到一个更容易解决的等价问题,即主要摆脱约束中的最小化。

首先,我们只考虑能正确分离数据集的点,即标签(多或空)与信号 ($w'.x_n + b$) 一致的点,因此我们有 $|w'.x_n + b| = y_n(w'.x_n + b)$,这让我们可以去掉绝对值。

其次,我们不是最大化 $1/\|w\|$,而是最小化以下二次量(目标函数)$1/2 * w'.w$,对于所有点 $n = 1,2,...,N$,满足 $y_n(w'.x_n + b) \geq 1$。

接下来,我们正式面临一个约束优化问题,其中目标函数是最小化 $1/2 * w'.w$。这通常通过拉格朗日表达式来解决。这里的小问题是我们在约束中存在不等式。在不等式约束下求解此类拉格朗日量称为Karush-Kuhn-Tucker（简写为KKT）方法。

第一步是将不等式约束：$y_n(w'. x_n + b) \geq 1$改写为零形式，即将其写成松弛形式$y_n(w'. x_n + b) - 1 \geq 0$，然后乘以拉格朗日乘数$\alpha_n$得到表达式$\alpha_n(y_n(w'. x_n + b) - 1)$，并将其添加到目标函数中。

我们优化问题的拉格朗日公式变为：

$$minmiseL(w,b,\alpha) = 1/2\, w'w - \sum_{n=1}^{N} \alpha_n(y_n(w'. x_n + b) - 1),$$

$\alpha_n \geq 0$（我们对定义域进行了限制），w和b与是拉格朗日乘数，数据集中的每个点都有这样的拉格朗日乘数。

将向量w对应的$L(w,b,\alpha)$的梯度$\nabla_w L$写入，我们得到以下条件：$\nabla_w L = w - \sum_{n=1}^{N} \alpha_n y_n x_n = 0$（我们希望梯度为向量0，这是我们获得最小值的条件）。

写出$L(w,b,\alpha)$的关于标量b的偏导数，我们得到另一个条件：

$$\frac{\partial L}{\partial b} = -\sum_{n=1}^{N} \alpha_n y_n = 0$$

此时，为了使问题更容易解决，我们将原始拉格朗日中的这两个条件代入，并将这个最小化问题转化为一个最大化问题，使得对α（这很棘手，因为α给定了范围）的最大化不受w和b影响。这是指问题的双重表述。从上面的条件我们得到：

$$w = \sum_{n=1}^{N} \alpha_n y_n x_n \text{ 并且 } \sum_{n=1}^{N} \alpha_n y_n = 0。$$

如果我们在拉格朗日$L(w,b,\alpha)$中替换这些表达式，经过一些操作，我们得到以下较小的约束优化问题：

$$L(w,b,\alpha) = L(\alpha) = \sum_{n=1}^{N} \alpha_n - 0.5 * \sum_{n=1}^{N} \sum_{m=1}^{N} y_n y_m \alpha_n \alpha_m x'_n x_m$$

可以看到，这里优化问题中不用再考虑w和b。

我们最大化上述表达式$L(\alpha)$，受限于（烦人的约束）$\alpha_n \geq 0$

（对于 $n = 1, 2, \ldots, N$）和 $\sum_{n=1}^{N} \alpha_n y_n = 0$。

解决上述问题需要二次规划（二次规划包通常使用最小化）。因此，我们需要最小化：

$$min_\alpha (0.5 * \sum_{n=1}^{N} \sum_{m=1}^{N} y_n y_m \alpha_n \alpha_m x'_n x_m - \sum_{n=1}^{N} \alpha_n)$$

二次规划包为我们提供了一个向量 $\alpha = \alpha_1, \alpha_2, \ldots, \alpha_n$，从中我们可以推断出 w。

$$w = \sum_{n=1}^{N} \alpha_n y_n x_n$$

最终支持向量的关键条件是 KKT 条件，该条件可以在最小值时被满足。这个条件的零形式是对于 $n = 1, 2, \cdots, N$ 都有 $\alpha_n (y_n(w'.x_n + b) - 1) = 0$。这意味着要么拉格朗日乘数 α_n 为 0，要么松弛的 $(y_n(w'.x_n + b) - 1)$ 为零。对于所有内点，松弛度严格为正，这意味着拉格朗日乘数 α_n 为 0。

数据集中最重要的点是那些定义超平面和间隔的点。这些点 x_n 被称为支持向量——它们支持超平面并且是那些对应 $\alpha_n > 0$ 的点。所有其他点都是内点。

一旦我们找到了 w，我们就可以选择任何支持向量，并且很容易从等式 $y_n(w'.x_n + b) = 1$ 中推断出 b。

目前为止，我们已经讨论了线性可分的情况，而对于线性不可分的情况，我们可以通过非线性函数将 x 转换为新变量 z 来处理这种情况。优化问题变成了 $L(\alpha) = \sum_{n=1}^{N} \alpha_n - 0.5 * \sum_{n=1}^{N} \sum_{m=1}^{N} y_n y_m \alpha_n \alpha_m z_n z_m$。这种是使支持向量机在处理非线性方面如此强大的"核"技巧。我们没有在高维特征空间 X 中使用标量积，而是在 R^k 中使用了诸如 $z = Z(x)$ 之类的核函数 Z，它在 X 中起到标量积的作用。举例来说，假设我们有一条项链，里面有 30 颗珍珠——中间有 10 颗黑珍珠，两侧有 10 颗灰珍珠。我们被要求画一条线，一条线可以将黑珍珠与灰珍珠分开。让我们假设珍珠首先在一维空间上（情景（a）中的直线）。仅用一条线将珍珠分开是不可能的。然而，在一个简单的核（$Z(x) = z = x^a$）的帮助下的二维空间中，这变得容易，如图 11.3 所示的情景（b）。

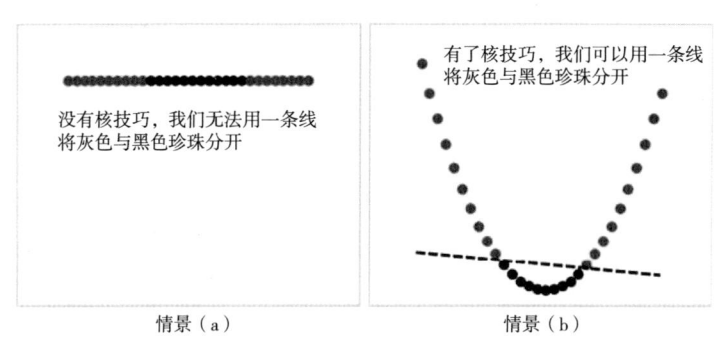

情景（a）　没有核技巧，我们无法用一条线将灰色与黑色珍珠分开

情景（b）　有了核技巧，我们可以用一条线将灰色与黑色珍珠分开

图 11.3　核技巧：一个不可分离的案例

11.4　基于支持向量回归的全球战术性资产配置策略

我们的全球战术性资产配置策略使用交易所交易基金（ETF）部署，涵盖此类投资组合中常见的所有资产类别（14 种工具）（见表 11.1）。

表 11.1　交易领域

类别	彭博社代码	标的名称	费率
股票	SPY 美国权益	标准普尔 500ETF 信托	0.09%
	QQQ 美国权益	纳斯达克 100 指数信托系列 1	0.20%
	VGK 美国权益	先锋富时欧洲 ETF	0.10%
	EWI 美国权益	iShares MSCI 日本 ETF	0.48%
	VWO 美国权益	先锋富时新兴市场指数基金	0.14%

(续表)

类别	彭博社代码	标的名称	费率
房地产信托	VNQ 美国权益	先锋房地产信托 ETF	0.12%
	AGG 美国权益	iShares 美国核心综合债券	0.05%
	LQD 美国权益	iSharesiBoxx 美元投资等级公司债券	0.15%
固定收益	TIP 美国权益	iShares 抗通胀债券 ETF	0.20%
	MUB 美国权益	iShares 国家市政债券 ETF	0.25%
	HYG 美国权益	iSharesiBoxx 美元高收益公司债券	0.50%
	EMB 美国权益	iShares JP Morgan 美元新兴市场债券	0.40%
	GLD 美国权益	SPDR 黄金 ETF	0.40%
	DBC 美国权益	PowerShares 德银商品指数	0.89%

资料来源：J. Guglietta。

11.4.1 数据

我们使用 ETF 是因为它的许多特性使其成为最理想的投资。而它最吸引人的特点是多样性，因为可用的 ETF 的范围几乎包括所有资产类别。种类繁多的 ETF 使我们能够使用更少的投资和更少的资本来构建多元化的投资组合，从而减少资本。ETF 现在是一个 3 万亿美元的全球市场，比共同基金更具流动性，并且可以全天交易。最后，ETF 的运营成本低于共同基金。这种较低的成本往往会转嫁给投资者。

11.4.2 模型描述

如上所述，我们使用当今的信息构建预测模型以预测资产回报。在每周 t，对于每个工具 i，我们使用具有线性内核（高斯、径向基函数或多项式核没有效果）的支持向量回归和三种不同类别的因素作为"预测"变量。我们有：

$$\widetilde{R_{t+k}^i} = SVP_T(MacroFactors_t, GreedFearIndex_t, Momenta_t)$$

对于 $i = 1, 2, \cdots, N$ 和 T，在这些滚动周期上支持向量回归可以被校准。

第一类由宏观因素组成。根据瑞·达利欧的方法，我们避免过度复杂化，并选择了数量有限的经济学时间序列来对经济周期建模。虽然桥水基金使用（季度）国内生产总值（GDP）来模拟RBC，但我们选择使用了4个月的软数据（调查）。我们对所有资产使用相同的宏观经济因素。这些宏观因素不会从按周度频率发生变化。然而，我们的经验表明，金融市场会迅速将宏观经济信息纳入考量以及基于月度数据更新的每周预测会增加价值的观点是错误的。由于该模型仍在使用中，我们没有透露我们使用的是哪个时间序列。第5个时间序列捕捉通货膨胀信息。

第二类因素是衡量系统性风险的指标。我们首选的贪婪和恐惧指数，该指数基于美国股票的方差风险溢价（即隐含波动率和实际波动率之间的差值）。

第三类因素是内生的，具有不同的价格动量，回测期从一周到一年不等。

我们选择每周再平衡全球战术性资产配置策略。请注意，每月或每季度的再平衡也会产生良好的结果。

在每周结束时，支持向量回归向我们提供14个（即工具的数量）预测回报 $\widetilde{R_{t+1}^i}$。我们将投资组合限制为仅做多。由于 $\widetilde{R_{t+1}^i} < 0$ 可能发生，因此我们使用了变换（函数）φ 来限制预测收益为严格正值，使得 $\varphi(\widetilde{R_{t+1}^i} > 0) > \varphi(\widetilde{R_{t+1}^i} < 0)$ 和 $\varphi(\widetilde{R_{t+1}^i} > 0)$（对于所有 i 成立）。最后，我们通过对应工具的每日收益的已实现波动率来放缩这些预测收益，以获得信噪比，例如：

$$SN_i^t = \varphi(\widetilde{R_{t+1}^i}) / \sigma_{t-d,t}^i$$

最后一步归结为将这些信噪比插入投资组合优化算法以构建投资组合。投资组合构建，即寻找最佳权重，是一个极为庞大的研究领域，对其详细讨论会超出了本章的讨论范围。

许多投资组合构建都是可能的。风险平价（所谓的 one-to-sigma）投资组合是最简单的一种，当然也还有其他的选择，从均值方差优化到等风险贡献或最大多元化投资组合（这会产生有趣的结果）。我们认为，投资组合经理更担心左侧风险，而不是波动率本身。这就是为什么我们最喜欢的投资组合构建方法是条件风险价值（CVaR）投资组合的原因，我们在目前投产的许多模型中都使用了这种方法。

CVaR 被定义为超过风险价值（VaR）的预期损失。我们首选尽量减少 CVaR 而不是 VaR，因为 VaR 不是风险的一致性度量。然而，低 CVaR 的投资组合也必然具有低 VaR。我们还意识到 CVaR 组合的局限性可能会提供一些不稳定的解决方案。但是，我们要指出的是，所有投资组合构建方法都会受这种局限的影响。

因此，我们的全球战术性资产配置策略是一个两步骤的过程，每周我们都会根据宏观因素、我们的贪婪和恐惧指数以及工具价格动量的支持向量回归来预测下周收益。这些预期收益会被转换成信号，随后被插入条件 CVaR 投资组合中。投资组合权重在一周结束时会根据收盘价给出，并在下一个交易日开盘时执行（收益的计算扣除了费用和交易成本）。

11.4.3 模型结果

基准策略将 60% 投资于债券，40% 投资于股权。图 11.4 表示了与常用的基准策略（Hurst 等，2010）相比，支持向量回归全球战术性资产配置的相对绩效。

该期间（2001 年 3 月至 2017 年 3 月）的总复合几何收益率为 189%，而基准策略为 102%。我们的策略收益率比基准策略高出 87%，并且回撤幅度更小，特别是在全球金融危机期间，回撤非常小。当然，一年期和两年期的滚动信息比率（单位主动风险所带来的超额收益）不是恒定的，但近期一直徘徊在 2。其间总信息比率为 0.77，比基准策略（0.50）高52.6%。该策略的年化实际波动率为8.9%，比所选基准低0.44%。该策略的稳定性（以累计对数收益率的线性拟合R2来衡量）衡量值为91.7%，比基准（65.4%）高出40%（见图11.4和图11.5）。

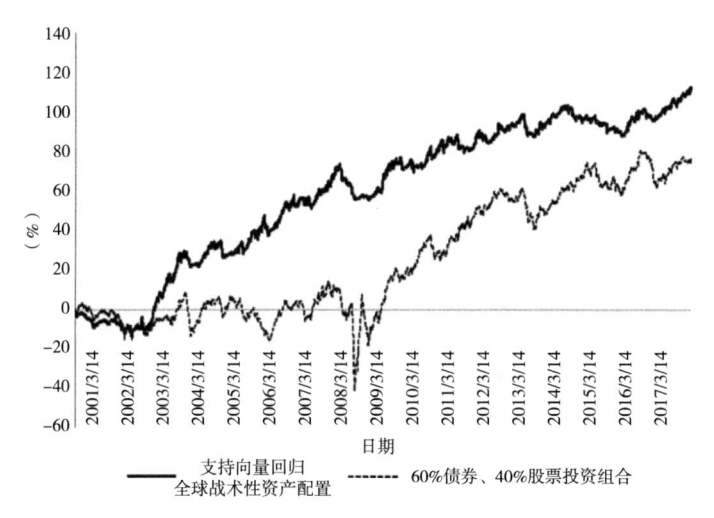

图 11.4　支持向量回归全球战术性资产配置
与60%债券、40%股票投资组合对比（未复合的算数收益率）

资料来源：彭博社，J. Guglietta。

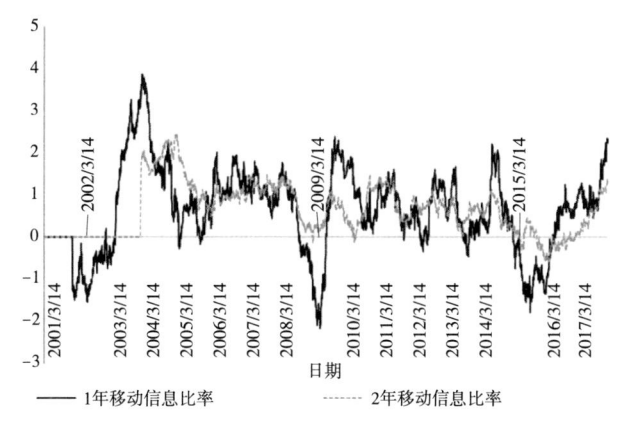

图 11.5　支持向量回归全球战术性资产配置
与60%债券、40%股票投资组合对比（未复合的算数收益率）

11.5 结论

这是一个基于透明"量化"框架的全球战术性资产配置投资组合。多元化仍然是唯一（几乎）免费的"午餐"，因此，能够建立稳健的多元化投资组合应该受到所有投资者的追捧。由于机器学习的特性，基于支持向量回归的全球战术性资产配置投资组合可以适应（调整资产组合）不同的经济环境，并为投资者提供稳健的解决方案，改善资产配置的主要目标：获得最佳预期风险收益。

第 12 章

金融中的强化学习

戈登·里特
(Gordon Ritter)

戈登·里特（Gordon Ritter）

于 2007 年在哈佛大学获得了数学物理学博士学位，在那里他的研究涉及量子计算、量子场论、微分几何和抽象代数等领域。在进入哈佛之前，他以优异的成绩获得了芝加哥大学的数学学士学位。戈登是 GSA Capital 的高级投资组合经理和某策略团队负责人，该策略团队使用一系列基于跨地域和资产类别的系统性绝对回报策略进行交易。GSA Capital 曾 4 次在 EuroHedge Awards 中获得股票市场中性和量化策略类奖项，并获得了包括长期业绩类别在内的许多其他奖项。在加入 GSA 之前，戈登是高桥资本的副总裁，也是该公司统计套利小组的核心成员，尽管该小组的人数不到 20 人，但负责数万亿美元的股票、期货和期权（与传统资产类别相关性低）交易。在担任行业职务的同时，他在罗格斯大学统计系以及巴鲁克学院和纽约大学的 MFE 课程中教授包括投资组合管理、计量经济学、连续时间金融和市场微观结构在内的课程（均在 MFE 课程中排名前五）。他曾在顶级从业者期刊（包括 *Risk*）和学术期刊（包括 *European Journal of Operational Research*）发表原创作品。他是主要行业会议上广受欢迎的演讲者。

12.1　导读

如今，我们生活在一个 AI 和机器学习快速发展的时代，这类科技的发展深刻地改变着我们的生活。AlphaGo Zero（Silver 等，2017）显示了其超常的表现可以通过纯粹的强化学习来实现，只需非常少的领域知识，并且令人惊讶的是不依赖人类数据或指导。AlphaGo Zero 在被告知游戏规则并与模拟器（即它本身）对战后学会了下棋。

围棋游戏和交易在很多方面有共同点。优秀的交易员经常使用复杂的策略并提前计划好后续多个时期。他们时常做出"长期贪婪"的决定，并通过承受短暂的交易损失来获取长期的收益。在每个瞬间，代理人可以采取的行动相对较小并分立。例如在围棋和国际象棋等游戏中，采取的行动则是由游戏规则决定的。

在交易中，同样有规则可循。目前在金融市场中最广泛使用的交易机制是"具有时间优先级的连续双向拍卖电子订间簿"。通过这种机制、报价的到达和交易是连续的，并且执行优先级是根据报价的价格和到达顺序来确定的。当买（卖）盘 x 被提交时，交易所的匹配机制会检查之前卖（买）盘中是否有可以与 x 匹配的。如果有，则会在匹配机制的撮合下成交；如果没有，x 将挂单，直到有卖盘匹配。在同一价格下的挂单遵循先进先出（FIFO）机制。简而言之，这就是交易中的"游戏规则"，乔尔·哈斯布鲁克（Joel Hasbrouck）在《实证市场微观结构》（*Empirical Market Microstructure*）一书中，介绍了交易中的更多微观结构理论。

这些观测结果暗示着量化金融新分支学科——交易强化学习（Ritter，2017）的开端。该新兴领域最基本问题大概如下。

基本问题 1

AI 是否能在不被告知需要何种策略的情况下生成经过优化（考虑交易成本的情况下）的动态交易策略？

如果能，那么金融 AI 将又成为一代 AlphaGo Zero。

在这一小节，我们将从不同角度看待并处理这一问题：

1. 什么是优化动态交易策略？我们如何计算其成本？
2. 哪种学习方法有机会来挑战这一难题？
3. 我们该如何构建回报函数使得 AI 有潜力学习优化正确的事？

第一个问题或许是这一系列问题中最简单的。在金融语境中，优化意味着策略最大化了最终财富的预期效用（效用是一个详细的概念，之后我们会详细地解释）。最终财富是最初财富与一系列短期内财富增长之和：

$$\text{maximize}: \mathbb{E}[u(w_T)] = \mathbb{E}\left[u\left(w_0 + \sum_{t=1}^{T}\delta w_t\right)\right] \qquad (12.1)$$

其中，$\delta w_t = w_t - w_{t-1}$。成本包括了市场影响、穿越买卖差价、佣金和融券成本等。这些成本通常都会对 w_T 造成负面影响，因为在那期间支付的成本降低了每个 δw_t。

现在让我们来讨论第二个问题：哪种方案会是有效的方案？当一个小孩第一次尝试骑自行车的时候（没有辅助轮的情况下），这个小孩并不知道一系列用于保持自行车平衡并使其前进的正确动作。学习的过程必然是实验和积累错误的过程，同时这个过程中正确的动作将得到回报，而不正确的动作则将受到惩罚。我们需要一个可以模仿或获取人类这种学习的连贯的数学框架。

此外，老练的代理人、活动者及人类有能力进行复杂的策略规划。这一切常常包括超前机器的思考和在部分时间里忍受较少的损失，以换取更大收益的博弈。一个明显的例子就是在象棋中丢卒保车。那么我们怎么教会机器来思考策略呢？

许多智能动作之所以能够被准确定义为智能，是因为其能根据环境做出最佳反馈。如果一个算法能够在游戏中自动优化其策略以获得更高分数的话，这个算法就可以被认为是智能的。一个机器人如果在不碰撞的情况下找到一条最短的路，那么其也是智能的，详细地说就是最小化路径长度函数的同时最大化碰撞的惩罚。

在此背景下，学习就是通过最大化多期回报的方式学习如何对外界环境改变做出最佳反应。在 AI 中，这种方法常被称为强化学习，其很多关键发展被收录在 Sutton 和 Barto（2018）中。

一个常被提及的概念，即有三个类型的机器学习：监督学习、无监督学习和强化学习。监督学习是学习一批被标记后数据的规律，而无监督学习则是发掘未被标记数据后隐藏的结构。强化学习是另一个不同的概念。事实上这些形式的机器学习算法是互相关联的。最有质量的强化学习模型常常附带着监督及非监督学习作为价值函数的表达。强化学习的目的是最大化累计回报，而不是找出数据的隐藏结构。但强化学习常常被应用于寻找最大化回报的隐藏结构。

12.2　马尔科夫决策过程：决策的一般框架

Sutton 和 Barto（1998）曾说：

通常来说，强化学习的核心思路是利用价值函数来组织和构建对好策略的搜索。

理查德·贝尔曼（Richard Bellman）于 1957 年写了关于价值函数的基础论文，当时"机器学习"这个词还没有被普遍使用。尽管如此，在某种程度上，强化学习的存在仍归功于理查德·贝尔曼。

价值函数是一个特定概率空间的数学期望，潜在的概率度量是马尔可夫过程，这是受过经典训练的统计学家非常熟悉的系统相关度量。当马尔可夫过程用于描述一个系统的状态时，则被称为状态－空间模型。当你在马尔可夫过程的最上端从一系列可能（或动作过程集）中选择决策（或动作），并伴随着一些回报指标告诉你相关决策是否占优，这被称为马尔可夫决策过程（MDP）。

在马尔可夫决策过程中，一旦我们看到了一个系统的当前状态，就得到了做决策所需要的信息。换句话说，假设我们知道当前状态，那么了解导致当前状态的过去状态的完整历史对我们没有帮助（即我们无法做出更好的决策）。这种历史依赖与贝尔曼原则息息相关。

贝尔曼（1957）写道："在每个过程中，控制过程的函数方程是通过应用以下直觉获得的。"

> 最优策略具有这样的性质，即无论初始状态和初始决策是什么，其余决策必须构成关于由第一个决策产生的状态的最优策略。

——贝尔曼（1957）

贝尔曼所说的"函数方程"本质上是式 12.7 和式 12.8，我们将在下一节中解释。考虑一个交互系统：代理人与环境交互。"环境"是代理人直接控制之外的系统部分。在每个时间长度 t，代理人观察环境的当前状态 $S_t \in S$ 并选择一个动作 $A_t \in A$。这个选择会影响到下一个状态的转换和代理人收到的奖励(见图 12.1)。

图 12.1 交互系统:与环境交互的代理人

一切的基础在于存在一个假定的分布:

$$p(s^0, r \mid s, a)$$

该分布是对于转换到状态 $s^0 \in S$ 并获得回报 r 的联合概率,条件为前一个状态是 s 并且代理人采取行动 a。这种分布通常不为代理人所知,但其存在为诸如"预期回报"之类的概念赋予了数学意义。

代理人的目标是最大化期望累计回报,表示为:

$$Gt = R_{t+1} + \gamma R_{t+2} + \gamma^2 R_{t+3} \ldots \tag{12.2}$$

其中,$0 < \gamma < 1$ 是定义无穷和的必要参数。

策略 π 大致是一种根据你所处的状态选择下一个动作的算法。更正式地说,策略是从状态到动作空间上的概率分布的映射。如果代理人遵循策略 π,那么在状态 s 中,代理人将以概率 $\pi(a \mid s)$ 选择动作 a。

强化学习是寻求策略以最大化:

$$\mathbb{E}[G_t] = \mathbb{E}\left[R_{t+1} + \gamma R_{t+2} + \gamma^2 R_{t+3} + \ldots\right]$$

通常,策略空间太大而无法进行蛮力搜索,因此必须通过使用价值函数来搜索具有良好属性的策略。

策略 π 的状态 – 价值函数定义为:

$$v_\pi(s) = \mathbb{E}_\pi[G_t \mid S_t = s]$$

其中,$\mathbb{E}\pi$ 表示在遵循策略 π 假设下的期望。对于任何策略 π

和任何状态 s，以下一致性条件成立：

$$v_\pi(s) = \mathbb{E}_\pi[G_t \mid S_t = s] \tag{12.3}$$

$$= \mathbb{E}_\pi[R_{t+1} + \gamma G_{t+1} \} S_t = s] \tag{12.4}$$

$$= \sum_a \pi(a \mid s) \sum_{s',r} p(s', r \mid s, a)[r + \gamma E_\pi[G_{t+1} \mid S_{t+1} - s']] \tag{12.5}$$

$$= \sum_a \pi(a \mid s) \sum_{s',r} p(s', r \mid s, a)[r + \gamma v_\pi(s')] \tag{12.6}$$

以上计算的最终公式如下：

$$v_\pi(s) = \sum_{a,s',r} \pi(a \mid s) p(s', r \mid s, a)[r + \gamma v_\pi(s')]$$

这个公式被称为贝尔曼方程。其中，价值函数 v_π 是贝尔曼方程的唯一解。同样地，动作价值函数则表示为最初状态 s，动作 a 以及其后的策略：

$$q_\pi(s, a) := \mathbb{E}\pi[G_t \mid S_t = s, A_t = a]$$

策略 π 被定义为至少与 π^0 一样好，如果 $v_\pi(s) \geq v_{\pi 0}(s)$ 在所有状态 s 下成立。

从定义上看来，最优策略不劣于其他任何策略。最优策略不唯一，但所有的最优策略都满足以下的最优状态 - 价值方程：

$$v_*(s) = \max_\pi v_\pi(s)$$

以及最优动作 - 价值方程：

$$q_*(s, a) = \max_\pi q_\pi(s, a).$$

可以注意到 $v*(s) = \max_a q*(s, a)$，因此动作 - 价值函数比状态 - 价值函数要更一般。

最优状态 - 价值函数及最优动作 - 价值函数满足贝尔曼方程：

$$v_*(s) = \max_a \sum_{s',r} p(s', r \mid s, a)[r + \gamma v_*(s')] \tag{12.7}$$

$$q_*(s, a) = \sum_{s',r} p(s', r \mid s, a)[r + \gamma \max_{a'} q_*(s', a)] \tag{12.8}$$

其中，s^0、r 表示所有状态和对应回报的总和。

如果我们有一个函数 $q(s,a)$，这个函数是最优动作函数 $q*(s,a)$ 的估计，那么贪心策略（与函数 q 相关联）被定义为：在 t 时刻选择动作 a_t^* 使得 $q(s_t,a)$ 在所有可能的 a 上最大化，其中 s_t 是在 t 时刻的状态。给定函数 $q*$，相关的贪心策略是最优策略。因此，我们可以将问题简化为找到 $q*$，或者生成收敛到 $q*$ 的迭代序列。

值得注意的是，带交易成本的多期投资组合优化的现代方法（Gârleanu 和 Pedersen，2013；Kolm 和 Ritter，2015；Benveniste 和 Ritter，2017）也被构建为最优控制问题，原则上这类问题可以通过找到式 12.7 的解得以解决，尽管这些方程在带约束和不可微成本的情况下难以求解。

Q – 学习（Q-learning）是计算机科学家克里斯·沃特金斯（Chris Watkins）于 1989 年提出的一种寻找收敛于 $q*$ 函数列的算法。Q – 学习已不再是最先进的算法，许多更先进算法紧随沃特金斯开创性的算法后被开发。Q – 沃特金斯的主要缺点是其需要大量时间去收敛。

沃特金斯的算法包含以下步骤。一个初始化矩阵 Q，每个状态一行，每个动作一列。该矩阵最初可以是零矩阵，或者使用一些可用的先验信息进行初始化。S 表示当前状态。

算法将重复以下步骤直到预设的收敛标准被达到：

1. 在矩阵 Q 中选择一个动作 $A \in \mathbf{A}$ 用于探索和开发。
2. 采取行动 A，之后环境的新状态为 S^0，我们观察回报 R。
3. 更新 $Q(S,A)$ 的值。设置：
$$\text{Target} = R + \gamma \max_a Q(S',a)$$

以及：

$$Q(S,A)+ = \alpha[\underbrace{\text{Target} - Q(S,A)}_{\text{TD-error}}] \quad (12.9)$$

其中，$\alpha \in (0,1)$ 为步长参数。步长参数不必是恒定的，实际上可以随每个时间步长而变化。收敛的证明通常需要它。此外假设马尔可夫过程产生回报时将带有不可避免的过程噪声，且这些噪声不会被更好的学习算法所消除，如此时序差分误差（TD-error）的方差永远不会趋近于 0。因此对于大时间步长 t，α_t 一定会趋近于 0。

假设所有状态-动作对持续被更新，并假设步长参数序列在通常随机逼近条件下的变体（见式 12.10），该 Q-学习算法已经被证明了收敛到 $q*$，且该概率为 1。

在许多我们关心的问题中，状态空间、动作空间或者两者结合都是最自然地被建模为连续空间（即某个适当的维度 d 对应空间 R^d 的子空间）。在这种情况下，不能直接使用上述算法。此外，上述收敛结果并没有以任何明显的方式概括。

近年来许多研究（如 Mnih 等，2015）提出用深度神经网络替换上述算法中的 Q 矩阵。与查找表不同，神经网络具有相关参数的向量，有时称为权重。然后我们可以将 Q 函数写为 $Q(s,a;\theta)$，强调其参数依赖性。我们将迭代更新参数 θ，而不迭代更新表中的值，以便网络学会计算状态-动作更好的估计值。

虽然神经网络是一个通用的函数逼近器，但依赖于最优 Q-函数 $q*$ 的结构，由于 CPU 训练时间或者样本利用的效率（定义为使用小批量样本找到一个可接受结果）等，神经网络可能学习得非常慢。网络拓扑和各种选择，如激活函数和优化器（Kingma 和 Ba，2014）在训练时间和有效样本使用方面非常重要。

在某些问题中，使用更简单的函数逼近器（如集成回归树）来

表示未知函数 $Q(s,a;\theta)$ 可能会导致更快的训练时间和更有效的样本使用，尤其是当 $q*$ 可以通过简单的函数形式（如局部线性形式）很好地近似时。

细心的读者应该已经注意到，Q-学习的更新过程和随机梯度下降的相似性。Baird III 和 Moore（1999）注意到并利用了这种富有成效的联系，他们将几种不同的学习程序重新表述为随机梯度下降的特殊情况。

随机梯度下降的收敛性已经在随机逼近文献中得到广泛研究（Bottou，2012）。收敛的结果通常要求学习率满足以下条件：

$$\sum_t \alpha_t^2 < \infty \text{ and } \sum_t \alpha_t = \infty \qquad (12.10)$$

Robbins 和 Siegmund（1985）的定理提供了一种方法来构建一种在各种复杂环境下几乎确定收敛的随机梯度下降，包括损失函数不光滑的情况。

12.3 理性及决策的不确定性

给定一些相互排斥的结果（每个都可能以某种方式影响财富或消费），一次抽奖可以被视为一个概率分布（其中所有事件概率之和为1）。通常，这些输出结果与盈亏密切相关。比如"付出 1 000 元有 20% 的机会赢得 10 000 元"。

1713 年 9 月 9 日，尼古拉·伯努利（Nicolas Bernoulli）在给皮耶·黑蒙·德蒙马特（Pierre Raymend de Montmort）的信中向其描述了圣彼得堡困境。一个赌场给赌徒提供一个机会在每一轮中抛掷一个公正的硬币。这个游戏开局两美元，如果硬币结果显示正面，则金额加倍。如果第一次出现反面，则游戏结束且赌徒所有赢得的钱将失去。期望价值的数学公式就是：

$$\frac{1}{2} \cdot 2 + \frac{1}{4} \cdot 4 + \cdots = +\infty$$

随着数学家和经济学家努力理解可以解决它的所有方法，这个悖论导致了许多新的发展。

丹尼尔·伯努利（Daniel Bernoulli，尼古拉的表弟）于1738年在圣彼得堡帝国科学院的评论中发表了一篇开创性的论文；事实上，这就是这个悖论的现代名称的来源。伯努利的作品拥有现代译本（Bernoulli, 1954），因此可能会受到英语世界的赞赏。

> 一个物品的价值不应取决于其绝对价格，而更多的是其所产生的效用……毫无疑问，一千达克特（一种货币）对于穷光蛋来说比富人更有用，虽然钱的数量是一样的。
>
> ——伯努利（1954）

除此之外，伯努利的论文还包括了对上文问题的解决方案：如果投资者有一个对数效用，那么他们通过玩游戏对财富效用的预期改变是有限的。

当然，如果我们的唯一目的只是研究圣彼得堡难题的话，那么还有其他更实际的解决方案。在圣彼得堡彩票中，只有极不可能的事件会产生高额奖金，从而导致无限的期望值。实际上，忽略在宇宙的整个生命周期中预计发生少于一次的事件，那么预期值就会变得有限。

此外，彩票的预期价值，即使是与现实中可以想象到的拥有最大资源的赌场下注时，也是相当低的。如果赌场的总资源（或者说最大头奖）是 W 美元，那么 $L = b\log_2(W)c$ 是赌场能够提供的最大次数。你每次投掷硬币都是一次互斥的事件，一次、两次、三次……L 次，获得 2^1、2^2、2^3、$\cdots$、2^L，或者最后你投掷第 2^{L+1} 次，然后赢得 W 元。那么期望财富就变成：

$$\sum_{k=1}^{L} \frac{1}{2^k} \cdot 2^k + \left(1 - \sum_{k=1}^{L} \frac{1}{2^k}\right) W = L + W 2^{-L}$$

如果赌场有 10 亿美元的话，那么圣彼得堡抽奖的期望值约为 30.86 美元。

如果抽奖 M 比抽奖 L 更受推崇的话，我们写作 $L < M$。如果抽奖 M 比抽奖 L 更受偏好或者二者被认为无差异，我们则写作 $L \leqslant M$。如果代理在 L 和 M 之间没有差异的话，我们记作 $L \sim M$。Von Neumann 和 Morgenstern（1945）提供了偏好关系何时是理性的定义，并证明了任何理性偏好关系都具有效用函数表达式的关键结果。

定义 1（Von Neumann 和 Morgenstern，1945）。如果以下 4 个公理被满足，一个偏好关系被认为是理性的：

1. 对于任意彩票 L，M，有如下关系之一：$L < M, M < L$，或 $L \sim M$。
2. 如果 $L \leqslant M$ 且 $M \leqslant N$，则 $L \leqslant N$。
3. 如果 $L \leqslant M \leqslant N$，那么能找出一个 $p \in [0,1]$ 使得：
   $$pL + (1-p)N \sim M。$$
4. 如果 $L < M$，那么对于 N 和 $p \in (0,1]$，有：
   $$pL + (1-p)N < pM + (1-p)N。$$

最后一个公理被称为"无关选择的独立性"。

代理人如果满足 VNM 公理，则被称为"VNM-理性"。我们暂不讨论何为理性，但是那些偏好不符合这些公理的人可能不应该接近赛马场（或股市）。

定理 1（Von Neumann 和 Morgenstern，1945）。对于任意 VNM – 理性代理人（满足 1 ~ 4 的条件下），存在一个函数 u 可以给结果 A 一个实数 $u(A)$ 使得任意两个彩票：

$$L < M \text{ iff } E(u(L)) < E(u(M)).$$

相反地,任何倾向于最大化自己期望收益的代理人都符合公理 1 ~ 4。

因为 $Eu(p_1 A_1 + \ldots + p_r A_n) = p_1 u(A_1) + \cdots + p_n u(A_n)$，所以 u 是由简单彩票之间的偏好唯一确定的（另外可加上一个常数并乘以一个正标量），即形式为 $pA + (1-p)B$ 的彩票只有两个结果。

我们现在说明，在风险下做出决策的实际情况中效用函数背后的直觉和正确使用。我们通过一个幽默的公海冒险故事来说明这一点。1776 年，如果你在海外拥有一批价值相当于一个标准尺寸金条的货物，除非这些货物被运回，否则你赚不到钱。但这是一个危险的过程：船只沉没在大海中的概率为 50%。

你正计划把所有的货物都放在一条船上。但是库克船长建议你，这样做是不明智的，并慷慨地提供你两条船，把货物分装两船，而不产生额外费用。你应该接受这个建议吗？

一条船：$\mathbb{E}[w_T] = \frac{1}{2} \times 1 = 0.5$（金条）

两条船：$\mathbb{E}[w_T] = \frac{1}{2} \times \frac{1}{2} + \frac{1}{2} \times \frac{1}{2} = 0.5$（金条）

基于巧妙地运用概率论，你准备回复库克船长：这两种选择的结果毫无差异——可以只用一条船来运输。正好，丹尼尔·伯努利教授来了，并建议你试着算一算 $E[u(w_T)]$，其中 $u(w) = 1 - e^{-w}$，从而：

一条船：$\mathbb{E}[1 - e^{-w_T}] = \frac{1}{2} \times (1 - e^{-1}) \approx 0.32$

两条船：$\mathbb{E}[1-e^{-w_T}] = \frac{1}{4}(1-e^{-0}) + \frac{1}{2}(1-e^{-1/2}) + \frac{1}{4}(1-e^{-1}) \approx 0.35$

使用伯努利方法，似乎首选两条船，尽管该方法有效原因仍可能不清楚。伯努利问你在比较这两种情况时是否考虑风险。你愤怒地回答说，你宁愿先行动然后再考虑风险。但为了使伯努利高兴，你开始计算：

一条船：$\mathbb{V}[w_T] = \frac{1}{2}(0-0.5)^2 + \frac{1}{2}(1-0.5)^2 = 0.25$

两条船：$\mathbb{V}[w_T] = \frac{1}{4}(0-0.5)^2 + \frac{1}{2}(0.5-0.5)^2 + \frac{1}{4}(1-0.5)^2 = 0.125$

伯努利认为，如果：$u(w) = (1 - \exp(-\kappa w))/\kappa$ 其中，$\kappa > 0$ 是任意正标量，那么假设 wT 服从正态分布：

$$\mathbb{E}[u(w_T)] = u\left(\mathbb{E}[w_T] - \frac{\kappa}{2}\mathbb{V}[w_T]\right) \quad (12.11)$$

这表示最大化 $\mathbb{E}[u(w_T)]$ 等同于最大化：

$$\mathbb{E}[w_T] - \frac{\kappa}{2}\mathbb{V}[w_T] \quad (12.12)$$

由于 u 是单调的。事实证明，许多厚尾分布也是如此，正如我们在下一节中展示的。

12.4　均值－方差的等价性

在之前的章节里，我们回顾了一些众所周知的结果，即对于指数效用函数和正态分布的财富增量，可以省略最大化 $\mathbb{E}[u(w_T)]$，并等价地解决数学上更简单的最大化 $\mathbb{E}[w_T] - (\kappa/2)V[w_T]$。因为这实际上是我们的强化学习系统要解决的问题，所以我们自然想知道它适用的问题类别。事实证明，正态性条件或指数效用条件都不是必需的，两者都可以大大放松。

定义2　效用函数 $u: R \to R$ 如果它是递增的、凹的和连续可微的，则称为标准函数。

定义"标准"效用函数的属性具有经济意义。即使是伟大的慈善家的投资组合的效用也是随着财富递增的——他们希望能够做更多的事情来消除饥饿、疾病等。因此，非线性的二次函数永远不可能是标准的效用函数。一个严格的凹二次方程必须上升和下降，好像在某个点之后，财富越多越糟糕。特别是式 12.12 不是效用函数。

凹性对应着风险厌恶。最后，如果效用函数不是连续可微的，则它意味着存在某种特定的财富水平，高于该水平的一便士与低于该水平的一便士有很大的不同。

定义3　我们用 w' 表示与彩票的最终财富（随机）相关的变量。两个标量 $m \in R$ 和 $s > 0$，令 $L(\mu, \omega)$ 表示一个彩票的空间，其中 $E[w'] = \mu$ 并且 $V[w'] = \omega^2$。如果 $E[u(w')]$ 对于所有的 $' \in L(\mu, \omega)$ 都相同，我们说预期效用是均值和方差的函数。这意味着函数 $\hat{U}$ 定义为：

$$\hat{U}(\mu, \omega) := \{E[u(w')] : ' \in L(\mu, \omega)\}$$

这也意味着效用函数可以被定义为单值；右边总是单一的数字。

让 $r \in R^n$ 表示区间 $[t, t+1]$ 的收益，因此 $r \in R^n$ 是一个 n 维向量，其中第 i 个成分是：

$$r_i = p_i(t+1)/p_i(t) - 1$$

其中 $p_i(t)$ 是第 i 个资产在时间 t 的价格（如有必要可以调整为分割或资本行为）。

让 $h \in R^n$ 表示组合，单位为美元或者其他合适的货币。在未来的一些时间 t，让 h_0 表示当前组合。于是，一期的财富随机变量可以写成：

$$\tilde{w} = h'r$$

以及最优组合的 h * 的期望效用就是：

$$h^* := \mathrm{argmax} E[u(\tilde{w})] \qquad (12.13)$$

定义 4　如果标的资产收益分布的一阶矩及二阶矩存在，则标的资产收益分布 $p(r)$ 被认为是均值方差等价的。对于任意标准效用函数 u，存在一些常数 $\kappa > 0$（κ 由 u 决定）使得：

$$h^* = \mathrm{argmax}\{E[\tilde{w}] - (\kappa/2)V[\tilde{w}]\} \qquad (12.14)$$

其中，$h^* = \mathrm{argmax} E[u(w)]$ 由式 12.13 定义。

多元变量柯西分布是椭圆的，但它的一阶矩及更高阶矩的值是无穷甚至未定义的。如此它就不是均值方差等价的，因为它的均值及方差是未定义的。

什么样的分布是均值方差等价的呢？我们在之前验证了正态分布是的。其他很多厚尾分布比如多元 t 分布也是的。

假设所有的彩票都对应着持仓组合里的风险资产，那么定义 3 和定义 4 一样，是资产分布 $p(r)$ 的一种性质；一些分布有着这种性质，而一些没有。

如果定义 3 对给定的分布不成立，那么均值 - 方差就不存在。直觉上说，如果定义 3 不成立，那么 $E[u(w')]$ 会由 $E[w']$ 和 $V[w']$ 以外的变量决定。因此，应该很容易构造一个反例，其中式 12.14 右侧由于这个"额外项"，它不是最理想的。

定义 5　一个平面 $\hat{U}$ 的水平曲线或者等价集合 $\hat{U}^{-1}(c)$ 被称为一个无差异曲线。

直觉上，理解定义 5 就是，在曲线上不同点的回报对于投资者是相同的。

托宾（1958）假设预期效用是一个关于均值及方差的函数，并证明最终的函数符合假设。遗憾的是，托宾的证明是有瑕疵的，这种函数只适用于椭圆分布。这个瑕疵作为反例被费尔德斯坦（1969）指出。在做出正确的证明后，我们将讨论这个瑕疵。

首先，我们用一个标量随机变量 X 定义特征函数：
$$\phi_X(t) = \mathbb{E}[e^{itX}]$$

如果该变量存在分布密度，那么特征函数就是密度的傅里叶变换。一个实数型变量的特征函数是存在的，因为它是一个有界的连续函数的积分。

通常来说，特征函数在分析随机变量的矩及随机变量的线性组合时特别有用。特征函数被用于提供概率论上的直接且直观的证明，比如中心极限定理。

如果一个随机变量 X 有 k 阶矩，也就是说特征函数 ϕ_X 在 R 上是 k 阶连续且可导，在这种情况下：
$$\mathbb{E}[X^k] = (-i)^k \phi_X^{(k)}(0).$$

如果 ϕ_X 在 0 附近存在 k 阶导数，且 k 为偶数，那么 X 所有 k 阶矩都存在。如果 k 为奇数，那么 X 只有 $k-1$ 阶矩，并且：
$$\phi_X^{(k)}(0) = i^k \mathbb{E}[X^k]$$

如果 $X_1, \cdots, X_n$ 是独立随机变量，那么：
$$\varphi_{X1 + \ldots + X_n}(t) = \varphi_{X1}(t) \cdots \phi_{Xn}(t).$$

定义 6 一个 R^n 是 n 维随机变量 x 被称为椭圆分布，如果其特征函数被定义为 $\varphi(t) = E[\exp(it^0 x)]$ 的形式：
$$\varphi(\mathbf{t}) = \exp(it^0 \mu) \psi(t^0 \Omega t) \quad (12.15)$$

其中，$\mu \in R^n$ 是一组中位数的向量，Ω 是一个矩阵，假定为正定矩阵，称为散布矩阵。函数 ψ 不依赖于 n。

我们将式 12.15 中的特征函数定义为 $E_\psi(\mu, \Omega)$。

"椭圆"这个名称的出现是因为等概率等值线是椭圆形的。如果存在方差，则协方差矩阵与 Ω 成正比，如果存在均值，μ 也是均值向量。

式 12.15 无法表明随机向量 x 存在一个密度分布，但如果 x 存在密度分布，则密度函数将是以下形式：

$$f_n(x) = |\Omega|^{-1/2} g_n[(x - \mu)'\Omega^{-1}(x - \mu)] \quad (12.16)$$

当假设存在密度时，式 12.16 有时用作椭圆分布的定义。特别是，式 12.16 表明如果 $n = 1$，则转换后的变量 $z = (x - \mu)/\sqrt{\Omega}$ 满足 $z \sim E_\psi(0, 1)$。

多元正态分布是最广为人知的椭圆分布族，对于正态分布，存在 $g_n(s) = c_n \exp(-s/2)$（其中 c_n 是一个正态常数）以及 $\psi(T) = \exp(-T/2)$。注意到 g_n 取决于 n 然而 ψ 不是。椭圆类分布同样包括很多非正态分布，包括厚尾分布。因此很适用于对资产收益建模。比如，自由度为 ν 的多元 t 分布具有式 12.16 形式的密度：

$$gn(s) \propto (\nu + s) - (n + \nu)/2 \quad (12.17)$$

并且对于 $\nu = 1$，它将变为多元柯西形式。

对于足够大的 s，可以选择 $g_n(s)$ 相同地为零，这将使资产收益的分布上下有界。因此，一个对于 CPAM 的批评是 CAPM 模型要求资产能够无限做空——这不是一个有效的主张。

让 v = Tx 表示随机向量 x 的固定（非随机）线性变换。将 v 的特征函数与 x 的特征函数联系起来是很有趣的。

$$\phi_v(t) = \mathbb{E}[e^{it'v}] = \mathbb{E}[e^{it'Tx}] = \phi_x(T't) = e^{it'T\mu}\psi(t'T\Omega T't)$$
$$= e^{it'm}\psi(t'\Delta t)$$
$$(12.18)$$

为了易于理解，我们定义 m = Tμ，Δ = TΩT^0。

即使有着相同的函数 ψ，对于不同的 n（= R_n 的维度），函数

f_n，g_n 可能在密度（式 12.16）中呈现出不同的形状，就像我们在式 12.17 中所见。然而，函数 ψ 并不取决于 n。出于这个原因，人们有时会说一个椭圆"家族"，它被识别为单个函数 ψ，但可能有不同的 μ、Ω 值和一个确定密度的函数族 g_n——欧几里得空间的每个维度都有一个这样的函数。椭圆族分布的边缘化会导致产生同一家族的新椭圆分布（即相同的 ψ 函数）。

定理 2 如果分布 r 是椭圆的，并且 u 是一个标准的效用函数，那么期望效用是一个关于均值与方差的函数，而且：

$$\partial_\mu \hat{U}(\mu,\omega) \geq 0 \text{ and } \partial_\omega \hat{U}(\mu,\omega) \leq 0 \quad (12.19)$$

证明 在证明过程中，将组合的持仓向量 $h \in R^n$ 固定以及让 $x = h^0 r$ 表示财富的增长。让 $\mu = h^0 E[r]$ 和 $\omega^2 = h^0 \Omega h$ 表示 x 的矩。应用边缘化性质（式 12.18）以及 $1 \times n$ 维矩阵 $T = h^0$ 得到：

$$\varphi_x(t) = e^{it\mu} \psi(t^2 \omega^2)$$

则 x 的 k 阶中心矩将是：

$$i^{-k} \frac{d^k}{dt^k} \psi(t^2 \omega^2) \bigg|_{t=0}$$

由此，很明显所有的奇数阶矩都将变成 0，而所有的偶数阶矩将与 ω^{2k} 成比例。因此，x 的全分布将完全取决于 μ，ω，所以预期效用是 μ，ω 的函数。

现在我们证明不等式 12.19。写作：

$$\hat{U}(\mu,\omega) = \mathbb{E}[u(x)] = \int_{-\infty}^{\infty} u(x)f(x)dx. \quad (12.20)$$

注意，积分是在一维变量上的。使用式 12.16 的特殊情况 $n = 1$，我们可以得到：

$$f_1(x) = \omega^{-1} g_1[(x-\mu)^2/\omega^2] \quad (12.21)$$

运用式 12.21 来更新式 12.20，我们可以得到：

$$\hat{U}(\mu,\omega) = \mathbb{E}[u(x)] = \int_{-\infty}^{\infty}(x)\omega^{-1}g_1[(x-\mu)^2/\omega^2]dx$$

现在我们运用变量替换，让 $z = (x-\mu)/\omega$ 以及 $dx = \omega\, dz$，使得公式变为：

$$\hat{U}(\mu,\omega) = \int_{-\infty}^{\infty} u(\mu+\omega z)g_1(z^2)dz$$

所需的属性 $\partial_\mu U(\mu,\omega) \geq 0$ 直接从定义 2 中 u 是单调上升的条件得到。

$\partial_\omega \hat{U}$ 的表示式如下：

$$\begin{aligned}\partial_\omega \hat{U}(\mu,\omega) &= \int_{-\infty}^{\infty} \tau s'(\mu+\omega z)zg_1(z^2)dz \\ &= \left[\int_{-\infty}^{0} + \int_{0}^{\infty}\right] u'(\mu+\omega z)zg_1(z^2)dz \\ &= -\int_{0}^{\infty} u'(\mu-\omega z)zg_1(z^2)dz + \int_{0}^{\infty} u'(\mu+\omega z)zg_1(z^2)dz \\ &= \int_{0}^{\infty} zg_1(z^2)[u'(\mu+\omega z) - u'(\mu-\omega z)]dz\end{aligned}$$

可微函数在一个区间上是凹的，当且仅当它的导数在该区间上是单调递减的，因此：

$$u^0(\mu+\omega z) - u^0(\mu-\omega z) < 0$$

此时概率密度函数 $g_1(z^2) > 0$。因此在此间的积分 $\int_{0}^{\infty} zg_1(z^2)[u'(\mu+\omega z) - u'(\mu-\omega z)]dz$ 是一个非正的积分。因此 $\partial_\omega \hat{U}(\mu,\omega) \leq 0$，完成定理 2 的证明。

回想一下上述无差异曲线的定义 5。想象写在 σ，μ 平面中的无差异曲线，σ 在水平轴上。如果曲线有两条分支，则只取上面的一条。在定理 2 的条件下，可以对无差异曲线做出两种表述：

- $d\mu/d\sigma > 0$，即只有当具有更大 σ 的投资组合也具有更大的 μ 时，投资者才对具有不同方差的两个投资组合无偏好差异。
- $d^2\mu/d\sigma^2 > 0$，即个人接受更大的 σ 必须得到补偿的比率（这个比率是 $d\mu/d\sigma$）随着 σ 的增加而增加。

这两个性质表明无差异曲线是凸的。

如果你想知道如何沿着无差异曲线计算 $d\mu/d\sigma$，我们可以假设无差异曲线参数化为：

$$\lambda \to (\mu(\lambda), \sigma(\lambda))$$

两边进行微分后可得：

$$E[u(x)] = u(\mu + \sigma z)g_1[z^2]dz$$

通过假设，左侧在无差异曲线上是常数（导数为零）。因此：

$$0 = \int u'(\mu + \sigma z)(\mu'(\lambda) + z\sigma'(\lambda))g_1(z^2)dz$$

$$\frac{d\mu}{d\sigma} = \frac{\mu'(\lambda)}{\sigma'(\lambda)} = -\frac{\int_{\mathbb{R}} zu'(\mu + \sigma z)g_1(z^2)dz}{\int_{\mathbb{R}} u'(\mu + \sigma z)g_1(z^2)\,dz}$$

如果在所有点上 $u^0 > 0$ 并且 $u^{00} < 0$，那么分子 $^R\!Rzu^0$（$\mu + \sigma z$）g_1（z^2）dz 是负的，所以 $d\mu/d\sigma > 0$。

关于 $d^2\mu/d\sigma^2 > 0$ 的证明也是相似的（留作练习）。

如果分布 $p(r)$ 不是椭圆的，为什么会无法证明呢？这个证明的关键步骤假设了一个二元分布 $f(x;\mu,\sigma)$ 可以通过变量 $z = (x - \mu)/\sigma$ 的变化被放入"标准形式"$f(z;0,1)$。这不是所有二元概率分布的属性，比如对于对数正态分布，它并不成立。

我们可以通过直接计算得出结论，对于对数效用来说 $u(x) = \log x$ 和财富的对数分布，

$$f(x;m,s) = \frac{1}{sx\sqrt{2\pi}} \exp(-(\log x - m)^2/2s^2)$$

无差异曲线将不再是凸的。x 的矩将是

$$\mu = em + s^2/2, \ \sigma2 = (em + s^2/2)2(es^2 - 1)$$

通过一些数学变化，我们得到：

$$\mathbb{E}u = \log \mu - \frac{1}{2}\log(\sigma^2/\mu^2 + 1)$$

然后，我们可能通过参数曲线计算 $d\mu/d\sigma$ 和 $d^2\mu/d\sigma^2$：

$$E\ u\ = constant$$

并且看到在曲线各处 $d\mu/d\sigma > 0$，但是 $d^2\mu/d\sigma^2$ 改变了符号。因此，在这个例子里我们无法得到均值 – 方差等效。

定理 2 表明，给定一个中位数收益，合适的投资者总是不喜欢收益的不确定性。除非其他情况被阐述，我们将坚持当前假设：前两个分布的矩存在。在这个例子里（椭圆分布），中位数是均值，散布是方差，因此从定义 4 的意义上来说，标的资产的分布是均值 – 方差等效。我们强调这个依旧是平滑凹的效用。

12.5 回报

在某些情况下，回报函数的形状并不显然。这是形成问题和模型技巧的一部分。在形成回报函数时，我的建议是非常仔细地思考什么定义了手头问题的"成功"，并且以非常完整的方式。强化学习代理可以学习最大化其所知道的回报。如果回报函数中缺少定义成功的某些部分，那么你正在训练的代理很可能难以在这方面取得成功。

12.5.1 用于交易的回报函数

在金融领域，与在某些其他领域一样，回报函数的问题也很微妙，但令人高兴的是，已经被 Bernoulli（1954），Von Neumann 和

Morgenstern（1945），Arrow（1971）和 Pratt（1964）解决。不确定性下的决策理论足够普遍，可以涵盖很多（如果不是全部）投资组合选择和最优交易问题。如果你选择忽略它，那么你将自担风险。

再次考虑最大化式 12.12：

$$\text{maximize}: \left\{ \mathbb{E}[\omega_T] - \frac{k}{2}\mathbb{V}[\omega_T] \right\} \tag{12.22}$$

假设我们能够重新定义回报值 R_t，那么：

$$\mathbb{E}[\omega_T] - \frac{k}{2}\mathbb{V}[\omega_T] \approx \sum_{t=1}^{T} R_t \tag{12.23}$$

如此式 12.22 看起来像是一个时间上的累计收益问题。

强化学习通过搜索策略来最大化

$$E[G_t] = E[Rt+1 + \gamma Rt+2 + \gamma 2 Rt+3 + \ldots]$$

在式 12.23 中最大化效用只要 $\gamma \approx 1$。

考虑回报函数：

$$R_t := \delta\omega_t - \frac{k}{2}(\delta\omega_t - \widehat{\mu})^2 \tag{12.24}$$

其中，$\widehat{\mu}$ 是代表单一时期内平均财富增长的参数的估算，$\mu = \mathbb{E}[\sigma w_t]$。

$$\frac{1}{T}\sum_{t=1}^{T} R_t = \underbrace{\frac{1}{T}\sum_{t=1}^{T}\delta\omega_t}_{\to \mathbb{E}[\delta\omega_t]} - \frac{k}{2}\underbrace{\frac{1}{T}\sum_{t=1}^{T}(\delta\omega_t - \widehat{\mu})^2}_{\to \mathbb{V}[\delta\omega_t]}$$

然后对于一个较大的值 T，右边两项分别接近样本均值和样本方差。

如此，对于回报函数 12.24 来说有一个特别的解。如果智能体学习最大化累计回报，它会最大化均值方差效用。

12.5.2 计算盈亏

假设在市场中 N 个资产的交易发生在离散时间 $t = 0,1,2,\ldots,T$。让 $n_t \in Z^N$ 表示在 t 时刻的股票持仓向量,因此 $ht := n_t p_t \in R^N$ 表示持有金额向量,其中,pt 表示时刻 t 中点价格向量。

假设对于每个时间 t,数量 δn_t 的股票在 t 之前的那一刻进行交易,并且直到 $t+1$ 之前一刻才发生进一步的交易。

令 $v_t = \text{nav}_t + \text{cash}_t$(其中 $\text{nav}_t = n_t \cdot p_t$)表示组合价值,我们将其定义为风险资产中的资产净值加上现金。区间 $[t, t+1)$ 内佣金和融资前的损益(PL)由投资组合价值 δv_{t+1} 的变化给出。

例如,假设我们在 t 之前在 a 购买了 $\delta n_t = 100$ 股股票,每股价格 $p_t = 100$ 美元。然后 nav_t 增加 10 000,而 cash_t 减少 10 000,保持 v_t 不变。假设就在 t+1 之前,没有发生进一步的交易并且 $p_{t+1} = 105$,那么 $\delta v_{t+1} = 500$,尽管据说这个 PL 是未实现的,直到我们再次交易并将利润转移到现金项目中,此时它才实现。

现在假设 $p_t = 100$,但由于买卖差价、临时影响或其他相关摩擦,我们的有效购买价格为 $p_t = 101$。进一步假设继续使用中点价格 p_t 来"盯市",或计算资产净值。然后,作为交易的结果,nav_t 增加了 $(\delta n_t) p_t = 10 000$,而 cash_t 减少了 10 100,这意味着即使参考价格 p_t 没有改变,v_t 也减少了 100。这种差异称为滑点,它在 v_t 的现金部分中显示为成本项。

交易执行中现金这部分的变化记作:

$$\delta(\text{cash})_t = -\delta n_t \cdot \tilde{p}_t$$

其中,$\tilde{p}_t$ 是我们的有效交易价格,包括滑点。如果 δn_t 的组成部分都是正数,那么这将表示支付了现金,而如果 δn_t 的组成部分是负数,我们就会收到现金收益。

因此,在融资和借贷成本之前,我们有:

$$\delta v_t := v_t - v_{t-1} = \delta(\text{nav})_t + \delta(\text{cash})_t$$
$$= n_t \cdot p_t - n_{t-1} \cdot p_{t-1} - \delta n_t \cdot \widetilde{p}_t \tag{12.25}$$

$$= nt \cdot pt - nt - 1 \cdot pt + nt - 1 \cdot pt - nt - 1 \cdot pt - 1 - \delta nt \cdot \widetilde{pt} \tag{12.26}$$

$$= \delta nt \cdot (pt - \widetilde{pt}) + nt - 1 \cdot (pt - pt - 1) \tag{12.27}$$

$$= \delta n_t \cdot (p_t - \widetilde{p}_t) + h_{t-1} \cdot r_t \tag{12.28}$$

其中，资产收益为 $r_t = p_t/p_{t-1} - 1$。让我们定义总成本 c_t 同时包括滑点和借贷/融资成本，如下：

$$c_t := \text{slip}_t + \text{fin}_t \tag{12.29}$$
$$\text{slip}_t := \delta n_t \cdot (\widetilde{p}_t - p_t) \tag{12.30}$$

其中，fin_t 表示交易佣金和融资成本，交易佣金与 δn_t 成正比且融资成本是关于 n_t 的凹函数。成分 slip_t 被称为交易滑点成本，我们的约定是 $\text{fin}_t > 0$，并且由于市场影响和买卖价差，$\text{slip}_t > 0$ 的概率很高。

12.6 组合价值与财富

结合式 12.29、式 12.30 与式 12.28，我们有：

$$\delta v_t = h_{t-1} \cdot r_t - c_t \tag{12.31}$$

如果我们在价格中点向量 p_t 清算投资组合，那么 v_t 将用于表示在考虑了交易策略后 t 时刻的总财富。由于滑点带来的成本，期望组合能够在 p_t 理想情况下清算是不现实的。

具体来说，$v_t = \text{nav}_t + \text{cash}_t$ 拥有一个现金部分及一个非现金部分。现金部分已经是财富的单位,而非现金部分 $\text{nav}_t = n_t \cdot p_t$。如果支付了成本,可以转化成现金。这个成本被称为清算滑点。

$$\text{liqslip}_t := -n_t \cdot (\widetilde{p}_t - p_t)$$

因此,它是滑点公式,但带有 $\delta n_t = -n_t$。注意,清仓最多只会发生一次,也就意味着清仓带来的滑点成本最多只会被收取一次,并在最后时刻 T 后发生。

总之,我们可以确定 v_t 和财富过程 w_t,只要我们愿意增加一个单一的形式:

$$\text{E}[\text{liqslip}_T] \tag{12.32}$$

到多周期目标。如果 T 很大并且该策略是有利可图的,或者如果投资组合与典型的每日交易量相比较小,那么 $\text{liqslip}_T \ll v_T$ 并且式 12.32 可以被忽略,不会对最终策略产生太大影响。在下文中,为简单起见,我们将 v_t 等同于总财富 w_t。

12.7 具体案例

作为强化学习的开始,需要先指定一个代理的状态空间 S 和动作空间 A。状态变量 s_t 是一种包含了代理做出交易决定所需要的所有信息的数据结构。任何阿尔法预测或交易信号的值都必须是状态的一部分,因为如果不是,代理就不能使用它们。

适合包含在状态中的变量:

1. 当前头寸或持仓。
2. 任何被认为具有预测性信号的值。
3. 市场微观结构的当前状态(即限价订单簿),以便代理可以决定如何最好地执行。

在交易的问题上，动作最明显的选择就是要交易的股票数量 δn_t，其中卖盘记作 $\delta n_t < 0$。在一些市场上多轮交易是有优势的。这限制胡乱抽奖的可能性。如果代理与市场微观结构之间的互动是显著的，那么一般有更多的选择，因此会有更大的动作空间。比如，代理可以决定执行的算法，是跨越价差还是保持被动、以参与率为目标等。

我们现在讨论在交易过程中，系统收到的回报。在时间 t 之前，代理观测到状态 p 同时决定该采取的行动，交易集合 δn_t 是一组股份数量。代理提交这个交易单给执行系统，然后静待 $t+1$ 时刻的反馈。

代理等待一期，并将观测到的回报记作：

$$R_{t+1} \approx \delta v_{t+1} - \frac{k}{2}(\delta v_{t+1})^2 \qquad (12.33)$$

在此背景下，强化学习的目标是代理将学习如何能最大化累计回报，比如式 12.33 就是一个接近均值方差 $E[\delta v] - (\kappa/2)V[\delta v]$ 的结构。

在这个例子中，假设有一个可交易的证券价格为 $p_t > 0$（这种"证券"本身可能是其他证券的投资组合，例如 ETF 或对冲的相对价值交易）。

进一步假设均衡价 p_e，如此 $x_t = \log(p_t/p_e)$ 可得到以下 ODE：

$$dx_t = -\lambda x_t + \sigma \xi_t \qquad (12.34)$$

其中，$\xi_t \sim N(0,1)$，而且当 $t \neq s$ 时，ξ_t, ξ_s 是独立的。这意味着 p_t 倾向于恢复到长期均衡的水平 p_e，均值回归率为 λ。这些假设与套利在某些方面有些相像。在离均衡很远的适当方向上采取的头寸具有非常小的损失概率和极其不对称的损益曲线。

对于这个案例，式 12.34 里的参数被设置成 $\lambda = \log(2)/H$，其中 $H=5$ 是半衰期、$\sigma = 0.1$、均衡价格则是 $p_e = 50$。所有现实的

交易系统都有约束其行为的限制。对于这个例子，我们使用了缩小的行动空间，其中单个区间内的交易规模 δn_t 被限制为最多 K 手，其中一"手"通常是 100 股（大多数机构的股票交易是以整数倍的整手进行的）。此外，我们假设最大头寸规模为 M 手。因此，可能交易的空间以及行动空间是：

$$A = \text{LotSize} \cdot \{-K, -K+1, \ldots, K\}$$

让 H 表示可能的持仓数量 n_t，相似地：

$$H = \{-M, -M+1, \ldots, M\}$$

在接下来的例子里，我们使用 $K=5$ 及 $M=10$。

另一个在现实市场中的特征就是最小报价单位，定义为两个报价间的最小间隔（比如 0.01 美元），因此所有的报价（包括买卖）都是最小报价间隔的整数倍。报价间隔的存在是为了保证每个报价抵达时间及价格的优先级。这也为我们构建模型提供了方便，因为我们要构建的是一个离散的模型。在我们的例子中我们使用 TickSize = 0.1。

我们选择一个包含有限路径的空间，以便式 12.34 的样本路径有着足够小的可能性。在给定如上参数后，价格路径退出区域 [0.1，100] 的概率足够小，以至于问题的任何方面都不依赖于这些界限。

具体来说，可选的价格空间为：

$$P = \text{TickSize} \cdot \{1, 2, \ldots, 1000\} \subset R+$$

最初，我们不允许代理了解有关动态的任何信息。因此，代理不知道 λ，σ，甚至不知道式 12.34 的某些动态是有效的。

代理也不知道交易成本。我们对任何交易收取一个最小报价单位大小的价差成本。如果买卖差价等于两个最小报价单位，那么这个固定成本将对应于跨越差价执行的激进填充所产生的滑点。如果价差只有一个最小报价单位，那么我们的选择就过于保守了。因此：

$$\text{SpreadCost}(\delta n) = \text{TickSize} \cdot |\delta n| \qquad (12.35)$$

我们还假设长期价格影响是一个线性函数形式，每个交易轮都将使得价格上升一个最小报价单位，因此每股的交易成本为 $|\delta n_t| \times \text{TickSize/LotSize}$，整体交易成本为：

$$\text{ImpactCost}(\delta n) = (\delta n)^2 \times \text{TickSize/LotSize} \qquad (12.36)$$

整体成本即如下的和：

$$\text{SpreadCost}(\delta n) + \text{ImpactCost}(\delta n)$$
$$= \text{TickSize} \cdot n + (\delta n)^2 \times \text{TickSize/LotSize}$$

我们并不是说这些是我们生活的世界的确切成本函数，尽管函数形式确实有些道理。

环境状态 $s_t = (p_t, n_{t-1})$ 将包含证券价格 p_t 和代理人的股票头寸 n_{t-1}。因此状态空间是笛卡尔积 $S = H \times P$。然后代理选择一个动作：

$$a_t = \delta n_t \in A$$

将头寸改变为 $n_t = n_{t-1} + \delta n_t$，并观察到利润/损失等于：

$$\delta vt = nt(pt+1 - pt) - ct$$

同时回报为：

$$R_{t+1} = \delta v_{t+1} - \frac{1}{2}k(\delta v_{t+1})^2$$

我们通过重复应用涉及式12.9的更新过程来训练 Q – learner。系统有各种参数控制学习率、折现率、风险厌恶等。为完整起见，以下示例中使用的参数值为：$k = 10^{-4}$，$\gamma = 0.999$，$\alpha = 0.001$，$\varepsilon = 0.1$。我们使用 $n_{\text{train}} = 10^7$ 训练步骤（每个"训练步骤"包括一个根据式12.9的动作值更新），然后在随机过程的5 000个新样本上评估系统（见图12.2）。

样本外的出色表现或许是值得期待的；奥恩斯坦－乌伦贝克（Ornstein-Uhlenbeck）过程的假设意味着系统中近乎存在套利。当

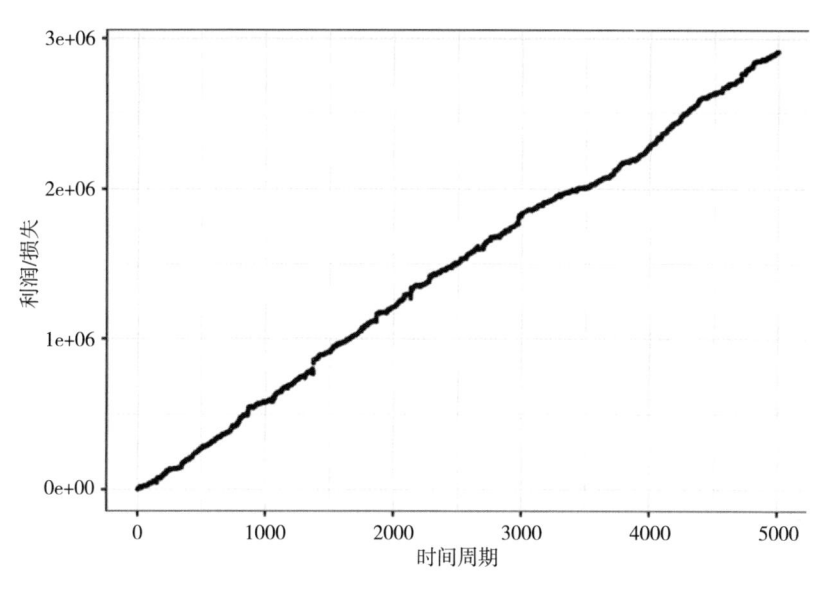

图 12.2 训练模型的累计模拟样本外 P/L

注：超过 5000 个样本外周期的模拟净 P/L。

价格离均衡太远时，押注其回到均衡的交易损失的可能性很小。使用我们的参数设置，即使在成本之后也是如此。因此，在这个理想化的世界中存在类似套利的交易策略并不令人惊讶，并且在真实市场中不需要存在完美的均值回归过程（如式 12.34）。

相反，令人惊讶的是，Q - learner 至少在最初并不知道资产价格存在均值回归，也不知道交易成本。它绝不会计算参数 λ, δ 的估值。它学习在无模型的情况下最大化预期效用，即直接来自回报而不是间接（使用模型）。

我们还验证了预期效用最大化比预期利润最大化实现了更高的样本外夏普比率。对这一原则的理解至少可以追溯到 1713 年，当时伯努利指出，财富最大化的投资者在面对基于鞅的赌博时会做出荒谬的行为（Bernoulli，1954）。

12.7.1 基于模拟的方法

我们在这里介绍的过程的一个主要缺点是它需要大量的训练步骤（例如在我们提出的问题上需要几百万步）。当然，有数百万个时间步长的金融数据集（如几年内每秒采样一次的高频数据），但在其他情况下，需要一种不同的方法。即使在高频示例中，人们也可能不希望使用几年的数据来训练模型。

幸运的是，一种基于模拟的方法给出了迷人的解决方案，这里我们给出了多步骤的训练程序。

1. 假定一个使用较少参数的资产收益模型。
2. 通过市场数据估计参数，保证参数的置信区间要尽可能小。
3. 用模型模拟真实市场下的数据。
4. 通过模拟数据训练强化学习。

对于模型 $dx_t = -\lambda x_t + \sigma \xi_t$，这相当于根据市场数据估计 λ，δ，这符合简约模型的标准。

这个"圣杯"将是一个完全现实的模拟器，可以模拟市场微观结构将如何响应各种下单策略。为了最大程度地发挥作用，这样的模拟器应该能够准确地表示由于交易过于激进而造成的市场影响。

通过这两个组件——资产回报的随机过程模型和良好的微观结构模拟器——可以生成任意大的训练数据集。学习过程只是部分无模型：它需要资产回报模型，但没有明确的函数形式来模拟交易成本。在这种情况下，"交易成本模型"将由市场微观结构模拟器提供，可以说它比试图将交易成本分解为单一函数提供了更详细的途径。

我们注意到，自动生成训练数据是 AlphaGo Zero（Silver 等，

2017）的一个关键组成部分，它主要通过自我对弈进行训练——有效地使用以前版本的自身作为模拟器。无论是否使用模拟器进行训练，都会继续搜索在更少的时间步长内收敛到所需性能水平的训练方法。毕竟，在所有训练数据都是真实市场数据的情况下，时间步长是固定的。

12.8 结论与进一步的工作

我们在本章展示了强化学习如何搜寻一个好的值函数（或者说好的方案），在金融的多数细分领域，最优行为模型是基于基本面的。比如，大多数关于市场微观结构理论的经典研究（Glosten 和 Milgrom，1985；Copeland 和 Galai，1983；Kyle，1985）都将交易者和知情交易者建模为会随时间的推移优化其累计回报。在多种情况下，作者都假设交易者是最大化他们的期望收益（比如在风险中性）。在现实中，没有交易者是风险中性的，但是，如果通过其他方式控制风险（例如严格的库存控制），并且与交易者为其做市活动赚取的溢价相比，风险非常小，那么风险中性可能是一个很好的近似值。

近期的研究中，多时期下的优化（Gârleanu 和 Pedersen，2013；Kolm 和 Ritter，2015；Benveniste 和 Ritter，2017；Boyd 等，2017）都遵循基于贝尔曼最优性的价值函数方法。

期权定价基于动态对冲，这相当于最大限度地减少期权生命周期内的方差：期权与复制投资组合对冲的投资组合的方差。带有交易成本时，实际上需要解决这种多期优化，而不是简单地查看当前期权希腊字母（Halperin，2017）。

因此，我们认为寻找和使用良好的价值函数可能是金融中最基本的问题之一，涉及从微观结构到衍生品定价和对冲的广泛领域。广义上的强化学习是研究如何在计算机上解决这些问题；同样地，这也是基本问题。

进一步研究的一个有趣领域从经典物理学中汲取灵感。牛顿力学代表了相对于一个被称为哈密顿主函数的动作值函数的贪婪策略。正如 Benveniste 和 Ritter（2017）所表明的，对于拥有大量（数千）资产的投资组合的最佳执行问题，最好将其视为汉密尔顿动力学的特例。Benveniste 和 Ritter（2017）中的方法也可以被视为上述框架的一个特例；其中一个关键思想是使用与梯度下降相关的函数方法来处理价值函数。值得注意的是，即使从连续路径开始，Benveniste 和 Ritter（2017）的方法也可以推广到处理市场微观结构，其中行动空间总是有限的。

有趣的是，大型投资银行的几个更复杂的算法执行台似乎开始使用强化学习来优化其在短时间内做出的决策。这看起来很自然，毕竟，强化学习提供了一种自然的方式来处理结构丰富、细致入微且非常离散的限价单所呈现的离散动作空间。Almgren 和 Chriss（1999）关于最优执行的经典著作实际上并没有具体说明如何与订单簿交互。

如果将交易科学分解为：（1）涉及数千种资产的大规模投资组合分配决策；（2）市场微观结构和最优执行理论，那么这两种问题可以在最优控制理论（也许是随机的）的框架下统一起来。主要区别在于，在问题（2）中，交易的离散性是最重要的：在双重竞价电子限价订单簿中，通常只有几个价格水平可以在任何时刻进行交易（例如要价和出价，或者可能是附近的报价），并且只有有限数量的股票会同时交易。在大规模的投资组合配置决策中，将投资组合持有建模为连续的（例如 R^n 中的向量）通常就足够了。

强化学习可以很好地处理离散性。相对较小、有限的动作空间，例如围棋、国际象棋和雅达利游戏中的动作空间，代表了强化学习取得人类力所不能及的表现的领域。展望未来 10 年，我们因此预测，在上面列出的两个研究领域中，尽管像式 12.24 这样的回报函数在任何一种情况下都同样适用，但强化学习将在市场微观结构和优化执行领域发挥最大的作用。

第 13 章

金融深度学习，基于 LSTM 网络的股票收益预测

米奎尔·诺格·阿隆索
(Miquel Noguer Alonso)

吉尔伯托·巴特雷斯 – 埃斯特拉达
(Gilberto Batres – Estrada)

艾默里克·穆兰
(Aymeric Moulin)

米奎尔·诺格·阿隆索 （Miquel Noguer Alonso）

金融市场从业者，在资产管理方面拥有20多年的经验。他目前是Global AI公司的开发主管和IEF的创新与技术主管。他曾在UBS AG（瑞士）担任执行董事。在过去10多年里，他一直是欧洲投资委员会的成员。2000年至2006年，他担任Andbank的首席投资官和CIO。他的职业生涯始于毕马威会计师事务所。他是哥伦比亚大学的兼职教授，教授的课程包括资产配置、金融大数据和金融科技。他还是ESADE商学院的教授，教授的课程包括对冲基金、金融大数据和金融科技。他于2017年在伦敦商学院教授了第一门金融科技和大数据课程。他于1993年在ESADE商学院获得工商管理硕士学位以及工商管理和经济学学位。2010年，他以优异成绩获得了西班牙UNED大学的数量金融博士学位。2012年他在哥伦比亚商学院完成博士后。博士期间与瑞士弗里堡大学数学系合作。他还拥有2000年欧洲认证金融分析师（CEFA）荣誉称号。他曾获2013年哥伦比亚大学财经系访问奖学金、2010年弗里堡大学数学系访问奖学金；曾在印第安纳大学、ESADE商学院和CAIA开展演讲，并参加多个行业研讨会，包括2017年和2010年美国Quant峰会。

吉尔伯托·巴特雷斯-埃斯特拉达 （Gilberto Batres-Estrada）

瑞典斯德哥尔摩Webstep的高级数据科学家，在那里他担任顾问，为Webstep的客户开发机器学习和深度学习算法。他在计算机视觉、对象检测、自然语言处理和金融领域开发算法，为金融行业、电信、交通等领域的客户提供服务。在此之前，他曾为瑞典哥德堡的Assa Bay Capital开发交易算法。他曾在瑞典一家半政府组织的IT部门工作超过9年。他拥有斯德哥尔摩大学的理论物理学硕士学位和斯德哥尔摩KTH皇家理工学院的工程硕士学位，专攻应用数学和统计学。

艾默里克·穆兰 （Aymeric Moulin）

哥伦比亚大学工业工程与运筹学系的研究生，主修运筹学。他在法国的预科课程中学习了理论数学和物理，并在巴黎中央理工-高等电力学院的工程学院取得了理学学士学位和硕士学位。过去几年，他一直专注于研究深度学习和强化学习在金融市场的应用。他目前是摩根大通Global Equities的实习生。

13.1 导读

循环神经网络（RNN）是一种可以捕捉先后顺序的模型，因此常被用于处理时间序列。由于其能覆盖的序列比一般神经网络上的要长得多，因此它属于强有力的模型。其常常会遇到两大严重问题：一个是梯度消失，另一个是梯度爆炸（Graves, 2012; Hochreiter 和 Schmidhuber, 1997; Sutskever, 2013）。这些都可以用 LSTM 来解决。近年来，LSTM 已经解决了诸如语音识别、机器翻译等需要输入序列与输出序列匹配的问题。LSTM 可以被用于分类和回归问题，分辨这两种问题有两个重要的特征。第一是输出数据的结构，回归结构直接输出的是连续的实数，分类问题则输出一系列离散值；第二则是在训练中使用的代价函数。

本章内容安排如下：第 13.2 节是金融与深度学习中的相关研究，第 13.3 节讨论金融中的时间序列分析，第 13.4 节介绍深度学习的概要，第 13.5 节讨论 RNN 的结构和训练方法，第 13.6 节描述 LSTM 网络，第 13.7 节介绍我们尝试使用 LSTM 解决金融中的问题，所使用的数据和方法，以及相关结果。第 13.8 节是总结。

13.2 相关工作

多年来，关于神经网络在金融上的应用是比较少的，特别是关于循环神经网络。但近年来在这领域有许多有趣的论文，如 Lee 和 Yoo（2017）研究了如何构建有 10 个股票的资产组合并进行交易。

他们的组合取得了一个较好的效果——在不同阈值水平上生成有持续超额收益的组合。他们的 LSTM 有着 100 个隐藏单元。Fischer 和 Krauss（日期不详）对多个机器学习算法做了一次透彻的研究，并且证明 LSTM 有着比其他算法更好的表现。LSTM 遍历了所有标普 500 成分股。根据结果，LSTM 每天能取得 0.23% 收益，不包括交易成本。

13.3　金融市场的时间序列分析

资产的收益率（比如股票的对数收益）可以被视为一系列时间序列上的随机变量。线性时间序列分析提供了一个自然框架用于分析时间序列上的动态结构。关于线性时间序列的理论包括平稳性、动态相依性、自相关函数、建模与预测。

标准的计量经济学模型包括自回归（AR）模型、移动平均（MA）模型、混合自回归移动平均（ARMA）模型、季节性模型、单位根非平稳性、带时间序列误差的回归模型，以及用于处理长程相关性的分数阶差分模型。

对于资产收益 r_t，简单模型尝试获取收益 r_t 与在时间 t 之前的可用信息。信息可能是 r_t 的历史值以及随机向量 Y——这是一个描述资产定价的变量。如此这般，相关性在这些函数中就扮演了十分重要的角色。特别是，变量在自身序列上的相关性是线性时间序列分析的关注点。该相关性常常被称为序列相关性或者自相关。它们是学习平稳时间序列的基础工具。比如，Box-Jenkins ARIMA 是使用自变量自身的滞后信息以及误差。GARCH 能获取股票收益的波动聚集性。同样地，很多其他的衍生模型比如 NGARCH、IGARCH、EGARCH，都可以在不同的假设下有较好的表现。

13.3.1 多变量时间序列分析

金融建模中一个最重要的领域是构建多变量时间序列分析。我们有几种可选择模型。

- 多元分布。
- 连接函数：主要用于风险控制。
- 因子模型：多被用于预测、解释、降准、评估、风险以及收益归因。
- 多元时间序列模型。

向量自回归模型是最常被应用的多元时间序列统计方法。这类模型有着广泛的应用，从描述行为金融学到对动态结构建模以及评估脑功能连接。

向量自回归模型在对金融数据建模和侦测各种异常上常常有超过现有技术的良好表现。基本的多元时间序列模型基于线性自回归、滑动平均：

向量自回归模型

$$y^t = c + \sum_{i=1}^{p} \Phi_i y_{t-i} + \varepsilon_t$$

向量移动平均模型

$$y^t = c + \sum_{j=1}^{q} \Theta_j \varepsilon_{t-j} + \varepsilon_t$$

向量自回归移动平均模型

$$y^t = c + \sum_{i=1}^{p} \Phi_i y_{t-i} + \sum_{j=1}^{q} \Theta_j \varepsilon_{t-j} + \varepsilon_t$$

具有线性时间趋势的向量自回归移动平均模型

$$y^t = c + \delta t + \sum_{i=1}^{p} \Phi_i y_{t-i} + \sum_{j=1}^{q} \Theta_j \varepsilon_{t-j} + \varepsilon_t$$

具有外生变量的向量自回归移动平均模型

$$y^t = c + \beta x_t + \sum_{i=1}^{p} \Phi_i y_{t-i} + \sum_{j=1}^{q} \Theta_j \varepsilon_{t-j} + \varepsilon_t$$

具有结构性向量自回归移动平均模型

$$\Phi_0 y_t = c + \beta x_t + \sum_{i=1}^{p} \Phi_i y_{t-i} + \sum_{j=1}^{q} \Theta_j \varepsilon_{t-j} + \Theta_0 \varepsilon_t$$

等式中的变量：

- y_t 是时间 t 的时间序列变量，y_t 有 n 个元素。
- c 是有 n 个元素的常数项。
- Φ_i 是一个 $n*n$ 的矩阵。其中 Φ_i 是自回归矩阵。前 p 项是自回归系数，其余则是 0。
- ε_t 是序列不相关的误差，向量长度为 n。t 是一个关于多元正态随机的协方差向量矩阵 ε。
- 对于每个 j，θ_j 是一个 $n*n$ 的滑动平均矩阵。前 q 项是滑动平均矩阵，其余则是 0。
- δ 是一个线性回归系数中的常数项，有 n 个元素。
- x_t 是一个 $r*1$ 的向量，表示每个时间 t 的 r 个外生变量。外生变量是对应时间序列 y_t 之外的数据（或者说是没有进入模型的输入信息）。每个外生序列出现在所有对应等式。
- β 是一个 $n*r$ 的大小为 r 的回归系数的常数矩阵。进而乘上 βx_t 可得到一个大小为 n 的向量。

LSTM 为这些标准模型提供了可行的非线性视角。本章通过使用多元带有外生变量的 LSTM 对单只股票进行价格预测。

13.3.2 金融学中的机器学习模型

随着机器学习在图像识别及自然语言处理领域的巨大成功，机器学习在金融中的应用也势头正劲。在非结构化数据上，这些模型表现出了极好的可靠性。此外，机器学习模型能灵活针对非线性的分类回归问题，同时发现监督学习中的隐藏结构。将多个弱学习器串联起来的算法，如极端梯度提升（XGBoost）和自适应提升（AdaBoost），尤其普遍。无监督学习则是机器学习的另一个分支，用于从无标记的数据集中寻找可用的推论，比如主成分分析。使用机器学习面临的主要挑战，就像其他的模型，是模型的估计错误，比如时间序列上的不稳定带来的过度拟合和模型解释力的问题。

13.4 深度学习

深度学习是机器学习中另一个新兴领域，一方面原因是它在人工智能领域，比如计算机视觉、自然语言处理、机器翻译和语音识别，已经有了成功应用。另一方面原因则是随着计算机算力的提升，深度学习应用成为可能。每天我们能接触到的深度学习的实例包括推介系统、语音助手以及基于计算机视觉的搜索引擎。这些成功的应用有赖于数据量的提升，即大数据，以及计算能力较过去的飞跃性进展。如今我们可以将计算从原来的 CPU 迁移至 GPU 上，或者将计算上传至云端。

深度学习学术意义上来说就是训练深度神经网络。有着许多方法及结构用以训练这种模型。最常用的方法则是前馈神经网络（FNN），其中假设数据是服从独立同分布。循环神经网络更加适用于序列数据，比如时序数据、语音数据、自然语言数据（Bengio 等，日期不详）或者其他不满足独立同分布的数据，在深度学习里，主要的任务是学习或者接近那些用于描述输入变量 x 以及输出变量 y 之间关系的映射函数。即通过神经网络解决 $\hat{y}=f(\theta;x)$ 这个学习问题，其中 x 是输入变量、$\hat{y}$ 是输出变量，f 则内含需要优化的隐变量。在回归中，$\hat{y}$ 的范围是实数，而在分类中，$\hat{y}$ 则是输出为一组数值中特定数值的概率。

13.4.1 深度学习与时间序列

金融中的时间序列模型需要解决自相关、波动聚集、非高斯分布以及有可能的周期和市场机制。深度学习以及循环神经网络可以对这些典型特征进行建模。因此，从这个角度来看，循环神经网络是一种更灵活的模型，因为它通过反馈连接编码了时间上下文，能够捕捉基础系统的时变动力学（Bianchi 等，日期不详；Schäfer 和 Zimmermann，2007）。循环神经网络是一类特殊的神经网络，其特点是具有内部的自连接。从原理上讲，循环神经网络可以近似或模拟任何非线性动态系统，达到一定的精度要求。

13.5 循环神经网络

13.5.1 概述

循环神经网络适用于处理序列数据，其中输入可能是一个序列 $(x_1, x_2, \ldots, x_T)$，每个数据点 x_t 同时包含实数向量以及常量。递归神经网络的架构不同与其他经典的神经网络，其有一个循环链接用来反馈时序上的迟滞。循环链接体现了在内在状态上用以对历史上时序信息进行编码（Yu 和 Deng，2015）。这种反馈可以通过多种方式来实现。以下常见的循环神经网络架构实例将隐藏层的输出变量和新的输入自变量一同反馈至隐藏层中。其他的结构则是将上一期的输出信号作为当期的输入变量之一再次输入模型（Goodfellow 等，2016）。

　　循环神经网络的深层架构在时间维度上展开时（见图 13.1），其深度由网络的输出变量决定。这种类型的神经网络不同于其他常见深层神经网络，往往深度是由每个堆栈层的单元数量决定的。同样，也存在多维度循环神经网络用于视频处理、医疗成像以及其他多维时间序列（Graves，2012）。循环神经网络在对变长序列比如语言模型（Graves，2012；Sutskever，2013）、学习字嵌入（Mokolov 等，2013）以及语音识别（Graves，2012）上有着成功的应用。

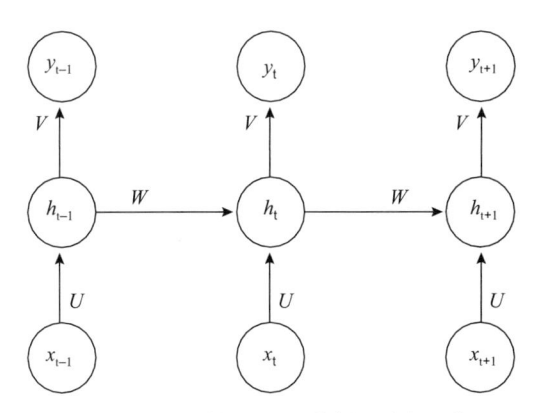

图 13.1　在时间上展开的循环神经网络

13.5.2　艾尔曼循环神经网络

　　艾尔曼循环神经网络（ERNN）也被称为简单循环神经网络或普通循环神经网络，如其名被视为最基本的循环神经网络。许多更复杂的循环神经网络架构，比如 LSTM 和 GRU，可以被解释为 ERNN 的变种或延伸。ERNN 被用于多种应用场景中。在自然语言处理中，ERNN 被证明能够通过训练集中未被标注的句子来学习语法并成功预测句子中被遮盖的词汇（Elman, 1995; Ogata 等, 2007）。Mori 和 Ogasawara（1993）研究了 ERNN 在短期负荷预测中的表现，并提出了一种可行的预测架构，称之为"扩散学习"（即基于动量的梯度下降），来避免优化过程中遇到的局部最小值问题。Cai 等人（2007）通过一种混合算法，结合了粒子群算法和演化计算来克服梯度方法中遇到的局部最小值问题。

循环神经网络中的层可以分为输入层、一个或多个隐藏层以及输出层。当输入和输出层被设定为前向反馈链接，而隐藏层则包含着循环逻辑。在每个时间步长 t 上，输入层从一组系列输入变量 x 中接受元素 $x[t] \in R^{N_i}$。时间序列 x 长度为 T 可以是连续实数、离散值、独热向量等。在输入层中，每个元素都被整合入偏差向量 $b[i] \in R^{N_h}$，其中 N_h 是隐藏层的神经元的数量，之后乘以输入权重矩阵 $W_i^h \in R^{N_i \times N_h}$。

神经网络的内在状态 $h[t-1] \in R^{N_h}$ 是来自前次计算所得的偏差向量 $b \in R^{N_h}$，然后将它与递归链接中的权重矩阵 $W_h^h \in R^{N_h} \times N_h$ 相乘。经过变换后的当前输入变量与存在模型中的过往状态合并，并输入隐藏层中的神经元，通过应用非线性变换。神经结构中关于内在状态和输出变量的差分方程如下：

$$h(t) = f(W_i^h(x(t) + b_i) + W_i^h(h(t-1) + b_h)) \quad (13.1)$$

$$y(t = g(W_i^o h(t) + b_o) \quad (13.2)$$

其中 $f(\cdot)$ 是神经元中的激活函数，常常被设定为 sigmoid 函数或者双曲正切函数。隐藏状态 $h[t]$ 用于传递神经网络中过去状态的信息，常常被初始化为 0，同时由神经网络过去状态及输入变量决定。输出变量 $y[t] \in R^{N_o}$ 则通过一个变换 $g(\cdot)$ 计算得到，常常为线性回归或者非线性的分类问题，当前状态 h［t］及偏差向量 $bo \in R^{No}$ 通过输出权重矩阵 $W_h^o \in R^{NT \times No}$ 变换。所有权重矩阵和偏差可以通过时间序列上的反向传播及梯度下降进行优化，除非被另外设定，在接下来的内容中我们将偏置项设定为 $x = [x;1], h = [h;1], y = [y;1]$，通过在 W_i^h, W_h^h, W_h^o 添加额外的列。

13.5.3 激活函数

激活函数被用于转换神经网络中的输入变量，常常被构建为权重和偏差的线性组合，同时输出一个特征空间：

$$h = g(W^T x + b)$$

其中，T 表示权重矩阵的转置。在训练中，输入变量通过这些变换并继续前向传播直到抵达神经网络的最后一层变为输出变量。这些变换使得神经网络最终可以学习非线性函数。修正线性单元（Re-Lu）（见图 13.2）是隐藏层中最常用的激活函数（Goodfellow 等，2016）。公式写作 $g(z) = \max\{0, z\}$。

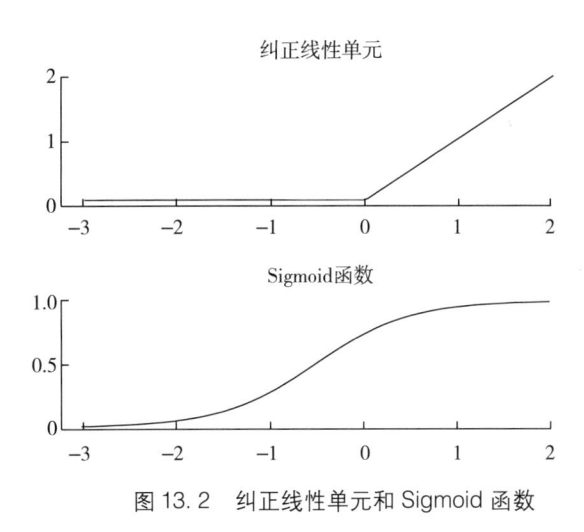

图 13.2 纠正线性单元和 Sigmoid 函数

另一种激活函数则是 logistic sigmoid，$\sigma(x) = (1 + \exp.(-x))^{-1}$，是一种可微分的压缩函数（见图 13.2），其中一个缺点是，当上一层输入变量为极大或者极小时，其学习效率将变得极为缓慢。如今在前馈神经网络中，这种形式是较少出现的（Goodfellow 等，2016）。在循环神经网络，logistic sigmoid 既可以作为隐藏层的激活函数，也可以作为输出层。$\tanh(x)$ 与 sigmoid 相似但取值范围被限定为（-1，1）。它可以作为 FNN、RNN、LSTM 等神经网络的激活函数。

13.5.4　训练循环神经网络

从这一节开始我们将对循环神经网络的训练过程进行简单的介绍。为了训练循环神经网络，我们在前馈过程中计算代价函数。之后我们在反向传播中将在前向网络中得到的误差用于在梯度下降中优化模型中的参数。

在 RRN 中链接前后信息用于计算梯度的算法被称为随时间反向传播（BPTT）。我们已经介绍了损失函数和代价函数，接下来我们来看看函数中的参数是如何更新的，在最后我们将展示 BPTT 算法。

13.5.5　损失函数

损失函数衡量着神经网络在训练集中的预测值与实际值之间的差异。通过在训练集及测试集上计算成本函数（如下）来衡量训练集上的泛化能力，从而评估我们的模型是否学习成功。损失函数的选择取决于我们使用循环神经网络来执行的预测任务。在二分类问题中，任务的目标是预测一个 $y = \{0,1\}$，在这种情况下损失函数是（Bishop，2006）：

$$L(y, f(x,\theta)) = -\sum_{i=1}^{n} yn \log fn + (1-yn)\log(1-fn).$$

其导数如下。一个二元分类问题的输出结果是服从伯努利分布的 $p(y|x,\theta) = f(x,\theta)^y(1-f(x,\theta))^{1-y}$。取其自然对数作为似然函数，为了使等于代价函数，给一个状态的结果。在这种情况下，输出可写为 $f = \sigma(a) = (1+\exp(-a))^{-1}$，其中 $0 \leqslant f(x,\theta) \leqslant 1$。对于多分类问题，我们常使用损失函数：

$$L(yf(x,\theta)) = \sum_{n=1}^{N}\sum_{k=1}^{K} -ykn \log fk(xn,\theta)$$

其中输出层的激活函数为 softmax 函数：

$$f_k(x,\theta) = \frac{\exp(a_k(x,\theta))}{\sum_j \exp(a_j(x,\theta))}$$

服从于条件 $0 \leqslant f_k \leqslant 1$ 和 $P_k f_k = 1$。在回归估计中我们常使用均方误差（MSE）作为损失函数（Bishop, 2006）：

$$L(y, f(x,\theta)) = \frac{1}{2}\sum_{n=1}^{N} \|f_n(x_n,\theta) - y_n\|^2$$

其中，f_n 是神经网络的输出数据，x_n 是输入向量，$n = 1, \ldots, N$，y_n 是对应的目标输出向量。在无监督学习中，主要的任务是通过最小化损失函数的方法从一系列概率密度函数中找到最终的概率密度函数（Vapnik, 2000）：

$$L(p(x,\theta)) = -\log p(x,\theta)$$

13.5.6 代价函数

学习过程通过最小化经验风险来实现。风险最小化的原理可以定义如下（Vapnik, 2000）。定义损失函数 $L(y,(x,\theta))$ 来表征学习器输出与真正信号 y 的距离。这种风险函数或代价函数被定义为：

$$J(\theta) = \int L(y, f(x,\theta)) \mathrm{d}F(x,y)$$

其中，$F(x,y)$ 是一个联合概率分布。机器学习算法在接下来的工作中是找出最优 f 来最小化代价函数。在实践中，我们必须依赖于最小化经验风险，因为在数据生成过程中联合分布是未知的（Goodfellow 等，2016）。则统计成本函数为：

$$\mathbb{E}_{x,y \sim \hat{p}(x,y)}[L(f(x,\theta),y)] = \frac{1}{m} \sum_{i=1}^{m} L(f(x^{(i)},\theta), y^{(i)})$$

其中，期望 E 被经验数据分布 $\hat{p}(x,y)$ 取代。

13.5.7 梯度下降法

为了训练 RNN，我们使用梯度下降法，一种用于寻找代价函数或目标函数的最优点的算法。目标函数是一种定义模型与真实目标的比较程度的标准量。为了计算梯度下降，我们需要计算代价函数基于参数的导数。对于训练 RNN，可以通过使用 BPTT 来实现。本章后面会提及。如前面所说，我们将忽略偏置项的求导。可以从权重的恒等式中获得相似的恒等式。

梯度下降法指的是权重更新时选择在权重空间中梯度最陡的方向上进行下一步迭代。要理解这些，我们将损失函数 $J(w)$ 视为由权重 w 跨越的表面。当我们从 w 移动一小步 $w + \sigma w$ 时，损失函数变化为 $\delta J \delta w^T \Delta J(w)$。然后向量 $\Delta J(w)$ 指向变化最大的方向（Bishop，2006）。寻找最优点的最优化量的条件如下：

$$\Delta J(w) = 0$$

如果在迭代 n 时我们没有找到最优点，我们可以继续沿 w 跨越的表面朝 $-\Delta J(w)$ 方向下降，减少损失函数，直到我们最终找到最佳点。在深度学习背景下，很难找到一个唯一的全局最优点。其原因是在深度学习中所用的深度神经网络是输入、权重和偏差的函数组合。这种跨越多层隐藏单元的函数组合使代价函数成为一个带有权重和偏差的非线性函数,因此给我们留下了一个非凸优化的问题。梯度下降由以下给出:

$$w(t+1) = w(t) - \eta \Delta J(w(t))$$

其中,η 是学习速率。在这个等式中,梯度下降能一次性处理所有数据以达到更新权重的目的。这种等式被称为批量学习,指的是在每次迭代中都使用整个训练集,以此来更新参数(Bishop,2006;Haykin,2009)。对于梯度下降,不建议使用批量学习(Bishop,2006,第 240 页),因为有更好的批量优化方法,比如共轭梯度或拟牛顿方法(Bishop,2006)。在其线上学习版本中,使用梯度下降更适合(Bishop,2006;Haykin,2009)。这意味着在每次迭代后,使用数据的一部分或单个点的参数更新。这个代价函数的形式为:

$$J(w) = \sum_{n=1}^{N} J_n(w)$$

其总和遍历每个数据点,得出线上(或随机梯度下降)算法:

$$w(t+1) = w(t) - \eta \Delta J_n(w(t))$$

之所以被称为随机梯度下降,是因为参数的更新方式,要么逐个训练样本进行更新,要么随机选择替换点进行更新(Bishop,2006)。

13.5.7.1 随时间反向传播

在 RNN 的情况下,用于梯度下降中计算梯度的算法叫随时间反向传播(BPTT)。该算法跟用于训练普通 FNN 的常规反向传播算法类似。通过在时间上展开 RNN,我们可以通过在时间上反向传播误差来计算梯度。我们定义代价函数为平方误差和(Yu 和 Deng,2015):

$$J = \frac{1}{2}\sum_{t=1}^{T} \|\tau_t - y_t\|^2 = \frac{1}{2}\sum_{t=1}^{T}\sum_{j=1}^{L}(\tau_t(j) - y_t(j))^2$$

其中，τ_t 代表目标信号，y_t 代表来自 RNN 的输出。t 变量上的和为时步 $t = 1, t, \ldots, T$ 的总和，而 j 上的和为 j 单元的总和。为进一步简化符号，我们重新定义 RNN 的方程式为：

$$h_t = f(W^T h_{t-1} + U^T x_t + b) \tag{13.3}$$

$$y_t = g(V^T h_t) \tag{13.4}$$

通过运用局部点位或激活点位 $u_t = W^T h_{t-1} + U^T x_t$ 和 $v_t = V^T h_t$，经由式 13.3 和式 13.4，并利用 $\theta = \{W, U, V\}$，我们可以定义误差（Yu 和 Deng，2015）

$$\delta_t^y(j) = -\frac{\partial J(\theta)}{\partial v_t(j)} \tag{13.5}$$

$$\delta_t^h(j) = -\frac{\partial J(\theta)}{\partial u_t(j)} \tag{13.6}$$

为代价函数的梯度。继续迭代地进行 BPTT，以计算随着时步 $t = T$ 直到 $t = 1$ 的梯度。对于最后的时步，我们计算单元集合 $j = 1, 2, \ldots, L$：

$$\delta_T^y(j) = \frac{\partial J(\theta)}{\partial y_T(j)} \frac{\partial y_T(j)}{\partial v_T(j)} = (\tau_T(j) - y_T(j))g_0'(v_T(j))$$

该误差项可以用如下的向量符号表达：

$$\delta_t^y = (\tau_t - y_t) \odot g'(v_t)$$

式子是矩阵之间元素哈达玛积。对于隐藏层，我们有：

$$\delta_T^h = -\sum_{i=1}^{L} \frac{\partial J}{\partial v_T(i)} \frac{\partial v_T(i)}{\partial h_T(i)} \frac{\partial h_T(j)}{\partial u_T(j)} = \sum_{i=1}^{L} \delta_T^y(i) v_{hy}(i,j) f'(u_T(j))$$

式中，$j = 1, 2, \ldots, N$。该表达式也可以用向量形式写作：

$$\delta_T^h = V^T \delta_T^y \odot f'(u_T)$$

迭代所有其他的时步 $t = T-1, T-2, \ldots, 1$，我们可以总结出输出的误差为：

$$\delta_t^y = (\tau_t - y_t) \odot g'(v_t)$$

式中，所有单元 $j = 1, 2, \ldots, L$。同样地，对于隐藏单元，我们可以总结出结果为：

$$\delta_t^h = (W^T \delta_{t+1}^h + V^T \delta_t^y) \odot f'(u_t)$$

式中，δ_t^y 表示在时间 t 从输出层传播，而 δ_{t+1}^h 表示在时步 $t+1$ 从隐藏层反向传播。

13.5.7.2 正则化理论

针对病态问题的正则化理论试图解决我们是否可以防止机器学习模型过拟合的问题，因此在深度学习中起着重大作用。

20世纪90年代初，人们发现，对于线性算子 A 和一组函数 f $\in \Gamma$，形式为 $Af = F$（Vapnik，2000）的线性算子方程式的解在任意函数空间 Γ 是病态的。以上方程式是病态的意味着即使很小的偏差，比如通过满足 $\|F - F_\delta\| < \delta$ 任意小的值 F_δ 来改变 F，也会导致 $\|f_\delta - f\|$ 变得很大。在函数 $R(f) = \|Af - F_\delta\|^2$ 的表达中，如果函数 f_δ 最小化函数 $R(f)$，则即使 $\delta \rightarrow 0$ 也不能保证我们能找到正确解的充分逼近。

在现实生活中许多问题都是病态的。例如，当试图逆转因果关系时，好的方法是从已知后果中找到未知原因。虽然这是一对一映射，但是该问题仍然是病态的（Vapnik，2000）。另一个例子是从数据中估计密度函数（Vapnik，2000）。20世纪60年代，人们认识到如果反而最小化正则化函数 $R^*(f) = \|Af - F_\delta\|^2 + \gamma(\delta)\Omega(f)$，式中 $\Omega(f)$ 为函数，$\gamma(\delta)$ 为常数，那么我们得到了一系列收敛于正确解 $\delta \rightarrow 0$ 的解。在深度学习中，函数 $R^*(f)$ 的第一项会被代价函数所取

代，而正则项取决于有待优化的一组参数 θ。对于 L_1 正则化，$\gamma(\delta)\Omega(f) = \lambda \sum_i^n |Wi|$，但是对于 L_2 正则化，该项等于 $\frac{\lambda}{2} \|W\|^2$ (Bishop，2006；Friedman 等，日期不详)。

13.5.7.3 丢弃法

丢弃法是一种防止神经网络过度拟合的正则化（Srivastava 等，2014）。这种类型的正则化也是成本低廉的（Goodfellow 等，2016），尤其对于训练神经网络来说。训练时，以指数方式地数量丢弃样本，形成不同的薄型网络（Srivastava 等，2014）。在测试时，我们的模型则是所有稀疏神经网络预测的平均值的近似，只是这个模型更小，比训练过程的模型使用更少的权重。假设我们有一个 L 层隐藏层的网络，那么 $l \in \{1,\ldots,L\}$ 为每层的指数。如果 $z^{(l)}$ 为层 l 的输入，那么 $y^{(l)}$ 是来自该层的输出，其中 $y^{(0)} = x$ 表示该网络的输入。用 $W^{(l)}$ 表示权重，$b^{(l)}$ 表示偏差，那么该网络方程式可以由以下给出：

$$z_i^{(l+1)} = w_i^{(l+1)} y^l + b_i^{(l+1)} \tag{13.7}$$

$$y_i^{(l+1)} = f(z_i^{(l+1)}) \tag{13.8}$$

其中，f 为激活函数。而丢弃法加入一个因子，该因子通过以下运算随机去除来自每层的某些输出（Srivastava 等，2014）：

$$r_j^{(l)} \sim \text{Bernoulli}(p),$$
$$\widetilde{y} = r^{(l)} * y^{(l)},$$
$$z_i^{(l+1)} = w_i^{(l+1)} \widetilde{y} + b_i^{(l+1)},$$
$$y_i^{(l+1)} = f(z_i^{(l+1)})$$

其中，$*$ 表示按元素相乘。

13.6 长短期记忆网络

长短期记忆网络（LSTM）架构最初由 Hochreiter 和 Schmidhuber（1997）提出，如今被广泛应用，原因是其在精确建模数据中短期和长期依赖关系时体现的卓越性能。因此，我们选择了 LSTM 架构，而不是普通的 RNN 网络。

在使用 BPTT 计算梯度时，误差会在时间维度上反向流动。因为在 RNN 中每个时步都使用相同的权重，其梯度会依赖于相同集合的权重，这导致梯度无限增长或消失（Goodfellow 等，2016；Hochreiter 和 Schmidhuber，1997；Pascanu 等，2013）。在第一种情况下，权重振荡；在第二种情况下，学习长时间延后需要极其大量的时间（Hochreiter 和 Schmidhuber，1997）。在梯度爆炸时，有一个被称为裁剪梯度的解决方法（Pascanu 等，2013），由以下过程给出：

算法 1　梯度裁剪

$$\hat{g} \leftarrow \frac{\partial L}{\partial \theta}$$

if $\|\hat{g}\| \geq \delta$ then

$$\hat{g} \leftarrow \frac{\delta}{\|\hat{g}\|}\hat{g}$$

end if

其中，$\hat{g}$ 为梯度，δ 为阈值，L 为损失函数。但是梯度消失问题看起来并没有解决，为了解决这个问题，Hochreiter 和 Schmidhuber（1997）引入了 LSTM 网络，该网络类似于 RNN，但是隐藏单元被记忆单元所取代。LSTM 是 RNN 中遇到的梯度消失和梯度爆炸问题的优质解决方法。LSTM 中的隐藏单元（见图 13.3）是一种保存内部状态的结构，具有不变权重的循环联络，可以允许梯度传递许多次而无爆炸或消失（Lipton 等，日期不详）。

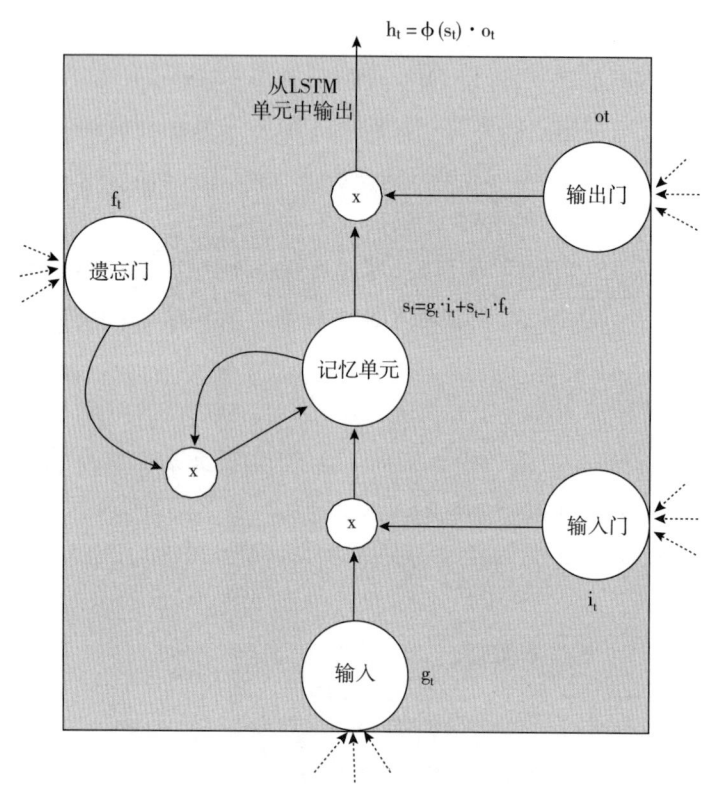

图 13.3　循环神经网络中的记忆单元和隐藏单元

LSTM 网络是一组具有循环联结的子网络，这些子网络被称为记忆区。每个区包含一个或多个自连接记忆单元和三个乘法单元，即输入门、输出门以及遗忘门，分别支持单元的读、写以及重置操作（Graves，2012）。门控单元通过记忆单元控制梯度流，当关闭门控单元时，梯度可以无限期地通过而不受改变，使 LSTM 适合学习长时间的依赖性，从而克服 RNN 遇到的梯度消失问题。我们更加详细地对 LSTM 单元的内部运作进行了描述。记忆单元由输入节点、输入门、内部状态、遗忘门和输出门组成。记忆单元的组成部分如下：

- 输入节点既可以从输入层 x_t，也可以从时间 $t-1$ 的隐藏状态 h_{t-1} 激活。然后，输入馈送至激活函数，即 tanh 函数或 sigmoid 函数。
- 输入门利用 sigmoid 单元，从当前数据 x_t 和时步 $t-1$ 的隐藏单元获得其输入。输入门将输入节点的值进行乘法操作，由于它是一个取值范围在 0 到 1 之间的 sigmoid 单元，它可以控制其乘积信号的流动。
- 内部状态有一个具有单元权重的自循环联结，Hochreiter 和 Schmidhuber（1997）也称之为常量误差传递，由以下给出：$st = g_t \odot i_t + f_t \odot s_{t-1}$。哈达玛积表示按元素乘积，$f_t$ 是遗忘门（见下文）。
- 对于 LSTM，遗忘门 f_t 不是原始模型的组成部分，但是被 Gers 等人（2000）引入。遗忘门将时步 $t-1$ 的内部状态进行乘法操作，从而可以清除过去的所有内容，正如上述列表项中的方程所示。
- 来自记忆单元的结果输出是通过输出门 o_c 对内部状态 s_c 值进行乘法操作产生的。通常，内部状态需要经过 tanh 激活函数。

LSTM 网络的方程式总结如下。跟以前一样，g 代表记忆单元的输入，i 代表输入门，f 代表遗忘门，o 代表输出门（见图 13.4）。

$$g_t = \varphi(W^{gX}x_t + W^{gh}h_{t-1} + b_g) \quad (13.13)$$

$$i_t = \sigma(W^{iX}x_t + W^{ih}h_{t-1} + b_i) \quad (13.14)$$

$$f_t = \sigma(W^{fX}x_t + W^{fh}h_{t-1} + b_f) \quad (13.15)$$

$$o_t = \sigma(W^{oX}x_t + W^{oh}h_{t-1} + b_o) \quad (13.16)$$

$$s_t = g_t \odot i_t + s_{t-1} \odot f_t \quad (13.17)$$

$$h_t = \phi(s_t) \odot o_t. \quad (13.18)$$

其中，哈达玛积表示按元素相乘，h_t 为时间 t 隐藏层的值，而 h_{t-1} 为时间 $t-1$ 隐藏层中每个记忆单元的输出。权重 $\{W^{gX},W^{iX},W^{fX},W^{oX}\}$ 分别是输入 x_t 与输入节点、输入门、遗忘门和输出门之间的连接数。同样地，$\{W^{gh},W^{ih},W^{fh},W^{oh}\}$ 分别代表隐藏层与输入节点、输入门、遗忘门和输出门之间的连接数。$\{b_g,b_i,b_f,b_o\}$ 给出了每个单元组成部分的偏置项。

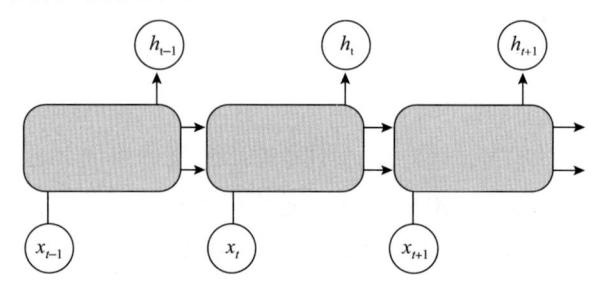

图 13.4 LSTM 循环神经网络在时间 s 上的展开为单元状态
资料来源：Lipton 等人，日期不详。

13.7 金融模型

这项工作的目标是预测标普 500 指数中 50 只股票的收益率。我们使用截至时间 t 的股票收益率作为模型的输入。而来自 LSTM 模型的预测是时间 $t+1$ 的股票收益率。该模型的预测有助于我们

在 t 时刻决定购买、持有或出售哪些股票。这样我们就有了一个自动交易策略。对于股票 i，我们使用截至时间 t 的历史收益率预测时间 $t+1$ 的收益率。

13.7.1 收益率序列的构造

收益率的计算如下：

$$R_{t+1}^i = \frac{P_{t+1}^i}{P_t^i} - 1$$

其中，P_t^i 是股票或商品 i 在 t 时的价格，R_{t+1}^i 是其在 $t+1$ 时的收益率。然后，我们的深度学习模型尝试学习函数 $G_\theta(\cdot)$，用于预测参数集 θ 在 $t+1$ 时的收益率：

$$R_{ti+1} = G_\theta(R_t, R_{t-1}, \ldots, R_{t-k})$$

其中，k 是历史收益在时间上倒退的步长。我们使用了 30 个每日收益的滚动窗口，以滚动方式预测第 31 天的收益。这个过程产生了 30 个连续单日收益序列 $\{R_{t-29}^i, R_{t-28}^i, \ldots, R_t^i\}$，其中所有股票 i 的 $t \geq 30$。

13.7.2 对模型的评价

使用深度学习的机器学习驱动投资的解决方案是构建一个分类器，其中，0 类表示负收益，1 类表示正收益。然而，在我们的实验中，我们观察到用回归法解决问题比用纯分类法可以得到更好的结果。在学习我们的模型时，我们使用均方误差（MSE）损失作为目标函数。首先，在使用验证集对模型进行训练和验证之后，我们在一个独立的测试集上进行预测，或者我们在这里称之为实时数据集。这些预测是针对我们的股票收益目标序列（见实验 1 和实验 2）在独立集上进行测试的，测试的正确性指标称为命中率。根据 Lee 和 Yoo（2017），我们选择 HR 作为衡量模型预测股票回报结果与实际结果的正确性的指标。HR 定义为：

$$HR = \frac{1}{N} \sum_{t=1}^{N} U_t$$

其中，N 是总交易日数，U_t 定义为：

$$U_t = \begin{cases} 1 \; if \; R_t \widehat{R}_t \\ 0 \; otherwise \end{cases}$$

其中，R_t 是实际股票收益率，$\widehat{R}_t$ 是交易日 t 的预测股票收益率。因此，HR 是根据实际目标序列测量的正确预测率。通过使用 HR 作为差异度量，我们可以得出结论，预测要么与实时目标返回的方向相同，要么相反。如果 HR 等于 1，则表示完全相同，如果值为 0，则表示预测和实际序列方向相反。HR > 0.50 表示模型在 50% 以上的时间内是正确的，而 HR ≤0.50 表示模型在猜测结果。

对于计算，我们使用了 Python 以及 Keras 和 PyTorch 深度学习库。Keras 和 Pytork 使用具有强大 GPU 加速度的张量。GPU 计算在两台独立机器上的 NVIDIA GeForce GTX 1080 Ti 和 NVIDIA GeForce GTX 1070 GDDR5 卡上进行。

13.7.3　数据与结果

我们进行了两种类型的实验。第一种实验旨在证明 LSTM 的预测能力，每次使用一只股票作为时间 t 之前的输入，并作为时间 $t+1$ 时相同股票的收益目标。从现在起，我们称之为实验 1。第二种实验旨在同时预测所有股票的收益率。这意味着，截至时间 t 的所有 50 只股票收益都作为输入量输入 LSTM，该 LSTM 经过训练以预测时间 $t+1$ 的 50 只股票收益。此外，对于 50 只股票，我们向模型提供原油期货收益、白银和黄金收益。我们称之为实验 2。本章中使用的所有股票均来自标普 500 指数，而商品价格则来自数据供应商 Quandl（Quandl，日期不详）。

13.7.3.1 实验 1

13.7.3.1.1 主要实验 对于实验 1，我们的模型使用截至时间 t 的股票收益作为输入，一次一个，以预测时间 $t+1$ 的相同收益——参见上文关于收益序列构造的讨论。为每只股票训练一个新模型。大多数参数在每只股票的训练期间保持不变。学习率设置为 0.001，我们使用的丢弃率为 0.01，唯一的例外是隐藏单元的数量。不同股票的隐藏单位数量不同。对于每只股票，我们从一个包含 100 个隐藏单位的 LSTM 开始，并增加该数量，直到满足条件 HR > 0.70，将每次迭代包含 50 个单位的数量增加到 200 个隐藏单位。

请注意，条件 HR > 0.70 从未被满足，但选择该值，只是为了在找到最佳值之前保持计算运行。我们最多运行 400 个迭代的实验，但如果测试错误没有减少或测试错误增加，我们就会停止。这种技术被称为提前停止。对于提前停止，我们在停止训练之前最多使用 50 个迭代。训练分 512 批进行。

因为我们为不同的股票训练了不同的 LSTM，所以我们最终得到了不同数量的数据，用于训练、测试和验证模型。有时我们将测试数据称为实时数据。数据首先分为 90% 到 10%，其中 10% 的部分用于测试（实时数据），并与最近的股票价格相对应。然后将 90% 的部分再次划分为 85% 至 15%，分别用于训练和验证。附录中表 13.A.1 给出了数据集的数据点和周期数。为了优化，我们测试了 RMSProp 和 Adam 算法，但发现使用随机梯度下降和动量获得了最佳结果。只有在一次处理一个时间序列时才是这样。对于实验 2，我们使用了 Adam 优化算法。实验 1 的结果如表 13.1 所示。

13.7.3.1.2 基线实验 将 LSTM 模型与其他两个模型进行了比较。基线模型为支持向量机（SVM）（Friedman 等，日期不详）和神经网络（NN）。NN 由一个隐藏层组成，其中使用与 LSTM 相同的程序选择隐藏单元的数量，唯一的区别是选择隐藏单元的范围在 50~150 之间。此外，我们使用了与 LSTM 相同的学习率、记录次数、批量大小和丢弃率。对于 NN，我们在回归设置中使用 MSE 用于训练模型。对于 NN 生成的预测，我们在实时数据集上计算了 HR。表 13.1 列出了结果和 LSTM 的结果。

通过检查表 13.1，我们可以得到以下数字。在 50 只股票中，有 43 只股票的 LSTM 值 HR > 0.50，其余 7 只股票的 LSTM 值并不比猜测（HR 0.50）好。支持向量机对 21 只股票的预测是正确的（HR > 0.50），而神经网络对 27 只股票的预测与真实序列的方向一致。如果我们设想 HR = 0.51 可以通过四舍五入的结果来实现，那么这些值也可以被质疑为是偶然实现的。10 只股票的 LSTM 值为 HR = 0.51，3 只股票用 SVM，8 只股票用 NN。除了某些情况，即使 LSTM 似乎优于其他型号，性能差异也没有那么大。在某些股票上，支持向量机和神经网络都可以和 LSTM 一样好或更好。但这个实验表明，LSTM 在预测其相对于真实序列的移动方向的方面是一致的。

表 13.1　实验 1：LSTM、SVM 和 NN 的性能比较（以 HR 衡量）

股票	隐藏单元	HR LSTM	HR SVM	HR NN
苹果	150	0.53	0.52	0.52（130）
微软	100	0.51	0.49	0.49（150）
脸书	100	0.58	0.58	0.56（90）
亚马逊	100	0.55	0.56	0.53（90）
强生	100	0.52	0.47	0.50（50）
伯克希尔－哈撒韦	150	0.51	0.51	0.51（50）
摩根大通	100	0.52	0.51	0.50（90）
埃克森美孚	100	0.52	0.52	0.49（50）
谷歌－A	100	0.54	0.53	0.53（70）
谷歌－C	100	0.55	0.55	0.55（50）

(续表)

股票	隐藏单元	HR LSTM	HR SVM	HR NN
美国银行	100	0.47	0.50	0.59 (50)
宝洁	100	0.50	0.50	0.50 (110)
美国电话电报	150	0.52	0.48	0.50 (70)
富国银行	150	0.51	0.47	0.50 (70)
通用电气	100	0.51	0.50	0.50 (110)
雪佛龙	150	0.50	0.53	0.50 (70)
辉瑞	100	0.49	0.49	0.49 (50)
威瑞森	150	0.51	0.53	0.50 (50)
康卡斯特	150	0.54	0.49	0.50 (110)
联合健康	100	0.52	0.48	0.52 (130)
维萨	100	0.59	0.51	0.55 (70)
花旗	150	0.52	0.50	0.51 (50)
菲利普莫里斯	100	0.56	0.56	0.52 (110)
家得宝	100	0.53	0.50	0.53 (70)
可口可乐	150	0.51	0.48	0.50 (70)
默克	200	0.54	0.49	0.50 (110)
百事	100	0.55	0.52	0.51 (50)
英特尔	150	0.53	0.45	0.51 (110)
思科	100	0.51	0.48	0.50 (90)
甲骨文	150	0.52	0.48	0.50 (130)
陶氏杜邦	150	0.51	0.48	0.50 (90)
迪士尼	150	0.53	0.49	0.52 (130)
波音	100	0.54	0.53	0.51 (50)
安进	100	0.51	0.52	0.53 (90)
麦当劳	150	0.55	0.48	0.52 (130)
万事达	100	0.57	0.57	0.55 (130)
IBM	100	0.49	0.49	0.50 (50)
奥驰亚集团	150	0.55	0.47	0.52 (50)

(续表)

股票	隐藏单元	HR LSTM	HR SVM	HR NN
3M	100	0.53	0.46	0.52（90）
艾伯维	100	0.60	0.38	0.41（110）
沃尔玛	100	0.52	0.50	0.51（50）
美敦力	150	0.52	0.49	0.50（50）
吉利德科学	100	0.50	0.52	0.51（70）
新基医药	100	0.51	0.52	0.50（90）
霍尼韦尔	150	0.55	0.46	0.52（130）
英伟达	100	0.56	0.55	0.54（90）
博通	100	0.57	0.57	0.51（130）
百时美施贵宝	200	0.52	0.49	0.50（50）
普利斯林	200	0.54	0.54	0.53（70）
雅培	150	0.50	0.47	0.50（70）

注：计算独立实时数据集的结果。HRNN列中括号内的数字表示隐藏单位的数量。

13.7.3.2 实验2

在这个实验中，我们使用了所有50只股票的收益率。此外，我们使用石油、黄金和标普500指数前30天的收益序列作为输入。我们模型的输出是对50只股票收益率的预测。为了测试LSTM的稳健性，我们还对基线模型进行了实验，在这种情况下，基线模型由适合回归的SVM（Friedman等，日期不详）组成。为了测试LSTM的盈利能力，我们对一个较小的投资组合进行了实验，该投资组合由40只我们的初始股票（见表13.4）以及标普500指数、石油和黄金的收益序列组成。这部分实验旨在表明，LSTM的预测一如既往地与时间周期无关。我们特别感兴趣的是，看看该模型对次贷危机是否稳健。这些结果如表13.5所示。

由于本节包含许多实验，我们在主要实验小节中介绍了对50

只股票和商品进行的实验。基线实验在上面的小节中给出,最后一个时间段的实验在下面的"在不同市场制度中的结果"小节中给出。

13.7.3.2.1 主要实验 本实验中的所有特征均采用最小-最大公式进行缩放:

$$x^0 = \triangle x \cdot (b - a) + a$$

其中 $\triangle x = \dfrac{x - min(x)}{max(x) - min(x)}$,$a$ 和 b 是特征的范围 (a, b)。通常设置 $a = 0$ 和 $b = 1$。训练数据包括 2014/5/13 至 2016/8/1 期间的 560 天。我们使用了从 2016/8/2 到 2016/11/25 的 83 天验证集和从 2016/11/28 到 2017/3/28 的 83 天测试集来选择元参数。最后,我们使用了 2017/3/29 至 2017/9/5 期间 111 天的实时数据集。

我们使用了包含一个隐藏层的 LSTM 和 50 个隐藏单元的 LSTM。我们使用 ReLu 作为激活函数;丢弃率为 0.01,批量为 32。该模型经过 400 次迭代训练。Adam 优化器的学习率为 0.001,$\beta_1 = 0.9$,$\beta_2 = 0.999$,$\varepsilon = 10^{-9}$,且衰变参数设置为 0.0。我们使用 MSE 作为损失函数。

为了评估我们模型的质量,并试图确定其是否具有投资价值,我们查看了"实时数据集",这是最新的数据集。此数据集在训练期间未使用,可以视为独立的数据集。我们根据实时数据所做的预测计算 HR,以评估我们的模型与真实目标收益率相比的正确率。命中率为我们提供了模型预测是否与真实收益方向一致的信息。为了评估模型的盈利能力,我们使用模型中的预测构建每日更新的投资组合,并计算其平均每日收益。通常的情况是,在开盘前从我们的 LSTM 模型中得到所有 50 只股票每日收益的预测。根据预测的方向,无论是正方向还是负方向,如果 $R_t^i > 0$,在股票 i 中打开多头仓位；如果 $R_t^i < 0$，为股票 i 开一个空头头寸（在这种情况下，我们称之为多空组合），或者什么都不做；如果我们拥有这些股票，我们可以选择保留它们（我们称之为多头组合）。在市场收盘时，我们关闭所有头寸。因此，对于多空投资组合，t 日投资组合的每日收益为 $\sum_{i=1}^{50} \text{sign}(\hat{R}_t) \cdot R_t$。

关于投资组合权重的绝对值，我们尝试了两种类似的、同等权重的投资组合。投资组合1：开始时，我们分配相同比例的资本投资于每只股票，然后每只股票的收益是独立复合的，因此一个时期的投资组合收益是该时期每只股票收益的平均值。投资组合2：每天对投资组合进行重新平衡，即每天我们分配相同比例的资本投资于每只股票，因此投资组合每日收益是每只股票每日收益的平均值。每个投资组合都有一个多头版本和一个多空版本。我们知道，不优化权重可能会导致我们的策略中的收益曲线过于保守。实验2的结果如表13.2所示。

13.7.3.2.2 基线实验 该实验首先将 LSTM 与基线（在本例中为 SVM）进行比较，然后测试模型之间关于用作 LSTM 和 SVM 输入的回测期的泛化能力。我们注意到，使用较长的历史收益序列作为输入，LSTM 保持稳健，我们没有看到过拟合，SVM 就是这样。支持向量机在训练集上的性能非常好，但在验证集和测试集上的性能较差。我们使用不同天数 {1，2，5，10} 滚动窗口测试 LSTM 和 SVM。

表 13.2 实验 2（主要实验）

股票	HR	平均收益%（L）	平均收益%（L/S）
投资组合1	0.63	0.18	0.27
投资组合2	0.63	0.18	0.27

（续表）

股票	HR	Avg Ret %（L）	Avg Ret %（L/S）
苹果	0.63	0.24	0.32
微软	0.71	0.29	0.45
脸书	0.71	0.31	0.42
亚马逊	0.69	0.27	0.41
强生	0.65	0.12	0.19
伯克希尔－哈撒韦	0.70	0.19	0.31
摩根大通	0.62	0.22	0.38
埃克森美孚	0.70	0.11	0.25
谷歌－A	0.72	0.31	0.50
谷歌－C	0.75	0.32	0.52
美国银行	0.70	0.30	0.55
宝洁	0.60	0.60	0.90
美国电话电报	0.61	0.80	0.22
富国银行	0.67	0.16	0.38
通用电气	0.64	0.50	0.24
雪佛兰	0.71	0.18	0.31
辉瑞	0.66	0.70	0.14
威瑞森	0.50	0.10	0.10
康卡斯特	0.63	0.23	0.36
联合健康	0.59	0.20	0.22
维萨	0.65	0.23	0.31
花旗	0.69	0.28	0.39
菲里普莫里斯	0.64	0.17	0.28
家得宝	0.61	0.10	0.17
可口可乐	0.61	0.80	0.90
默克	0.61	0.90	0.16
百事	0.60	0.80	0.11
英特尔	0.63	0.16	0.31

（续表）

股票	HR	Avg Ret %（L）	Avg Ret %（L/S）
思科	0.68	0.14	0.31
甲骨文	0.52	0.80	0.40
陶氏杜邦	0.60	0.21	0.35
迪士尼	0.59	0	0.90
波音	0.57	0.23	0.16
安进	0.65	0.21	0.36
麦当劳	0.58	0.16	0.12
万事达	0.66	0.25	0.34
IBM	0.54	-0.40	0.60
奥驰亚集团	0.59	0.10	0.13
3M	0.63	0.16	0.24
艾伯维	0.61	0.18	0.22
沃尔玛	0.50	0.14	0.16
美敦力	0.59	0.90	0.17
吉利德科学	0.50	0.16	0.11
新基医药	0.64	0.28	0.45
霍尼韦尔	0.66	0.15	0.20
英伟达	0.68	0.54	0.68
博通	0.65	0.37	0.59
百时美施贵宝	0.57	0.13	0.19
普利斯林	0.61	0.14	0.24
雅培	0.63	0.21	0.28

注：以百分比表示的长期投资组合（L）和长期-短期投资组合（L/S）的平均每日收益率。计算独立实时数据集的结果。

基线试验结果如表13.3所示。我们可以从结果中看到，LSTM改善了其在HR方面的表现，以及在多头和多空投资组合中的平均每日收益。对于支持向量机，情况正好相反，即支持向量机仅在考虑到最近的历史时才可与 LSTM 进行比较。我们使用的历史数据越多，支持向量机在所有度量、HR 和长短期投资组合的平均每日收益方面的误差就越大。这表明我们的回望窗口越长，支持向量机对训练数据的过拟合程度越严重，而 LSTM 保持稳健。

表 13.3　实验 2（基线实验）

模型	HR	平均收益%（L）	平均收益%（L/S）
LSTM（1）	0.59	0.14	0.21
LSTM（2）	0.61	0.17	0.26
LSTM（5）	0.62	0.17	0.26
LSTM（10）	0.62	0.17	0.26
SVM（1）	0.59	0.14	0.21
SVM（2）	0.58	0.13	0.18
SVM（5）	0.57	0.12	0.16
SVM（10）	0.55	0.11	0.14

注：该表显示了每个模型的 HR 和每日平均收益率；所有计算均在样本外实时数据集上执行。模型名称中括号内的数字表示返回序列的回溯长度，即交易日。

13.7.3.2.3　在不同市场制度中的结果　为了验证我们的实验结果，我们对投资组合 1 进行了另一个实验。这一次，我们没有使用所有 50 只股票作为模型的输入和输出，而是选择了 40 只股票。与之前一样，我们在该投资组合中增加了标普 500 指数、石油和黄金的收益率序列。数据分为 66% 训练集，11% 验证（1），11% 验证（2），11% 实时数据集。该投资组合使用的股票如表 13.4 所示，结果如表 13.5 所示。请注意，投资组合的绩效（夏普率）在金融危机前（2005—2008 年）达到峰值，在危机期间有所下降，但仍有相当高的绩效。这些实验是在没有交易成本的情况下进行的，我们仍然假设可以在没有任何市场摩擦的情况下进行买卖，这在金融危机期间实际上几乎是不可能的。

对 LSTM 网络进行为期三年的训练，并对训练和验证期后的数据进行实时数据测试。这个实验的目的是要表明，LSTM 网络可以帮助我们挑选夏普率非常高的投资组合，而与回测中选择的时间段无关。这意味着，LSTM 的良好表现不仅仅是因为股市当前处于上升时期的运气。

表 13.4　实验 2（用于此投资组合的股票）

苹果	微软	亚马逊	强生
伯克希尔-哈撒韦	摩根大通	埃克森美孚	美国银行
宝洁	美国电话电报	富国银行	通用电气
雪佛兰	辉瑞	威瑞森	康卡斯特
联合健康	花旗	家得宝	可口可乐
默克	百事	英特尔	思科
甲骨文	陶氏杜邦	迪士尼	波音
安进	麦当劳	IBM	奥驰亚集团
3M	沃尔玛	美敦力	吉利德科学
新基医药	霍尼韦尔	百时美施贵宝	雅培

注：实验 2 第二部分使用的 40 只股票。

表 13.5　实验 2（在不同市场制度中的结果）

训练周期	HR %	平均收益 %（L）	平均收益 %（L/S）	夏普率（L）	夏普率（L/S）
2000—2003	49.7	−0.05	−0.12	−0.84	−1.60
2001—2004	48.1	0.05	−0.02	2.06	−0.73
2002—2005	52.5	0.11	0.10	6.05	3.21
2003—2006	55.9	0.10	0.16	5.01	5.85
2004—2007	54.0	0.14	0.12	9.07	5.11
2005—2008	61.7	0.26	0.45	7.00	9.14
2006—2009	59.7	0.44	1.06	3.10	6.22
2007—2010	53.8	0.12	0.12	5.25	2.70

续表

训练周期	HR %	平均收益 % (L)	平均收益 % (L/S)	夏普率 (L)	夏普率 (L/S)
2008—2011	56.5	0.20	0.26	6.12	6.81
2009—2012	62.8	0.40	0.68	6.31	9.18
2010—2013	55.4	0.09	0.14	3.57	3.73
2011—2014	58.1	0.16	0.21	5.59	6.22
2012—2015	56.0	0.15	0.21	5.61	5.84

注：此表显示了HR、多头（L）投资组合的平均每日收益、多头-空头（L/S）的平均每日收益及其各自的夏普率（L）和（L/S）。计算独立实时数据集的结果。每三年期间分为66%的训练、11%的验证（1）、11%的验证（2）和11%的实时数据集。

13.8 结论

深度学习已被证明是计算机视觉和自然语言处理等多个领域的非结构化数据建模中最成功的机器学习模型种类之一。深度学习通过引入以其他更简单的表征形式表达的表示，解决了表示学习中的这一核心问题。深度学习让计算机从简单的概念中构建复杂的概念。深度学习系统可以通过组合更简单的概念（如角点和轮廓）来表示人物图像的概念，这些概念反过来又根据边缘定义。

学习数据的正确表示为深入学习提供了一个视角。可以将其视为第一层"发现"功能，其帮助降维阶段有效进行，并执行非线性建模。

深度学习的另一个观点是，其使计算机能学习多步骤的计算机程序。表示的每一层都可以看作并行执行另一组指令后计算机内存的状态。深度更大的网络可以按顺序执行更多指令。顺序指令提供了强大的功能，因为后面的指令可以引用前面指令的结果。

用于图像处理的"卷积神经网络"和用于自然语言处理的"循环神经网络"在金融和其他科学中的应用越来越多。这些深层模型的代价需要学习大量的参数，需要执行非凸优化和可解释性问题。研究人员已经在不同的环境中找到了正确的模型，可以非常准确地执行任务，达到稳定性，避免过度拟合，并提高这些模型的可解释性。

金融业是一个可以利用这些优势的领域，因为金融从业者和研究人员可以获得大量结构化和非结构化数据。在本章中，我们探讨了时间序列的一个应用。鉴于时间序列中存在自相关性、周期性和非线性，LSTM 网络是金融领域时间序列建模的合适选择。艾尔曼神经网络也是这项任务的极佳候选方案，但 LSTM 已被证明在其他非金融应用中更好。时间序列还表现出其他具有挑战性的特征，如估计方面的问题和非平稳性。

我们在单变量环境中测试了 LSTM。LSTM 网络的性能优于支持向量机和神经网络——参见实验1。尽管性能上的差异不是很重要，但 LSTM 在其预测中显示出一致性。

我们用外生变量进行的多元 LSTM 网络实验表明，与 AR 模型（VAR 模型的"线性"对应模型）相比，使用 VAR 模型表现出良好的性能。实验中，在不同的市场环境里面，LSTM 在等权重长期投资组合和无约束投资组合中有更好的准确率、命中率和高夏普率。

这些比率在样本内和样本外均表现良好。我们的投资组合实验的夏普率为8（长期型投资组合）和10（长短期型投资组合），使用 2014 年至 2017 年的模型，平均加权投资组合的夏普率为 2.7。结果表明，在不同的市场制度下使用相同的建模方法时具有一致性。没有考虑交易成本。

我们可以得出结论，LSTM 网络是金融时间序列中一种很有前途的建模工具，特别是在具有外生变量的多元 LSTM 网络中。这些网络可以使金融工程师使用非常灵活的模型对时间依赖性、非线性和特征发现进行建模，该模型能够解决金融中具有挑战性的估计问题、非平稳性以及过度拟合的可能性。在金融领域，这些问题永远不可低估，在具有大量参数、非线性和难以解释的模型（如 LSTM 网络）中更是如此。

我们认为，金融工程师应该结合深度学习，不仅对非结构化数据建模，也对结构化数据建模。我们将迎来有趣的模型时代。

附录

表 13.A.1 实验 1 中的训练集、测试集和实时数据集的周期

股票	训练周期	测试周期	生存周期
苹果	1982/11/15 2009/7/8（6692）	2009/7/9 2014/3/18（1181）	2014/3/19 2017/9/5（875）
微软	1986/3/17 2010/4/21（6047）	2010/4/22 2014/7/17（1067）	2014/7/18 2017/9/5（791）
脸书	2012/5/21 2016/6/20（996）	2016/6/21 2017/3/2（176）	2017/3/3 2017/9/5（130）
亚马逊	1997/5/16 2012/12/7（3887）	2012/12/10 2015/8/31（686）	2015/9/1 2017/9/5（508）
强生	1977/1/5 2008/2/20（7824）	2008/2/21 2013/8/14（1381）	2013/8/15 2017/9/5（1023）
伯克希尔 - 哈撒韦	1996/5/13 2012/9/11（4082）	2012/9/12 2015/7/24（720）	2015/7/27 2017/9/5（534）
摩根大通	1980/7/30 2008/12/19（7135）	2008/12/22 2013/12/20（1259）	2013/12/23 2017/9/5（933）
埃克森美孚	1980/7/30 2008/12/19（7136）	2008/12/22 2013/12/20（1259）	2013/12/23 2017/9/5（933）

(续表)

股票	训练周期	测试周期	生存周期
谷歌-A	2004/8/20 2014/8/25 (2490)	2014/8/26 2016/5/23 (439)	2016/5/24 2017/9/5 (325)
谷歌-C	2014/3/31 2016/11/22 (639)	2016/11/23 2017/5/8 (113)	2017/5/9 2017/9/5 (84)
美国银行	1980/7/30 2008/12/19 (7134)	2008/12/22 2013/12/20 (1259)	2013/12/23 2017/9/5 (933)
宝洁	1980/7/30 2008/12/19 (7136)	2008/12/22 2013/12/20 (1259)	2013/12/23 2017/9/5 (933)
美国电话电报	1983/11/23 2009/10/2 (6492)	2009/10/5 2014/4/24 (1146)	2014/4/25 2017/9/5 (849)
富国银行	1980/7/30 2008/12/19 (7135)	2008/12/22 2013/12/20 (1259)	2013/12/23 2017/9/5 (933)
通用电气	1971/7/8 2006/11/6 (8873)	2006/11/7 2013/1/29 (1566)	2013/1/30 2017/9/5 (1160)
雪佛兰	1980/7/30 2008/12/19 (7136)	2008/12/22 2013/12/20 (1259)	2013/12/23 2017/9/5 (933)
辉瑞	1980/7/30 2008/12/19 (7135)	2008/12/22 2013/12/20 (1259)	2013/12/23 2017/9/5 (933)
威瑞森	1983/11/23 2009/10/2 (6492)	2009/10/5 2014/4/24 (1146)	2014/4/25 2017/9/5 (849)
康卡斯特	1983/8/10 2009/9/9 (6549)	2009/9/10 2014/4/14 (1156)	2014/4/15 2017/9/5 (856)
联合健康	1985/9/4 2010/3/8 (6150)	2010/3/9 2014/6/27 (1085)	2014/6/30 2017/9/5 (804)
维萨	2008/3/20 2015/6/26 (1800)	2015/6/29 2016/9/29 (318)	2016/9/30 2017/9/5 (235)
花旗	1986/10/31 2010/6/14 (5924)	2010/6/15 2014/8/8 (1046)	2014/8/11 2017/9/5 (775)
菲里普莫里斯	2008/3/19 2015/6/26 (1801)	2015/6/29 2016/9/29 (318)	2016/9/30 2017/9/5 (235)
家得宝	1981/9/24 2009/3/31 (6913)	2009/4/1 2014/2/4 (1220)	2014/2/5 2017/9/5 (904)

（续表）

股票	训练周期	测试周期	生存周期
可口可乐	1968/1/4　2006/1/13（9542）	2006/1/17　2012/9/20（1684）	2012/9/21　2017/9/5（1247）
默克	1980/7/30　2008/12/19（7135）	2008/12/22　2013/12/20（1259）	2013/12/23　2017/9/5（933）
百事	1980/7/30　2008/12/19（7135）	2008/12/22　2013/12/20（1259）	2013/12/23　2017/9/5（933）
英特尔	1982/11/15　2009/7/8（6692）	2009/7/9　2014/3/18（1181）	2014/3/19　2017/9/5（875）
思科	1990/2/20　2011/3/24（5287）	2011/3/25　2014/12/8（933）	2014/12/9　2017/9/5（691）
甲骨文	1986/4/16　2010/4/29（6032）	2010/4/30　2014/7/22（1064）	2014/7/23　2017/9/5（788）
陶氏杜邦	1980/7/30　2008/12/19（7135）	2008/12/22　2013/12/20（1259）	2013/12/23　2017/9/5（933）
迪士尼	1974/1/7　2007/6/6（8404）	2007/6/7　2013/4/26（1483）	2013/4/29　2017/9/5（1099）
波音	1980/7/30　2008/12/19（7136）	2008/12/22　2013/12/20（1259）	2013/12/23　2017/9/5（933）
安进	1984/1/4　2009/10/13（6473）	2009/10/14　2014/4/29（1142）	2014/4/30　2017/9/5（846）
麦当劳	1980/7/30　2008/12/19（7135）	2008/12/22　2013/12/20（1259）	2013/12/23　2017/9/5（933）
万事达	2006/5/26　2015/1/23（2149）	2015/1/26　2016/7/26（379）	2016/7/27　2017/9/5（281）
IBM	1968/1/4　2006/1/13（9541）	2006/1/17　2012/9/20（1684）	2012/9/21　2017/9/5（1247）
奥驰亚集团	1980/7/30　2008/12/19（7134）	2008/12/22　2013/12/20（1259）	2013/12/23　2017/9/5（933）
3M	1980/7/30　2008/12/19（7135）	2008/12/22　2013/12/20（1259）	2013/12/23　2017/9/5（933）
艾伯维	2012/12/12　2016/8/5（888）	2016/8/8　2017/3/22（157）	2017/3/23　2017/9/5（116）

（续表）

股票	训练周期	测试周期	生存周期
沃尔玛	1972/8/29 2007/2/9 (8664)	2007/2/12 2013/3/8 (1529)	2013/3/11 2017/9/5 (1133)
美敦力	1980/7/30 2008/12/19 (7135)	2008/12/22 2013/12/20 (1259)	2013/12/23 2017/9/5 (933)
吉利德科学	1992/1/24 2011/9/7 (4912)	2011/9/8 2015/2/19 (867)	2015/2/20 2017/9/5 (642)
新基医药	1987/9/2 2010/8/27 (5755)	2010/8/30 2014/9/11 (1016)	2014/9/12 2017/9/5 (752)
霍尼韦尔	1985/9/23 2010/3/11 (6139)	2010/3/12 2014/6/30 (1083)	2014/7/1 2017/9/5 (803)
英伟达	1999/1/25 2013/5/3 (3562)	2013/5/6 2015/10/29 (466)	2015/10/30 2017/9/5 (466)
博通	2009/8/7 2015/10/22 (1533)	2015/10/23 2016/11/17 (271)	2016/11/18 2017/9/5 (200)
百时美施贵宝	1980/7/30 2008/12/18 (7135)	2008/12/19 2013/12/19 (1259)	2013/12/20 2017/9/1 (933)
普利斯林	1999/3/31 2013/5/20 (3527)	2013/5/21 2015/11/5 (622)	2015/11/6 2017/9/5 (461)
雅培	1980/7/30 2008/12/19 (7135)	2008/12/22 2013/12/20 (1259)	2013/12/23 2017/9/5 (933)

注：括号表示每个数据集中的交易天数。

参考文献

第 2 章

Rogers, E. (1962). Diffusion of innovations. https://en.wikipedia.org/wiki/Diffusion_of_innovations

第 3 章

Accenture on Cybersecurity. (2017). https://www.accenture.com/t20170418T210238Z__w__/us-en/_acnmedia/PDF-49/Accenture-InsideOps-Cybersecurity-Asset-Management.pdf

Allison, I. (2017). Credit Suisse charts the evolution of artificial intelligence and investing. www.ibtimes.co.uk/credit-suisse-charts-evolution-artificial-intelligence-investing-1649014

BIS Markets Committee Working Group. (2017). The sterling 'flash event of 7 October 2016'. https://www.bis.org/publ/mktc09.htm

Planet (n.d.-a) Planet start up description. https://www.planet.com/markets/monitoring-for-precision-agriculture

Citi Business Advisory Services (n.d.-b) Big data & investment management: the potential to quantify the traditionally qualitative factors, Citi Business Advisory Services. https://www.cmegroup.com/education/files/big-data-investment-management-the-potential-to-quantify-traditionally-qualitative-factors.pdf

Björnfot, F. (2017). GDP growth rate nowcasting and forecasting. https://www.diva-portal.org/smash/get/diva2:1084527/FULLTEXT01.pdf

Bullock, N. (2017). High-frequency traders adjust to overcapacity and leaner times. https://www.ft.com/content/ca98bd2c-80c6-11e7-94e2-c5b903247afd.

Carnegie Mellon University. (2014). From 0-70 in 30. https://www.cmu.edu/homepage/environment/2014/fall/from-0-70-in-30.shtml

CB Insights. AI 100: the artificial intelligence startups redefining industries. https://www.cbinsights.com/research/artificial-intelligence-top-startups

CIFAR (n.d.) 10 Image Library. https://www.kaggle.com/c/cifar-10

Cole, C. (2017). Artemis Capital Management, volatility and the alchemy of risk, p. 7. http://www.artemiscm.com/welcome

Condliffe, J. (2016). Algorithms probably caused a flash crash of the British pound. https://www.technologyreview.com/s/602586/algorithms-probably-caused-a-flash-crash-of-the-british-pound/

Financial Stability Board. (2017). Artificial Intelligence and machine learning in financial services. http://www.fsb.org/2017/11/artificial-intelligence-and-machine-learning-in-financial-service/

Goldman Sachs Equity Research. (2016). Drones: flying into the mainstream. Internal Goldman Sachs publication.

Google Cloud (2017). An in-depth look at Google's First Tensor Processing Unit (TPU). https://cloud.google.com/blog/big-data/2017/05/an-in-depth-look-at-googles-first-tensor-processing-unit-tpu

Isidore, C. (2015). Driverless car finishes 3,400 mile cross-country trip. http://money.cnn.com/2015/04/03/autos/delphi-driverless-car-cross-country-trip/index.html

Kearns, M. and Nevmyvaka Y. (2013). Machine learning for market microstructure and high frequency trading. https://www.cis.upenn.edu/~mkearns/papers/KearnsNevmyvakaHFTRisk Books.pdf

Kensho Indices. https://indices.kensho.com

Lazard Asset Management. (2015). Less is more – a case for concentrated portfolios. https://www.startupvalley.news/uk/jonathan-masci-quantenstein

NVIDIA Deep Learning Blog. https://blogs.nvidia.com/blog/2017/08/30/qualitative-financial-analysis

Parloff, R. (2016). Why Deep Learning is suddenly changing your life. http://fortune.com/ai-artificial-intelligence-deep-machine-learning

Richtell, M. and Dougherty, C. (2015). Google's driverless cars run into problem: cars with drivers. https://www.nytimes.com/2015/09/02/technology/personaltech/google-says-its-not-the-driverless-cars-fault-its-other-drivers.html

Shujath, J. (2017). Why open source should drive AI development in Life Sciences. https://blogs.opentext.com/why-open-source-should-drive-ai-development-in-life-sciences

Sirotyuk, E. and Bennett, R. (2017). *The Rise of Machines, Technology Enabled Investing, IS&P Liquid Alternatives*. Credit Suisse, internal publication.

Soper, T. (2017). Self-driving car arrives in Seattle after 2,500-mile autonomous cross-country trip. https://www.geekwire.com/2017/self-driving-car-arrives-washington-2500-mile-autonomous-cross-country-trip

Sykuta, M.E. (2016). Big data in agriculture: property rights, privacy, and competition in Ag data services. *International Food and Agribusiness Management Review* A (Special Issue).

TechEmergence. (2018). Overfit for purpose - why crowdsourced AI may not work for hedge funds. www.techemergence.com/overfit-purpose-crowdsourced-ai-may-not-work-hedge-funds/

第 4 章

Drogen, L.A. and Jha, V. (2013). *Generating abnormal returns using crowdsourced earnings estimates*. Estimize white paper.

Dunn, J., Fitzgibbons, S., and Pomorski, L. (2017). *Assessing risk through environmental, social and governance exposures*. AQR Capital Management.

Eurekahedge. (2017). Artificial intelligence: the new frontier for hedge funds. eurekahedge.com

Fodor, A., Krieger, K., and Doran, J. (2011). Do option open-interest changes foreshadow future equity returns? *Financial Markets and Portfolio Management*, 25 (3): 265.

Granholm, J. and Gustafsson, P. (2017). *The quest for the abnormal return: a study of trading strategies based on Twitter sentiment*. Umea School of Business and Economics.

Grinold, R.C. (1989). The fundamental law of active management. *The Journal of Portfolio Management* 15 (3): 30–37.

Heston, S.L. and Sadka, R. (2008). Seasonality in the cross-section of stock returns. *Journal of Financial Economics,* 87 (2): 418–445.

Hope, B. (2016). Tiny satellites: the latest innovation hedge funds are using to get a leg up. *Wall Street Journal*.
Jha, V. (2016). Timing equity quant positions with short-horizon alphas. *Journal of Trading* 11 (3): 53–59.
Khandani, A.E. and Lo, A.W. (2008). What happened to the quants in August 2007?: Evidence from factors and transactions data. NBER Working Paper No. 14465.
McPartland, K. (2017). Alternative data for alpha. Greenwich Associates report, Q1.
Moore, G.A. (1991). *Crossing the Chasm: Marketing and Selling High-Tech Products to Mainstream Customers*. HarperBusiness Essentials.
Mozes, H. and Jha, V. (2001). *Creating and profiting from more accurate earnings estimates with StarMine Professional*. StarMine White Paper.
Pan, J. and Poteshman, A. (2006). The information in option volume for future stock prices. *Review of Financial Studies,* 19 (3): 871–908.
Sloan, R. (1996). Do stock prices fully reflect information in accruals and cash flows about future earnings? *The Accounting Review* 71 (3): 289–315.
Willmer, S. (2017). *BlackRock's Robot Stock-Pickers Post Record Losses*. Bloomberg.
Xing, Y., Zhang, X., and Zhao, R. (2010). What does individual option volatility smirk tell us about future equity returns? *Journal of Financial and Quantitative Analysis,* 45 (3): 641–662.

第 5 章

Alberg, J. and Lipton, Z.C. (2017). *Improving Factor-Based Quantitative Investing by Forecasting Company Fundamentals*. Retrieved from arxiv.org: https://arxiv.org/abs/1711.04837
Amen, S. (2013). *Beta'em Up: What is Market Beta in FX?* Retrieved from SSRN: https://papers.ssrn.com/sol3/papers.cfm?abstract_id=2439854
Amen, S. (2016). *Trading Anxiety – Using Investopedia's Proprietary Dataset to Trade Risk*. London: Cuemacro.
Amen, S. (2018). *Robo-News Reader*. London: Cuemacro.
Clark, I. and Amen, S. (2017). Implied Distributions from GBPUSD Risk-Reversals and Implication for Brexit Scenarios. Retrieved from MDPI: http://www.mdpi.com/2227-9091/5/3/35/pdf
Dixon, M.F., Polson, N.G. and Sokolov, V.O. (2017). Deep Learning for Spatio-Temporal Modeling: Dynamic Traffic Flows and High Frequency Trading. Retrieved from arxiv.org: https://arxiv.org/abs/1705.09851
Fortado, L., Wigglesworth, R. and Scannell, K. (2017). Hedge funds see a gold rush in data mining. Retrieved from FT: https://www.ft.com/content/d86ad460-8802-11e7-bf50-e1c239b45787
Gibbs, S. (2017). AlphaZero AI beats champion chess program after teaching itself in four hours. Retrieved from Guardian: https://www.theguardian.com/technology/2017/dec/07/alphazero-google-deepmind-ai-beats-champion-program-teaching-itself-to-play-four-hours
IDC. (2017). Data Age 2025. Retrieved from Seagate: https://www.seagate.com/files/www-content/our-story/trends/files/Seagate-WP-DataAge2025-March-2017.pdf
Kenton, W. (2017). The Investopedia Anxiety Index. Retrieved from Investopedia: https://www.investopedia.com/anxiety-index-explained
Roof, K. (2016). StockTwits raises funding, gets new CEO. Retrieved from Techcrunch: https://techcrunch.com/2016/07/06/stocktwits-raises-funding-gets-new-ceo
Turner, K. (2017). This app will notify you if Trump tweets about a company you're invested in. Retrieved from Washington Post: https://www.washingtonpost.com/news/the-switch/wp/2017/01/07/this-app-will-notify-you-if-trump-tweets-about-a-company-youre-invested-in/?utm_term=.2c6d2a89d135

第 6 章

Adrian, T. and Franzoni, F. (2009). Learning about Beta: time-varying factor loadings, expected returns and the conditional CAPM. *J. Empir. Financ.* 16: 537–556.

Ben-Rephael, A., Da, Z., and Israelsen, R.D. (2017). It depends on where you search: institutional investor attention and underreaction to news. *Rev. Financ. Stud.*, 30: 3009–3047.

Brar, G., De Rossi, G., and Kalamkar, N. (2016). Predicting stock returns using text mining tools. In: *Handbook of Sentiment Analysis in Finance* (ed. G. Mitra and X. Yu). London: OptiRisk.

Das, S.R. and Chen, M.Y. (2007). Yahoo! For Amazon: sentiment extraction from small talk on the web. *Manag. Sci.*, 53: 1375–1388.

Datta, G.S. and Ghosh, M. (1996). On the invariance of non-informative priors. *Ann. Stat.*, 24: 141–159.

Donaldson, D. and Storeygard, A. (2016). The view from above: applications of satellite data in economics. *J. Econ. Perspect.*, 30: 171–198.

Drăgulescu, A. and Yakovenko, V.M. (2001). Exponential and power-law probability distributions of wealth and income in the United Kingdom and the United States. *Phys. A.*, 299: 213–221.

Gholampour, V. and van Wincoop, E. (2017). What can we Learn from Euro-Dollar Tweets? NBER Working Paper No. 23293.

Green, T.C., Huang, R., Wen, Q. and Zhou, D. (2017). Wisdom of the Employee Crowd: Employer Reviews and Stock Returns, Working paper. Available at SSRN: https://ssrn.com/abstract=3002707.

Johnson, N.L., Kotz, S., and Balakrishnan, N. (1995). *Continuous Univariate Distributions*, vol. 2. New York: Wiley.

Madi, M.T. and Raqab, M.Z. (2007). Bayesian prediction of rainfall records using the generalized exponential distribution. *Environmetrics*, 18: 541–549.

Perlin, M.S., Caldeira, J.F., Santos, A.A.P., and Pontuschka, M. (2017). Can we predict the financial markets based on Google's search queries? *J. Forecast.*, 36: 454–467.

Rajgopal, S., Venkatachalam, M., and Kotha, S. (2003). The value relevance of network advantages: the case of e-commerce firms. *J. Account. Res.*, 41: 135–162.

Trueman, B., Wong, M.H.F., and Zhang, X.J. (2001). Back to basics: forecasting the revenues of internet firms. *Rev. Acc. Stud.*, 6: 305–329.

Wahba, G. (1978). Improper priors, spline smoothing and the problem of guarding against model errors in regression. *J. R. Stat. Soc. Ser. B* 40: 364–372.

第 7 章

Ammann, M., Coqueret, G., and Schade, J.P. (2016). Characteristics-based portfolio choice with leverage constraints. *Journal of Banking & Finance* 70: 23–37.

Ang, A. (2014). *Asset Management: A Systematic Approach to Factor Investing*. Oxford University Press.

Arévalo, R., García, J., Guijarro, F., and Peris, A. (2017). A dynamic trading rule based on filtered flag pattern recognition for stock market price forecasting. *Expert Systems with Applications* 81: 177–192.

Ballings, M., Van den Poel, D., Hespeels, N., and Gryp, R. (2015). Evaluating multiple classifiers for stock price direction prediction. *Expert Systems with Applications* 42 (20): 7046–7056.

Banz, R.W. (1981). The relationship between return and market value of common stocks. *Journal of Financial Economics* 9 (1): 3–18.

Bodnar, T., Mazur, S., and Okhrin, Y. (2017). Bayesian estimation of the global minimum variance portfolio. *European Journal of Operational Research* 256 (1): 292–307.

Brandt, M.W., Santa-Clara, P., and Valkanov, R. (2009). Parametric portfolio policies: exploiting characteristics in the cross-section of equity returns. *Review of Financial Studies* 22 (9): 3411–3447.

Chen, T. and Guestrin, C. (2016). XGBoost: A scalable tree boosting system. In: *Proceedings of the 22nd ACM SIGKDD International Conference on Knowledge Discovery and Data Mining*, 785—794. ACM.

Daniel, K. and Titman, S. (1997). Evidence on the characteristics of cross sectional variation in stock returns. *Journal of Finance* 52 (1): 1–33.

Fama, E.F. and French, K.R. (1992). The cross-section of expected stock returns. *Journal of Finance* 47 (2): 427–465.

Fama, E.F. and French, K.R. (1993). Common risk factors in the returns on stocks and bonds. *Journal of Financial Economics* 33 (1): 3–56.

Fischer, T. and Krauss, C. (2018). Deep learning with long short-term memory networks for financial market predictions. *European Journal of Operational Research* 270: 654—669.

Freund, Y. and Schapire, R.E. (1997). A decision-theoretic generalization of on-line learning and an application to boosting. *Journal of Computer and System Sciences* 55 (1): 119–139.

Friedman, J., Hastie, T., and Tibshirani, R. (2000). Additive logistic regression: a statistical view of boosting (with discussion and a rejoinder by the authors). *Annals of Statistics* 28 (2): 337–407.

Friedman, J. (2001). Greedy function approximation: a gradient boosting machine. *Annals of Statistics* 1189–1232.

Friedman, J., Hastie, T., and Tibshirani, R. (2009). *The Elements of Statistical Learning*, 2e. Springer.

Green, J., Hand, J.R., and Zhang, X.F. (2013). The supraview of return predictive signals. *Review of Accounting Studies* 18 (3): 692–730.

Harvey, C.R., Liu, Y., and Zhu, H. (2016). ... and the cross-section of expected returns. *Review of Financial Studies* 29 (1): 5–68.

Ilmanen, A. (2011). *Expected Returns: An Investor's Guide to Harvesting Market Rewards*. Wiley.

Jegadeesh, N. and Titman, S. (1993). Returns to buying winners and selling losers: implications for stock market efficiency. *Journal of Finance* 48 (1): 65–91.

Jegadeesh, N. and Titman, S. (2001). Profitability of momentum strategies: an evaluation of alternative explanations. *Journal of Finance* 56 (2): 699–720.

Kahn, R.N. and Lemmon, M. (2016). The asset manager's dilemma: how smart beta is disrupting the investment management industry. *Financial Analysts Journal* 72 (1): 15–20.

Krauss, C., Do, X.A., and Huck, N. (2017). Deep neural networks, gradient-boosted trees, random forests: statistical arbitrage on the S&P 500. *European Journal of Operational Research* 259 (2): 689–702.

McLean, R.D. and Pontiff, J. (2016). Does academic research destroy stock return predictability? *Journal of Finance* 71 (1): 5–32.

Nair, B.B., Kumar, P.S., Sakthivel, N.R., and Vipin, U. (2017). Clustering stock price time series data to generate stock trading recommendations: an empirical study. *Expert Systems with Applications* 70: 20–36.

Patel, J., Shah, S., Thakkar, P., and Kotecha, K. (2015). Predicting stock and stock price index movement using trend deterministic data preparation and machine learning techniques. *Expert Systems with Applications* 42 (1): 259–268.

Schapire, R.E. (1990). The strength of weak learnability. *Machine Learning* 5 (2): 197–227.

Subrahmanyam, A. (2010). The cross-section of expected stock returns: what have we learnt from the past twenty-five years of research? *European Financial Management* 16 (1): 27–42.

Van Dijk, M.A. (2011). Is size dead? A review of the size effect in equity returns. *Journal of Banking & Finance* 35 (12): 3263–3274.

第 8 章

Adams, J.S. (1963). Toward an understanding of inequity. *Journal of Abnormal and Social Psychology* 67: 422–436.

Ambrose, M.L. and Kulik, C.T. (1999). Old friends, new faces: motivation in the 1990s. *Journal of Management* 25: 231–292.

Bernard, V. and Thomas, J. (1989). Post-earnings-announcement drift: delayed price response or risk premium? *Journal of Accounting Research*, 27: 1–36.

Blackshaw, P. and Nazzaro, M. (2006). *Consumer-Generated Media (CGM) 101: Word-Ofmouth in the Age of the Web-Fortified Consumer*. New York: Nielsen BuzzMetrics.

Blei, D.M., Ng, A., and Jordan, M.I. (2003). Latent Dirichlet allocation. *Journal of Machine Learning Research*, 3: 993–1022.

Brown, B. and Perry, S. (1994). Removing the financial performance halo from Fortune's most admired companies. *Academy of Management Journal* 37: 1347–1359.

Chan, L., Jegadeesh, N., and Lakonishok, J. (1996). Momentum strategies. *Journal of Finance*, 51: 1681–1713.

Chan, L., Lakonishok, J., and Sougiannis, T. (2001). The stock market valuation of research and development expenditures. *Journal of Finance*, 56: 2431–2456.

Cooper, C.L., Cartwright, S., Cartright, S., and Earley, C.P. (2001). *The International Handbook of Organizational Culture and Climate*. Wiley.

Daines, R.M., Gow, I.D., and Larcker, D.F. (2010). Rating the ratings: how good are commercial governance ratings? *Journal of Financial Economics*, 98 (3): 439–461.

Easterwood, J. and Nutt, S. (1999). Inefficiency in analysts' earnings forecasts: systematic misreaction or systematic optimism? *Journal of Finance*, 54: 1777–1797.

Edmans, A. (2011). Does the stock market fully value intangibles? Employee satisfaction and equity prices. *JFE*, 101: 621–640.

Elahi, M.F. and Monachesi, P. (2012). An examination of cross-cultural similarities and differences from social media data with respect to language use. Proceedings of the Eight International Conference on Language Resources and Evaluation.

Engelberg, J. (2008). *Costly Information Processing: Evidence from Earnings Announcements*. Working Paper. Northwestern University.

Fama, E.F. and French, K.R. (1992). The cross-section of expected stock returns. *Journal of Finance*, 47: 427–465.

Flammer, C. (2013). *Does Corporate Social Responsibility Lead to Superior Financial Performance? A Regression Discontinuity Approach*. Working Paper. University of Western Ontario.

Fryxell, G.E. and Wang, J. (1994). The fortune corporate reputation index: reputation for what? *Journal of Management* 20: 1–14.

Gaines-Ross, L. (2010). Reputation warfare. *Harvard Business Review* 88 (12): 70–76.

Gerhart, B. and Rynes, S.L. (2003). *Compensation: Theory, Evidence, and Strategic Implications*. Thousand Oaks, CA: Sage.

Gneezy, U., Meier, S., and Rey-Biel, P. (2011). When and why incentives (don't) work to modify behavior. *Journal of Economic Perspectives* 25 (4): 191–210.

Gray, R., Kouhy, R., and Lavers, S. (1995). Corporate social and environmental reporting: a review of the literature and a longitudinal study of UK disclosure, accounting. *Auditing and Accountability* 8 (2): 47–77.

Hillman, A.J. and Keim, G.D. (2001). Shareholder value, stakeholder management, and social issues: What's the bottom line? *Strategic Management Journal*, 22: 125–139.

Hofstede, G. (1980). *Culture's Consequences*. Beverly Hills, CA: Sage.

Hogenboom, A., Bal, M., Frasincar, F., and Bal, D. (2012). Towards cross-language sentiment analysis through universal star ratings. *KMO*, 69–79.

Hogenboom, A., Bal, M., Frasincar, F. et al. (2014). Lexiconbased sentiment analysis by mapping conveyed sentiment to intended sentiment. *Int. J. Web Eng. Technol.*, 9 (2): 125–147.

Hu, M. and Liu, B. (2004). Mining and summarizing customer reviews. in Tenth ACM International Conference on Knowledge Discovery and Data Mining.

Kamenica, E. (2012). Behavioral economics and psychology of incentives. *Annual Review of Economics* 4: 427–452.21.

Kaplan, S.N. and Zingales, L. (1997). Do investment-cash flow sensitivities provide useful measures of financing constraints? *Quarterly Journal of Economics* 112: 169–215.

Levering, R., Moskowitz, M., and Katz, M. (1984). *The 100 Best Companies to Work for in America*. Reading, MA: Addison-Wesley.

Marquis, C. and Toffel, M. (2012). *When Do Firms Greenwash? Corporate Visibility, Civil Society Scrutiny, and Environmental Disclosure*. Harvard Business School Discussion Paper 12–43, 22.

McDonnell, M.H. and King, B. (2013). Keeping up appearances reputational threat and impression management after social movement boycotts. *Administrative Science Quarterly* 58 (3): 387–419.

O'Reilly, C., Chatman, J., and Caldwell, D. (1991). People and organizational culture: a profile comparison approach to assessing person-organization fit. *The Academy of Management Journal*, 34: 487–516.

Pang, B. and Lee, L. (2004). A Sentimental Education: Sentiment Analysis using Subjectivity Summarization based on Minimum Cuts, 42nd Annual Meeting of the Association for Computational Linguistics (ACL 2004), 271–280, Association for Computational Linguistics.

Petersen, M. (2009). Estimating standard errors in finance panel data sets: comparing approaches. *Review of Financial Studies*, 22: 435–480.

Pinder, C.C. (1998). *Work Motivation in Organizational Behavior*. Upper Saddle River, NJ: Prentice-Hall.

Popadak, J. (2013). *A Corporate Culture Channel: How Increased Shareholder Governance Reduces Firm Value*. Duke University Working Paper.

Statman, M. and Glushkov, D. (2009). The wages of social responsibility. *Financial Analysts Journal*, 65: 33–46.

Stone, P., Dumphy, D.C., Smith, M.S., and Ogilvie, D.M. (1966). *The General Inquirer: A Computer Approach to Content Analysis*. The MIT Press.

Tetlock, P.C., Saar-Tsechansky, M., and Macskassy, S. (2008). More than words: quantifying language to measure firms' fundamentals. *Journal of Finance*, 63: 1437–1467.

Triandis, H.C., Bontempo, R., Villareal, M.J. et al. (1988). Individualism and collectivism: cross-cultural perspectives on self-ingroup relationships. *Journal of Personality and Social Psychology* 54: 323–338.

Verwijmeren, P. and Derwall, J. (2010). Employee well-being, firm leverage, and bankruptcy risk. *Journal of Banking and Finance*, 34(5), 956–964.

Waddock, S.A. and Graves, S.B. (1997). The corporate social performance- financial performance link. *Strategic Management Journal* 18 (4): 303–319.

Wierzbicka, A. (1995). Emotion and facial expression: a semantic perspective. *Culture Psychology*, 1 (2): 227–258.

第 9 章

Altman, N.S. (1992). An introduction to Kernel and nearest-neighbor nonparametric regression. *The American Statistician* 46 (3): 175–185.

Brandt, M.W. and Gao, L. (2016). *Macro Fundamentals or Geopolitical Events? A Textual Analysis of News Events for Crude Oil*. Duke University/University of Luxembourg.

Breiman, L. (1994). Stacked regressions. *Machine Learning* 24 (1): 49–64.

Breiman, L. (2001). Random forests. *Machine Learning* 45 (1): 5–32.

Donoho, D.L. (2000). *High-Dimensional Data Analysis: The Curses and Blessings of Dimensionality*. Stanford University, Department of Statistics.

Friedman, J., Hastie, T., and Tibshirani, R. (2000). Additive logistic regression: a statistical view of boosting. *The Annals of Statistics* 28 (2): 337–407.

Hafez, P. and Guerrero-Colón, J.A. (2016). *Earnings Sentiment Consistently Outperforms Consensus*. RavenPack Quantitative Research.

Hafez, P. and Koefoed, M. (2017a). *Introducing RavenPack Analytics for Equities*. RavenPack Quantitative Research.

Hafez, P. and Koefoed, M. (2017b). *A Multi-Topic Approach to Building Quant Models*. RavenPack Quantitative Research.

Hafez, P. and Lautizi, F. (2016). *Achieve High Capacity Strategies Trading Economically-Linked Companies*. RavenPack Quantitative Research.

Hafez, P. and Lautizi, F. (2017). *Abnormal Media Attention Impacts Stock Returns*. RavenPack Quantitative Research.

Hastie, T., Tibshirani, R., and Friedman, J. (2009). *The Elements of Statistical Learning*, 2e. Springer Series in Statistics, chapter 11.

Mendes-Moreira, J., Soares, C., Jorge, A.M., and de Sousa, J.F. (2012). Ensemble approaches for regression: a survey. *ACM Computing Surveys* 45 (1): Article 10.

Zou, H. and Hastie, T. (2005). Regularization and variable selection via the elastic net. *Journal of the Royal Statistical Society, 67(2), 301–320.*

第 10 章

M. Abadi, A. Agarwal and P. Barham (2016). 'TensorFlow: Large-Scale Machine Learning on Heterogeneous Distributed Systems,' *arXiv:1603.04467v2*.

Ahern, K.R. and Sosyura, D. (2015). Rumor has it: sensationalism in financial media. *Review of Financial Studies* 28 (7): 2050–2093.

Aizawa, A. (2003). An information-theoretic perspective of tf–idf measures. *Information Processing and Management* 39: 45–65.

E. Bartov, L. Faurel and P. S. Mohanram, 'Can Twitter Help Predict Firm-Level Earnings and Stock Returns?,' Rotman School of Management Working Paper No. 2631421, 2017.

B. von Beschwitz, D. B. Keim and M. Massa, 'Media-Driven High Frequency Trading: Evidence From News Analytics,' Workin Paper, 2013.

Blei, D., Ng, A., and Jordan, M. (2003). Latent Dirichlet allocation. *Journal of Machine Learning Research* 993–1022.

Bodnaruk, A., Loughran, T., and McDonald, B. (2015). Using 10-K text to gauge financial constraints. *Journal of Financial and Quantitative Analysis* 50: 623–646.

J. Bollen, H. Mao and X.-J. Zeng, Twitter Mood Predicts the Stock Market. *Journal of Computational Science*, 2011.

Brown, R. (2011). Incorporating news into algorithmic trading strategies: increasing the signal-to-noise ratio. In: *The Handbook of News Analytics in Finance*, 307–310.

Buehlmaier, M. and Zechner, J. (2014). *Slow-Moving Real Information in Merger Arbitrage*. The European Finance Association.

Buehlmaier, M. and Zechner, J. (2017). Financial media, price discovery, and merger arbitrage. *CFS WP 551*.

Chollet, F. (2015). keras. *GitHub* .

Conneau, A., Schwenk, H., and Cun, Y. L., 'Very Deep Convolutional Networks for Text Classification,' *arXiv:1606.01781*, 2016.

Das, S. and Chen, M. (2007). Yahoo! For Amazon: sentiment extraction from small talk on the web. *Journal of Management Science* 53 (9): 1375–1388.

Davis, J. and Goadrich, M. (2006). The relationship between precision-recall and ROC curves. *Proceedings of Conf. Machine Learning* 233–240.

Friedman, N., Geiger, D., and Goldszmidt, M. (1997). Bayesian network classifiers. *Machine Learning* 29: 131–163.

Gerde, J. (2003). EDGAR-Analyzer: automating the analysis of corporate data contained by the SEC's EDGAR database. *Decision Support Systems* 35 (1): 7–29.

Goodfellow, I., Bengio, Y., and Courville, A. (2016). *Deep Learning*. MIT Press.

Grant, G.H. and Conlon, S.J. (2006). EDGAR extraction system: an approach to analyze employee stock option disclosures. *Journal of Information Systems* 20 (2): 119–142.

Groß-Klußmann, A. and Hautsch, N. (2011). When machines read the news: using automated text analytics to quantify high frequency news-implied market reactions. *Journal of Empirical Finance* 18: 321–340.

Hadlock, C. and Pierce, J. (2010). New evidence on measuring financial constraints: moving beyond the KZ index. *Review of Financial Studies* 23: 1909–1940.

Hanley, K.W. and Hoberg, G. (2010). The information content of IPO prospectuses. *The Review of Financial Studies* 23 (7): 2821–2864.

Healy, A.D. and Lo, A.W. (2011). Managing real-time risks and returns: the Thomson Reuters NewsScope event indices. In: *The Handbook of News Analytics in Finance*, 73–109.

Henry, E. (2008). Are investors influenced by how earnings press releases are written? *Journal of Business Communication* 45: 363–407.

Heston, S.L. and Sinha, N.R. (2017). News vs. sentiment: predicting stock returns from news stories. *Financial Analyst Journal* 73 (3): 67–83.

Hoberg, G. and Phillips, G. (2016). Text-based network industries and endogenous product differentiation. *Journal of Political Economy* 124: 1423–1465.

Hochreiter, S. and Schmidhuber, J. (1997). Long short-term memory. *Neural Computation* 9 (8): 1735–1780.

Hofmann, T. (2001). Unsupervised learning by probabilistic latent semantic analysis. *Machine Learning* 42: 177–196.

Huang, A., Zang, A., and Zheng, R. (2014). Evidence on the information content of text in analyst reports. *The Accounting Review* 89: 2151–2180.

Jetley, G. and Ji, X. (2010). The shrinking merger arbitrage spread: reasons and implications. *Financial Analysts Journal* 66 (2): 54–68.

Jung, M., Naughton, J., Tahoun, A., and Wang, C. (2015). *Corporate Use of Social Media*. New York University.

A. Landro, '5 Web Technology Predictions for 2017,' Sencha, 13 December 2016. [Online]. Available: https://www.sencha.com/blog/5-web-technology-predictions-for-2017. [Accessed 12 December 2017].

Lang, M. and Stice-Lawrence, L. (2015). Textual analysis and international financial reporting: large sample evidence. *Journal of Accounting and Economics* 60: 110–135.

LaPlanter, A. and Coleman, T.F. (2017). *Teaching Computers to Understand Human Language: How NLP is Reshaping the World of Finance*. Global Risk Institute.

L. Lee, B. Pang and S. Vaithyanathan, 'Thumbs up? Sentiment Classification using Machine Learning Techniques,' *Proceedings of the 2002 Conference on Empirical Methods in Natural Language Processing*, 2002.

Lee, F., Hutton, A., and Shu, S. (2015). The role of social media in the capital market: evidence from consumer product recalls. *Journal of Accounting Research* 53 (2): 367–404.

Li, F. (2010). Textual analysis of corporate disclosures: a survey of the literature. *Journal of Accounting Literature* 29: 143–165.

Liu, B. and McConnell, J. (2013). The role of the media in corporate governance: do the media influence managers' capital allocation decisions? *Journal of Financial Economics* 110 (1): 1–17.

Lo, A, 'Reuters NewsScope Event Indices,' AlphaSimplex Research Report, Thomson Reuters, 2008.

Loughran, T. and Mcdonald, B. (2016). Textual analysis in accounting and finance: a survey. *Journal of Accounting Research*.

Manning, C.D., Raghavan, P., and Schütze, H. (2009). *Introduction to Information Retrieval*. Cambridge University Press.

Marketsandmarkets 'Natural Language Processing by Market Type, Technologies, Development, Vertical and Region,' July 2016. [Online]. Available: https://www.marketsandmarkets.com/Market-Reports/natural-language-processing-nlp-825.html. [Accessed 12 December 2017].

Mazis, P. and Tsekrekos, A. (2017). Latent semantic analysis of the FOMC statements. *Review of Accounting and Finance* 16 (2): 179–217.

Mikolov, T., Sutskever, I., Chen, K. et al. (2013). Distributed representations of words and phrases and their compositionality. *Advances in Neural Information Processing Systems* 26.

Mitra, L. and Mitra, G. (2011). Applications of news analytics in finance: a review. In: *The Handbook of News Analytics in Finance*, 1–39. Wiley Finance.

G. Mitra, D. di Bartolomeo, A. Banerjee and X. Yu, '*Automated Analysis of News to Compute Market Sentiment: Its Impact on Liquidity and Trading,*' UK Government Office for Science, 2015.

Mittermayer, M.-A. and Knolmayer, G.F. (2006). *Text Mining Systems for Market Response to News: A Survey*. University of Bern.

Moniz, A., Brar, G., Davies, C., and Strudwick, A. (2009). The impact of news flow on asset returns: an empirical study. In: *The Handbook of News Analytics in Finance*, 211–231.

Niederhoffer, V. (1971). The analysis of world events and stock prices. *Journal of Business* 44: 193–219.

Pedregosa, F., Varoquaux, G., and Gramfort, A. (2011). Scikit-learn: machine learning in python. *Journal of Machine Learning Research* 12: 2825–2830.

Pennington, J., Socher, R., and Manning, C.D. (2014. [Online]. Available: https://nlp.stanford.edu/projects/glove). *GloVe: Global Vectors for Word Representation*. Stanford University [Accessed July 2017].

Purda, L. and Skillicorn, D. (2015). Accounting variables, deception, and a bag of words: assessing the tools of fraud detection. *Contemporary Accounting Research* 32: 1193–1223.

Reuters, T. (2015). *Exploit Signals in News for Quantitative Strategies and Systematic Trading*. Thomson Reuters.

s. d. team, 'Industrial-Strength NLP,' spaCy, 2017. [Online]. Available: https://spacy.io.

Tensorflow, 'Vector Representations of Words,' Google, November 2017. [Online]. Available: https://www.tensorflow.org/tutorials/word2vec. [Accessed December 2017].

Tetlock, P. (2007). Giving content to investor sentiment: the role of media in the stock market. *Journal of Finance* 62: 1139–1168.

The Coca-Cola Company. 'The Coca-Cola Company Reports Solid Operating Results in Third Quarter 2017,' The Coca-Cola Company, Oct 2017. [Online]. Available: http://www.coca-colacompany.com/press-center/press-releases/the-coca-cola-company-reports-third-quarter-2017-results. [Accessed December 2017].

W. Yin, K. Kann, M. Yuz and H. Schutze, 'Comparative Study of CNN and RNN for Natural Language Processing,' *arXiv:1702.01923v1,* 2017.

第 11 章

Ait-Sahalia, Y. and Brandt, M.W. (2001). Variable selection for portfolio choice. *Journal of Finance* 56: 1297–1351.

Barberis, N. (2000). Investing for the long run when returns are predictable. *Journal of Finance* 55: 225–264.

Bekaert, G. and Hodrick, R.J. (1992). Characterizing predictable components in excess returns on equity and foreign exchange markets. *Journal of Finance* 47 (2): 467–509.

Burges, C.J.C. (1998). A tutorial on support vector machines for patterns recognition. *Data Mining and Knowledge Discovery* 2: 121–167.

Campbell, J.Y. (1987). Stock returns and the term structure. *Journal of Financial Economics* 18: 373–399.

Campbell, J.Y. and Shiller, R.J. (1998). Valuation ratios and the long-run stock market outlook. *Journal of Portfolio Management* 24 (2): 11–26.

Campbell, J.Y. and Viceira, L. (1998). Who should buy long-term bonds? NBER. Working Paper 6801.

Campbell, J., Chan, Y., and Viceira, L. (2000). *A multivariate model of strategic asset allocation*. Working Paper. Harvard University.

Chaudhuri, A. (2014). *Support vector machine model for currency crisis discrimination*. Birla Institute of Technology.

Chong, J. and Phillips, M. (2014). Tactical asset allocation with macroeconomic factors. *The Journal of Wealth Management* 17 (1): 58–69.

Dahlquist, M. and Harvey, C.R. (2001). *Global tactical asset allocation*. Duke University.

Fama, E.F. and French, K.R. (1989). Business conditions and expected returns on stocks and bonds. *Journal of Financial Economics* 25: 2349.

Ferson, W.E. and Harvey, C.R. (1991). The variation of economic risk premiums. *Journal of Political Economy* 99 (2): 385–341.

Harasty, H. and Roulet, J. (2000). Modelling stick market returns. *The Journal of Portfolio Management* 26 (2): 33–46.

Horváth, G. (2003). Advances in learning theory: methods, models and applications. In: *NATO-ASI Series III: Computer and Systems Sciences*, vol. 190 (ed. J.A.K. Suykens, G. Horvath, S. Basu, et al.). Amsterdam: IOS Press.

Hurst, B., Johnson, B.W., and Ooi, Y.H. (2010). *Understanding Risk Parity*. AQR.

Kandel, S. and Stambaugh, R.F. (1996). On the predictability of stock returns: an asset-allocation perspective. *The Journal of Finance* 51 (2): 385–424.

Keim, D.B. and Stambauh, R.F. (1986). Predicting returns in the stock and bond market. *Journal of Financial Economics* 17 (2): 357–390.

Lai, L.K.C. and Liu, J.N.K. (2010). Stock forecasting using Support Vector Machine. International Conference on Machine Learning and Cybernetics (ICMLC).

Lynch, A.W. and Balduzzi, P. (1999). Transaction cost and predictability: some utility cost calculations. *Journal of Financial Economics* 52 (1): 47–78.

Lynch, A.W. and Balduzzi, P. (2000). Predictability and transaction costs: the impact on rebalancing rules and behaviour. *Journal of Finance* 55: 2285–2310.

Madge, S. (2015). Predicting stock price direction using support vector machines. Independent Work Report. Spring 2015.

Martellini, L. and Sfeir, D. (2003). *Tactical Asset Allocation*. EDHEC.

McNelis, P. and McAdam, P. (2004). Forecasting inflation with thick models and neutral networks. European Central Bank, Working Paper Series n352, April.

Merton, R.C. (1969). Lifetime portfolio selection under uncertainty: the continuous-time case. *The Review of Economics and Statistics* 51: 247–257.

Merton, R.C. (1971). Optimal consumption and portfolio rules in a continuous-time model. *Journal of Economic Theory* 3: 373–413.

Merton, R.C. (1973). An intertemporal capital asset pricing model. *Econometrica* 41: 867–888.

Samuelson, P. (1969). Lifetime portfolio selection by dynamic stochastic. *The Review of Economics and Statistics* 51 (3): 239–246.

Sewell, M. (2008). *Structural risk minimization*. Department of Computer Science: University College London.

Sewell, M. (2010). The application of intelligent systems to financial time series analysis. PhD thesis, PhD dissertation, Department of Computer Science, University College London.

Zhang, L. and Li, J. (2013). Inflation forecasting using support vector regression. 2012 Fourth International Symposium on Information Science and Engineering.

第 12 章

Almgren, R. and Chriss, N. (1999). Value under liquidation. *Risk* 12 (12): 61–63.
Arrow, K.J. (1971). *Essays in the Theory of Risk-Bearing*. North-Holland, Amsterdam.
Baird, L.C. III and Moore, A.W. (1999). Gradient descent for general reinforcement learning. *Advances in Neural Information Processing Systems* 968–974.
Bellman, R. (1957). *Dynamic Programming*. Princeton University Press.
Benveniste, E.J. and Ritter, G. (2017). Optimal microstructure trading with a long-term utility function. https://ssrn.com/abstract=3057570.
Bernoulli, D. (1954). Exposition of a new theory on the measurement of risk. *Econometrica: Journal of the Econometric Society* 22 (1): 23–36.
Bottou, L. (2012). Stochastic gradient descent tricks. In: *Neural Networks: Tricks of the Trade*, 421–436. Springer.
Boyd, S. et al. (2017). Multi-Period Trading via Convex Optimization. *arXiv preprint arXiv:1705.00109*.
Copeland, T.E. and Galai, D. (1983). Information effects on the bid-ask spread. *The Journal of Finance* 38 (5): 1457–1469.
Feldstein, M.S. (1969). Mean-variance analysis in the theory of liquidity preference and portfolio selection. *The Review of Economic Studies* 36 (1): 5–12.
Gârleanu, N. and Pedersen, L.H. (2013). Dynamic trading with predictable returns and transaction costs. *The Journal of Finance* 68 (6): 2309–2340.
Glosten, L.R. and Milgrom, P.R. (1985). Bid, ask and transaction prices in a specialist market with heterogeneously informed traders. *Journal of Financial Economics* 14 (1): 71–100.
Halperin, I. (2017). QLBS: Q-Learner in the Black-Scholes (–Merton) Worlds. *arXiv preprint arXiv:1712.04609*.
Hasbrouck, J. (2007). *Empirical Market Microstructure*, vol. 250. New York: Oxford University Press.
Kingma, D. and Ba, J. (2014). Adam: A method for stochastic optimization. *arXiv preprint arXiv:1412.6980*.
Kolm, P.N. and Ritter, G. (2015). Multiperiod portfolio selection and bayesian dynamic models. *Risk* 28 (3): 50–54.
Kyle, A.S. (1985). Continuous auctions and insider trading. *Econometrica: Journal of the Econometric Society* 53 (6): 1315–1335.
Mnih, V. et al. (2015). Human-level control through deep reinforcement learning. *Nature* 518 (7540): 529.
Pratt, J.W. (1964). Risk aversion in the small and in the large. *Econometrica: Journal of the Econometric Society* 32 (1–2): 122–136.
Ritter, G. (2017). Machine learning for trading. *Risk* 30 (10): 84–89. https://ssrn.com/abstract=3015609.
Robbins, H. and Siegmund, D. (1985). A convergence theorem for non negative almost supermartingales and some applications. In: *Herbert Robbins Selected Papers*, 111–135. Springer.
Silver, D. et al. (2017). Mastering the game of go without human knowledge. *Nature* 550 (7676): 354–359.
Sutton, R.S. and Barto, A.G. (1998). *Reinforcement Learning: An Introduction*. Cambridge: MIT Press.
Sutton, R.S. and Barto, A.G. (2018). *Reinforcement Learning: An Introduction*. Second edition, in progress. Cambridge: MIT Press http://incompleteideas.net/book/bookdraft2018jan1.pdf.
Tobin, J. (1958). Liquidity preference as behavior towards risk. *The Review of Economic Studies* 25 (2): 65–86.
Von Neumann, J. and Morgenstern, O. (1945). *Theory of Games and Economic Behavior*. Princeton, NJ: Princeton University Press.
Watkins, C.J.C.H. (1989). Q-learning. *PhD Thesis*.

第 13 章

Bengio, S., Vinyals, O., Jaitly, N., Shazeer, N. n.d. *Scheduled Sampling for Sequence Prediction with Recurrent Neural Networks*. Google Research, Mountain View, CA, USA bengio,vinyals,ndjaitly,noam@google.com.

Bianchi, F. M., Kampffmeyer, M., Maiorino, E., Jenssen, R. (n.d.). *Temporal Overdrive Recurrent Neural Network, arXiv preprint arXiv:1701.05159.*

Bishop, C.M. (2006). *Pattern Recognition and Machine Learning*. Springer Science, Business Media, LLC. ISBN: 10: 0-387-31073-8, 13: 978-0387-31073-2.

Cai, X., Zhang, N., Venayagamoorthy, G.K., and Wunsch, D.C. (2007). Time series prediction with recurrent neural networks trained by a hybrid PSO-EA algorithm. *Neurocomputing* 70 (13–15): 2342–2353. ISSN 09252312. https://doi.org/10.1016/j.neucom.2005.12.138.

Elman, J.L. (1995). Language as a dynamical system. In: *Mind as motion: Explorations in the dynamics of cognition* (ed. T. van Gelder and R. Port), 195–223. MIT Press.

Fischer, T. and Krauss, C. *Deep Learning with Long Short-term Memory Networks for Financial Market Predictions*. Friedrich-Alexander-Universität Erlangen-Nürnberg, Institute for economics. ISSN: 1867-6767. www.iwf.rw.fau.de/research/iwf-discussion-paper-series/.

Friedman, J.; Hastie, T.; Tibshirani, R.. *The elements of statistical learning, Data Mining, Inference and Prediction*. September 30, 2008.

Gers, F.A., Schmidhuber, J., and Cummins, F. (2000). Learning to forget: continual predictions with LSTM. *Neural computation* 12 (10): 2451–2471.

Goodfellow, I., Bengio, Y., and Courville, A. (2016). *Deep Learning*. MIT Press, www.deeplearningbook.org,.

Graves, A. (2012). *Supervised Sequence Labelling with Recurrent Neural Networks*. Springer-Verlag Berlin Heidelberg. ISBN: 978-3642-24797-2.

Haykin, S. (2009). *Neural Networks and Learning Machines*, 3e. Pearson, Prentice Hall. ISBN: 13: 978-0-13-147139-9, 10: 0-13-147139-2.

Hochreiter, S. and Schmidhuber, J. (1997). Long short-term memory. *Neural Computation* 9: 1735–1780. ©1997 Massachusetts Institute of Technology.

Lee, S.I. and Yoo, S.J. (2017). A deep efficient frontier method for optimal investments. *Expert Systems with Applications* .

Lipton, Z.C., Berkowitz, J.; Elkan, C.. *A critical review of recurrent neural networks for sequence learning*. arXiv:1506.00019v4 [cs.LG] 17 Oct 2015.

Mokolov, T., Sutskever, I., Chen, K., Corrado, G., Dean, J.. Google Inc. Mountain View. *Distributed Representations of Words and Phrases and their Compositionality* ArXiv;1310.4546v1 [cs.CL] 16 Oct 2013.

Mori, H.M.H. and Ogasawara, T.O.T. (1993). A recurrent neural network for short-term load forecasting. In: *1993 Proceedings of the Second International Forum on Applications of Neural Networks to Power Systems*, vol. 31, 276–281. https://doi.org/10.1109/ANN.1993.264315.

Ogata, T., Murase, M., Tani, J. et al. (2007). Two-way translation of compound sentences and arm motions by recurrent neural networks. In: *IROS 2007. IEEE/RSJ International Conference on Intelligent Robots and Systems*, 1858–1863. IEEE.

Pascanu, R., Mikolov, T.; Bengio, Y.. *On the difficulty of training recurrent neural networks*. Proceedings of the 30*th* international conference on machine learning, Atlanta, Georgia, USA, 2013. JMLR WandCP volume 28. Copyright by the author(s) 2013.

Qian, X.. *Financial Series Prediction: Comparison between precision of time series models and machine learning methods*. ArXiv:1706.00948v4 [cs.LG] 25 Dec 2017.

Quandl (n.d.). https://www.quandl.com

Schäfer, A.M. and Zimmermann, H.-G. (2007). Recurrent neural networks are universal approximators. *International Journal of Neural Systems* 17 (4): 253–263. https://doi.org/10.1142/S0129065707001111.

Srivastava, N., Hinton, G., Krizhevsky, A. et al. (2014). Dropout: a simple way to prevent neural networks from overfitting. *Journal of Machine Learning Research* 15: 1929–1958.

Sutskever, I.. *Training recurrent neural networks: Data mining, inference and prediction*. PhD thesis, department of computer science, University of Toronto, 2013.

Vapnik, V.N. (2000). *The Nature of Statistical Learning Theory*, 2e. Springer Science, Business Media New York, inc. ISBN: 978-1-4419-3160-3.

Yu, D. and Deng, L. (2015). *Automatic Speech Recognition, a Deep Learning Approach*. London: Springer-Verlag. ISBN: 978-1-4471-5778-6. ISSN 1860-4862. https://doi.org/10.1007/978-1-4471-5779-3.

译者简介

徐照宜 芝加哥大学经济学硕士、湖南大学－帝国理工学院金融学联合培养博士，现为清华大学"水木学者"、经管学院博士后、助理研究员。徐博士是美国经济学会会员、中国财富管理 50 人论坛青年研究员、高华研究所学术委员会委员，他目前担任 4 本 SSCI、SCI 期刊审稿人，在《金融研究》《会计研究》、*Pacific-Basin Finance Journal*、*Technological Forecasting and Social Change*、*Finance Research Letters*、*Resources Policy* 等国内外一流经管期刊发表论文十余篇，并完成多篇政策研究报告，其中受中央及省部级领导批示 3 篇，曾获教育部颁发的博士生国家奖学金、团中央颁发的"挑战杯"竞赛全国优秀指导教师、湖南团省委颁发的湖南省"向上向善好青年"等荣誉。

薛扬荣 西南财经大学会计硕士，高华研究所秘书长，现就职于浙江清华长三角研究院，曾任中建八局投资事业部财务经理 & 中电新能源业务总监，关注新能源、新材料 & 机器人等科技领域，2021 年清华长三院部门工作标兵 & 清华兴业讲堂金融科技特邀顾问嘉宾，中国技术经济学会会员，《证券时报》专栏作者，先后在 *Computational Economics*、《中国高新区》杂志、《证券时报》等核心期刊杂志发表多篇文章，其研究领域主要涵盖科技创新与资本市场、金融科技与人工智能、区域经济发展与产业升级等方向。

陈宇翔 芝加哥大学金融数学硕士，现就职于国内某公募基金量化投资部，其研究领域主要集中在深度学习和机器学习在股票市场的应用，并通过运用数学、统计和计算机科学等跨学科的方法，利用大数据和算法进行量化分析，以实现更加智能化和高效的投资决策。在过去的工作中，陈宇翔积累了丰富的量化投资经验，从而在股票投资领域有着卓越的成绩，热衷于应用前沿技术和方法来解决实际投资问题并不断推动投资管理领域的创新发展。

周康林 清华大学经济学、管理学双学士学位、清华大学经济学研究所博士在读、校团委组织部副部长，中国人民大学国际货币研究所助理研究员，中国财富管理50人论坛青年研究员，中美学生领袖金融对话代表，中国科普作家协会会员，中国技术经济学会会员，北京大学对冲基金协会理事，湖南省驻京团工委委员，曾任清华校学生科协、创协副主席，著有《大话移动通信》，在 *Nano Research* 等期刊发表论文，科技评论文章发表于《财经》、"虎嗅"等媒体。曾获清华"江村学者"、优秀共青团员、学业优秀奖、科技创新优秀奖等荣誉。主持一项国家级大创项目，国家重点研发计划（科技部）项目成员。曾于国家智库、头部公募基金实习，其研究领域主要涵盖基本面量化、数字经济与产业经济等。

李剑雄 现就职于某知名量化投资公司，北京大学光华管理学院金融学与数学双学位，曾获国家奖学金、全国大学生数学竞赛北京赛区一等奖等荣誉与奖项，在校期间担任北京大学对冲基金协会（HFA）主席。李剑雄曾有数段量化私募基金、自营交易公司的策略与交易研究实习经验，曾参与张然教授基本面量化研究课题，毕业后从事量化交易相关工作，其研究领域主要涵盖资产定价、多因子模型与对冲策略等。

崔鼎茗 中科创投合伙人，多伦多大学管理与量化金融双学士，高华研究所副秘书长，多伦多大学中国学联荣誉副主席，曾任 YC 中国投资助理及运营实习生负责人、一刻创投圈运营合伙人、华附校友会创投副秘书长、TEOB 青年经济论坛联合创始人等，其研究领域主要涵盖初创搭建、风险投资策略、多资产衍生品交易与资产配置等。

杨昌林 中央财经大学精算学学士，曾获中央财经大学菁英学子奖学金、雏鹰奖学金、一等全面发展奖学金、学术科研创新优秀奖学金、中国平安大学生保险数字挑战赛全球 20 强等荣誉，主要研究领域为机器学习、大数据挖掘与资产精算等。

龚泽恩 斯坦福大学东亚研究中心硕士在读，北京大学燕京学者，发表文章见于《清华社会学评论》、北京大学人文社会科学院、腾讯研究院、虎嗅、Political 理论志等期刊与公共媒体，主要研究领域为金融社会学、历史社会学与社会理论等。

陈品仰 就职于某知名美元地产基金，哈佛大学地产与城市设计双硕士，普渡大学理学学士，曾任哈佛大学房地产俱乐部主席，主要研究领域为房地产开发、金融科技、城市规划与设计等。

曾　梁 清华大学交叉信息院计算机方向博士在读，曾多次担任机器学习顶会 ICML、NeurIPS、AAAI 的审稿人，在 ICLR、AAAI 等核心 CCF–A 会议上已发表和在投论文 9 篇，主要研究领域为机器学习、图神经网络与量化投资等。

胡东超 现就职于招商银行，新加坡南洋理工大学工学硕士，高华研究所副秘书长，南洋校友会理事，"南洋派"专题访谈栏目负责人，主要研究领域为地方政府投融资、数字经济、区块链金融与公募 REITs 等。

王　硕 现就职于中国进出口银行，北京航空航天大学硕士，参与境内外基础设施类项目融资和某制造业央企集团各级公司融资，类别涵盖新能源发电及输变电、公司境外投资、出口及进口融资等，曾获省部级荣誉称号，主要研究领域为国际工程融资、主权债务与国别分析等。

任彦博 现就职于中国进出口银行，北京航空航天大学硕士，参与境内外基础设施类项目融资和某制造业央企集团各级公司融资，类别涵盖新能源发电及输变电、公司境外投资、出口及进口融资等，曾获省部级荣誉称号，主要研究领域为国际工程融资、主权债务与国别分析等。

徐泓杰 纽约州立大学金融经济学学士，参与组建北美量化交易团队，并推动中信建投证券与华中科技大学成立量化交易实验室，主要研究领域为金融科技、绿色金融与可持续发展、前沿材料等。